古代日本と東部ユーラシアの国際関係

廣瀬憲雄［著］
HIROSE Norio

勉誠出版

目　次

第一部　五代両宋／遼金時代の外交文書と国際関係

目次

第四部　八・九世紀日本の外交関係と君臣秩序

東部ユーラシア地図

凡例

・本地図は、ウィキメディア・コモンズ掲載の East Asia topographic map.png（CC BY-SA 3.0）を原図として、『基本地図帳改訂版　2018-2019』（二宮書店、2018）に基づき適宜補訂を加えた。
・本地図の海岸線・河川流路は現在のものである。
・本地図に示された都市名は歴史的名辞で表記した。ただし、本書の議論に関係する各時代の名辞が混在している。
・本地図は CC BY-SA 3.0 で公開する。

45°
タラス
砕葉
パミール高原
天山山脈
タリム盆地
タクラマカン砂漠
高昌
アルタイ山脈
ハンガイ山脈
突厥牙
（回鶻牙
モン
ゴビ
河西回廊
敦煌
酒泉
張掖
祁連山脈
ツァイダム盆地
伏俟
于闐
崑崙山脈
チベット高原
30°
ヒマラヤ山脈
ラサ
四
アジュメール
カナウジ
マホーバー
バラナシ
陽苴咩
75°
15°
90°

序章　東部ユーラシアと東アジア

——政治圏と文化圏の設定——

はじめに

本書では、従来は「東アジアの中の日本」という視点に基づいて提示されていた、外交関係を中心とする古代の倭国・日本の歴史像を、「東部ユーラシア」という新たな地域の設定を通じて再検討を進めていく。

「東アジアの中の日本」という視点は、西嶋定生氏による「冊封体制」論や「東アジア世界」論[1]、石母田正氏による「東夷の小帝国」論や「国際的契機」論[2]に基づいており、皇国史観を背景とする戦前の独善的な歴史像を克服する上で重要な役割を果たしてきた。特に、日本の古代国家の特徴である律令制導入（すなわち「国家」の成立[3]）の過程を、隋の南北朝統一を起点とする歴史連関として描いたことは、倭国・日本の歴史をより広い地域の中に位置付けることで、一定の魅力的な歴史像を示したものと評価できる[4]。

しかし、「東アジアの中の日本」という視点に基づいた歴史像には、いくつかの重大な問題が含まれている。その中でも最も注意すべき点は、倭国・日本の歴史展開の原動力が必要以上に東アジアへ求められていることと、東アジアの歴史連関を重視すればするほど実態よりも巨大な隋唐王朝像が形成されてしまうことである。これらの問題は、先進地域（帝国）が周辺諸勢力に影響を与えるという形での歴史連関を提示した、松本新八郎氏の

「世界帝国」論にまで遡るものであり[5]、「世界帝国」論の歴史連関の枠組みを継承した[6]「東アジアの中の日本」という視点が必然的に抱えてしまう問題といえる。

この点に関して注意しておきたいのは、「国際的契機」論を提唱した石母田氏自身が、国際的契機と国内政治との関係について、「この事件（唐の太宗の高句麗遠征）が、大化改新の政変の前提として重要な意義をもったとすれば、それは蘇我氏専制における前記の内的矛盾（蘇我氏の群卿・大夫層からの孤立）を基礎にもっていたからであろう。隋以来の何回かの高句麗征討は、つねに朝鮮三国と倭国に反作用するが、その反作用の形と特徴を決定するものは、それぞれの国の内的状況である[7]。」と述べていることである。これは、歴史展開の原動力としては、国際的契機に加えて国内の政治状況も重要であることを示しており[8]、国際的契機の過度の重視に傾きやすい「東アジアの中の日本」という視点だけでは、一面的な歴史像に陥る危険があるということになる。この問題を根本的に解決するためには、古代の倭国・日本の歴史像を新たな視点で提示する試みも必要となるはずである。

そこで注目したいのが、「東部ユーラシア」（ユーラシア東方・東ユーラシア）という視点である。この視点は、中国内地中心に描かれてきた従来の歴史像を克服するために、突厥・回鶻・契丹（遼）などの遊牧王朝にも注目し、中国内地の農耕王朝との南北関係を基軸に歴史を描くものであり、二〇〇〇年代後半以降東洋史で使用され始め[9]、二〇一〇年代に入ると日本史でも用いられている[10]。また、この視点に基づく個別実証研究により多くの新たな事実も明らかにされており[11]、現在では「モンゴル時代以前の「東部ユーラシア」は、いまや日本史の研究もふくめ、学界に根を下ろした、といっていいだろう[12]。」との評価もなされている。

この「東部ユーラシア」という視点は、東洋史の議論として提示されたものであるが、日本の歴史における国際的契機を正確に理解するという点では、「東アジアの中の日本」に基づく歴史像の再検討に重要な役割を果たすものと思われる。また「東部ユーラシア」という視点は、「東アジアの中の日本」が依拠する「冊封体制」論や「東アジア世界」論の見直しにも有効であり、古代の倭国・日本を含めた新たな広域の地域史として設定することも可能であろうと思われる。以下本章では、まず「冊封体制」論の問題点を確認するとともに、「東部ユーラシア」という地域の枠組みを提示し、続いて「東アジア世界」論で設定されていた「東アジア」に対して、「東部ユーラシア」という地域の枠組みの中で新たな位置付けを与えていきたい。この作業は、政治圏と文化圏の双方から新たな視点を追求することに加え、本書全体を通じた歴史像を明示することにつながるであろう。

第一節　東部ユーラシアの設定

本節では、「東アジアの中の日本」の形成に重要な役割を果たした理論の一つであり、中国王朝を中心とする東アジアの国際政治を主題とする、西嶋定生氏の「冊封体制」論の問題点を整理して、新たに「東部ユーラシア」という地域の枠組みを提示する。西嶋氏が提示した理論としては、文化圏の問題に言及した「東アジア世界」論が著名ではあるが、従来の批判のほとんどは政治圏の問題を扱う「冊封体制」論に集中しており、また本書の内容も外交関係（政治圏の問題）が中心であるので、「東アジア世界」論と文化圏の問題に関する検討は次節に譲り、本節では「冊封体制」論に対する批判に基づいて、政治圏の問題に注目して新たな歴史像を提示していく。

まず、従来から指摘されている、西嶋定生氏の「冊封体制」論に対する批判を挙げる。一九六二年に公表された「冊封体制」論は、主として六—八世紀における東アジアの国際政局の推移を、中国王朝が周辺諸勢力の首長に王・公などの爵位を与える（冊封）ことで成立する、冊封体制という国際秩序の展開から説明したものであるが、[13]現在ではすでに多くの問題点が指摘されており、そのままの形で依拠することは不可能である。これまで「冊封体制」論に対してなされてきたさまざまな批判を、かつて実施した整理[14]に増補を加えて提示するならば、以下の通りとなる。

A　突厥・吐蕃・回鶻など、中国王朝に匹敵する北方・西方の諸勢力との関係が除外されている（地域的な問題）。

B　中国王朝の勢力が比較的強力である隋・唐前半期から導き出されており、第一次南北朝時代や唐後半期以降の位置付けが十分ではない。その一方で、周辺諸勢力に大きな影響を与えた唐の全盛期の特異性が正しく評価されていない（時期的な問題）。

C　広域での歴史連関を、先進地域（帝国）が周辺諸勢力に影響を与えるという形で説明しているため、周辺諸勢力を主体的な存在として位置付けることが困難である（歴史像の問題）。

これらの問題点は、「冊封体制」論が中国王朝と周辺諸勢力との君臣関係を中心に構想されたのに対して、実際の外交関係では、五代両宋／遼金時代と隋唐期の双方において、君臣関係が貫徹していない事例が数多く存在しているという、[15]理論と実態との齟齬から生じたものである。そのため、政治圏の問題に関しては、中国王朝と周辺諸勢力との君臣関係が貫徹しない事例にも注目していかなければならないと思われる。

そこで本書では、これらの問題点に対応するため、これまでの著者の研究に基づいて、以下のa～cの分析視角を提示して、新たな形での国際関係を構想していきたい。

a　中国の北方・西方の諸勢力との外交関係も含めるために、パミール高原以東の地域を[16]「東部ユーラシア」と名付け、政治圏の問題を考える単位として設定する。

価する。

b　東晋劉宋（第一次南北朝時代）から五代両宋／遼金時代（第二次南北朝時代）の外交関係も取り上げることで、従来から注目されてきた隋・唐前半期の位置付けを見直すとともに、唐の全盛期が有する歴史的意義を再評価する。

c　倭国・日本を含めた周辺諸勢力を独自の国際秩序を持つ主体的存在と位置付けることで、東部ユーラシアを複数の（種類の）国際秩序が併存する多元的な外交関係が展開した場と位置付ける。[17]

これらの分析視角は、「冊封体制」論とは異なり、中国王朝と周辺諸勢力との君臣関係が必ずしも貫徹していないことに注目したものであり、東洋史で先行して使用されてきた「東部ユーラシア」（ユーラシア東方・東ユーラシア）という視点とはほぼ同一の地域や時期を対象としている。ただし、これらの分析視角は、先行する東洋史の概念をそのまま継受して時間的・空間的な対象を拡大したものではなく、周辺諸勢力の主体性が捨象されやすいという「冊封体制」論の問題点に対応するために、周辺諸勢力の一つである日本に視点を置くことで、中心―周辺関係を相対化した広域の政治圏を想定するものである。

東洋史における「東部ユーラシア」（ユーラシア東方・東ユーラシア）という視点は、漠北・漠南の遊牧王朝と、中国内地の農耕王朝との南北関係を基軸として歴史展開を描くものであるが、この視点は、遊牧王朝の位置付けを大きく変えることに成功した一方で、農耕王朝と遊牧王朝の両者が新たな「中心」として位置付けられているので、この新たな「中心」に含まれない周辺諸勢力は、そのままでは「冊封体制」論に基づいた非主体的な位置付けが維持・強化される恐れがある。[18]そのため、ここで提示する東部ユーラシアの国際関係では、従来の「東部ユーラシア」（ユーラシア東方・東ユーラシア）という視点とは異なり、日本を含めた周辺諸勢力を独自の国際秩序を持つ主体的な存在と位置付けることで、中心―周辺関係の過剰な強調を回避していきたい。[19]

第二節　東部ユーラシアと東アジア

前節では、西嶋定生氏の「冊封体制」論に対する批判に基づき、東部ユーラシアという政治圏の枠組みを設定したが、本節では、同じく西嶋氏が提唱した「東アジア世界」論と文化圏としての「東アジア」という地域概念を再検討して、東部ユーラシアという政治圏の中で新たな位置付けを与えていく。

まず、西嶋定生氏の「東アジア世界」論の内容を確認していきたい。「東アジア世界」論では、中国内地・朝鮮半島・日本列島・ベトナム、およびモンゴル高原とチベット高原に挟まれた河西回廊東部を一個の歴史的世界として設定して、その内部に共通する文化的指標として、漢字・儒教・律令制・仏教（中国仏教）の四者を指摘している。(20) そして、これらの条件に基づく「東アジア世界」は、文化圏として完結した世界であるとともに、それ自体が自律的発展性をもつ歴史的世界と位置付けている。

この「東アジア世界」論に関して留意しなければならない点は二点存在する。第一は、「東アジア世界」の共通指標となる諸文化は、中国王朝の政治的権力や権威に媒介されて伝播・拡延しており、唐の滅亡以前では、「冊封体制」論に基づいた政治圏世界としての「東アジア世界」は、文化圏世界としての「東アジア世界」と一致する、と定義されたことである。(21) 第二は、西嶋氏が提唱した「東アジア世界」は、前近代の地球上に複数存在した完結した自立性を持つ歴史的世界の一つであり、上原専禄氏による世界史構想の一環として提示されたということである。(22)

このうち、本節で扱うのは第一の点である。これは、「東アジア世界」論においては、政治圏と文化圏が一致する範囲を「東アジア世界」と規定し、この両者が一致する理由を中国王朝の権力や権威による文化の伝播に求めたことを意味しているのだが、[23]政治圏の問題を中国王朝に匹敵する北方や西方の勢力との関係も含めた「東部ユーラシア」という枠組みで考えるのであれば、「東アジア世界」論での想定とは異なり、政治圏と文化圏は一致しなくなるのである。言い換えれば、「東部ユーラシア」という枠組みに基づけば、「東アジア世界」は「完結した自立性を持つ歴史的世界」ではなく、文化圏の問題のみの枠組みに後退することになるのだが、逆に「東アジア世界」論で扱われた文化圏の問題に関しては、「東部ユーラシア」の立場からの新たな説明が求められるはずである。

そこで注目したいのが、西嶋氏が定義した「東アジア世界」の地理的な広がりである。「東アジア世界」論における「東アジア」とは、前述のように中国内地・朝鮮半島・日本列島・ベトナム・河西回廊東部を指すが、このうちベトナムと河西回廊東部に関しては、「東アジア世界」に含まれる理由は自明ではない。ベトナムに関しては、一九六〇年代の現実的課題を背景にして「東アジア世界」に含まれたとする李成市氏の指摘があるが、[24]実は「東アジア世界」論における「ベトナム」とは北部ベトナムのことであり、[25]中部・南部ベトナムは含まれないことからすれば、単純にこの指摘に従うことはできない。また河西回廊に関しては、その東部のみが「東アジア世界」に含まれているのだが、河西回廊東部の西限は黒河・北大河流域の張掖（甘州）・酒泉（粛州）であり、大量の漢文文献が発見された敦煌（沙州）は、河西回廊の西部に位置しているので、実は「東アジア世界」には含まれていないのである（図1・2）。これは、西嶋氏自身が「東アジア世界」を「漢字文化圏」とも表現していること[26]からすれば一見不審であり、[27]「東アジア」という地域の設定や理解については再検討の余地があると思われる。

それでは、「東部ユーラシア」という政治圏の枠組みに基づくならば、文化圏の問題はどのように考えればよいのであろうか。以下では、西嶋氏が「東アジア世界」という形で設定した中国内地・朝鮮半島・日本列島・ベ

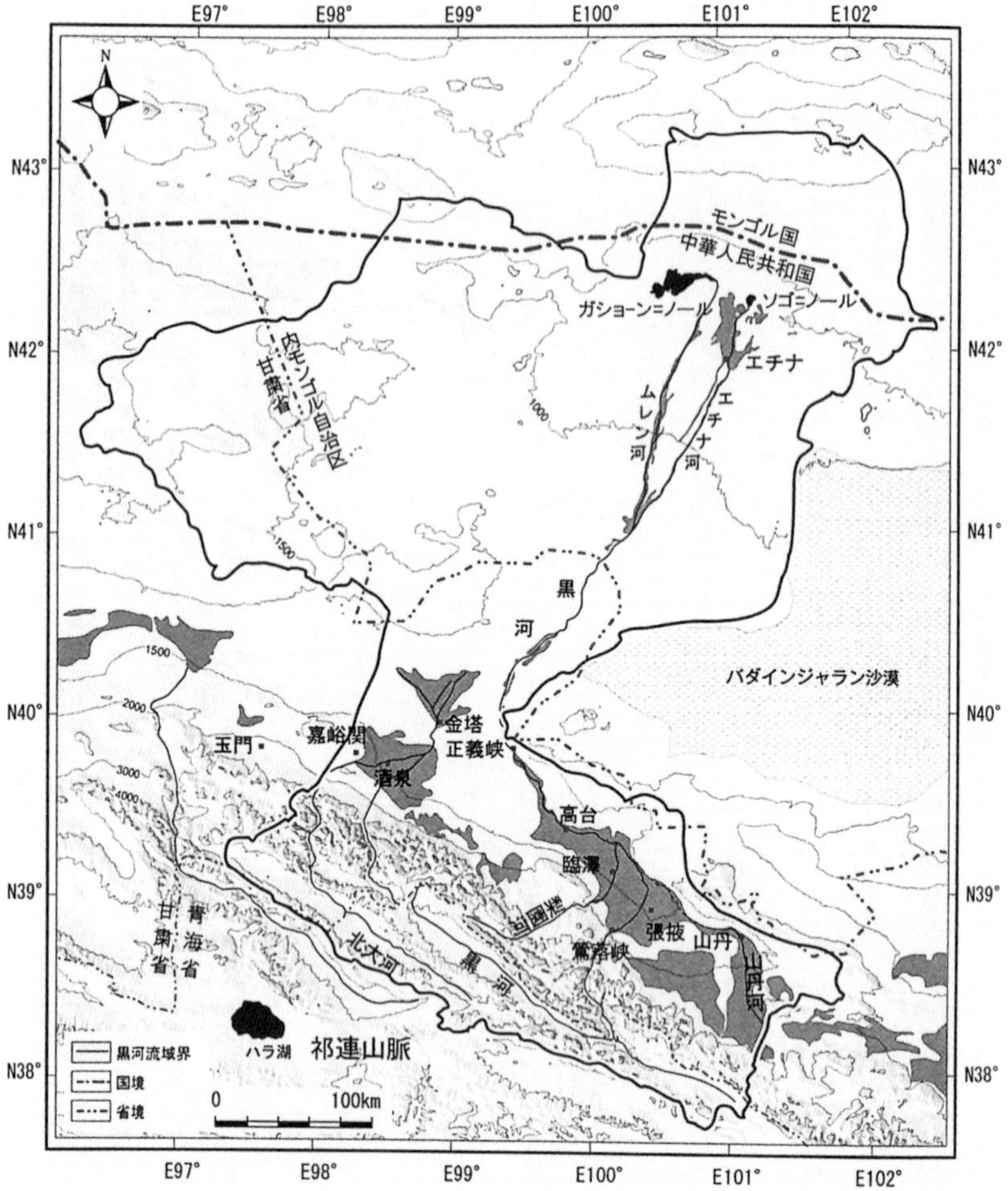

30秒メッシュ地形データ（SRTM30：http://www2.jpl.nasa.gov/srtm/）により作成した陰影図を背景図として、黒河流域と流域周辺の主要な都市、河川などの地名、および国・省境を示した。なお、図中に緑色で示されているのは平野の植生部分である。本書では便宜的に、鶯落峡よりも上流側を上流域、鶯落峡と正義峡の間に相当する地域を中流域、正義峡よりも下流側を下流域と呼んでいる。流域は、ArcGIS9.0を利用してSRTM30から自動発生させた流域界を、同じくSRTM30から作成した等高線図の目視判断により修正したものである。黒河および末端部の湖の集水域を含み、従来示されている流域（「黒河流域水景観図」中国科学院蘭州沙漠研究所編、1988）に比べて、西方及び北方が広くなっている。（総合地球環境学研究所　オアシスプロジェクト　渡邉三津子作成）

図1　黒河流域図（中尾正義『オアシス地域の歴史と環境—黒河が語るヒトと自然の2000年—』〔勉誠出版、2011年〕口絵A）

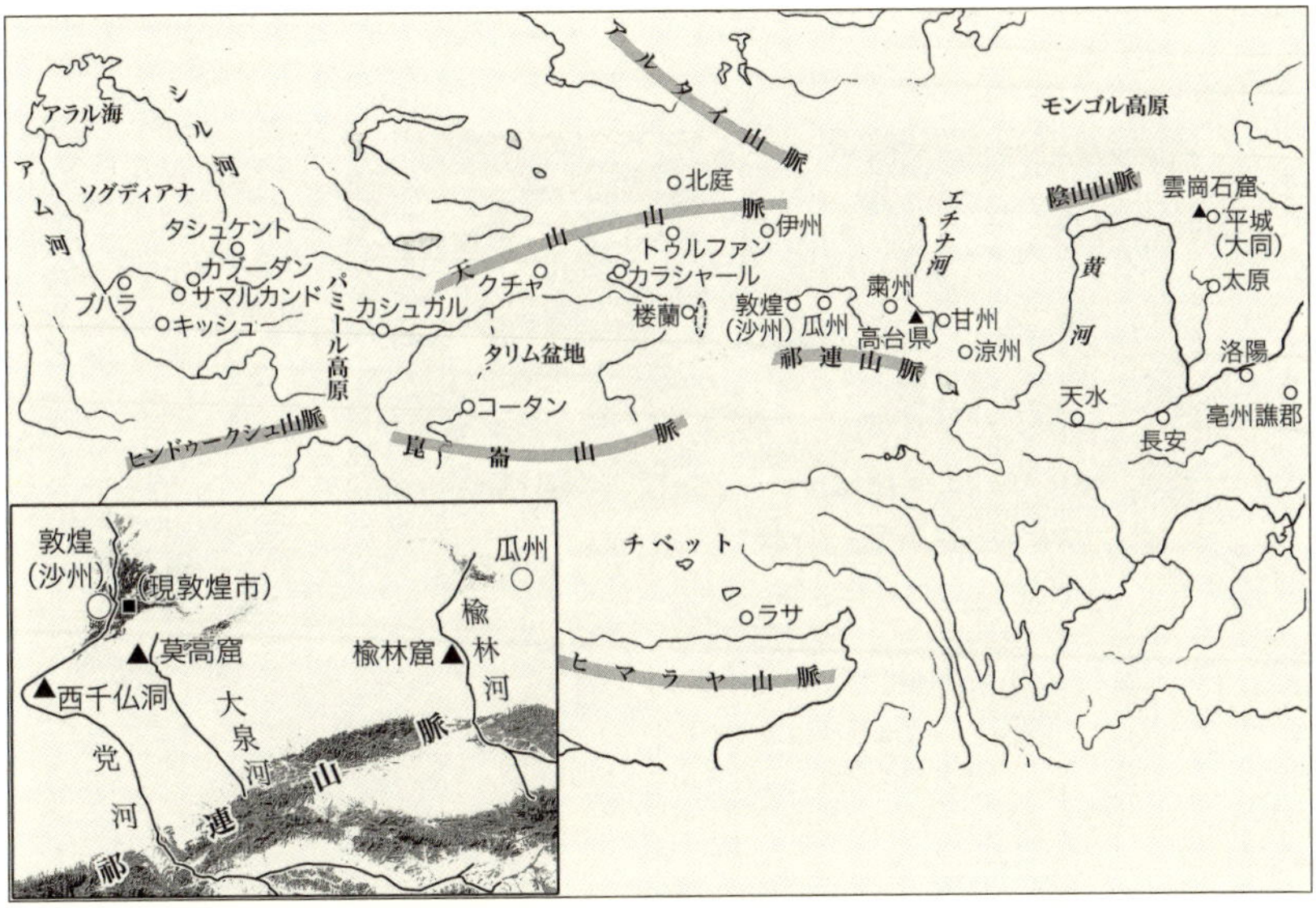

図2　敦煌周辺地図（赤木崇敏「ソグド人と敦煌」〔森部豊編『ソグド人と東ユーラシアの文化交渉』勉誠出版、2014年〕120頁）

トナム・河西回廊東部という一連の地域を、自然環境と人間の主たる生業の区分とに基づいて、新たに「温帯農耕優勢地域」としての「東アジア」という視点で位置付けていきたい。

まず、「東アジア」の北限は、中国内地のうちの華北となる。中国内地は、秦嶺山脈と淮河を結ぶ線（秦嶺―淮河線、年間降水量八〇〇ミリの線）により、稲作中心地帯の江南（華中および華南）と、畑作中心地帯の華北に区分される[28]（図３）が、華北の北部から長城外の漠南にかけて、農耕地帯と遊牧地帯が併存する「農牧接壌地帯」（農業―遊牧境界地帯[29]）が、北東から南西方向に幅広の帯状に存在している（図４）。ここで注目したいのは、農牧接壌地帯における農耕優勢地域と遊牧優勢地域との境界線（年間降水量四〇〇ミリの線）が、おおむね万里の長城の線とも重なることである（図５）。つまり、同じ農牧接壌地帯ではあるが、長城の南の華北は農耕優勢地域、北の漠南は遊牧優勢地域ということになる。

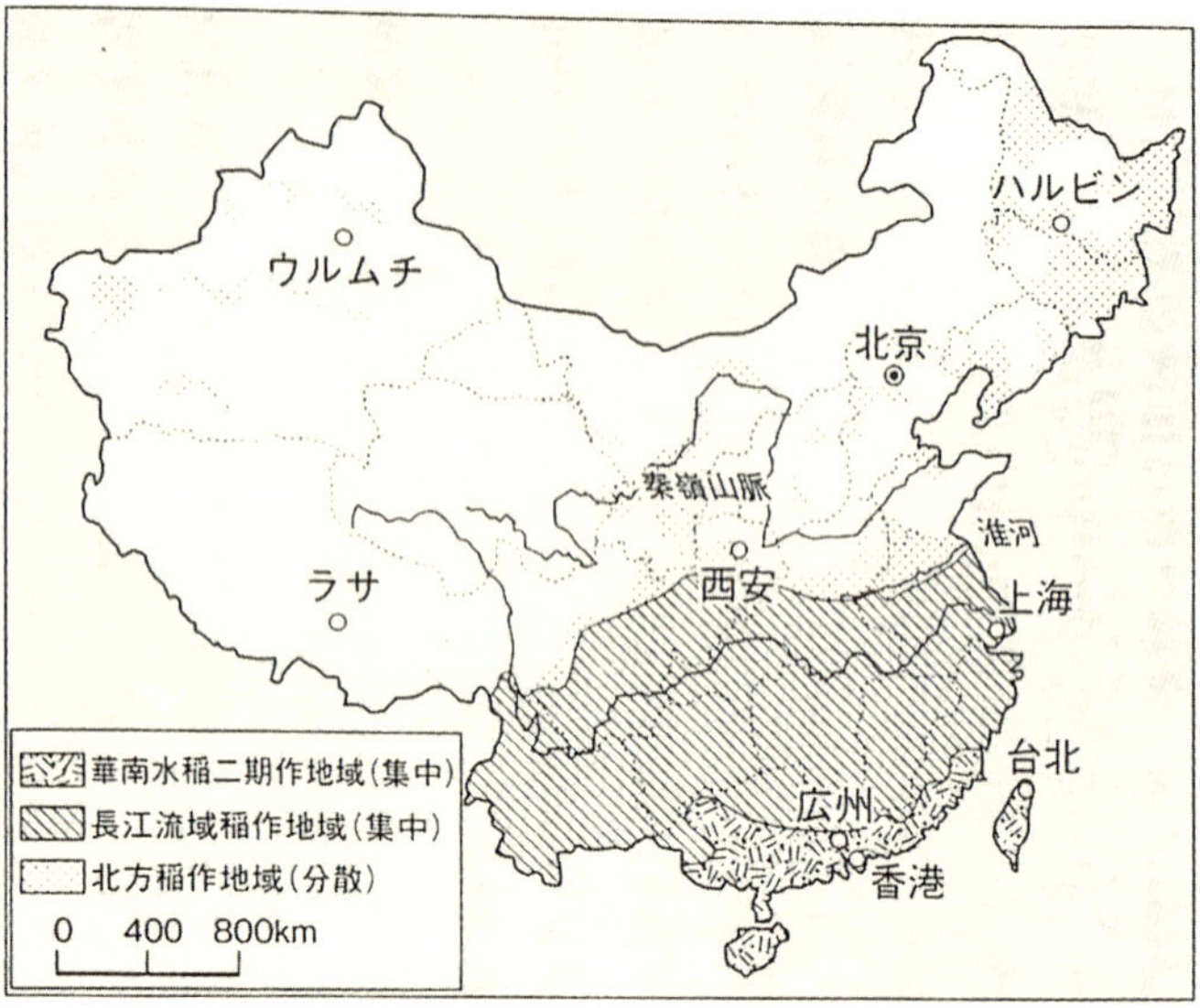

図3　中国の稲作地帯の分布(拙著『古代日本外交史―東部ユーラシアの視点から読み直す―』講談社選書メチエ569、2014年、94頁)

次に、「東アジア」の西限は、河西回廊東部の張掖・酒泉となる。この点に関しては、同様に農耕優勢地域と遊牧優勢地域の境界線に注目すると、河西回廊東部が農耕優勢地域として西北方向に細長く突き出ていることが判明する。河西回廊東部自体の年間降水量は一〇〇ミリ以下であるが、黒河や北大河など、祁連山脈を水源とする河川が多数存在しており、その流域では灌漑設備を整えれば農耕は十分に可能である。(30) 実際、衛星写真から推定した黒河下流の居延オアシスの耕地面積は、漢~五涼は約一二〇平方キロメートル、西夏・モンゴル時代は約一一〇平方キロメートルであるという。(31)

続いて、「東アジア」の南限は、温帯の南限でもあるベトナム北部となる。南北に長いベトナムは、北部と中部・南部との間で気候帯が異なり、M.C. Peelらにより改訂されたケッペンの気候区分(32)によれば、北部ベトナムは温暖夏雨気候(Cwa)だが、中部は熱帯モンスーン気候(Am)、南部は熱帯サバナ気候(Aw)というように、北部は温帯である一方、中部と南部は熱帯なのである。また、ベトナムでは長期にわたり北部の王朝と中部・南部の王朝が併存しており、初めて現在のベトナ

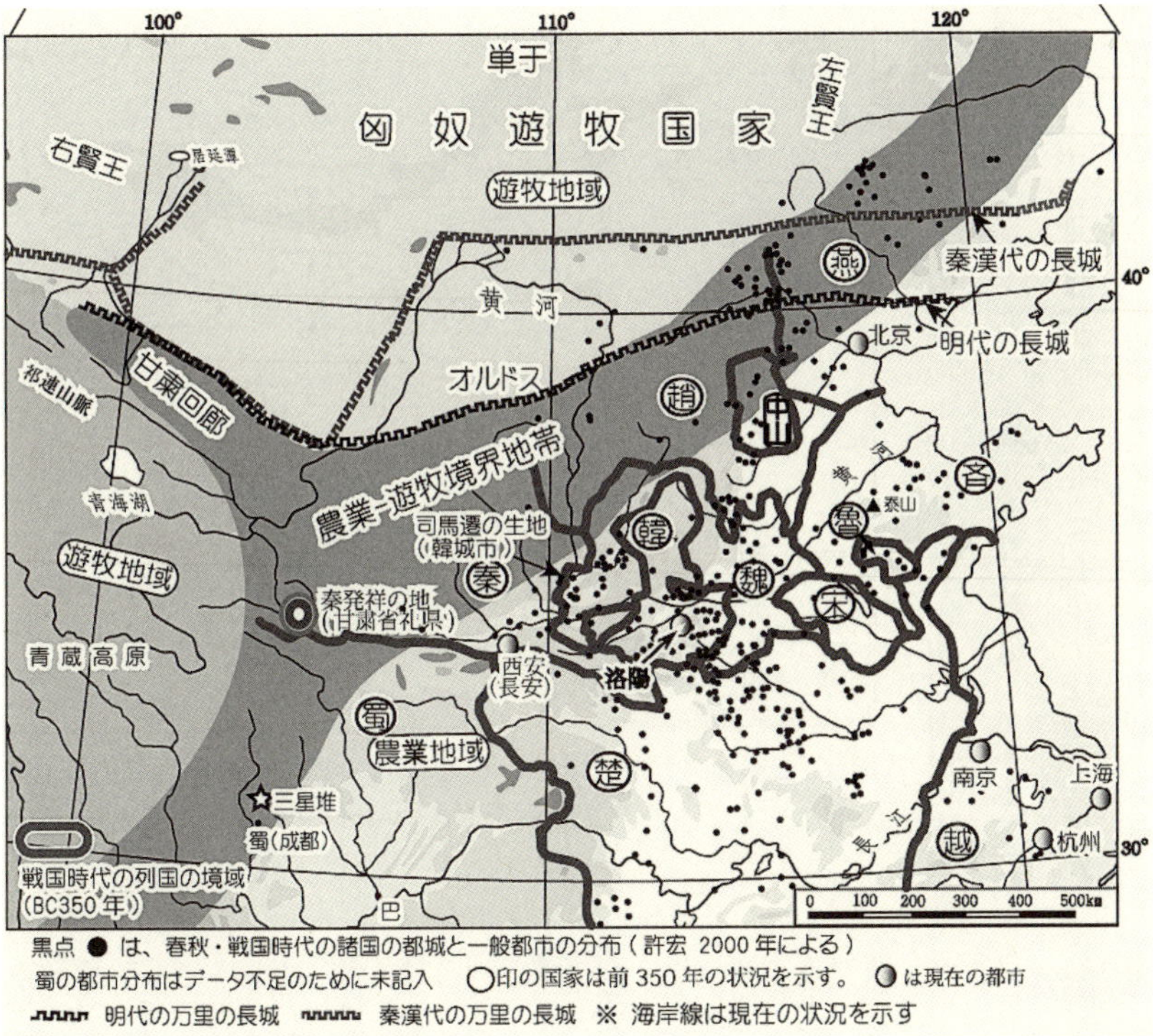

図4　農牧接壌地帯(妹尾達彦「北京の小さな橋—街角のグローバル・ヒストリー」〔『国立民族学博物館調査報告』81、2009年、95-183頁〕115頁図3)

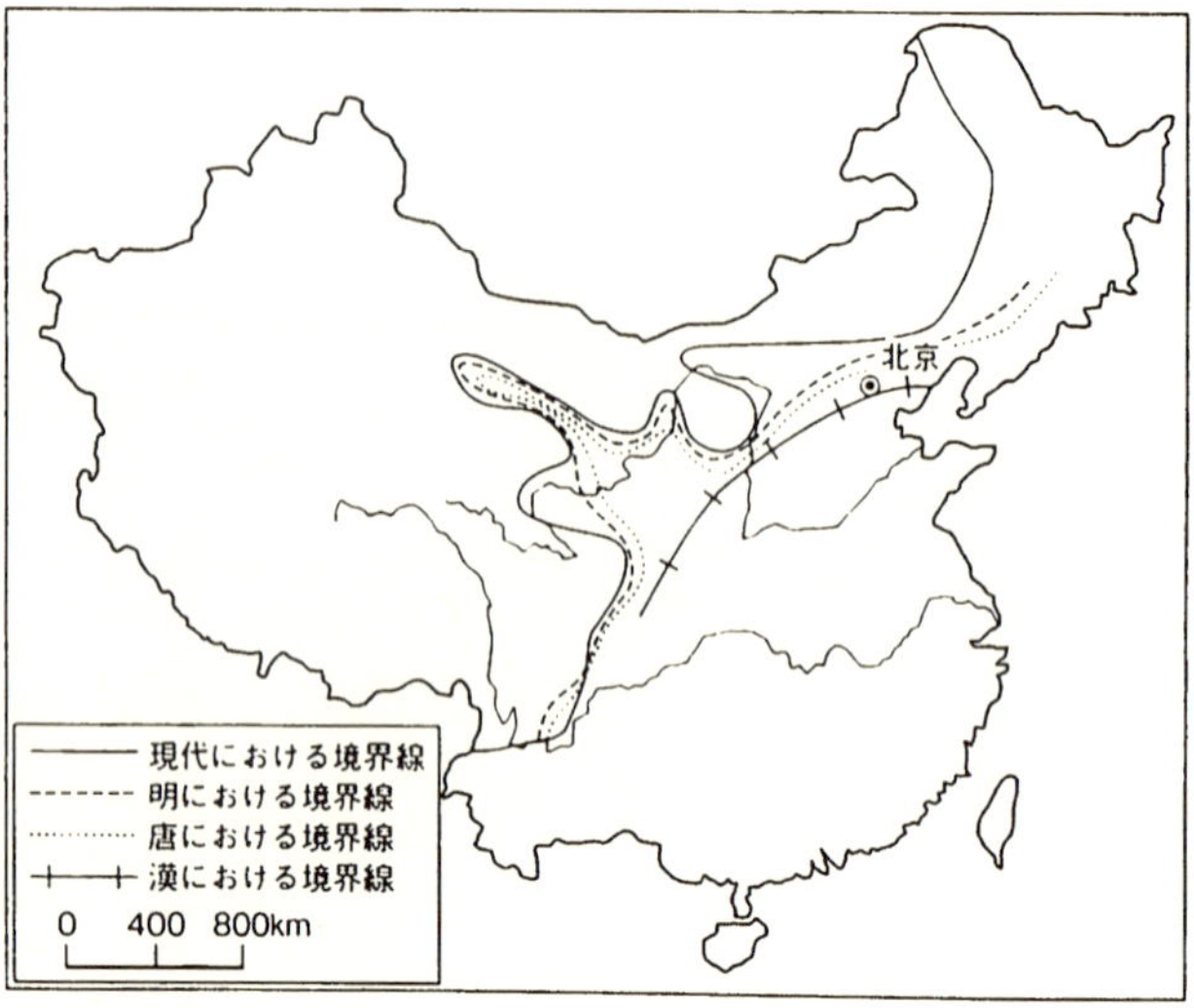

図5 農業地帯と遊牧地帯との境界線(拙著『古代日本外交史—東部ユーラシアの視点から読み直す—』講談社選書メチエ569、2014年、97頁)

ム全域に相当する領域を支配したのは、十九世紀に成立した阮朝にまで降ることにも注意しなければならない[33]。

最後に、「東アジア」の東限は、朝鮮半島および本州以南の日本列島となる。このうち朝鮮半島は、全域が農耕優勢地域であるが、中部の西海岸と南部は稲作地帯、それ以外は畑作地帯である[34]。また日本列島では、東北北部の広い範囲で八—十世紀の水田跡や炭化穀物が出土しており[35]、蝦夷社会も奈良—平安初期には農耕優勢地域への転換期を迎えていたとみられるのだが、擦文文化時代(七—十二世紀)の北海道においては、雑穀栽培は行われていたが、主たる生業はあくまで狩猟や漁撈であるので[36]、これを農耕優勢地域に含めることはできないと思われる。

このように、中国内地・朝鮮半島・本州以南の日本列島・ベトナム北部・河西回廊東部という一連の地域には、温帯農耕優勢地域という共通点が存在するのである。この視点に基づくならば、文化圏の問題は、類似の気候かつ類似の生業地域に同一の文化が伝播したと解釈できることになり、文化伝播の理由についても、政治権力間の関係にとどまらず、背景となる社会に類似点がみられることや、人間の移住が比較的容易に行えることを指摘することができる。[37] 特に、民衆生活の中に定着した文化の問題に関しては、このような自然地理学的な視点から考察した方が理解しやすいのではないだろうか。[38]

以上の点に関しては、全面的に論じられてはいないのだが、すでに堀敏一氏による指摘が存在しているので、以下で紹介しておきたい（傍線は筆者）。

ここで東アジア世界というものの範囲を問題にしたいと思います。日本史等の研究者は、日本・朝鮮・中国、ときに渤海等を含めたものを、東アジア史として考えているようです。冊封体制論もそのようです。そこでは漢字文化・儒教・律令制・仏教の四つが共通の要素として挙げられています。……ともかくこれらは農業地帯が共有する文化だといってよいと思います。長城の北の遊牧民は、生活原理も文化の性格も社会構造も違います。そこでこれらを内陸アジア世界という統一ある別個の世界とする考えに、まちがいはないと思います。けれども内陸アジア世界は、周辺の文明世界と不可分の関係にありました。……したがって東アジア世界の歴史も、北方遊牧民との関係を抜きにしては語れないのです。[39]……

この堀氏の指摘は、従来はあまり注目されていないのだが、文化圏の問題を人間の生業という視点で理解していることは私見と同様である。「東部ユーラシア」という政治圏の枠組みにおいては、文化圏の問題はこのように考えていきたい。

第三節　東部ユーラシアと世界史構想

以上、第一節と第二節では、「東部ユーラシア」という政治圏の枠組みと、「温帯農耕優勢地域」としての「東アジア」という視点を提示してきた。最後に本節では、これらの新たな見方に基づいて、世界史の構想に関する展望を述べていきたい。

前述のように、西嶋定生氏の「東アジア世界」は、上原専禄氏による世界史構想の一環として提示された、完結した自立性を持つ歴史的世界であり、政治圏と文化圏が一致する枠組みとして設定されている。(40)しかし、政治圏の枠組みとしては「東部ユーラシア」を採用し、文化圏の枠組みとしては「温帯農耕優勢地域」としての「東アジア」を想定するのであれば、政治圏と文化圏は一致しなくなるのである。そのため、本章で提示してきた知見に基づいて歴史像を描くのであれば、最終的には上原氏と異なる形での世界史構想を提示しなければならない。もちろんこれは、本書の範囲を大きく超えるものではあるが、本書で提示する歴史像を明確にするためにも、現段階での展望を示しておきたい。

まず、政治圏と文化圏との関係は、一つの政治圏の中に複数の文化圏が含まれることを想定しなければならない。これは、中国内地の農耕王朝と漠北・漠南などの遊牧王朝との関係に注目するためであるが、このような想定においては、東アジアは東部ユーラシアに複数存在する文化圏の一つとして位置付けることができる。また、複数の文化圏が一つの政治圏に含まれているとすれば、自己完結的な歴史的世界を想定する上原氏の世界史構想とは異なり、複数の文化圏相互の関係も視野に収めることができるはずである。

続いて、文化圏自体の問題としては、一つの地域が複数の文化圏の要素を持つことや、環境条件や技術水準の変化により他の文化圏に移行していくことも想定する必要がある。例えば、華北北部から漠南にかけて存在する農牧接壌地帯は、農耕文化圏と遊牧文化圏の両方の要素を有しており、北海道・中国の東北平原・河西回廊などの地域は、耐寒・耐乾品種の開発や灌漑設備の整備により、順次農耕文化圏に転化してきたと考えられる。(41)

最後に、具体的な文化圏としては、農耕文化圏と遊牧文化圏の他に、シベリアから中国の東北平原に至る森林地帯にサハリン・北海道などを加えた、狩猟採集文化圏を提示しておきたい。この地域の気候は冷涼だが降水量は適度にあり、雑穀農耕も可能ではあるが、中心となる生業は狩猟採集や漁撈である。またこの地域は、高句麗・渤海・女真・アイヌなどとの関係が深く、これらの政権や勢力を主体的な存在としてどのように扱うかということは、日本史（特に北方史）の視点からも重要な意義があると思われる。

このような形で世界史構想の展望を行う理由は、農牧接壌地帯という概念は世界史的な視野のもとでは有効性の限界が存在するためである。農牧接壌地帯は、単なる農耕地域と遊牧地域の境界線ではなく、南北に幅広く農耕地帯と遊牧地帯が併存している場であり、政治的には次代の政治勢力を揺籃する地域であるが[42]、宮野裕氏によれば、中世ロシアにおいては、農耕地域と遊牧地域の境界部分には境界「地帯」は存在しておらず、草原地帯の遊牧勢力は森林地帯の都市や農地に長期間滞在・駐屯することはないという[43]。また、遊牧勢力である遼は中国東北の森林地帯を十分に経略することができず、最終的には森林地帯から勃興した完顔阿骨打に滅ぼされているが[44]、金は遼とは逆に、遊牧地域の中心であるモンゴル高原の諸勢力を完全には統制できておらず、のちにチンギス＝ハンの台頭を許している[45]。これらの諸事実は、外山軍治氏が指摘したように、「森林地帯の民は草原地帯に勢力を延ばすことが困難であつたのと同様に、草原地帯の民が森林地帯に進出することもまた困難であつた[46]」ことを意味するとともに、農耕と遊牧という対立関係のみで非農耕文化圏の全体を理解するのは難しいことを示していると思われる[47]。

おわりに

本章では、「東アジアの中の日本」という視点に対する批判から、「東部ユーラシア」という政治圏の枠組みと、「温帯農耕優勢地域」としての「東アジア」という視点を提示して、あわせて世界史の構想に関する展望を述べてきた。これらの考え方は、本書全体を通した歴史像の前提となるものではあるが、本章で示した考え方だけでは新たな歴史像を構成することは不可能である。なぜなら、石井正敏氏が述べているように、「どんなに優れた着想、大向こうをうならせるような結論であっても、論証という手続きなしに導き出されたものでは、少なくとも学術論文としては、ただの砂上の楼閣に過ぎない」(48)からである。そのため、本書の以下の部分では、本書が対象とする東部ユーラシアの国際関係に含まれる個別具体的な論点を分析することで、新たな歴史像を支える実証部分を整備していきたい。

なお本書では、本編全体を時代別に第一部から第四部に分けているが、時代順に分析を進めていくのではなく、中国王朝の勢力が比較的弱体であり、国際関係も隋・唐前半とは大きく異なる五代両宋／遼金時代のみは第一部で取り上げておきたい。その第一部では、第一章で従来は対等関係の外交文書とされてきた「致書文書」を再検討して、五代十国の相互関係を見直していく。第二章では、両宋期の東部ユーラシアで使用された非君臣関係の外交文書を中心に、当該期の東部ユーラシアの外交関係を分析する。

次に、南北朝から隋代の外交関係を扱う第二部では、第一章で南北朝と柔然の外交文書と外交儀礼を取り上げて、五・六世紀東部ユーラシアの外交関係の特徴を明らかにする。第二章では、倭王武の劉宋遣使に注目して、倭の五王の対中国外交と国内統治との関係を再検討する。第三章では、「日出処天子」外交文書の典故とされた

『大智度論』を詳細に検討することで、当該外交文書および倭国と隋との関係の見直しを進めていく。

続いて、唐の全盛期の影響を色濃く受けた七世紀中盤から八世紀前半の外交関係を扱う第三部では、第一章で『日本書紀』皇極紀の百済関係記事を題材に、七世紀中盤における朝鮮半島情勢を分析する。第二章では、七世紀後半の倭国の外交儀礼を整理することで、律令制下の外交儀礼の成立過程と耽羅との外交関係の変遷を明らかにする。第三章では、白村江の戦い以降の倭国・日本と新羅との外交関係を分析して、七世紀の新羅「請政」の背景と日羅関係悪化の画期を再検討する。

最後に、八・九世紀日本の外交関係と君臣秩序を扱う第四部と終章では、第一章で渤海の外交文書が示す名分関係を、六国史と『類聚国史』の写本調査に基づいて再検討して、第二章では九世紀以降の日本における「表」・「状」・「批答」に注目し、日本国内での君臣秩序の変化を明らかにする。そして終章では、八世紀の日本と渤海が相互に提示した「擬制親族関係」を取り上げて、東部ユーラシアにおける日本の位置を提示していく。

注

（1）西嶋定生「東アジア世界と冊封体制――六―八世紀の東アジア――」（『西嶋定生東アジア史論集三　東アジア世界と冊封体制』岩波書店、二〇〇二、五―五八頁。初出一九六二）・「序説――東アジア世界の形成――」（同『中国古代国家と東アジア世界』東京大学出版会、一九八三、三九七―四一四頁。初出一九七〇）。
（2）石母田正「日本古代における国際意識について――古代貴族の場合――」（『石母田正著作集四　古代国家論』岩波書店、一九八九、一―一三頁。初出一九六二）・「天皇と「諸蕃」――大宝令制定の意義に関連して――」（同書、一五―三四頁。初出一九六三）。
（3）石母田正『日本の古代国家』（岩波書店、一九七一）。ただし近年では、石母田氏が依拠したエンゲルスの理論の問題点が周知されたことで、文献史学でも国家成立過程の見直しが進められている。拙稿「五世紀をどう評価すべきか？――倭の五王段階の「国家」――」（『歴史評論』八〇九、二〇一七、二八―三六頁）二八頁参照。

（4）ただし、歴史連関の起点を隋の南北朝統一としたことに関しては、当該期の国際関係の分析に基づいているわけではなく、倭国における推古朝の画期性に引きずられた結果と思われるので、従うことはできない。

（5）松本新八郎「原始・古代社会における基本的矛盾について」（歴史学研究会編『世界史の基本法則――歴史学研究会一九四九年度大会報告――』岩波書店、一九四九、二一―三五頁）。

（6）この点に関しては、拙稿「古代東アジア地域対外関係の研究動向――「冊封体制」論・「東アジア世界」論と「東夷の小帝国」論を中心に――」（同『東アジアの国際秩序と古代日本』吉川弘文館、二〇一一、一―二二頁。初出二〇〇八）六―七頁参照。

（7）石母田正『日本の古代国家』（注3前掲書）五七―五八頁。（　）内は筆者補。

（8）中野高行「終章　総括」（同『古代国家成立と国際的契機』同成社、二〇一七、二六九―二八一頁。新稿）二七八頁でも、「〈国際的契機〉論においては石母田・芝原拓自・田中彰各氏はいずれも、日本（倭国）国内における諸条件が成熟した段階で〈国際的契機〉が重要な役割を果たすことを再三強調している。〈国際的契機〉のみを過度に取り上げて、国内状況に影響を与え変革をもたらすなどという一方的な言説ではない。」との指摘がなされている。

（9）「東部ユーラシア」（ユーラシア東方・東ユーラシア）という視点を使用した論著は以下の通りである。上田信『海と帝国』（講談社、中国の歴史〇九、二〇〇五）、古松崇志（李済滄訳）「契丹・宋之間澶淵体制中的国境」（『日本中国史研究年刊』二〇〇七年度、二〇〇九、一二八―一七〇頁。初出二〇〇七）、菅沼愛語「七世紀後半の東部ユーラシア諸国の自立への動き――「唐・吐蕃戦争」と新羅の朝鮮半島統一・突厥の復興・契丹の反乱・渤海の建国との関連性――」（同『七世紀後半から八世紀の東部ユーラシアの国際情勢とその推移――唐・吐蕃・突厥の外交関係を中心に――』渓水社、二〇一三、二二―六一頁。初出二〇〇九）、妹尾達彦「北京の小さな橋――街角のグローバル・ヒストリー――」（『国立民族学博物館調査報告』八一、二〇〇九、九五―一八三頁）、森部豊「序論」（同『ソグド人の東方活動と東ユーラシア世界の歴史的展開』関西大学出版部、二〇一〇、一―二六頁。新稿）、井黒忍「金初の外交史料に見るユーラシア東方の国際関係――『大金弔伐録』の検討を中心に――」（荒川慎太郎他編『遼金西夏研究の現在』三、二〇一〇、三一―四五頁）。また、直接「東部ユーラシア」（ユーラシア東方・東ユーラシア）という語を使用しているわけではないが、これと密接に関係する著書としては、杉山正明『疾駆する草原の征服者』（講談社、中国の歴史〇八、二〇〇五）、森安孝夫『シルクロードと唐帝国』（講談社、興亡の世界史〇五、二〇〇七）、石見清裕『唐代の国際関係』（山川出版社、世界史リブレット九七、二〇〇九）がある。

(10) 日本史研究者で「東部ユーラシア」を使用した論考には、拙稿「倭国・日本史と東部ユーラシア――六〜十三世紀における政治的連関再考――」（『歴史学研究』八七二、二〇一〇、三〇―三八頁）、山内晋次「九世紀東部ユーラシア世界の変貌――日本遣唐使関係史料を中心に――」（古代学協会編『仁明朝史の研究――承和転換期とその周辺――』思文閣出版、二〇一一、三―三〇頁）、皆川雅樹「日本古代の対外交易と「東部ユーラシア」」（『歴史学研究』八八五、二〇一一、三五―四三頁）、鈴木靖民「東アジア世界史と東部ユーラシア世界史――梁の国際関係・国際秩序・国際意識を中心に――」（『専修大学東アジア世界史研究センター年報』六、二〇一二、一四三―一六三頁）などが存在する。

(11) 例えば、鈴木宏節「唐代漠南における突厥可汗国の復興と展開」（『東洋史研究』七〇―一、二〇一一、三五―六六頁）、齊藤茂雄「突厥第二可汗国の内部対立――古チベット語文書（P.t.1283）にみえるブグチョル（'Bug-čhor）を手がかりに――」（『史学雑誌』一二二―九、二〇一三、三六―六二頁）、古松崇志「契丹・宋間の国信使と儀礼」（『東洋史研究』七三―二、二〇一四、六三―一〇〇頁）などを参照。

(12) 岡本隆司「「東アジア」と「ユーラシア」――「近世」「近代」の研究史をめぐって――」（『歴史評論』七九九、二〇一六―一一、三七―四六頁）三八頁。

(13) 西嶋定生「東アジア世界と冊封体制」（注1前掲）。

(14) 拙稿「古代東アジア地域対外関係の研究動向」（注6前掲）。

(15) 拙稿「古代東アジア地域対外関係の研究動向」（注6前掲）・「唐宋期周辺諸勢力の外交儀礼について――「東夷の小帝国」倭国・日本の位置――」（注6前掲書、三二一―三四〇頁。新稿）参照。

(16) 東部ユーラシアの範囲をパミール高原以東とした理由は、仏教はパミールの西方にはほとんど伝播しておらず、イスラム教が東トルキスタン全体に広まるのは十五世紀以降であるように、パミール高原は一種の分水嶺として作用していたことに加え、ヒマラヤ山脈などアジア大陸の中核をなす多くの山脈は、パミール高原を起点として放射状に走り出しているように、パミール高原は自然地理学的な地域の区切りでもあることによる。渡辺光編著『支那地理大系　自然環境篇』(日本評論社、一九四〇)二〇九―二一七頁参照。

(17) 拙稿「倭国・日本史と東部ユーラシア」(注10前掲)・「唐宋期周辺諸勢力の外交儀礼について」(注15前掲)。

(18) 拙稿「東アジア世界論の現状と展望」(『歴史評論』七五二、二〇一二、四―一三頁)一〇頁参照。

(19) 拙稿「唐宋期周辺諸勢力の外交儀礼について」(注15前掲)・「東アジア世界論の現状と展望」(注18前掲)。

(20) 西嶋定生「序説」(注1前掲)。

(21) 西嶋定生「序説」(注1前掲)四一〇頁。

(22) 李成市『東アジア文化圏の形成』(山川出版社、世界史リブレット七、二〇〇〇)三六―四一頁。

(23) 李成市「東アジア世界論と日本史」(『岩波講座日本歴史』二二、岩波書店、二〇一六、四三―七一頁)四四―四六頁。

(24) 李成市『東アジア文化圏の形成』(注22前掲)三八―三九頁、同「東アジア世界論と日本史」(注23前掲)五八―六二頁。

(25) 金子修一「古代東アジア研究の課題――西嶋定生・堀敏一両氏の研究に寄せて――」(『専修大学東アジア世界史研究センター年報』一、二〇〇八、三五―四二頁)三八頁。

(26) 西嶋定生「東アジア世界と日本史」(注1前掲著書、五七九―六七七頁。初出一九七五―一九七六)、李成市『東アジア文化圏の形成』(注22前掲)七―九頁参照。

(27) もちろん、敦煌莫高窟から発見されたのは漢文文書だけではないことに加え、吐蕃支配時代の公用語はチベット語なのであるが、敦煌が漢字文化圏に含まれること自体は認めてよいと思われる。

(28) なお、自然地理学的な視点からも、秦嶺北方の古世層はほぼ水平に配置されているが、秦嶺南方では多数の褶曲の列に分かれており、植生分布も秦嶺―淮河線が境界であることが指摘できる。藤田元春『大陸支那の現実』(冨山房、一九三九)二八―三三頁参照。

(29) 農牧接壌地帯に関しては、妹尾達彦「北京の小さな橋」(注9前掲)一一三―一三四頁、森安孝夫『シルクロードと唐帝国』(注9前掲)五九―六二頁参照。

（30）中尾正義編『オアシス地域の歴史と環境――黒河が語るヒトと自然の二〇〇〇年――』（勉誠出版、二〇一一）。
（31）森谷一樹「前漢～北朝時代の黒河流域――農業開発と人々の移動――」（注30前掲書、一一一―四八頁）三〇―三二頁。
（32）M. C. Peel, B. L. Finlayson, and T. A. McMahon, "Updated world map of the Köppen-Geiger climate classification", *Hydrology and Earth System Sciences*, 11, 2007, pp. 1633-1644.
（33）ベトナムの歴史に関しては、桃木至朗「唐宋変革とベトナム」・「「ベトナム史」の確立」（ともに『岩波講座東南アジア史二　東南アジア古代国家の成立と展開』岩波書店、二〇〇一、二九―五四頁・一七一―一九六頁）、八尾隆生「山の民と平野の民の形成史――一五世紀のベトナム――」・「収縮と拡大の交互する時代――一六―一八世紀のベトナム――」（ともに『岩波講座東南アジア史三　東南アジア近世の成立』岩波書店、二〇〇一、二〇五―二三一頁・二三三―二五九頁）などを参照。
（34）戦前の実態ではあるが、印貞植『朝鮮の農業地帯』（生活社、一九四〇）三九―四二頁に言及がある。
（35）熊谷公男「古代蝦夷（エミシ）の実像に迫る」（『上代文学』一一七、二〇一六、一―一八頁）一六頁。
（36）蓑島栄紀「渡島蝦夷の社会段階と組織化」（同『古代国家と北方社会』吉川弘文館、二〇〇一、一九八―二二五頁。新稿）一九九―二〇一頁参照。
（37）もちろん、倭国における渡来人や仏教伝来の問題のように、政治権力間の関係を前提にしなければならない問題も存在する。
（38）例えば、西嶋定生「日本の中の中国文化――生家の想い出から――」（『西嶋定生東アジア史論集四　東アジア世界と日本』岩波書店、二〇〇二、三八七―三九〇頁）で言及されている、「からうす」や「とううす」などである。
（39）堀敏一「古代東アジア世界の基本構造」（同『律令制と東アジア世界――私の中国史学（二）――』汲古書院、一九九四、一五八―一七四頁、初出一九九三）一六一―一六二頁。
（40）李成市「東アジア世界論と日本史」（注23前掲）四四―四六頁。この点を考慮すれば、「東部ユーラシア」であれ「ユーラシア東方」であれ、政治圏と文化圏の分離を前提とする（上原氏とは前提を異にする議論である）限りは、そこに「世界」の語を付すべきではないと考える。この点に関しては、拙稿「「東アジア」と「世界」の

変質」（歴史学研究会編『第四次現代歴史学の成果と課題二　世界史像の再構成』績文堂、二〇一七、一八―三一頁）参照。

(41)　かつて梅棹忠夫氏が提唱した「文明の生態史観」は、気候学を背景にした（梅棹忠夫編『文明の生態史観はいま』中公叢書、二〇〇一、四二―四四頁）という点は私見と共通しているが、このような文化圏の複合状況や時期による変化にはあまり注意が払われていない。

(42)　森安孝夫『シルクロードと唐帝国』（注9前掲）六〇―六一頁、鈴木宏節「唐代漠南における突厥可汗国の復興と展開」（注11前掲）などを参照。

(43)　森部豊研究代表「「農業・牧畜境界地帯」から構築する新しいユーラシア史像の試み」（科学研究費補助金報告書（挑戦的萌芽研究、二〇一二年度―二〇一四年度、課題番号二四六五二一三七）、二〇一五）参照。なお、西南アジア―北アフリカの砂漠・オアシス遊牧民と農耕民との関係は、中央アジアのステップ遊牧民と比べてはるかに相互浸透的・補足的であるという梅棹忠夫氏の指摘（『狩猟と遊牧の世界――自然社会の進化――』講談社学術文庫二四、一九七六、一三五―一三七頁）にも注意しなければならないであろう。

(44)　外山軍治「通論――金朝政治の推移――」（同『金朝史研究』同朋舎、一九六四、一―六四頁）二―三頁。

(45)　古松崇志「十～十二世紀における契丹の興亡とユーラシア東方の国際情勢」（荒川慎太郎他編『契丹［遼］と十～十二世紀の東部ユーラシア』勉誠出版、アジア遊学一六〇、二〇一三、八―二〇頁）一八―一九頁。

(46)　外山軍治「通論」（注44前掲）二頁。

(47)　この点に関しては、中央ユーラシアという概念は本来は東北アジアも含むという、古畑徹「日本の渤海史研究について」（『日本学』二八、二〇〇九、七―三八頁）の指摘にも注意すべきであろう。

(48)　石井正敏「天平勝宝四年の新羅王子金泰廉来日の事情をめぐって」（同『日本渤海関係史の研究』吉川弘文館、二〇〇一、四二一―五八頁。新稿）五六頁。

第一部　五代両宋／遼金時代の外交文書と国際関係

第一章　隋唐五代両宋期における「致書文書」の再検討と五代十国の外交関係

はじめに

隋代以降の東部ユーラシアでは、従来の研究で「致書文書」と呼ばれてきた漢文の外交文書が散見している。致書文書とは、冒頭を「某致書某」（某、書を某に致す）として、差出（発信者）と宛所（受信者）を明記する形式の文書であり、本来は個人間での書状の一種であるが、中国王朝と周辺諸勢力との関係が対等関係（敵国の礼）である場合には、君臣関係を示す慰労詔書[1]・論事勅書や表[2]（上表文）に代わり外交文書として使用されたことが、中村裕一氏の研究により指摘されている。[3]また、唐の滅亡以降では、致書文書に類する「某奉書某」などの形式も外交文書として使用されていたことや、致書文書に「謹」字や「上」字を付すことで、対等関係を基本としながらも微妙な敬意を表現していたことが、中西朝美氏の研究により明らかにされてきた。[4]

しかし、外交文書以外も含めて致書文書と類似する形式の書状を概観すると、中西氏が指摘した「某奉書某」以外にも、例えば「某上書某」や「某献書某」など、複数の形式が併存しており、さらにこれらの中には、国内の臣下から皇帝に提出された文書も含まれているのである。つまり、致書文書などの「某〇書某」という形式が示す名分関係は、従来の理解のように対等関係と即断することは不可能であり、対等関係から君臣関係におよぶ幅広い名分関係に対応することを前提として、それぞれの形式ごとに表明する名分関係を検討していく必要があると思われる。(5)

そこで本章では、致書文書も含めた「某〇書某」形式(6)の書状を取り上げて、各形式がどのような名分関係を表明したかを明らかにしていく。具体的には、致書文書が登場する隋代から、東部ユーラシアの多くの地域が政治的に統一される南宋の滅亡までを対象に、致書文書を含めた「某〇書某」形式の書状を、国内文書・外交文書の双方から集積して、それぞれの形式が示す上下関係の程度と、その時期的な変遷を明らかにする。その上で、これらの形式が外交文書として使用された国際関係、特に事例が豊富な五代十国時代での中原政権と十国諸国等との関係に注目して、名分関係の変化を含めた具体的な外交過程を跡付けていく。これにより、君臣関係が貫徹しない外交関係において、致書文書も含めた「某〇書某」形式の書状が果たした役割を明確にしていきたい。

第一節　「某〇書某」形式の書状

（1）皇帝に提出された形式（上書・献書・裁書）

本節では、致書文書を含めた「某〇書某」形式の書状を取り上げて、それぞれの形式が表明する敬意の程度を明らかにする。「はじめに」でも言及したように、致書文書および類似する形式の文書は、国内での書状としても使用されており、その一部は皇帝にも提出されていることから、一定の体系に基づいて使い分けがなされたと想定できる。ただし、類似する多様な形式の全てを分析することは困難であり、実際に使用された形式も特定のものに集中しているので、本節での分析対象は、使用例が多い致書・奉書・上書・献書・裁書[7]の五種類に絞る。このうち本項では、高い敬意を表明していることが確実である、皇帝に提出された形式（上書・献書・裁書）を扱う。

表1　両宋期に皇帝へ提出された致書文書

No.	出典	文面
1	咸平集2	月日郷貢進士臣田錫惶恐頓首献書皇帝陛下……臣不勝慺慺思理之誠、謹昧死奉書以聞。臣錫誠惶誠恐頓首再拝。
2	咸平集2	月日郷貢進士臣田錫惶恐頓首献書皇帝陛下……臣不勝罄伸誠請之願、謹昧死奉書以聞。臣誠惶誠恐頓首再拝。
3	文荘集16	景徳二年十一月将仕郎守潤州丹陽県主簿臣夏竦謹斎戒昧死再拝上書崇文広武聖明仁孝皇帝陛下……臣無任待罪戦汗惶懼之至。臣某稽顙頓首死罪死罪。
4	范文正公集7	天聖三年四月二十日文林郎守大理寺丞臣范仲淹謹詣閤門再拝死罪上書皇太后陛下皇帝陛下……臣無任戦汗激切屏営之至。臣某昧死謹言。
5	欧陽文忠公集45	十二月二十四日宣徳郎守太子中允充館閣校勘臣欧陽修謹昧死再拝上書于皇帝闕下……臣修昧死再拝。
6	欧陽文忠公集46	月日臣修謹昧死再拝上書于皇帝陛下……臣修昧死再拝。
7	鐔津文集9	年月日杭州霊隠永安蘭若沙門臣契嵩謹昧死上書皇帝陛下……不任皇恐之至、不宣。
8	鐔津文集9	十二月日杭州霊隠寺永安蘭若沙門賜紫臣僧某謹昧死上書皇帝陛下……臣不任激切屏営之至。臣誠惶誠恐謹言。
9	続資治通鑑長編139	男邦泥定国兀卒曩霄上書父大宋皇帝……

10	蘇学士文集11	五月二十八日具官臣某謹上書皇帝闕下……
11	嘉祐集9	嘉祐三年十二月一日眉州布衣臣蘇洵謹頓首再拝冒万死上書皇帝闕下……臣洵誠惶誠懼頓首頓首謹書。
12	蔡忠恵集23	朝奉郎秘書省著作佐郎充館閣校勘臣襄謹昧死再拝上書尊号皇帝陛下……昧死再拝謹上。
13	温国文正司馬公文集36	月日具位臣某昧死再拝上書皇帝陛下……臣某昧死再拝。
14	国朝二百家名賢文粋69	月日具位臣光謹昧死再拝上書皇帝陛下……臣光昧死再拝上。
15	臨川先生文集45	太皇太后致書于皇帝……
16	臨川先生文集45	太后致書于皇帝……
17	都官集4	具官臣陳某謹昧死上書皇帝陛下……
18	都官集4	具官臣陳某謹惶恐昧死上書皇帝陛下……臣謹頓首頓首。
19	都官集4	具官臣陳某謹昧死上書皇帝陛下……不宣。臣某昧死再拝。
20	都官集4	具官臣陳某謹昧死上書皇帝陛下……十一月二十八日謹詣閤門上書……不宣、臣謹昧死再拝。
21	都官集4	具官臣陳某謹昧死上書皇帝陛下……誠惶誠恐頓首頓首。
22	国朝二百家名賢文粋70	熙寧元年月日前夔州観察判官蒲宗孟謹昧死百拝上書皇帝陛下……臣宗孟昧死再拝。
23	国朝二百家名賢文粋69	六月十一日具位臣鎮昧死再拝上書体天法道欽文聡武聖神孝道皇帝陛下……臣不勝区区之愚。臣鎮惶恐昧死再拝。
24	伊川文集1	草莽賤臣程頤謹昧死再拝上書皇帝闕下……臣愚無任踰越狂狷恐懼之極。臣頤昧死頓首謹言。
25	伊川文集1	具位臣程頤惶恐昧死再拝上書皇帝陛下……臣無任踰越狂狷恐懼之極。臣昧死頓首謹言。
26	東坡奏議1	熙寧四年二月日殿中丞直史館判官告院権開封府推官臣蘇軾謹昧万死再拝上書皇帝陛下……不勝俯伏待罪憂恐之至。

27	東坡奏議1	熙寧四年三月日殿中丞直史館判官告院権開封府推官臣蘇軾謹昧万死再拝上書皇帝陛下……臣軾誠惶誠恐頓首頓首謹言。
28	東坡奏議2	元豊元年十月日尚書祠部員外郎直史館権知徐州軍州事蘇軾謹昧万死再拝上書皇帝陛下……臣軾誠惶誠恐頓首頓首謹言。
29	国朝二百家名賢文粋73	月日具位某謹昧万死再拝献書皇帝陛下……無任戦汗恐懼之至。
30	欒城集21	熙寧二年三月日具位臣蘇轍謹冒万死再拝上書皇帝陛下……臣轍誠惶誠恐頓首頓首謹書。
31	済北晁先生雞肋集24	臣晁補之謹斎戒択日昧死上書皇帝陛下……臣無任俯伏待詔激切之至。臣補之誠惶誠恐謹昧死再拝。
32	嵩山文集1	四月十九日宣徳郎知磁州武安県事兼兵馬監押臣晁説之謹昧死再拝上書于皇帝陛下……
33	嵩山文集2	二月十六日朝請大夫賜紫金魚袋臣晁説之謹昧死再拝上書皇帝陛下……臣説之昧死再拝。
34	道郷集21	元祐四年十二月某日穎昌府教授臣鄒浩謹昧死上書皇帝陛下……臣浩誠惶誠恐頓首稽首昧死謹言。
35	建中靖国続燈録30	七月十五日法雲寺住持伝法仏国禅師臣惟白謹昧死上書皇帝陛下……臣無任瞻天望聖激切屏営之至。臣惟白誠惶誠恐昧死謹言。
36	跨鼇集19	元符三年五月十一日興元府南鄭県丞李新謹昧死百拝上書皇帝陛下……臣無任瞻天望聖激切屏営之至。臣新昧死百拝。
37	邵氏聞見後録2	靖康元年月日諸王府賛読臣江端友昧死再拝上書皇帝陛下……臣不勝区区之情、惟陛下採択。臣端友惶恐昧死再拝。
38	三朝北盟会編2	政和八年五月二十七日草沢臣安尭臣謹昧死裁書百拝献於皇帝陛下……臣無任昧死俯伏聴命之至。臣尭臣誠惶誠恐頓首頓首謹言。
39	三朝北盟会編65	臣謹昧死裁書献於陛下……
40	盧渓文集26	年月日臣某謹昧死再拝上書皇帝陛下……臣誠惶誠恐昧死再拝。
41	陳修撰集3	丹陽布衣臣陳東謹昧死再拝上書於皇帝陛下……臣東昧死再拝。

42	三朝北盟会編36	二月十一日太学生楊誨謹昧死上書皇帝陛下……
43	高東渓集上	二月十六日太学生臣高登謹昧死百拝上書於皇帝陛下……臣不勝俯伏流涕待罪之至。不宣、臣百拝。
44	高東渓集上	二月二十二日太学生臣高登謹昧死百拝上書於皇帝陛下……臣不勝俯伏待罪之至。
45	高東渓集上	三月初一日太学生臣高登謹昧死百拝上書於皇帝陛下……臣不勝激切俯伏流涕待罪之至。臣登百拝。
46	高東渓集上	三月二十二日太学生臣高登謹昧死百拝上書於皇帝陛下……臣無任伏地泣涕以待斧鉞之至、不宣。臣登百拝。
47	高東渓集上	五月十一日漳州進士臣高登謹昧死百拝上書於皇帝陛下……臣無任俯伏流涕之至、不宣。臣登百拝。
48	欧陽修撰集1	江西撫州崇仁県布衣臣欧陽澈謹昧死百拝望北上書献於皇帝陛下……臣無任瞻天望聖俯伏待罪之至。臣澈誠惶誠恐稽首頓首昧死謹言。
49	欧陽修撰集2	某年某月某日江西路撫州崇仁県布衣臣欧陽澈謹昧死百拝献書於皇帝陛下……臣無任瞻天望聖俯伏待罪之至。臣誠惶誠恐稽首頓首謹言。
50	欧陽修撰集3	某年某月某日江西路崇仁県布衣臣欧陽澈謹昧死百拝上書献於皇帝陛下……臣無任瞻天望聖俯伏待罪之至。臣誠惶誠恐稽首頓首謹言。
51	三朝北盟会編35	二月初五日太学生雷観謹昧死百拝上書於皇帝陛下……臣無任戦慄待罪之至。
52	三朝北盟会編154	十二月初一日布衣呉伸謹斎沐裁書昧死百拝献於皇帝陛下……臣無任俯伏待罪之至。臣伸昧死百拝。
53	三朝北盟会編156	右迪功郎新授監広州寘口場塩税呉伸謹斎沐裁書昧死百拝献上皇帝陛下……臣無任俯伏待罪之至。臣伸昧死百拝。
54	三朝北盟会編157	正月二十九日右迪功郎新授監広州寘口場塩税臣呉伸謹斎沐裁書昧死百拝献於皇帝陛下……臣無任俯伏待罪之至。
55	歴代名臣奏議87	五月二十日右文林郎監潭州南嶽廟臣呉伸謹斎沐昧死百拝献書于皇帝陛下……臣無任俯伏待罪之至。臣伸昧死百拝。

56	国朝二百家名賢文粋76	月日左迪功郎特差温州瑞安県令主管学士勧農公事兼監双穂塩場臣熊某謹昧死再拝献書于皇帝陛下……臣無任戦灼待罪之至。臣昧死再拝。
57	紫微集23	九月十三日左承事郎守秘書省著作郎兼史館校勘臣張嵲……謹斎沐裁書昧死百拝献於皇帝陛下……無任震懼隕越之至。臣某等誠惶誠懼頓首謹言。
58	斐然集6	九月二十一日承奉郎試起居郎臣胡寅謹沐浴百拝上書皇帝陛下……臣無任隕越俟罪之至。
59	三朝北盟会編41	靖康元年二月二十二日太学生沈長卿謹昧死再拝献書於皇帝陛下……臣不勝惶恐戦慄之至。
60	松隠文集23	草土臣曹某謹昧死再拝上書皇帝闕下……
61	国朝二百家名賢文粋76	月日具位臣程敦厚謹昧死再拝上書皇帝陛下……
62	敬郷録5	十二月十四日左迪功郎厳州桐廬県主簿臣賈廷佐昧死百拝献書皇帝陛下……臣無任隕越戴罪之至。臣廷佐昧死百拝。
63	誠斎集62	五月二十四日朝奉郎尚書吏部員外郎臣楊万里謹斎沐裁書昧死百拝献于皇帝陛下……臣無任惶懼戦慄之至。臣万里昧死百拝。
64	誠斎集62	十一月初七日朝請郎新除秘書少監兼太子侍読臣楊万里謹斎沐裁書昧死百拝献于皇帝陛下……臣無任惶懼戦栗之至、不備。臣万里昧死百拝。
65	誠斎集62	三月二十日朝奉大夫守秘書少監兼太子侍読臣楊万里謹斎沐裁書百拝献于皇帝陛下……無任惶懼屏営之至、不備。臣万里昧死百拝。
66	晦庵先生朱文公文集11	八月七日左迪功郎監潭州南嶽廟臣朱熹謹昧死再拝上書于皇帝闕下……臣熹昧死再拝。
67	嘉泰普燈録巻頭	月日平江府報恩光孝禅寺臣奏上正受謹昧死上書皇帝陛下……臣下情無任激切屏営之至。
68	道命録7下	九月十一日進士臣呂祖泰謹昧死再拝上書皇帝陛下……臣昧死再拝。
69	松垣文集1	宝慶二年〈理宗丙戌〉正月十五日朝奉郎郢州通判臣幸元龍薫沐冒死百拝献書于皇帝陛下……
70	松垣文集1	宝慶二年正月二十日朝奉郎郢州通判臣幸元龍薫沐昧死百拝献書于皇帝陛下……

71	松垣文集1	紹定四年〈理宗辛卯〉十月一日朝奉郎賜緋魚袋臣幸元龍謹薫沐昧死百拝裁書献于皇帝陛下……
72	翠微南征録1	開禧元年四月二十七日国学発解進士臣華岳謹薫沐百拝裁書献于皇帝陛下……不備。岳百拝。
73	翠微先生北征録1	開禧三年吉月吉日待罪国学発解布衣臣華岳謹昧死百拝裁書献于皇帝陛下……
74	雪坡舎人集1	十二月吉日承事郎新除秘書省正字臣姚勉百拝献書皇帝陛下……臣惶懼惶懼頓首頓首謹言。
75	雪坡舎人集2	二月吉日承事郎秘書省正字臣姚某謹沐斎裁書昧死百拝献于皇帝陛下……臣某実惶実懼頓首頓首謹言。
76	雪坡舎人集3	三月吉日承事郎秘書省正字兼沂靖恵王府教授臣姚某謹昧死百拝裁書献于皇帝陛下……不備。臣昧死百拝。
77	蛟峰文集2	六月吉日奉議郎秘書郎兼国史実録院校勘臣方某謹斎沐裁書昧死頓首百拝献于皇帝陛下……下情無任伏稿俟罪之至。不備。
78	文山先生全集3	十一月吉日勅賜進士及第臣文天祥昧死百拝謹奉詔献書于皇帝陛下……臣無任瞻天望聖激切屏営之至、不備。臣某昧死百拝上。
79	文山先生全集3	七月吉日具位臣文天祥謹昧死百拝献書于皇帝陛下……臣無任望闕瞻天激切屏営之至、不備。臣昧死百拝。
補	宋史47	大宋国主昰謹百拝奉表于大元仁明神武皇帝陛下……臣無任感天望聖激切屏営之至。

まずは、全体的な傾向を把握するために、事例が比較的多く残る北宋・南宋期を検討の対象とする。両宋期を通じて皇帝へ提出された「某○書某」形式の書状は、表1によれば七十九首存在する。ただその中には、太皇太后・皇太后からの二首、西夏王からの一首が含まれるので、国内の官人などから提出されたのは七十六首となる。これを差出別に分類すると、官職が明示されている官人が三十首、官人ではあるが官職が不明な者十四首、僧侶

が四首、布衣・太学生・進士などの非官人が二十四首となる。差出側官人の官職は、明示されている限りは朝請大夫賜紫金魚袋（No.33、靖康元年〔一一二六〕の事例。元豊官制では従六品）が最高であり、多くは八・九品の下級官人である。上申内容は、政策の提案など具体的な政務に言及したものが多く、従来の研究でも指摘されてきた、官学生や布衣身分の者による皇帝への政治的意見の表明（布衣上書）(8)と対応しているが、謝官・辞官など、上級官人が必要とした儀礼的な内容は原則として存在していない(9)。

表2　宋・仏日契嵩『鐔津文集』(四部叢刊三編本)収録の「某○書某」形式の書状

巻9	年月日杭州霊隠永安蘭若沙門臣契嵩謹昧死上書皇帝陛下……不任皇恐之至、不宣。
巻9	十二月日杭州霊隠寺永安蘭若沙門賜紫臣僧某謹昧死上書皇帝陛下……臣不任激切屏営之至。臣誠惶誠恐謹言。
巻10	月日沙門某謹北嚮伏揖献書于集賢相公閣下……不勝悚懼之至、不宣。沙門某謹白。
巻10	月日沙門某謹伏揖献書昭文相公閣下……不宣、某謹白。
巻10	月日沙門某謹伏揖再献書于昭文相公閣下……不宣、某惶恐謹白。
巻10	月日沙門某謹北望伏揖献書昭文相公閣下……不宣、某菫《（ママ）》白。
巻10	月日沙門某謹北嚮伏揖献書昭文相公閣下……不任瞻望台慈皇恐悚越之至、不宣。某謹白。
巻10	月日沙門某謹撰書寄献于省主端明侍郎閣下……不任皇恐之至、不宣。某謹白。
巻10	月日沙門某謹撰書寄献于枢密侍郎閣下……不任惶恐之至、不宣。某謹白。
巻10	月日沙門某謹撰書寄献于参政給事閣下……不任慚懼之至、不宣。某謹白。
巻10	月日沙門某謹撰書寄献于百司内翰閣下……不任惶恐之至、不宣。某謹白。
巻10	月日沙門某謹撰書寄献于内翰呂公閣下……豈勝皇恐之至、不宣。某謹白。

巻10	月日沙門某謹伏揖献書于参政侍郎閣下……不宣、某謹白。
巻10	月日沙門某謹献書于集賢相公閣下……不宣、某謹白。
巻11	月日沙門某謹奉書于彦長秘校前……不宣、某謹白。
巻11	月日沙門某謹奉書秘校茹君足下……不宣、某謹白。
巻11	月日沙門某謹奉書于秘校表民足下……不宣、某謹白。
巻11	具位某致書于二名儒足下……不宣。
巻11	具位某奉書于著作馬侯執事……不宣、某謹白。
巻11	具位某謹奉書于感之員外足下……不宣。
巻11	具位某奉書秘校正仲足下……不宣。

表3　宋・陳舜兪『都官集』（四庫全書本）収録の「某〇書某」形式の書状

巻4	具官臣陳某謹昧死上書皇帝陛下……
巻4	具官臣陳某謹惶恐昧死上書皇帝陛下……臣謹頓首頓首。
巻4	具官臣陳某謹昧死上書皇帝陛下……不宣。臣某昧死再拝。
巻4	具官臣陳某謹昧死上書皇帝陛下……十一月二十八日謹詣閤門上書……不宣、臣謹昧死再拝。
巻4	具官臣陳某謹昧死上書皇帝陛下……誠惶誠恐頓首頓首。
巻9	十二月十日具位陳某謹斎沐裁書再拝献於集賢相公閣下……無任惶恐之至、不宣。某載拝。
巻9	三月三十日具官陳某謹斎沐裁書載拝献於集賢相公閣下……無任惶悚之至。
巻9	具官某謹斎沐裁書頓首載拝有聞於群牧内翰先生坐下……不宣、某頓首載拝。

巻10	具官某謹斎沐裁書東望載拜授之門人有聞於集賢相公閣下……不宣、某頓首拜。
巻10	具官某謹払耆揆日斎慮裁書頓首再拝惶恐有聞於昭文相公閣下……

続いて、使用された形式とその時期的な差異を検討する。両宋期を通じて国内の官人等から皇帝に提出されたのは、上書・献書・裁書の三種類であり、奉書・致書形式は皇帝には提出されていない。このうち北宋期の内訳は、上書四十二首、献書四首、裁書二首と、圧倒的に上書が多く、宋初に献書が二例存在し、政和年間（一一一一―一一一八）以降に献書・裁書の割合が増加しているが、十一世紀の事例はほとんどが上書である。この点と対応するように、十一世紀の別集である仏日契嵩『鐔津文集』や陳舜兪『都官集』では、表2・表3を参照すると、皇帝に提出されたのは上書のみであり、献書・裁書・撰書[10]は主として宰相級の官人に、奉書・致書はそれ以下の官人に使用されるという使い分けが存在している[11]。また、南宋期に皇帝へ提出された文書は、上書六首、献書九首、裁書十三首であり、北宋末期の傾向を受け継いで献書・裁書が多く使用されている。

表4　隋唐期に皇帝へ提出された「某○書某」形式の書状

No.	出典	発信→受信	文面
1	隋84	突厥可汗→文帝	辰年九月十日従天生大突厥天下賢聖天子、伊利倶盧設莫何始波羅可汗致書大隋皇帝。……
2	隋81	倭王→煬帝	日出処天子致書日没処天子無恙。
3	212・苑675・伯9・旧190中	陳子昂→中宗	梓州射洪県草莽愚臣陳子昂謹頓首冒死献書闕下。……伏惟大行皇帝……伏惟陛下……臣子昂誠惶誠恐頓首頓首死罪死罪。

4	213・苑675・伯9	陳子昂→則天武后	月日梓州射洪県草莽愚臣陳子昂謹冒死稽首再拝献書闕下。……陛下……伏惟皇太后陛下……
5	張30	張説→玄宗	開元六年五月七日燕国公臣説頓首死罪上書皇帝陛下……
6	288・苑676・曲16	張九齢→玄宗	五月二十日宣義郎左拾遺内供奉臣張九齢謹再拝死罪死罪上書開元神武皇帝陛下……伏惟陛下……不勝塵露裨補之誠。
7	苑676	元稹→憲宗	某年某月日某官臣稹昧死再拝献書皇帝陛下……
8	667・苑676・白41	白居易→憲宗	五月八日翰林学士将仕郎守左拾遺臣白居易頓首頓首謹昧死献（奉）書于旒扆之下……陛下……無任感恩欲報懇款屏営之至、謹言。
9	695	李行修→憲宗	元和三年六月一日郷貢進士臣李行修謹昧死惶恐再拝献書闕下……伏惟陛下……謹詣光順門昧死以聞、伏待刑辟。

凡例（数字は巻数）
隋：『隋書』　三桁数字：『全唐文』　苑：『文苑英華』　旧：『旧唐書』　伯：『陳伯玉文集』
張：『張説之文集』　曲：『曲江張先生文集』　白：『白氏長慶集』

以上の傾向は、大略は隋唐期でも同様である。隋唐期に皇帝へ提出された「某〇書某」形式の書状は、表4を参照すると九首存在しており、事例数が少ないので時期的な差異は不明であるが、その内訳は上書二首・献書五首（うち一首は奉書にも作る）・致書二首（突厥可汗・倭国王）であり、国内の官人からの上書・献書七例中三例が進士・草莽からの上申文書である。そのため、隋唐期での用例も両宋期とほぼ同様とみなすことができる。

ただし、以後の行論との関係で確認しておきたいことは、同じく皇帝に提出可能な文書ではあるが、表は皇帝以外には使用できないのに対して、上書・献書・裁書は皇帝以外にも使用可能ということである。この違いは、両者が外交文書として使用された際の機能を大きく規定することになるので、あらかじめ注意を促しておきたい。

（2）皇帝に提出されていない形式（奉書・致書）

本項では、前項で取り上げた皇帝に提出された形式（上書・献書・裁書）とは異なり、隋唐から両宋に至るまで皇帝には提出されておらず、表明する敬意もそれほど高くないと思われる形式（奉書・致書）を扱う。前項で明らかにしたように、隋唐から両宋を通じて皇帝に提出された「某○書某」形式の書状は、上書・献書・裁書の三種類であり、奉書・致書は皇帝には提出されていない。そのため、この両者の間には、君臣関係を提示可能か否かという点で、表明する名分関係に大きな差が存在することになる。それでは、奉書・致書形式は、どの程度の敬意を表明しているのであろうか。まず奉書に関しては、親族間ないし親族に準じた間柄で交わされた書状である以下の史料を参照したい。

A【宋・柳開『河東先生集』巻八・与起居舎人趙晟書[12]】
十二月日、従表弟起服儒林郎・守観察御史・知潤州軍州事柳開、再拝奉㆓書于為光足下㆒。……仲塗頓首再拝。

B【宋・范仲淹『范文正公集』巻九・与周騤推官書[13]】
六月十五日、同年弟范某、再拝奉㆓書于周兄㆒。……不宣、某再拝。

Aは、従表弟（父の姉妹または母の兄弟姉妹の子のうち、自分よりも年少の者。異姓のいとこの年少者）から従表兄（同じく、自分よりも年長の者）に宛てた書状であり、Bは「同年弟」から「周兄」に宛てたものである。[14]いずれも長属（同一世代の年長者）に対して奉書形式が使用されているのだが、献書や裁書は奉書よりも尊卑の差が明確な場合に使用されていた。以下の史料も参照したい。

C【宋・佚名『国朝二百家名賢文粋』巻八八・宋・孫何・上楊諫議書[15]】
月日、従表姪孫何、謹斎沐再拝献㆓書諫議丈丈執事㆒。……

D【宋・李呂『澹軒集』巻六・上黄提刑求先子墓銘書(16)】

十二月二十日、従表姪孤子李某、謹斎沐裁レ書、西向泣血稽顙再拝、授二家童一走二二千里一、謹投二上提刑察院丈閣下一。……

C・Dはいずれも、従表姪（父の姉妹または母の兄弟姉妹の孫。異姓のいとこの子）が従表伯叔（祖父の姉妹または祖母の兄弟姉妹の子。父の異姓のいとこ）に宛てた書状で、傍系尊属に対して献書と裁書が使用されている。以上のように、献書・裁書と奉書が表明する敬意には、おおよそ傍系尊属と長属程度の差があることになる。

それでは、致書形式が示す敬意はどの程度なのであろうか。前述の通り、奉書と致書はともに皇帝には提出されていない形式であるが、表明する敬意には明確な差が存在する。なぜなら、奉書を目下に使用した事例は見いだせないが、致書は隋唐期と両宋期の双方で目下に使用されているからである。まず宋代の例として、以下の史料を参照したい。

E【宋・陳東『少陽集』巻四・答延康殿学士知鎮江府趙子崧書(17)】

七月十一日、太学生陳東、謹再拝裁二書於判府安撫延康閣下一。……不宣。

F【明・陳沂『宋太学生陳東尽忠録』巻三・延康殿学士知鎮江府趙子崧書(18)】

子崧謹再拝致二書于陳公先輩執事一。子崧去年在二淮寧間一、聞二公抗レ章論レ事、士大夫推重一。今年城中、群奸誤レ国、坐致二傾覆一、二帝北狩、六宮九族、尽随以遷。……不宣。

G【宋・王禹偁『小畜集』巻一八・与李宗諤書(19)】

月日、商州副使王某、謹遣二家僮一致二書于学士〈足下一〉。……某再拝。

Eは、太学生の陳東から延康殿学士・知鎮江府の趙子崧に宛てられた書状である。(20)趙子崧が延康殿学士・知鎮江府に遷るのは、建炎元年（一一二七）五月の高宗の即位以降であり、[21] 陳東は同年八月に太学生のまま処刑されたので、[22] Eは建炎元年七月十一日のものとなる。Fは逆に、趙子崧が陳東に宛てた書状であるが、文中に徽宗・欽宗以下の北宋皇族が金に連行された靖康の変（一一二七年三月―四月）の記述が見えることから、Fの作成時期も建炎元年の三月から八月までに比定できる。以上の通り、EとFは陳東と趙子崧との間で短期間に交換された書状であるが、上位の趙子崧から下位の陳東に対して致書形式が使用されているということは、致書は奉書と比べると表明する敬意が明らかに低いことになる。またGは、商州団練副使の王禹偁が昭文館学士の李宗諤に宛てた書状であるが、王禹偁が左遷されている時期のものなので、実際の上下関係と帯びている官職が対応していない。[23] ただし、王禹偁（九五四年生）は李宗諤（九六五年生）より十一歳年上であり、左遷前の王禹偁は知制誥に叙されていたことを考慮すれば、Gも致書形式が目下に対して使用された例と考えることができる。

表5　唐代に目下へ使用された致書形式の書状

No.	出典	発信→受信	文面
1	134・苑686	王季卿（陳子良）→王仁寿	大唐相国録事参軍正議大夫寿光県開国公王季卿頓首頓首致書隋季将軍王仁寿足下……季夏炎盛、体力何如……此不多具、王季卿呈。
2	214・苑684・伯10	建安郡王攸宜（陳子昂）→安東諸州刺史等	日月清辺道行軍大総管建安郡王攸宜致書安東諸州刺史并諸将部校官属等。初春猶寒、公等……某如常……先此不具。
3	勃30	彭執古・孟献忠→王勧（王勃の弟）	林壑幽人謹致書於王六賢弟足下。僕等……比当佳適……彭執古・孟献忠諮。

凡例（数字は巻数）
三桁数字：『全唐文』　苑：『文苑英華』　勃：『王勃集』　伯：『陳伯玉文集』

また、表5にある通り、隋唐期でも致書形式の書状が目下に使用された事例を三例確認できる。これらの事例では、唐代の書儀を参照することで使用された語句から名分関係を検討することが可能である。[24]まず一番目の事例では、唐創業期の相国録事参軍である王季卿（代筆は陳子良）が隋の将軍王仁寿に対して、幼属（同一世代の年少者）に対する語句である「呈」を使用している。続いて二番目の事例は、清辺道行軍大総管建安郡王の武攸宜（代筆は陳子昂）が、諸州の刺史・諸将に対して出した書状であり、同格の官人間などで使用される「不具」が含まれているものの[25]、行軍大総管である武攸宜と諸州の刺史・諸将の上下関係は明らかであり、卑属（子・姪・孫）に対する語句である「如常」も使用されている。[26]最後に三番目の事例では、初唐の文人・王勃の友人が王勃の弟に対して、幼属に対する語句である「佳適」を使用している。このように、致書形式の書状は隋唐期から両宋期にかけて目下に対しても使用されていたのである。

以上のように、致書文書を含めた「某○書某」形式の書状は、皇帝に対して提出可能な上書・献書・裁書、皇帝には提出できないが目下には使用されず、長属相当の敬意は示す奉書、目下に使用されることもある致書に大別できる。これらの形式は、従来までの理解とは異なり、対等関係だけではなく、非君臣上下関係や君臣関係を示すことが可能であるのだが、「はじめに」でも指摘したように、これらの形式は五代十国時代での中原王朝と十国諸国等との関係で多用されている。そこで次節では、「某○書某」形式の外交文書に注目することで、君臣関係と対等関係を中心に理解されてきた五代十国時代の外交関係の再検討を行い、君臣関係が貫徹しない外交関係において、「某○書某」形式の外交文書がどのような役割を果たしたかを明らかにしていく。

第二節　五代十国時代における「某○書某」形式の外交文書

（1）対等関係を示す事例

本節では、「某○書某」形式の書状が外交文書として多用されていた、五代十国時代の外交関係[27]を再検討していく。五代十国時代における「某○書某」形式の外交文書は、表6に示した通り合計で十四例存在しており、国家元首間の事例ではない⑥と、実際には慰労詔書と思われる⑭を除くと、全て君臣関係が貫徹しない外交関係で使用されている。これらの事例は、対等関係を示す事例、非君臣上下関係の事例、君臣関係に準じる事例の三種類に分類できるのだが、このうち本項では、対等関係を示している①・④・⑫の事例を検討する。以下の史料を参照したい。

H【宋・袁説友等『成都文類』巻一九・蜀答聘書[28]】
大蜀皇帝謹致二書于大梁皇帝閣下一。窃念二早歳一、与二皇帝一共逢二昌運一、同事二前朝一、倶栄二倚注之恩一、並受二安危之寄一。……永言二梁・蜀之懽一、合レ認二弟兄之国一。……謹白。

I【『資治通鑑』巻二六八・乾化二年（九一二）二月辛酉条[29]】
遣二光禄卿盧玭等使二于蜀一、遺二蜀主書一、呼レ之為レ兄。〈……帝自度二力不レ能レ制。故用二敵国礼一、呼レ之為レ兄。〉

Hは永平三年（九一三）に前蜀の王建から後梁の朱全忠へ送られた外交文書（①）で、両者の擬制親族関係[30]が表明されているのだが、Iを参照すると、前年に朱全忠側から敵国の礼（対等関係）と擬制親族関係が提示されて

備考	出典
朱全忠が弟、王建が兄	資268・成19・蜀28・十36
923後梁滅亡、詔を拒否	資272・十3
辞礼如牋表／辞旨卑遜	資272・旧30・旧134・冊232・十3
敵国礼／詞理稍抗不能容	考29・旧32・旧135・冊232・冊233
対応不明	旧32・旧136・新65・冊232・十58
安重誨は後唐の重臣	資276・旧132・十78
前年孟知祥任蜀王／同年閔帝滅亡・孟知祥称帝／不答	旧46・冊233
後晋成立936.11直後／返書敵国礼／石敬瑭は以前孟知祥討伐に失敗	成19・十49
	S.4473
	十16
	資290・十104
抗礼ゆえ不答	資292・揮5・十49
兄事を求め拒否される。958上表	資292・旧116・新62・南2・十16
慰労詔書か	資294・新62・冊167・南2・南16・老6・十16・十19

いるので、Hで王建が朱全忠に対して提示した名分関係も対等関係と考えられる。

続いて、以下の史料を参照したい。

J【『旧五代史』巻一三五・王衍伝[31]】

……唐荘宗平レ梁、遣レ使告二捷於蜀一。蜀人恟懼、致レ礼復命称、大蜀国主致レ書上二大唐皇帝一。詞理稍抗、荘宗不レ能レ容。……

K【『冊府元亀』巻二三三・僭偽部矜大編・前蜀王衍・同光二年（九二四）七月条[32]】

遣二戸部侍郎欧陽彬一朝貢称、大蜀皇帝上二書大唐皇帝一。書詞旨驕怠。

L【宋・司馬光『資治通鑑考異』巻二九・同光二年（九二四）十一月条[33]】

十一月、蜀主遣二欧陽彬一来聘。〈実録七月戊午、蜀主遣二戸部侍郎欧陽彬一来使、致レ書用二敵国礼一。……〉

表6　五代諸勢力間の「某○書某」形式の書状

№&年代		差出→宛所	文面冒頭（通用字の異同は略した）
①	912	前蜀王建→後梁朱全忠	大蜀皇帝謹致書（致書）於大梁皇帝閣下
②	923	後唐李存勗→呉楊溥	大唐皇帝致書於呉国主
③	923	呉楊溥→後唐李存勗	大呉国主（国王）上書（書上・上・致書上）大唐皇帝
④	924	前蜀王衍→後唐李存勗	大蜀皇帝（国主）致書上（上書）大唐皇帝
⑤	925	南漢劉陟→後唐李存勗	大漢国主（国王）致書（致書上）大唐皇帝
⑥	929	呉越銭鏐→後唐安重誨	呉越国王（呉越王）謹致書（致書）於某官執事
⑦	934	後蜀孟知祥→後唐李従訶	大蜀（蜀）皇帝献書于大唐皇帝
⑧	936	後晋石敬瑭→後蜀孟昶	大晋皇帝奉書大蜀皇帝
⑨	942	後晋石重貴→契丹耶律堯骨	大晋皇帝謹致遺書於北朝皇帝足下頓首頓首
⑩	948	契丹耶律述律→南唐李景	大契丹天順皇帝謹致書大唐皇帝闕下
⑪	951	北漢劉崇→契丹耶律兀欲	姪皇帝致書於叔天授皇帝
⑫	955	後蜀孟昶→後周柴栄	七月一日大蜀皇帝謹致書於大周皇帝閣下
⑬	956	南唐李景→後周柴栄	唐皇帝奉書大周皇帝
⑭	958	後周柴栄→南唐李景	皇帝致書敬問（致書恭問・恭問）江南国主

凡例　（数字は巻数）
資：『資治通鑑』　考：『資治通鑑考異』　旧：『旧五代史新輯会証』　新：『新五代史』
冊：『冊府元亀』　南：『陸氏南唐書』　老：『老学庵筆記』　揮：『揮麈後録』　成：『成都文類』
蜀：『全蜀芸文志』　十：『十国春秋』

このJ・Kは、乾徳六年（九二四）に前蜀の王衍から後唐の李存勗へ送られた外交文書（④）であり、Lに「敵国ノ礼ヲ用キル」と見えるように、対等関係が表明されている。この外交文書の形式には、致書上（J）と上書（K）という二種類の所伝があるが、(34) Jに「詞・理、稍ヤ抗ニシテ」、Kに「書ノ詞ノ旨驕怠ナリ」とあるように、対等関係に見合う語句等が使用されていたことからすれば、皇帝に提出可能な上書形式が使用されたとは考えにくいであろう。(35) 最後に、次の史料を参照したい。

M【宋・王明清『揮麈後録』巻五・第一四条(36)】
三朝史孟昶伝云、……周世宗既取二秦・鳳一、昶懼、致二書世宗一、自稱二大蜀皇帝一。世宗怒二其抗礼一、不レ答。

其書真跡、今蔵二楼大防所一。用録二于左一。七月一日、大蜀皇帝謹致二書于大周皇帝閤下一。……不宣。……

これは、広政十八年（九五五）に後蜀の孟昶《もうちょう》から後周の柴栄へ送られた外交文書（⑫）であり、抗礼（対等関係）を示していたが、柴栄はこれを却下している。

以上のように、①・④・⑫はいずれも、前蜀・後蜀と中原政権との間で対等関係が表明された事例であるが、④・⑫では前蜀・後蜀が提示した対等関係が中原政権に拒否されたのに対して、①では中原政権が前蜀から示された対等関係を容認している。このように、時期により前蜀・後蜀に対する中原政権の対応が異なるのは、①の時期の後梁は、李晋（後の後唐）との華北の覇権をめぐる争いで劣勢に立たされていたのに対して、④の時期の後唐は、後梁を滅ぼして華北を掌握した直後であり、⑫の時期の後周も、前年に北漢、翌年には南唐を破り勢力を拡大していたように、その時々の国際情勢が中原政権に有利な場合には対等関係を拒否し、不利な場合には受容していたということができる。(37)

（2）君臣関係に準じる事例

本項では、君臣関係に準じる②・③および⑦の事例を検討する。このうち、②・③は往復の外交文書なので、あわせて検討していく。まず、以下の史料を参照したい。

N【『資治通鑑』巻二七二・同光元年（九二三）十月戊戌条】

……唐使称レ詔、呉人不レ受。帝易二其書一、用二敵国之礼一曰、大唐皇帝致二書于呉国主一。呉人復レ書称、大呉国主上二大唐皇帝一。辞礼如二箋表一。……

O【『旧五代史』巻三〇・荘宗紀四・同光元年十二月（九二三）戊寅条】

……淮南楊溥遣ㇾ使賀㆓登極㆒稱、大呉国主**書上**㆓大唐皇帝㆒。

P【『冊府元亀』巻二三二・僭偽部稱藩編・呉楊浦・同光元年（九二三）十一月条】

……又遣㆓使章景㆒来朝稱、大呉国主**致**ㇾ**書上**㆓大唐皇帝㆒。其辞旨卑遜、有ㇾ同㆓牋表㆒。

Q【清・呉任臣『十国春秋』巻三・呉本紀・順義三年（九二三）十月戊戌条(38)】

……又遣㆓使張景㆒報聘稱、大呉国主**上**㆓**書**大唐皇帝㆒。辞礼如㆓牋表㆒。

N〜Qはいずれも、同光元年（順義三年・九二三）に後唐の李存勗と呉の楊溥との間で交わされた外交文書（②・③）に関わる史料である。このうち、李存勗からの外交文書が「敵国ノ礼ヲ用ヰ」た致書形式であることはN以外の史料でも一致しているが、楊溥からの外交文書の形式は、上（N）・書上（O）・致書上（P）(39)・上書（Q）の四種類が伝えられている。しかし、「其ノ辞ノ旨ハ卑遜ニシテ、牋表ニ同ジコト有リ」（P）や、「辞礼ハ牋表ノ如シ」（Q）のように、君臣関係と同様の語句が使用されていたことからすれば、楊溥から李存勗への外交文書の形式は、表と同じく皇帝に提出可能である上書が使用された可能性が最も高いと思われる。

　このように考えるならば、後唐—呉関係においては、致書形式と上書形式の外交文書が交換されているので、一見相互に表明した名分関係が対応していないことになるのだが、上書形式が皇帝以外にも使用できることと、致書形式が目下に対しても使用できることを考慮すれば、後唐—呉関係で使用された二首の外交文書が、全く異なる解釈を与えられて外交関係の構築に貢献していた可能性を指摘できる。例えば、楊溥から李存勗に出された上書形式の外交文書に関しては、後唐側は表と同様に皇帝に対して提出されたと解釈する一方、呉側には皇帝以外に対して出したものと解釈する余地が生じることになり、同様に李存勗から楊溥に出された致書形式の外交文書に関しても、呉側はNの記述通り対等関係を示すと解釈する一方で、後唐側には目下に対して発給したものと解釈する余地が生じてくるのである。これは、皇帝に対してのみ使用可能な表とは違い、表明できる名分関係に一定の幅がある致書形式や上書形式の書状であれば、名分関係に関する相互認識の相違をある程度は吸収できることによるのであるが、このような「緩衝材」となりえる外交文書形式が存在することは、外交関係の構築や展開を助けるものと考えられる。

ただし、名分関係の解釈に幅を持たせたとしても、常に両者の外交関係が継続していくとは限らない。この点に関しては、次の史料を参照したい。

R【『旧五代史』巻四六・末帝紀上・清泰元年（九三四）七月癸卯条】

鳳翔進二偽蜀孟知祥来書一称、大蜀皇帝献二書于大唐皇帝一。且言、見レ迫二群情一、以二今年四月十二日一即二皇帝位一云。帝不レ答。……

Rは、明徳元年（九三四）に後蜀の孟知祥から後唐の李従珂へ送られた外交文書⑦であり、四月に孟知祥が皇帝に即位したことを通告しているが、李従珂は孟知祥の称帝を認めず、返答を拒否している。この場合は、後唐との軍事的対立[40]を再燃させたくない孟知祥は、臣下から皇帝に提出されることもある献書形式を選択することで、後蜀—後唐関係を君臣関係に準じて解釈できる余地を残そうとしたのだが、この時点では未だ李従珂と石敬瑭との対立が顕在化していないことから、李従珂に拒否されたと考えられる。

（3）　非君臣上下関係の事例

本項では、非君臣上下関係、すなわち完全な君臣関係ではないが、両者の間に上下関係が見いだせる⑧・⑬の事例を検討する。まず、以下の史料を参照したい。

S【宋・袁説友等『成都文類』巻一九・与孟昶書】

孟昶明徳三年、晋高祖遣レ使来聘、叙二姻親之旧一。(41) 書曰、大晋皇帝奉二書大蜀皇帝一。……

T【清・呉任臣『十国春秋』巻四九・後蜀本紀・明徳四年（九三七）三月条】

晋遣レ使告二即位一、且叙二姻好一。其書曰、大晋皇帝奉二書大蜀皇帝一。……帝復レ書用二敵国礼一。

S・Tは、天福元年（明徳三年・九三六）から二年（九三七）にかけて、後晋の石敬瑭から後蜀の孟昶へ送られた外交文書（⑧）であり、奉書形式が使用されたことと、孟昶が「敵国礼」で応じたことが見えている。ここで注意しなければならないのは、奉書形式は皇帝に使用されてはいないが、致書形式とは異なり目下には使用されておらず、致書形式よりも高い敬意を表明するということである。つまり、奉書形式の書状を外交文書として使用することは、君臣関係ではないが相手を上位に置く、非君臣上下関係を表明することを意味しているのであるが、この⑧で重要なことは、中国内地における国際政治の中心に位置していたはずの中原政権から、自らを下位とする非君臣上下関係が提示されたことである。(42) このような通常とは逆の名分関係が提示されたのは、この外交文書が後晋成立（天福元年（九三六）十一月）の直後のものであることと密接に関係している。石敬瑭は後晋建国時に契丹に臣下の礼を提示して軍事的な援助を得ているので、建国直後の後晋は独自の軍事力と正当性に不安を抱えていたはずである。後晋が後蜀に奉書形式を使用し、非君臣上下関係を提示した理由はこの点に求められるであろう。(43)

続いては、次の史料を参照したい。

U【『資治通鑑』巻二九二・顕徳三年（九五六）二月戊辰条・甲戌条】

戊辰、……唐主遣二泗州牙将王知朗一齎レ書抵二徐州一稱、唐皇帝奉二書大周皇帝一。請息レ兵修レ好、願以レ兄事帝一、歳輸二貨財一、以助二軍費一。
甲戌、徐州以聞、帝不」答。

Uは、保大十四年（九五六）に南唐の李璟から後周の柴栄へ送られた外交文書⑬であり、後周の遠征を受けた南唐が奉書形式の外交文書を使用して講和を求めたが、後周に拒否されたことが見えている。(44) この時南唐が表明した名分関係は、後周を上位とする非君臣上下関係であり、柴栄への兄事と進奉提供も明示されているが、君臣関係の提示は拒否していた。しかし中興元年（九五八）には、南唐は後周に江北の地を奪われ皇帝号を去り上表称臣せざるを得なくなり、最終的には北宋の開宝八年（九七五）に滅亡していることからすれば、この時点で南唐が提示した非君臣上下関係が後周に拒否された理由は、奉書形式には君臣関係と解釈できる余地が存在しないためと考えられる。(45)

おわりに

本章では、隋代から南宋における「某〇書某」形式の書状が示す名分関係と、これらの形式が外交文書として多用された五代十国間の外交関係を検討して、以下の結論を得た。「某〇書某」形式の書状に関しては、上書・献書・裁書形式は君臣関係を表明できるが、表とは異なり皇帝以外にも使用可能であること、奉書形式では君臣関係を表明することは不可能だが、目下には使用されていないこと、致書形式は目下の相手にも使用されていることを明らかにした。五代十国の外交関係に関しては、下位勢力が上書・献書形式を使用することで、上位勢力との関係を君臣関係に準じて解釈する余地を残していたこと、逆に上位勢力は、致書形式を使用することで下位勢力との上下関係を含意できるということ、中原政権も自らを下位とする非君臣上下関係を提示する場合があることを明らかにした。

その中で特に注意したい点は、「某○書某」形式の書状を外交文書として使用すれば、名分関係についての両者の認識が相違していても外交関係が維持される可能性があるということである。[46]これらの形式の外交文書が五代両宋期に盛行した理由は、君臣関係が貫徹していない外交関係では、表明する名分関係に一定の幅を持たせられる外交文書が、重要な「緩衝材」として機能していたことに求められるのではないだろうか。

その一方で、残された問題も存在している。第一に、著名な「日出処天子」外交文書を始めとして、フビライ＝ハーンの日本宛「奉書」[47]や足利義満の明宛「上書」[48]など、五代十国以外が使用した「某○書某」形式の外交文書についても再検討する必要がある。第二に、北宋・南宋の官人から、西夏王や金のオリブ・ネメガに宛てられた致書・献書・上書形式の書状のような、臣下が関与する「外交文書」の役割も解明しなければならないであろう。[49]以上は今後の課題としたい。

注

（1）慰労詔書は、皇帝から臣下個人に対して発給される、「皇帝〔敬〕問」で始まる様式の文書である。唐の則天武后期に「慰労制書」と改められたが、本書では「慰労詔書」で統一する。慰労詔書に関しては、中村裕一「慰労制書式」（同『唐代制勅研究』汲古書院、一九九一、二五七―二八二頁。初出一九八六）、同「慰労制書の起源」（同書、二八三―二九八頁。初出一九八八）を参照。

（2）論事勅書は、慰労詔書と同様に皇帝から臣下個人に対して発給される、「勅某」で始まる様式の文書である。中村裕一「論事勅書」（注1前掲書、五七八―六二二頁。初出一九八〇）を参照。

（3）中村裕一「慰労制書と「致書」文書」（注1前掲書、二九九―三三〇頁。初出一九八六）。
（4）中西朝美「五代北宋における国書の形式について――「致書」文書の使用状況を中心に――」（『九州大学東洋史論集』三三、二〇〇五、九三―一一〇頁）。
（5）拙稿「倭国・日本史と東部ユーラシア――六〜十三世紀における政治的連関再考――」（『歴史学研究』八七二、二〇一〇、三〇―三八頁）、拙著『古代日本外交史――東部ユーラシアの視点から読み直す――』（講談社選書メチエ五六九、二〇一四）第二章第二節参照。
（6）この形式は、注5前掲拙稿・拙著では、致書・奉書・上書等の形式を包摂する上位概念として「広義の致書文書」と表記していた。しかし、従来から対等関係として理解されてきた「致書文書」の語を、君臣関係をも包摂する上位概念の中で使用することには問題もあるので、本書では「広義の致書文書」の語は使用しないこととする。
（7）この五種類の形式のうち、裁書（書ヲ裁ス）のみは、他の四種（書ヲ致ス、書ヲ奉ズ、書ヲ上グ、書ヲ献ズ）とは異なる形式になるので、多少注意を要する。他の四種の冒頭部は、全て「書状を送る」という意味になるのだが、裁書は本来「書状を書く」という意味であり、その後ろの部分に「送る」という意味の動詞を伴うことで、他の四種と同様に使用されている。つまり正確には、裁書は「某○書某」という形式ではなく、「某○書……△（於）某」という形式になるので、本来は他の四種の形式とは区別した上で、前の動詞（○）と後ろの動詞（△）の組み合わせを考慮して分析を進めるべきである。しかし実際には、「某○書……△（於）某」形式の四分の三近くが「某裁書……献（於）某」であり、しかも年代が下るにつれてその割合は著しく増加している。また、裁書以外も含めた「某○書……△（於）某」形式では、表明される名分関係や敬意はほとんどが前の動詞と対応しており、後ろの動詞と対応することが明らかな事例は存在していない。そのため本章では、裁書形式も他の四種の形式と同様に扱い、検討を進めることとする。
（8）両宋期の布衣上書に関しては、楊宇勛「宋代的布衣上書」（『成大歴史学報』二七、二〇〇三、一―五四頁）を参照。
（9）表1№35の事例は、『建中靖国続燈録』が完成したことを皇帝に報告して、あわせて序文を賜い、印版流行せんことを請うたものであり、内容としては儀礼的な奉呈上表に近い。ただし、このような事例は他には見受けられない。

(10)「撰書」という形式は、『鐔津文集』以外では四例しか確認することができないが、表2を参照すると、いずれも「某謹撰レ書寄二献于某一」という形式で使用されているので、裁書形式に準じて扱うことが可能と思われる。

(11) ただし、これはあくまで『鐔津文集』と『都官集』における使い分けであり、宰相に対して奉書形式が使用された事例なども存在している。

(12)『河東先生集』のテキストは四部叢刊初編本を使用した。

(13)『范文正公集』のテキストは四部叢刊初編本を使用した。

(14) 范仲淹と周騤との間に親族関係は存在しないが、范仲淹の『范文正公集』巻三には、「依韻酬周騤太博同年」という詩が収録されているように、范仲淹と周騤との間には、詩文の交換を含めた親好が確認できる。Bにおいて「同年弟」や「周兄」という表現がみられるのは、同年生まれの誼も含めた両者の親好に基づく擬制親族関係と考えられる。

(15)『国朝二百家名賢文粋』のテキストは続修四庫全書本を使用した。

(16)『澹軒集』のテキストは四庫全書本を使用した。

(17)『少陽集』のテキストは四庫全書本を使用した。

(18)『宋太学生陳東尽忠録』のテキストは東洋文庫所蔵写真版（北平図書館旧蔵天啓七年刊本）を使用した。

(19)『小畜集』のテキストは四部叢刊初編本を使用した。

(20) Eは「裁書」の後に「献」字が存在しないが、表明している敬意は「献」字が存在している場合とほぼ同一である。この点に関しては注7も参照。

(21)『宋史』巻二四七・宗室四・趙子崧伝に、「宣和間、官至二宗正少卿一、除二徽猷閣直学士・知淮寧府一。……康王即位、……除二延康殿学士・知鎮江府・両浙路兵馬鈐轄一」（テキストは中華書局排印標点本を使用した）とある。

(22)『宋史』巻二四・高宗一・建炎元年（一一二七）八月壬午条に、「用二黄潜善議一、殺二上レ書太学生陳東・崇仁布衣欧陽澈一」とある。

(23) 王禹偁は淳化二年（九九一）年に知制誥から商州団練副使に左遷され、同四年（九九三）に中央に復帰して左正言を拝している。また、王禹偁の『小畜集』巻八には、左遷中の作と思われる「得昭文李学士書報以二絶」が存在するので、同時期の李宗諤の官職は昭文館学士と思われる。王禹偁に関しては、徐規『王禹偁事迹著作編年』（北京・中国社会科学出版社、一九八二）および『宋史』巻二九三・王禹偁伝、李宗諤に関しては『宋史』巻二六五・李宗諤伝を参照。

(24) 唐代の書儀を利用して、書状で表明された名分関係を検討する方法、および各語句が示す敬意の程度に関しては、拙稿「書儀と外交文書——古代東アジア地域の外交関係解明のために——」（同『東アジアの国際秩序と古代日本』吉川弘文館、二〇一一、二四—五六頁。初出二〇〇六）を参照。

(25) ただし「不具」は、九世紀の書儀では目下に対して使用されているように、時代が下るにつれて表明する敬意が低下している。拙稿「書儀と外交文書」（注24前掲）参照。この点を考慮すると、この事例の「不具」も目下に対して使用された早い時期の例と解釈することも可能である。

(26) 「不具」と「如常」が示す敬意の程度に関しては、拙稿「「東天皇」外交文書と書状——倭国と隋の名分関係——」（注24前掲書、八七—一〇八頁。初出二〇〇八）も参照。

(27) 五代十国時代における外交関係全般に関しては、山崎覚士「五代における「中国」と諸国との関係——五代天下の形成、其の二——」（同『中国五代国家論』思文閣出版、二〇一〇、一三三—一六七頁。初出二〇〇二）、中西朝美「五代北宋における国書の形式について」（注4前掲）を参照。

(28) 『成都文類』のテキストは中華書局本を使用した。

(29) 『資治通鑑』のテキストは中華書局排印標点本を使用した。

(30) 国家間の擬制親族関係全般に関しては、拙稿「日本—渤海間の擬制親族関係について——東部ユーラシアの視点から——」（本書終章、初出二〇〇九）を参照。

(31) 『旧五代史』のテキストは復旦大学出版社本『旧五代史新輯会証』を使用した。

(32) 『冊府元亀』のテキストは中華書局影印本を使用した。

(33) 『資治通鑑考異』のテキストは四部叢刊初編本を使用した。

(34) J・Kの他にも、『冊府元亀』巻二三二・僭偽部稱藩編・前蜀王衍条では致書上形式、『旧五代史』巻三二・荘宗紀六・同光二年（九二四）七月戊午条では上書形式がみられる。

(35) このように考えるならば、④では対等関係で致書上形式が使用されたことになるのだが、異伝も含めて他に致書上形式が見られるのは③と⑤のみであり、このうち⑤は詳細が不明、③は後述するように君臣関係に準じる事例であるので、致書上形式を対等関係と即断することは不可能である。当面、④の外交文書の書式は、所伝の混乱も考慮して、不明としておきたい。

(36)『揮麈後録』のテキストは『全宋筆記』第六編所収本を使用した。

(37)中原政権と前後蜀との関係全般については、田中整治「五代における後蜀国の成立過程について」(『北海道学芸大学紀要　第一部B』一四―二、一九六三、四三―五八頁)、日野開三郎「五代の対外関係」(『日野開三郎東洋史学論集二　五代史の基調』三一書房、一九八〇、三六〇―四三〇頁。初出一九七九、執筆一九四四―一九四五)、鄭重華・胡昭曦「前蜀后蜀与中原政権的関係」(成都王建墓博物館編『前蜀後蜀的歴史与文化』成都・巴蜀書社、一九九四、一〇―一七頁)、粟品孝「求治于乱世：王建・孟昶治蜀」(『成都通史四　五代(前後蜀)両宋時期』成都・四川人民出版社、二〇一一、五二―六九頁)を参照。なお個別の事例としては、後掲第三項S・Tも参照。

(38)『十国春秋』のテキストは中華書局排印標点本を使用した。

(39)致書上形式は、Pの他にも『旧五代史』巻一三四・楊溥伝でもみられる。

(40)孟知祥は後唐の西川節度使であり、天成五年(九三〇)に東川節度使の董璋に続き李嗣源に反旗を翻し、後唐の天雄軍節度使石敬瑭などの征討軍を撃退した。のち孟知祥は董璋を破り後唐に帰服し、長興四年(九三三)には蜀王に封じられて後唐から事実上独立したが、同年十一月に李嗣源が死去すると、孟知祥は翌明徳元年(九三四)に称帝して後唐から完全に独立している。田中整治「五代における後蜀国の成立過程について」(注37前掲)参照。

(41)孟知祥(八七四生)の正妃李氏瓊華長公主は李克用の長女で李存勗の姉であり、石敬瑭(八九二生)の正妃李氏永寧公主は李嗣源(李克用の仮子)の娘であり、孟昶(九一九生)の母李氏は孟知祥に下賜された李存勗の側室である。ここでいう「姻親ノ旧」とは、この婚姻関係を指すと思われる。

(42)山崎覚士「五代における「中国」と諸国との関係」(注27前掲)一三九頁では、中原皇帝と他国(十国諸国)皇帝との関係は、他国側からは成り立ちえても、中原主側からは成り立ちえないと指摘している。しかし、S・Tはこの指摘に対する明らかな反例となるので、中原政権でも周辺諸勢力が称した皇帝号を容認せざるを得ない場合もあると考えるべきであろう。

(43) 石敬瑭が後蜀を高く評価した背景の一つには、天雄軍節度使時代に孟知祥の討伐を失敗していること（注40前掲）もあると思われる。

(44) 後周―南唐関係については、中村裕一「慰労制書と「致書」文書」（注3前掲）、中西朝美「五代北宋における国書の形式について」（注4前掲）を参照。

(45) ただし、後周・北宋は、外交文書・外交儀礼の両面において、南唐を通常の臣下よりも高く評価していた。外交文書に関しては拙稿「宋代東部ユーラシアにおける外交文書と国際関係」（本書第一部第二章、初出二〇一三）を、外交儀礼に関しては拙稿「唐宋期周辺諸勢力の外交儀礼について――「東夷の小帝国」倭国・日本の位置――」（注24前掲書、三二一―三四〇頁。新稿）を参照。

(46) 外交当事者相互の認識が相違しながらも外交関係が継続した事例としては、日本―渤海関係を挙げることができる。拙稿「日本の対新羅・渤海名分関係の検討――「書儀」の礼式を参照して――」（注24前掲拙著、五七―八六頁。初出二〇〇七）参照。

(47) 庚申年（一二六〇）のモンゴルから南宋への外交文書は、「皇天眷命／大蒙古国皇帝致書于南宋皇帝」と、致書形式が使用されているのに対して、至元三年（一二六六）のモンゴルから日本への外交文書では、「上天眷命／大蒙古国皇帝奉書日本国王」と、奉書形式を採用している。この点に関して舩田善之「日本宛外交文書からみた大モンゴル国の文書形式の展開――冒頭定型句の過渡期的表現を中心に――」（『史淵』一四六、二〇〇九、一―二三頁）では、その理由を当時の国際情勢とモンゴル帝国内部での文書行政システムの成熟度合、および翻訳の過程に求めている。

(48) 『善隣国宝記』巻中には、応永八年（一四〇一）に足利義満が明に提出した「上表文」が載録されているが、その冒頭は「日本准三后某／上二書／大明皇帝陛下一」であり、しかも義満はこの文書の中では称臣していない。なお類例としては、慶暦三年（一〇四三）に「男邦泥定国兀卒曩霄上二書父大宋皇帝一」（『続資治通鑑長編』巻一三九・慶暦三年（一〇四三）正月癸巳条）という外交文書を北宋に提出した、西夏・李元昊の事例を提示できる。

(49) この点は、日本古代史で議論されてきた「大臣外交」の問題を見直すことにもつながると思われる。いわゆる「大臣外交」に関しては、佐藤信「古代の「大臣外交」についての一考察」（村井章介他編『境界の日本史』山川

出版社、一九九七、八八―一〇五頁）、同「奈良時代の「大臣外交」と渤海」（同編『日本と渤海の古代史』山川出版社、二〇〇三、一七一―一八一頁）を参照。

付記　本章は、大幸財団（第二回）人文社会科学系学術研究助成による研究成果の一部である。

第二章　宋代東部ユーラシアにおける外交文書と国際関係

はじめに

東部ユーラシアの国際関係の中で、特に注目を集めてきたのは唐代の国際関係である。これは、唐の全盛期には中国内地の農耕世界とモンゴル高原などの遊牧世界を統一して、中央アジアにまで至る広大な勢力圏を築いたことに加え、隋・唐前半期の東部ユーラシア情勢下で、律令制の導入に代表される倭国・日本での古代国家の形成が進行したという、日本史の重要な論点とも重なる問題であるためと思われる。

唐代の国際関係の研究では、早くから外交文書が注目されてきた。まず金子修一氏は、唐代の外交文書の冒頭形式と名分関係との対応を検討しており[1]、続いて中村裕一氏は、慰労詔書・論事勅書の様式を復元するとともに、両者が外交文書としても使用されていたことを明らかにした[2]。さらに山内晋次・保科富士男両氏は、相手国王の呼称や贈信物の名称などにも注目することで、より詳細な名分関係を導き出している[3]。

これに対して筆者は、外交文書で使用された語句を、漢文書状の書札礼である「書儀」を参照することで、唐代や日本の外交文書を再検討してきた[4]。その際重視してきたのが、日本―渤海関係や、唐―突厥・吐蕃・回鶻関係など、君臣関係が貫徹しておらず、「冊封体制」論や「東アジア世界」論では十分に説明できない外交関係である。これらの外交関係に注目しながら、視野を東部ユーラシアに広げることを通じて、隋唐期の新たな国際関係像を提示した。

一方、宋代東部ユーラシアの国際関係は、唐代と比較すれば研究が立ち後れているが、唐代の研究状況を念頭に置いて宋代の国際関係を概観すれば、筆者が注目してきたような君臣関係が貫徹しない事例や、唐代や日本の外交文書と同様の語句を見出すことができるなど、唐代東部ユーラシアの国際関係を見直す上でも興味深い題材である。そのため本章では、唐代や日本の外交文書に対する研究成果を参考にしながら、宋代東部ユーラシアの国際関係の全体像を概観することで、唐代から宋代に至る東部ユーラシアの国際関係を素描していく。ただし、現存の書儀は唐・五代のものが中心であることから、各々の用語の同時代における用例にも留意しながら、宋代の外交文書で使用された語句に注目して検討を進めていきたい。

第一節　北宋と十国諸国との関係

本節では、北宋と十国諸国との関係を検討する。北宋が成立した建隆元年（九六〇）の時点では、中国内地に後蜀・南唐・呉越などの勢力がなお存在していた。このうち後蜀との関係については、乾徳三年（九六五）に蜀帝孟昶《もうちょう》が降伏の表を上《たてまつ》り後蜀が滅亡した際、北宋の太祖・趙匡胤が発給した批答である、次の史料を参照したい。

A【宋・袁説友等『成都文類』巻一七・芸祖皇帝納降蜀主勅(5)】

勅㆓蜀主㆒。省㆓上表㆒、率㆓文武見任官㆒、望㆑闕瀝懇帰㆑命事具悉。……春寒、想比清休。書旨不㆓多及㆒。

Aの文書様式は、「勅某」で始まる論事勅書であるので(6)、滅亡した後蜀の皇帝である孟昶は北宋の臣下として扱われたことになる。ただし、Aを通常の論事勅書と比べれば、本来は平懐（対等な相手）に対して使用される「清休」の語[7]が存在することに加えて、冒頭で孟昶の姓名が記されず「蜀主」と記されていること、本文中で孟昶を指す語として「卿」字が使用されていないこと[8]、末尾の定型句である[9]「書ヲ遣ハスニ指《むね》多ク及バズ」の「遣」字が使用されていないことを指摘できる。このうち、「清休」以外の後者三点に関しては、以下の史料を参照したい。

B【唐・楊鉅『翰林学士院旧規』書詔様条[10]】

賜二諸王詔一、如是兄叔、不レ呼レ名、卿処改為レ王。……

C【朝鮮・徐居正等撰『東文選』巻三四・謝書詔不名表（一一一六年、朴昇中作）[11]】

臣謹言。准二入朝某使某官某報告一、館伴官奉二御箚子一宣諭、伏蒙二聖慈一、所レ有臣応レ降勅書、可二特降一詔不レ名・不レ称レ卿・不レ言レ遣。仍令下学士院改二訂詔書礼式一、申中枢密院上、進呈取レ旨施行者。……

Bは、唐最末期[12]における慰労詔書・論事勅書起草に関する規定であり、皇帝の兄や叔に対しては相手の諱を記さず、「卿」字に替えて「王」字を使用するとしている[13]。一方Cは、北宋末期の高麗の表であり、北宋からの外交文書が「名イハズ・卿ト称サズ・遣ト言ハズ」という礼式に格上げされたことに対する謝辞を述べている[14]。このように、詔勅の中で一定の敬意を払う場合には、相手の姓名を記さない・「卿」字を使用しない・「遣」字を使用しないという三種類の方法が存在しているのだが、前掲Aの論事勅書に注目すると、孟昶の姓名は明示されず、「卿」・「遣」両字も使用されていないなど、B・Cの記述に合致していることから、孟昶は一般の臣下よりも上位として扱われたといえる。

続いて、南唐との関係を検討する。南唐は顕徳五年（九五八）に後周に江北を奪われ、皇帝号を去り表を上る一方、後周からは慰労詔書が発給されていたのである(15)が、南唐と後周・北宋との関係については、さらに以下の史料も参照したい。

D【宋・陸游『老学庵筆記』巻六(16)】

周世宗時、李景奉二正朔一、上表自称二唐国主一、而周称レ之曰二江南国主一。国書之制曰、皇帝致レ書恭問二江南国主一。又以二君字一易二卿字一。至二芸祖一、於二李煜一則遂賜レ詔如二藩方一矣。……

E【宋・陸游『南唐書』巻一六・李弘冀伝(17)】

……元宗既請二盟于周一、以二在位久一恥二于降屈一、屢遣レ使請二于世宗一、欲下伝二位弘冀一、使上レ為二大国附庸一。世宗賜レ書、力止レ之。其詞曰、皇帝致レ書敬問二江南国主一。……況君血気方剛、春秋鼎盛、為二一方之英主一、得二百姓之驩心一。……書詞温潤、略以敵国。元宗乃已。……

F【『宋大詔令集』巻二二六・招諭李煜詔(18)】

勅二李煜一。朕法レ天臨レ人、開レ懐恕レ物、毎以愛民為念、未二嘗黷武肆情一。……惟爾衷抱、当レ用二沈思一。豈不レ知下先君墳塋、毎令二保護一、在京骨肉、尽レ礼接延上。……

まずDの前半部では、南唐の去帝上表と後周の慰労詔書発給のことが記されているが、後半部ではさらに、後周の外交文書では「卿」字を「君」字に改めたことや、北宋期では通常の藩臣と同様の詔を出したことを伝えている。またEのように、後周の慰労詔書では南唐・李景に「君」字が使用されているが、北宋に入ると、Fのように慰労詔書より薄礼の論事勅書が使用されており、しかも冒頭では「李煜ニ勅ス」とあるように、前掲AやEとは異なり相手の姓名を記している。そのため、後周段階では南唐は一般の臣下の上位として扱われたが、北宋期には南唐の格付けは低下していたことが確認できる。

ただし、Fの段階でも南唐は一般の臣下と同列に扱われていないことには注意したい。Fでは李煜に「爾」字が使用される一方で、「卿」字は使用されておらず、さらに本来は対等関係で使用される「惟」字も存在している[19]。そのため、南唐の格付けは低下したとはいえ、なお一般の臣下の上位に位置していたとはいえるであろう。

最後に、呉越との関係を検討する。呉越国は東シナ海を介して後百済や渤海を冊封し、日本にも使者を派遣していたのだが[20]、北宋に対しては国王銭俶自ら二度入朝するなど臣下の礼を行い、太平興国三年（九七八）には太宗・趙光義に国を献じて淮海国王に冊封され、呉越国は滅亡した。この呉越と北宋の関係については、以下の史料を参照したい。

G【『宋大詔令集』巻二二六・答銭俶進李煜書詔】

勅㆓銭俶㆒。省㆓所㆑奏不拆重封進呈江南李煜送到書㆒事具悉。卿位冠師壇、心傾㆓王室㆒、銘㆑鐘鏤㆑鼎、迥高㆓表率之勲㆒、翼㆑子貽㆑孫、不㆑墜㆓忠貞之節㆒。……

H【宋・王禹偁『小畜集』巻二七・允淮海国王乞落大元帥批答[21]】

勅㆓淮海国王㆒。所㆑上表事具悉。惟王奄有㆓全呉㆒、世尊㆓中夏㆒。斉封㆓呂尚㆒、得㆑専㆓諸侯之尊征㆒、魯祭㆓周公㆒、宜用㆓天王之礼㆒。……聴㆑解㆓重権㆒、表台㆓深旨㆒。所㆑請宜㆑依。

Gは、銭俶が南唐・李煜からの外交文書を未開封のまま北宋に献上したことを受けて、太祖・趙匡胤が出した論事勅書である。ここでは南唐に対する前掲Fとは異なり、冒頭に国王の姓名を記し、「卿」字も使用するなど、一般の臣下と同一の扱いがなされている。一方Hは、呉越国滅亡後に銭俶が天下兵馬都元帥号を返上したのに対して、太宗・趙光義がこれを認めた批答であるが、冒頭を「淮海国王ニ勅ス」として姓名を記さず、銭俶に対して「惟」・「王」の語を使用するなど、前掲A（後蜀）の事例と同様に、亡国の旧主である銭俶に対して、通常の臣下よりも上位の礼式が示されたことが確認できる。[22]

第二節　北宋と契丹・高麗・西夏の関係

本節では、北宋と契丹・高麗・西夏との関係を検討する。まず、当時の東部ユーラシアの国際政治の中心である契丹との関係は、すでに李晋・後唐の段階から基本的な枠組みが形成されており、[23]北宋・景徳元年（一〇〇四）の澶淵の盟で新たに両者の兄弟関係が成立した後は、北宋と契丹との関係は金の台頭までおおむね安定的に推移している。[24]ただし、両者が外交文書として使用した致書形式の書状（致書文書）は、前章で明らかにしたように、目下にも使用することが可能である。そのため、北宋―契丹間の外交文書が示す名分関係は、改めて確認しなければならないであろう。以下の史料を参照したい。

I【『宋大詔令集』巻二三八・与契丹遺書】

二月日、兄大宋皇帝致二書于弟大契丹睿文英武宗道至徳崇仁広孝功成治定啓元昭聖神賛天輔皇帝〈闕下一〉。

……雖レ慙二不腆一、式表二至懐一。不宣、白。

J【『宋大詔令集』巻二三八・即位報契丹書】

二月日、姪大宋皇帝謹致二書于叔大契丹睿文英武宗道至徳崇仁広孝功成治定啓元昭聖神賛天輔皇帝〈闕下一〉。

……謹奉レ書披述。不次。姪大宋皇帝謹白。

Iは北宋・真宗から契丹・聖宗への外交文書であり、Jは同じく北宋・仁宗から契丹・聖宗への外交文書である。このうちJには、Iには見えない「謹」字が存在しているが、これは、北宋と契丹の擬制親族関係が皇帝の代替わりで兄弟から叔姪に変化したためであり、[25] 聖宗の没後に兄弟関係に復した後は、仁宗は「謹」字を含まない外交文書を提示している。[26] またIで使用されている「不宣」に関しては、次の史料を参照したい。

K【宋・魏泰『東軒筆録』巻一五】[27]

……近世書問、自レ尊与レ卑、即曰二不具一。自レ卑上レ尊、即曰二不備一。朋友交馳、即曰二不宣一。……

Kでは、宋代の書状では対等の友人間で「不宣」が使用されることが見えている。[28] 以上から、北宋―契丹間の外交文書は、対等関係を示すことが確認できる。

続いて、高麗との関係を検討する。高麗は当初北宋の冊封を受けていたが、成宗十五年（九九六）以降契丹の冊封を受けるようになり、顕宗二十一年（一〇三〇）を最後に北宋との関係は一時断絶する。のち文宗二十六年（一〇七二）に北宋との関係が復活すると、北宋は燕雲十六州奪還を視野に入れ高麗を優遇したことが指摘されてきた。[29] しかし、南宋初期の外交文書も含めて考えるならば、北宋による高麗の優遇に関しては、従来とは異なる理解を導き出すことができる。以下の史料を参照したい。

L【『高麗史』巻三・成宗四年（九八五）五月条】[30]

宋将下伐二契丹一、収中復燕薊上、以下我与二契丹一接レ壌、数為上レ所レ侵、遣二監察御史韓国華一、齎レ詔来諭曰、……惟王久慕二華風一、素懐明略、效二忠純之節一、撫二礼義之邦一。而接二彼犬戎一、罹二於蠆毒一、舒泄積忿、其在レ茲乎。……

M【『高麗史』巻一五・仁宗元年（一一二三）六月庚子条】

迎二詔于会慶殿一。詔曰、逖聞二嗣レ国、甫謹修一レ方、諒惟二善継之初一、克懋二統承之望一。……今賜二卿礼物一、具如二別録一。

N【『高麗史』巻一六・仁宗八年（一一三〇）四月甲戌条】

宋遣二進武校尉王正忠一来、王受二詔于重華殿一。詔曰、惟王緬受二基図一、夙同二文軌一、乃附二乗桴之訊一、願修二貢篚之恭一。……

O【宋・綦崇礼『北海集』巻八・回賜高麗国王陳奏詔（一一三一カ）[31]】

詔二高麗国王一。省レ所二上レ表陳奏一、事具悉。……所二差下一奉使韓桂・尹彦植、候二明年暖起発一、於二臨安府一受レ礼。故茲詔示、想宜二知悉一。夏熱、比安好。遣レ書指不二多及一。

L・Mは北宋、N・Oは南宋から高麗に発給された外交文書である[32]。ここで高麗王を指す語に注目すると、L・Nでは「惟王」が使用されており、前節A・Hの事例同様に高麗王の地位が高められているが、Mでは通常の臣下と同様の「卿」が用いられている。またOでは、後述する北宋の西夏に対する外交文書と同じく、冒頭に王の姓名を記さず、「勅」を「詔」に改めているが、これは南宋が高麗王の地位を北宋時代の西夏王と同様の水準にまで引き上げたことを意味している。

ここでL～Oの発給時期に注目すると、Lは太宗による契丹遠征直前、Mは契丹滅亡後かつ靖康の変以前、N・Oは高宗が金軍の南伐を避け臨安を離れている期間に相当する。この点から考えるならば、北宋―高麗関係は関係の復活後も含めて原則は通常の君臣関係であるのだが[33]、契丹や金など北方勢力との軍事衝突が発生すると、宋は高麗に対して通常の臣下よりも上位の礼式を示して優遇していたということができる。

最後に、西夏との関係を検討する。北宋―西夏関係は当初君臣関係であるが、李元昊の登場以降は西夏は北宋に対して非君臣関係を求め、宋夏間に紛争が発生した。その結果、慶暦四年（一〇四四）に和約が結ばれ、西夏は北宋から歳賜を受けて上表称臣することが定められた。ただし、両者の関係は完全な君臣関係ではなく、北宋の外交文書においては通常の臣下よりも上位の礼式が示されていた。(34) 以下の史料を参照したい。

P【『宋史』巻四八五・外国一・夏国上・慶暦四年（一〇四四）十二月条(35)】

……約三稱レ臣奉二正朔一、改二所レ賜勅書一為レ詔而不レ名、許三自置二官属一。……

Q【『宋大詔令集』巻二三四・賜夏国主賵贈詔（慶暦七年十二月二十五日）】

詔二夏国主一。喪葬之儀、孝子之大節、賵賻之礼、国家之至恩。……故茲詔示、想宜二知悉一。冬寒、比平安好否。書指不二多及一。

R【『宋大詔令集』巻二三八・賜南平王李日尊勅書（熙寧）】

勅二南平王李日尊一。……故茲示レ諭、想宜二知悉一。夏熱、卿比平安好。遣レ書指不二多及一。

Pは慶暦の和約の規定であり、北宋の外交文書は「勅」を「詔」に改めて西夏王の名を記さないとしている。(36) 実際に西夏への外交文書であるQとベトナム李朝への外交文書であるRを比較すると、Qの冒頭では「勅」字が「詔」字となり西夏王の姓名を記さず、末尾も「卿」・「遣」両字が使用されていないことが確認できる。そのため、北宋の西夏に対する外交文書では、前節Cにある「不名・不称卿・不言遣」との待遇も示されていたことになり、通常の臣下よりも明らかに重視されていたといえる。

ただし、西夏の地位は常に高いわけではなく、国際情勢次第では低下する場合もある。この点に関しては、次の史料を参照したい。

S【『宋大詔令集』巻二三六・賜夏国詔（元符二年九月丁未）】

勅二夏国主乾順一。省二所レ上表一具悉。爾国乱常、歴二年於此一、迨爾母氏、復聴二姦謀一。……

Sは、元符和議の交渉中である元符二年（一〇九九）九月に発給された北宋の外交文書であるが、「勅」字が使用されており、さらに西夏王李乾順の諱も記されているように、西夏の地位が低下していたことを確認できる。これは、前年十月の平夏城の戦いにおける西夏の敗北(37)を背景に、北宋が西夏に対する礼式を低下させたことを意味しているが、西夏王は「夏国主」と称されており、また「卿」字ではなく「爾」字が使用されるなど、なお通常の君臣関係よりは厚礼とみなすことができる。

第三節　金と南宋・高麗・西夏の関係

本節では、金と南宋・高麗・西夏の関係を検討する。まず金―南宋関係の概略を述べておきたい。南宋の成立当初は対立・交戦関係が続いていたが、金・天眷二年（一一三九）および皇統二年（一一四二）に和議が結ばれ、両者の間に君臣関係が成立した。その後、金・海陵王の南伐失敗と契丹人の反乱発生により、大定五年（一一六五）には君臣関係を廃して金を叔とする叔姪関係に改められ、その後南宋の宰相・韓侂胄の北伐失敗により、泰和七年（一二〇七）に叔姪関係は伯姪関係に改訂された(38)。このうち、大定和議以前の時期では、南宋は金に表を提出していたのだが、金は宋帝に対して儀礼上一定の敬意を示したことも見えている。次の史料を参照したい。

T【『高麗史』巻一五・仁宗六年（一一二八）十二月甲戌条】

王迎㆓詔于重華殿㆒。詔曰、……惟宋太上皇趙佶・少帝桓、所㆑以背㆑恩而失㆑信、与㆓其致討㆒以就㆑俘。亦已使聞、不㆑須㆓重敘㆒。……已於㆓今年八月二十六日㆒、降㆑封趙佶㆒曰㆓昏徳公㆒、趙桓曰㆓重昏侯㆒。……

Tは、金が北宋の徽宗・欽宗を昏徳公・重昏侯に封じたことを高麗に通告した外交文書であるが、北宋二帝に対して本来は対等関係で使用される「惟」字が付されていることに注意したい。この点に注目すれば、Tは第一節A・Hの事例同様、金が亡国の旧主である北宋二帝を通常の臣下の上位として処遇したことを示すと思われる。

一方、大定和議以後に関しては、前述のように君臣関係が叔姪関係に改められたため、金—南宋間の外交文書も、それまでの詔勅と表を廃して、新たに書状形式が採用された。この点に関して、本章旧稿では金・南宋ともに致書形式を使用したと結論付けたのであるが、毛利英介氏は旧稿では見逃していた宋・周必大「玉堂類稿」所収の外交文書に基づいて、南宋から金に送られた外交文書は奉書形式である可能性が高いとした(39)。そこで、毛利氏が提示した史料も含め、改めてこの問題を検討する。以下の史料を参照したい。

U【『金史』巻八七・僕散忠義伝（大定五年〔一一六五〕）】

大定五年正月、魏杞・康湑入見。其書曰、姪宋皇帝眘謹再拝致二書于叔大金聖明仁孝皇帝闕下一。魏杞還復レ書、叔大金皇帝、不レ名、不レ書二謹再拝一。但曰レ致二書于姪宋皇帝一、不レ用二尊号一、不レ称二闕下一。和好已定、罷レ兵、詔二天下一。……

V【宋・周必大「孝宗皇帝撰国書御筆跋」（乾道六年〔一一七〇〕）(40)】

乾道六年冬、詔差二趙雄趙伯驌克金国賀生辰使一。……金主回書云、九月日叔大金皇帝致二書于姪宋皇帝一。……専附レ書奉答、不宣。

まず、金の外交文書について確認していく。Uでは、大定五年（一一六五）和議の時点での金の外交文書は、冒頭で「叔ノ大金皇帝」・「書ヲ姪ノ宋皇帝ニ致ス」と称して、金帝の名・「謹ミテ再拝シテ」・宋帝の尊号・宋帝の脇付（「闕下」）を記さないとしている。一方でVには、乾道六年（一一七〇）の金の外交文書が記されているが、その冒頭の表現はUの内容と一致しており、U・Vのような外交文書の形式が定型化していたことが確認できる。

続いて、南宋の外交文書を検討する。前掲Uでは、南宋の外交文書は「姪ノ宋皇帝某、謹ミテ再拝シテ書ヲ叔ノ大金（尊号）皇帝闕下ニ致ス」で始まるとするが、他の史料ではUの記述と必ずしも一致しない部分が存在する。以下の史料を参照したい。

W【『金史』巻六・世宗上・大定五年（一一六五）正月己未条】

宋通問使魏杞等以二国書一来。書不レ称レ大、称二姪宋皇帝一、称レ名、再拝奉二書于叔大金皇帝一。歳幣二十万。

X【『金史』巻八九・梁粛伝（大定十四年（一一七四））】

……粛還、附レ書謝、其略曰、姪宋皇帝謹再拝致二書于叔大金応天興祚欽文広武仁徳聖孝皇帝闕下一。……

Y【宋・周必大「玉堂類稿」巻一六・淳熙四年（一一七七）正月答賀正旦(41)】

正月日、大宋皇帝謹奉二書於大金応天興祚欽文広武仁徳聖孝皇帝闕下一。……今正旦使副回、謹専奉レ書陳謝。不宣。

Z【『宋史』巻三八五・魏杞伝（乾道元年（一一六五））】

……館伴張恭愈以三国書称二大宋一、脅レ去二大字一。杞拒レ之、卒正二敵国礼一、損二歳幣五万一、不レ発二帰正人北一還。……

UおよびW～Zの記述によれば、南宋の外交文書が金の外交文書と異なる可能性がある部分は、①擬制親族関係の省略、②国号「大宋」の「大」字の欠落、③宋帝の諱の明示、④「謹再拝」字の存在、⑤奉書形式の採用、⑥金帝の尊号の明示、⑦金帝の脇付「闕下」の明示という七点である。このうち⑥・⑦に関しては、U・Vを参照すれば金の外交文書では宋帝の尊号と脇付は欠落していたことが明らかであり、また①・③・④に関しては、擬制親族関係の省略（Y）、宋帝の諱の欠落（X・Y）、「謹」ないし「再拝」字の欠落（W・Y）は、単純な省略や脱落の結果と思われる。問題が残るのは②であるが、南宋が「大宋」と称したとするY・Zは宋側の史料であることや、大定和議で「大」字の非表示が定められたことからすれば、恒常的に「大宋」と称されていたとは考えにくい。[42]

ただし、⑤の奉書形式の使用（W・Y）に関しては、金側の史料の中に致書形式の使用を伝えるもの（U・X）が存在する以上、それだけでは奉書形式か致書形式かを決定することは困難である。ここで注目したいのは、前章で明らかにしたように、致書文書が目下にも使用可能であり、下位勢力との上下関係を含意できるということである。金と南宋の外交文書は、相互に「不宣」を使用しているように、対等関係を暗示する部分もあるが、②〜④・⑥・⑦の諸点は、明らかに金を上位、南宋を下位とする名分関係を示している。そのため、金と南宋の外交文書は、相互に致書形式を使用した可能性は否定できないが、上位の金は致書形式、下位の南宋は奉書形式の外交文書を使用したとする方が、大定和議以降の両者の上下関係をよく説明できると、旧稿での理解を改めておきたい。[43]

続いて、高麗との関係を検討する。金と高麗の関係は通常は君臣関係であるが、建国の直後には一時的に高麗を重視したこともある。[44]次の史料を参照したい。

a【『高麗史』巻一四・睿宗十二年（一一一七）三月癸丑条】

金主阿骨打遣阿只等五人寄書曰、兄大女真金国皇帝致書于弟高麗国王。……惟王許我和親、結為兄弟、以成世世無窮之好。仍遺良馬一匹。

aでは、金と契丹との交戦（遼金戦争）中に、金が高麗に致書形式の外交文書を送り、兄弟関係の締結を求めるとともに、高麗王に対して「惟王」を使用することで、高麗王を通常の臣下の上位に位置付けている。ただし、金が契丹と北宋を滅亡させ、自らを中心とする国際秩序を構築して以降は、金―高麗関係は通常の君臣関係に戻

されている。(45)

最後に、西夏との関係を検討する。金と西夏との関係は原則として君臣関係であるが、モンゴルの台頭により両国が滅亡の危機に直面すると、短期間ではあるが兄弟・対等関係が結ばれており、その際の外交文書も残されている。次の史料を参照したい。

b【『金史』巻六二・交聘表下・正大二年（一二二五）夏国条】

十二月、夏使朝辞、国書報聘稱、兄大金皇帝致二書於弟大夏皇帝闕下一。遣二礼部尚書奥敦良弼・大理卿裴満欽甫・侍御史烏古孫弘毅一、充二報成使一。

bは、金が西夏に宛てた外交文書であるが、互いの国号を「大金」・「大夏」として、西夏に対して「闕下」も使用されているなど、前節で検討した北宋―契丹関係の外交文書と共通する表現が見られる一方、前述した金―南宋間の外交文書とは異なる礼式である。そのため、両者の関係は対等関係であることが確認できる。

おわりに

本章では、宋代東部ユーラシアの国際関係を、当該期の外交文書に注目して概観した。以下では、各部分の結論の再提示は避け、唐代・日本の外交文書や国際関係も視野に入れながら、宋代東部ユーラシアの国際関係をより長い時間軸のもとに位置付けてみたい。

まず、宋代の外交文書においては特定の語を使用したり（「清休」・「君」・「爾」・「惟」・「王」）、削除したり（「卿」・「遣」、国王の諱）することで、相手の格付けを高めているが、唐代や日本の外交文書でも、対象の語句は必ずしも一致しないものの、同様の方法で突厥・吐蕃・回鶻や渤海を高く評価している。ただし、宋代では前掲H・L・N・aなどで使用されている「惟王」という表現は、日本―渤海関係では使用されているが[46]、唐―回鶻関係よりも厚礼であり[47]、唐一代を通じて全く使用されていない。このように、宋代の外交文書が示す上下関係は、唐代と比べれば大きくないのであるが、これは、宋代では全盛期の唐のような東部ユーラシア全体に大きな影響力を及ぼす勢力が存在していないためであろう。

続いて指摘できることは、五代以降では「某○書某」形式の外交文書が多用されたのに対して、唐代ではほとんど使用されておらず、周辺諸勢力が君臣関係を回避する際には、状（吐蕃）や啓（渤海）などが用いられていたことである。これは、「某○書某」形式の外交文書は、東部ユーラシアに強力な「中心」が存在していた唐代ではなく、そのような「中心」が不在である宋代に適合した形式であることを示すと思われる。

以上のような宋代東部ユーラシアの外交関係については、東洋史の視点からは安史の乱や唐の滅亡・耶律阿保機の称帝などを重要な画期として提示できるが、日本古代史の観点からは、乙巳の変・白村江の敗戦・律令国家や天皇制の成立など、当該期およびその後の倭国・日本の歴史に多大な影響を与えた唐の全盛期の終焉を、宋代東部ユーラシアの外交関係の起点として理解したい。時期設定がやや長くなるが、このように理解するならば、唐―吐蕃関係に代表されるような、唐代では例外とみなされていた君臣関係が貫徹しない外交関係を、宋代との連続という流れの中で位置付けることが可能となり、新羅や渤海に対する君臣関係を貫徹させられない古代日本の外交関係も、唐―突厥・吐蕃・回鶻関係にとどまらず、宋代の外交関係を通じて、より広い時空の中に位置付けることが可能になるであろう。もちろん、これはあくまで日本古代史からの提言であるが、あえて私見を提示することで、今後日本史・東洋史の枠を越えた議論が展開することになれば幸いである。

注

（1）金子修一「唐代の国際文書形式」（同『隋唐の国際秩序と東アジア』名著刊行会、二〇〇一、一二六―一七一頁。初出一九七四）。

（2）中村裕一「論事勅書」・「慰労制書式」・「慰労制書と「致書」文書」（同『唐代制勅研究』汲古書院、一九九一、順に五七八―六二二頁・二五七―二八二頁・二九九―三三〇頁。初出は順に一九八〇・八六・八六）。

（3）山内晋次「唐朝の国際秩序と日本――外交文書形式の分析を通して――」（同『奈良平安期の日本とアジア』吉川弘文館、二〇〇三、一〇―三五頁。初出一九八六）、保科富士男「古代日本の対外関係における贈進物の名称――古代日本の対外意識に関連して――」（『白山史学』二五、一九八九、六七―九八頁）、同「古代日本の対外意識――相互関係をしめす用語から――」（田中健夫編『前近代の日本と東アジア』吉川弘文館、一九九五、三一―六〇頁）。

（4）拙稿「書儀と外交文書――古代東アジア地域の外交関係解明のために――」（同『東アジアの国際秩序と古代日本』吉川弘文館、二〇一一、二四―五六頁。初出二〇〇六）、同「日本の対新羅・渤海名分関係の検討――「書儀」の礼式を参照して――」（前掲書、五七―八六頁。初出二〇〇七）、同「「東天皇」外交文書と書状――倭国と隋の名分関係――」（前掲書、八七―一〇八頁。初出二〇〇八）。なお、書儀と外交文書の関係については、山田英雄「日・唐・羅・渤間の国書について」（同『日本古代史攷』岩波書店、一九八七、一三五―一五四頁。初出一九七四）にすでに指摘がある。

（5）『成都文類』のテキストは中華書局本を使用した。

（6）論事勅書に関しては、中村裕一「論事勅書」（注2前掲）参照。宋代の論事勅書に関しても、五八九―五九三頁に言及がある。

（7）拙稿「書儀と外交文書」（注4前掲）第二節（4）参照。

（8）唐・開元年間に発給された論事勅書では、突厥・吐蕃・突騎施宛のものを除けば、国内外を問わず「卿」字が使用されており、君臣関係では通常「卿」字が使用されることが判明する。山内晋次「唐朝の国際秩序と日本」（注3前掲）二一五―二一六頁参照。

（9）論事勅書の末尾の定型句に関しては、拙稿「慰労詔書・論事勅書の形式とその継受――末尾の定型句を中心に

──」（注4前掲書、一〇九─一四五頁。新稿）参照。
(10)『翰林学士院旧規』のテキストは知不足斎叢書本を使用した。
(11)『東文選』のテキストは学東叢書本を使用した。
(12)『翰林学士院旧規』の成立年代に関しては、土肥義和「敦煌発見唐・回鶻間交易関係漢文文書断簡考」（栗原益男先生古稀記念論集編集委員会編『中国古代の法と社会』汲古書院、一九八八、三九九─四三六頁）四〇七─四一一頁参照。
(13)この点は、中村裕一「論事勅書の記載用例」（注2前掲書、六七三─六七九頁。初出一九八八）に言及がある。
(14)なお、Cの史料については、豊島悠果「宋外交における高麗の位置付け──国書上の礼遇の検討と相対化──」（平田茂樹他編『外交史料から十～十四世紀を探る』汲古書院、二〇一三、一五五─一八四頁。口頭報告は二〇〇九年五月）に教えられた。記して謝意を示したい。
(15)この時の後周の外交文書に関しては、後掲D・Eでは「皇帝致ㇾ書恭（敬）問二江南国主一」とあり、慰労詔書と致書形式が混在した形となっているが、『資治通鑑』巻二九四・顕徳五年（九五八）三月丁酉条では「皇帝恭問二江南国主一」とあり、さらに『南唐書』巻二・交泰元年（九五八）三月丁亥条には「周帝始采下唐報二回紇可汗一故事上」とあり、この時の外交文書が唐─回鶻関係を参考にしていることからすれば、慰労詔書と推定できる。後周─南唐関係については、中村裕一「慰労制書と「致書」文書」（注2前掲）、中西朝美「五代北宋における国書の形式について──「致書」文書の使用状況を中心に──」（『九州大学東洋史論集』三三、二〇〇五、九三─一一〇頁）も参照。
(16)『老学庵筆記』のテキストは中華書局本を使用した。
(17)『南唐書』のテキストは四部叢刊続編本を使用した。
(18)『宋大詔令集』のテキストは中華書局本を使用した。
(19)拙稿「書儀と外交文書」（注4前掲）第二節（3）参照。なお君臣関係では、前掲Aに見えるように「想」を使用するのが通例である。
(20)呉越国の外交関係については、山崎覚士「未完の海上国家──呉越国の試み──」（同『中国五代国家論』思文閣出版、二〇一〇、二三〇─二六七頁。初出二〇〇二）参照。

(21)『小畜集』のテキストは四部叢刊初編本を使用した。

(22) なお、A・Hの事例はともに純粋な外交関係ではない。ただし、国内外に対して慰労詔書・論事勅書という同一の文書様式を発給する中国王朝の対外姿勢の原則を念頭に置けば、孟昶や銭俶に対する論事勅書も北宋が設定した外交秩序に含めて考えることができるであろう。

(23) 毛利英介「澶淵の盟の歴史的背景――雲中の会盟から澶淵の盟へ――」（『史林』八九―三、二〇〇六、七五―一〇五頁）。

(24) 北宋―契丹関係については、陶晋生『宋遼関係史研究』（北京・中華書局、二〇〇八。初版一九八四）、中西朝美「五代北宋における国書の形式について」（注15前掲）、毛利英介「一〇七四から七六年におけるキタイ（遼）・宋間の地界交渉発生の原因について――特にキタイ側の視点から――」（『東洋史研究』六二―四、二〇〇四、一―三一頁）、洪性珉「遼宋増幣交渉から見た遼の内部情勢と対宋外交戦略――遼の漢人劉六符の役割を中心に――」（『史学雑誌』一二六―一一、二〇一七―一一、四一―六五頁）など参照。

(25) 北宋―契丹の擬制親族関係が皇帝の代替わりで変化すること、およびそれに伴う「謹」字の使用状況については、張国慶「遼代契丹皇帝与五代・北宋諸帝王的〝結義〟」（『史学月刊』一九九二年第六期、二六―三二頁）、中西朝美「五代北宋における国書の形式について」（注15前掲）、毛利英介「澶淵の盟の歴史的背景」（注23前掲）参照。

(26) 以下に提示しておく。
【『宋大詔令集』巻二二八・賀契丹生辰国書】

正月日、兄大宋皇帝致二書于弟大契丹聡文聖武英略神功睿哲仁孝皇帝〈闕下一〉。……専奉レ書陳レ賀。不宣、白。

(27)『東軒筆録』のテキストは中華書局本を使用した。

(28) この「不宣」は、唐代の書儀では傍系尊属に対する語として見えているが、時代が下ると長属（同一世代の年長者）に対する語としても規定されている。拙稿「書儀と外交文書」（注4前掲）第二節（2）参照。Kのような対等関係での用例は、唐～五代における礼式の変化を受けたものであろう。

(29) 以上の記述は、豊島悠果「一一一六年入宋高麗使節の体験――外交・文化交流の現場――」（同『高麗王朝の儀礼と中国』汲古書院、二〇一七、二一九―二七一頁。初出二〇〇九）などを参考にした。なお、高麗の対外関係については、奥村周司「使節迎接礼より見た高麗の外交姿勢――十一、二世紀における対中関係の一面――」（『史観』一一〇、一九八四、二七―四二頁）も参照。

（30）『高麗史』のテキストは西南師範大学出版社本を使用した。

（31）『北海集』のテキストは四庫全書本を使用した。なおOは、本章旧稿執筆時には見逃していた史料である。改稿にあたり附加しておきたい。

（32）宋代では慰労詔書は初期の宰相・趙普宛のものしか存在していないので、L～Nで「詔」とされる外交文書は論事勅書と考えられる。なお、中村裕一「慰労制書と「致書」文書」（注2前掲）三一二頁でも、宋代の詔書は唐代の論事勅書に類似すると指摘されている。

（33）『高麗史』巻四・顕宗七年（一〇一六）正月壬申条、同巻九・文宗三十二年（一〇七八）六月丁卯条などに見える北宋の外交文書を参照。なおMに関しては、政和六年（一一一六）の段階において高麗はすでに「名イハズ・卿ト称サズ・遣ト言ハズ」との礼式を受けていたとする前節Cの記述に反しているので、徽宗朝において高麗が優遇されたとの論は再検討が必要であろう。

（34）なお、北宋官人が李元昊に宛てた奉書形式の書状も存在しており、そこでは「先大王薨背（「薨背」は皇太子の死相当）」や「惟大王」の語が使用され、やはり李元昊の扱いを高めていることに注意すべきである。以下に提示しておく。

【宋・范仲淹『范文正公集』巻九・答趙元昊書】（四部叢刊初編本）

正月日、具位某謹脩二誠意一奉二書于夏国大王一。……自二先大王薨背一、今皇震悼累日、嘻吁遣レ使、行二弔賻之礼一。以三大王嗣二守其国一、爵命崇重、一如二先大王一。……惟大王択焉。不宣、某再拝。

（35）中国正史のテキストは中華書局排印標点本を使用した。

（36）西夏への外交文書において「勅」を「詔」とすることに関しては、中村裕一「慰労制書と「致書」文書」（注2前掲）三一二―三一三頁に言及がある。

（37）この時期の北宋―西夏関係、ならびに元符和議の交渉経過に関しては、毛利英介「一〇九九年における宋夏元符和議と遼宋事前交渉――遼宋並存期における国際秩序の研究――」（『東方学報』八二、二〇〇八、一一九―一六七頁）参照。

(38) 以上、金―南宋関係については、外山軍治「通論――金朝政治の推移――」・「劉豫の斉国を中心としてみた金宋交渉」・「熙宗皇統年間における宋との講和」（ともに同『金朝史研究』同朋舎、一九六四、順に二―六四頁・二三二―三〇九頁・三一〇―四二〇頁）、趙永春『金宋関係史』（北京・人民出版社、二〇〇五）参照。

(39) 毛利英介「大定和議期における金・南宋間の国書について」（『東洋史研究』七五―三、二〇一六、七一―一〇六頁）。この点に関しては、李輝「南宋聘使制度」（同『宋金交聘制度研究（一一二七―一二三四）』上海・上海古籍出版社、二〇一四、二二―七九頁）第六節も参照。

(40) 「孝宗皇帝撰国書御筆跋」のテキストは、雍正戊申（一七二八）の校合識語を持つ静嘉堂文庫所蔵『周益文忠公集』写本（一四―三三）を使用した。なお、周必大の著作のテキストに関しては、周蓮弟「周必大《文忠集》版本考」（『中国文化研究所学報』新一〇期、二〇〇一、六三―八六頁）も参照。

(41) 「玉堂類稿」のテキストは、雍正戊申（一七二八）の校合識語を持つ静嘉堂文庫所蔵『周益文忠公集』写本（一四―三三）を使用した。

(42) 以上の点は、基本的に毛利英介「大定和議期における金・南宋間の国書について」（注39前掲）の指摘に従う。

(43) この点で注目したいのは、大定和議期にも君臣関係を暗示する多くの要素が踏襲されており、金―南宋間の君臣関係は形式的には撤廃されたが実質的には継続したとする、毛利英介「大定和議期における金・南宋間の国書について」（注39前掲）の指摘である。このような金―南宋関係は、致書文書の往復という形ではなく、前章で検討したような、名分関係についての両者の認識が相違する中で「緩衝材」として機能した、「某〇書某」形式の書状の枠組みの中に位置付けるべきであろう。

(44) なお、石井正敏「至元三年・同十二年の日本国王宛クビライ国書について――『経世大典』日本条の検討――」（『石井正敏著作集三　高麗・宋元と日本』勉誠出版、二〇一七、二〇七―二五一頁。初出二〇一四）二三五―二三六頁では、a以外にも一三六九年に建国直後の明が高麗に致書形式の外交文書を送付したことが紹介されている。

(45) 三上次男「金初における高麗と金との関係――保州問題を中心として――」（同『金史研究三　金代政治・社会の研究』中央公論美術出版、一九七三、四三八―四六八頁。初出一九三九）、井黒忍「金初の外交史料に見るユーラシア東方の国際関係――『大金弔伐録』の検討を中心に――」（荒川慎太郎他編『遼金西夏研究の現在』

三、二〇一〇、三一—四五頁）。

（46）日本—渤海関係では、延暦十七年（七九八）の日本の慰労詔書に「惟王清好」、同じく延暦十八年（七九九）には「惟王平安」との語が見えている。拙稿「日本の対新羅・渤海名分関係の検討」（注4前掲）第二節第一項（六八—七三頁）参照。

（47）唐—回鶻関係の慰労詔書では、「皇帝敬問㆓回鶻可汗㆒。夏熱、想比佳適」（唐・白居易『白氏長慶集』巻四〇・与回鶻可汗書）とあり、通常の君臣関係や卑属（子・姪・孫）に対して使用される「平安」ではなく、幼属（弟妹など）に対して使用される「佳適」が使用され、回鶻可汗の位置付けが高められているが、それでも臣下一般や卑幼に対する語である「想」が使用されているため、「想」よりも一段上で、原則対等関係で使用される「惟」が見える前掲H・L・N・aなどの方が厚礼となる。

第二部　南北朝—隋代の東部ユーラシアと倭国

第一章　五・六世紀東部ユーラシアの外交文書と外交儀礼

――南北朝と柔然の事例から――

はじめに

従来、五・六世紀の国際関係は、西嶋定生氏の「冊封体制」論や「東アジア世界」論[1]を背景にして、日本古代史の分野を中心に、中国王朝と朝鮮半島・日本列島の諸勢力との冊封関係が重視されてきた。これに対して筆者は、隋唐期や第二次南北朝時代の分析から「東部ユーラシア」という地域を設定し、君臣関係が貫徹しない外交関係の検討を通じ、東部ユーラシアには複数の種類の国際秩序が併存していたと想定したが[2]、隋唐期以前の状況については十分な見通しを示すことができなかった。

そこで本章では、改めて五・六世紀東部ユーラシアの国際関係を論じていきたい。その際に注目したいのは、南北朝間の関係と、漠北の遊牧国家・柔然との関係である。この時期は一般に、華北と漠南を統治する北朝（北魏）と、江南の南朝（劉宋・南斉・梁・陳）が併存した「南北朝時代」とされているが、実は柔然も南北朝と並ぶ大勢力であるので、当該期の国際関係は、南北両朝に柔然を含めた三者鼎立として考えなければならない[3]。

このうち、南北朝間の関係については、軍事的対立[4]や正統性の問題[5]が扱われる一方、北魏成立以後の約百五十年間で百五十六回にも及ぶ使節が往来したことから、文化交流や交易にも注目した研究が展開されてきた[6]。しかし、両者の外交文書や外交儀礼に関する史料はほとんど残存していないため、外交文書や外交儀礼から両者の国際秩序を検討する試みとしては、外交文書に言及した梁満倉氏のものが存在する程度である。[7]
また、柔然との関係については、北魏との交戦過程や南朝が派遣した個別の使者の検討が中心であり、国際秩[8][9]序の分析はほとんど行われていない。しかし、北魏—柔然関係の史料の中には、断片的ではあるが、外交文書や外交儀礼に関する記述も散見しており、しかも、その中に見える柔然の外交儀礼は、六・七世紀の倭国や新羅の外交儀礼とも共通する要素が存在しているので、検討を進めていく必要があると思われる。
そのため本章では、南北朝に柔然を加えた三者の外交文書と外交儀礼の検討を通じて、五・六世紀の東部ユーラシアにおける各勢力の国際秩序の併存状況を明らかにしていく。さらに、隋唐期や第二次南北朝時代との比較を通じて、五・六世紀東部ユーラシアの国際関係の特徴を示していきたい。

第一節　南北朝間の外交文書

本節では、南北両朝の間で交わされた外交文書を題材に、南北朝間における国際秩序の併存状況を検討していく。「はじめに」でも述べたように、南北朝間の外交文書に関する史料はほとんど残されていないが、その中でも断片的な史料から相互の認識を取り上げたものとして、梁満倉氏の研究を指摘することができる。それによれば、東魏—梁間の外交文書（後掲C・D）にみられるように、北魏分裂（五三四年）以降は南朝の北朝に対する認識が変化して、自らと同格の正当性を有する政権として位置付けたという。[10]しかし、梁氏は同時期の他の外交文書を検討しておらず、また当該外交文書の解釈にも問題があるので、南北朝間の相互認識は全面的に再検討する必要があると思われる。まずは南北朝間の外交文書としては唯一、ほぼ全文が残存する次の史料を参照したい。

A【『文苑英華』巻六八六・徐陵・答周主論和親書(11)】

使人使持節・車騎大将軍・儀同三司・大都督・治司城使主杜子暉、忠軍山遂伯使副鮑宏等至、省レ告具レ懐。夫聖君明辟、司二御兆民一、則レ天象レ地、佇二育黔首一。故張旃以往、拭レ玉而来、同在二蒼生一、恢二宏文武一。雖二毀レ戈鋳レ戟、未レ擬二上皇一、散レ馬休レ牛、載二懐偃伯一。非レ期与睦、忽爽二和風一、奚用二殲師一、信由二天討一、追尋二曩好一、歎レ想兼レ懐。言覿二今書一、甫承二家難一、知以丁冢卿執レ政、擅二同淵藪一、令丙尹二当朝一、妄専乙征伐甲。無二君之謫一、俾レ墜二其師一、無二将之誅一、已従二司寇一、刑名既粛、国歩還レ康。希篤二親隣一、敬開二衷款一。若二境交レ歓、倶饗二多福一、八荒期レ乂、良副レ所レ懐。今遣二具位某甲等使一、不二復多述一。陳某頓首。

Aは、陳・太建五年（北周・建徳二年、五七三）(12)に、陳の宣帝が北斉から江北を奪う直前に、宇文護を誅殺した北周の武帝との友好を求めた外交文書である。この外交文書は「陳某頓首」という語で結ばれているが、この「頓首」は書状の冒頭や末尾で使用されるのが一般的(13)なので、この外交文書は慰労詔書や論事勅書ではなく、書状形式といえる。では、この外交文書はどのような名分関係を表明したのであろうか。この点に関しては、Aと同様に「頓首」が使用された事例である次の史料を参照したい。

B【『南史』巻一〇・陳本紀下・後主禎明元年（五八七）十一月丙子条(14)】

初隋文帝受二周禅一、甚敦二隣好一、宣帝尚不レ禁二侵掠一。太建末、隋兵大挙、聞二宣帝崩一、乃命レ班レ師、遣レ使赴レ弔、修二敵国之礼一、書称二姓名頓首一。而後主益レ驕、書末云、想彼統内如宜、此宇宙清泰。隋文帝不レ説、以示二朝臣一。……

Bは、隋・開皇二年（陳・太建十四年、五八二）(15)に、隋・文帝と陳・後主との間で交わされた外交文書に関する記事である。[16] それによれば、陳・宣帝が死去した際に、文帝は陳への攻撃を中止して即位直後の後主に使者を派遣して弔問し、その際の外交文書には敵国の礼（対等関係）を採用して「姓名頓首」と記したが、後主は返書の末に「想フニ彼ノ統内ハ如宜ナラン、此ノ宇宙ハ清泰ナリ」と記したため、文帝を不快にさせたという。ここで注目したいのは、Bの前半部によれば、文帝が使用した「姓名頓首」という表現は対等関係に対応するということである。さらに、南朝・陳の皇帝は「陳」姓であるので、前掲Aの「陳某頓首」は、宣帝・陳頊が自らの姓を記したものということになり、Bの「姓名頓首」と同様の表現と判明する。以上から考えるならば、Aの外交文書が示す名分関係は、Bの前半部と同様に対等関係といえる。

　このように、陳の北周に対する外交文書と、隋の陳に対する外交文書がともに対等関係ということは、南北朝間の名分関係は原則として対等関係と推定し得るようにも見える。これは、南北朝の交渉は君臣関係を示さない「聘」字での表現が多く見られること[17]や、南北朝を往来した使者の官職は、原則として南北ともに大使は散騎常侍、副使は通直散騎常侍であること[18]からも、一見蓋然性が高い推定のように思われるのであるが、実際には上下関係を含んだ外交文書も存在している。例えば、以下の史料を参照したい。

C【『北斉書』巻三七・魏収伝】

……自二魏・梁和好一、書下紙毎云、想彼境内寧静、此率土安和。梁後使、其書乃去二彼字一、自稱猶著レ此、欲レ示二無外之意一。収定二報書一云、想境内清晏、今万国安和。梁人復書、依以為レ体。

D【『資治通鑑』巻一五八・大同十年（五四四）是歳条[19]】

是歳、東魏以二散騎常侍魏収一兼二中書侍郎一、修二国史一。自二梁・魏通一レ好、魏書毎云、想彼境内寧静、此率土安和。上復書、去二彼字一而已。収始定レ書云、想境内清晏、今万里安和。上亦効レ之。

C・Dはともに、東魏・天平四年（梁・大同三年、五三七）に東魏と梁が和睦して以降の外交文書に関する記事である。[20] それによれば、東魏が梁に「想フニ彼ノ境内ハ寧静ナラン、此ノ率土ハ安和ナリ」と記す外交文書を発したところ、梁はその文面から「彼」字のみを削り、「此」字を含む残りは同文の外交文書を返すことで「無外ノ意」を示した。ただし、最終的には魏収の発案で、東魏が外交文書の表現を「想フニ境内ハ清晏ナラン、今万国（万里）ハ安和ナリ」と改め、梁もこれに従うことで落着したという。

では、東魏と梁の間で相互に主張されて、問題化した「無外ノ意」とは何であろうか。ここで注目したいのは、東魏と梁の双方が相手の起居（安否）を問う語として、一貫して「境内」を使用し続けていること、その一方で自らの起居を告げる語としては、ともに「率土」を廃して「万国（里）」に改めたこと、そして前掲Bの後半部分においても、C・Dと同様の「想フニ彼ノ統内ハ如宜ナラン、此ノ宇宙ハ清泰ナリ」という表現が使用され、隋の文帝を不快にさせたことである。このうち、自らの起居を告げる語として用いられた「率土」は、周知の通り『詩経』小雅・谷風之什の「普天ノ下、王土ニ非ザルモノ莫ク、率土ノ濱、王臣ニ非ザルモノ莫シ」との一節に由来しており、皇帝が理念的に支配する無限の領域のことを指しており、同様に「宇宙」という語も、皇帝が支配する無限の空間（宇）と時間（宙）を指している。これに対して、相手の起居を問う際に用いられた「境内」や「統内」は、隋・大業四年（六〇八）に倭国へ出された慰労詔書に「皇（王カ）ノ……境内ハ安楽ニシテ」[21]とあるように、皇帝とは違い支配領域が有限とされる国王に対する語である。以上から考えるならば、東魏と梁が互いに主張した「無外ノ意」とは、「彼」すなわち相手の支配領域は有限として、「此」すなわち自らの支配領域のみを無限とみなすことで、自らを地上で唯一の皇帝と明示したことを指すと思われる。

このような東魏と梁の関係は、表面上ではほぼ同文の外交文書が往復されているため、一見対等な関係と考えてしまいがちである。しかし、最終的に両者が妥協した「想フニ境内ハ清晏ナラン、今万国（万里）ハ安和ナリ」という表現は、自らを皇帝の地位に置く「率土」を廃し、さらに「彼」と「此」も削除して「無外ノ意」を曖昧にしてはいるが、一方では「境内」は残されており、また「率土」と同様無限の領域を示唆している「万国（里）」が使用されているため、両者の関係は、相互に自らを上位（皇帝）、相手を下位（国王）に置いているという意味での「対等関係」と言わざるを得ない(22)。そして、前掲Bの後半部分から明らかなように、陳も隋に「統内」や「宇宙」を用いたということは、このような相互に相手の正当性を否定する「対等関係」は、東魏―梁関係にとどまらず、南北朝間で広汎に存在し続けたことが想定できる。もちろんこのような「対等関係」は、両者が表明した名分関係が食い違うのだが、後半期の日本―渤海関係でも名分関係が相違したまま外交が継続したこ(23)とを参照すれば、本節で分析した南北朝間の「対等関係」についても、外交当事者の双方が自らを中心とする国際秩序を保持したままで、外交文書の文言を調整して関係を継続した事例として重視すべきと思われる。

第二節　柔然可汗の外交文書

前節では、南北両朝の間で交わされた外交文書を題材に、南北朝間における国際秩序の併存状況を検討したが、本節では、柔然から南北両朝に出された外交文書を題材にして、モンゴル高原の勢力も含めた国際秩序の併存状況を検討していく。「はじめに」でも言及したように、五・六世紀東部ユーラシアの国際関係は、南北両朝に柔然を加えた三者関係を中心に展開しており、柔然は南接する北朝だけに止まらず、高昌国や吐谷渾を介して南朝(24)にも使者を派遣していた。この点に関しては、次の史料を参照したい。

E【『南斉書』巻五九・芮芮虜伝】（建元二年―三年（四八〇―八一））
二年、三年、芮芮主頻遣㆑使貢㆓献貂皮雑物㆒。与㆓上書㆒欲㆑伐㆓魏虜㆒、謂㆓上足下㆒、自称㆑吾。

Eは、南斉・建元二年と三年（四八〇・八一）に、芮芮主（柔然可汗）が南斉皇帝に出した外交文書に関する記事である。それによれば、柔然は北魏を挟撃するため南斉に使者を派遣したが、その際の外交文書で柔然可汗は自らを「吾」と称し、南斉皇帝を「足下」と呼んだという。このうち「足下」は、例えば『酉陽雑俎』前集巻一・礼異に「秦漢以来……通類ノ相ヒ言フハ足下ト称ス」とあるように、同輩間で使用される語であり、[25] 自称の「吾」は、南斉・高帝の遺詔に「吾レ本ト布衣ノ素族ナリ……公等、太子ヲ奉ズルコト、吾ニ事フルガ如クセヨ」[26] とあるように、明らかに目下に使用する語である。

このように、Eでは対等ないし柔然上位の名分関係が表明されており、柔然の高い地位がうかがわれるが、この時期の南斉は成立（四七九）の直後であり、劉宋・文帝の第九子劉昶《りゅうちょう》を擁した北魏の攻勢に備えるため、柔然との関係を重視する必要に迫られていた。[27] そのため、この柔然上位の関係を一般化することはできないが、状況次第で柔然側の国際秩序が表明され得ることは、柔然と南朝との関係を考える際には重要と思われる。

一方、柔然と北魏との関係は、五世紀では北魏が柔然の本拠である漠北に繰り返し遠征したように、おおむね北魏有位で推移していたが、六世紀ではその時々の力関係に従い、両者の名分関係は大きく変動していた。この点に関しては、以下の史料を参照したい。

F【『北史』巻九八・蠕蠕伝】（熙平元年（五一六）―神亀元年（五一八））
熙平元年、西征㆓高車㆒、大破㆑之、禽㆓其王弥俄突㆒、殺㆑之、尽幷㆓叛者㆒、国遂強盛。二年、又遣㆓使俟斤尉比建・紇奚勿六跋・鞏顧礼等㆒朝貢。神亀元年二月、明帝臨㆓顕陽殿㆒、引㆓顧礼等二十人於殿下㆒、遣㆓中書舎人徐紇一宣レ詔、譲以二蠕蠕蓄礼不備之意一。

G【『魏書』巻九・粛宗紀・熙平二年（五一七）十二月丁未条】

蠕蠕国遣レ使朝貢。

H【『魏書』巻二四・張倫伝】

……熙平中、蠕蠕主醜奴遣レ使来朝、抗二敵国之書一、不レ修二臣敬一。朝議将乙依下漢答二匈奴一故事上、遣レ使報甲レ之。倫表曰、……不レ従。……

I【『北史』巻九八・蠕蠕伝】

始阿那瓌、初復二其国一、尽二礼朝廷一。明帝之後、中原喪乱、未レ能二外略一。阿那瓌統二率北方一、頗為二強盛一、稍敢驕大、礼敬頗闕、遣レ使朝貢、不二復称レ臣。天平以来、逾自踞慢。汝陽王暹之為二秦州一也、遣二其典籤斉人淳于覃一、使二於阿那瓌一。遂留レ之、親寵任レ事。……覃教二阿那瓌一、転至二不遜一。毎レ奉二国書一、隣敵抗礼。……

まずF～Hは、北魏・熙平元年（五一六）から神亀元年（五一八）の柔然―北魏関係に関する記事である。それらによれば、離反していた高車を討伐し強盛を回復した柔然は、北魏に対する臣礼を拒否し、敵国の書を送り対等関係を表明した。これに対して北魏は、漢―匈奴関係の故事に倣い朝議で返使の派遣を決めたという。続いてIは、柔然・阿那瓌《あなかい》と北魏および東魏の関係に関する記事である。それによれば、柔然の内乱[28]により北魏に亡命していた阿那瓌は、正光二年（五二一）に北魏の助力で漠北に帰還すると臣下の礼を尽くしたが、永安元年（五二八）に孝明帝が毒殺されて以降北魏の政局が混乱する[29]と、阿那瓌は北魏に称臣を行わなくなり[30]、さらに天平元年（五三四）に北魏が東西分裂して以降は、阿那瓌は東魏に[31]対等関係の外交文書を送り続けたという。

このように、六世紀前半の柔然—北魏・東魏関係は、対等関係—君臣関係—非君臣上下関係—対等関係の順に変化しているのだが、このうち君臣関係の時期に関しては、柔然は北魏に「表」様式の文書を提出しなければならないはずである。しかし、実際には「表」が提出された可能性がある事例は一例のみであり[32]、多くの場合は別の様式の文書が提出されていた。この点に関しては、以下の史料を参照したい。

J【『北史』巻九八・蠕蠕伝】（孝昌元年（五二五）—孝昌三年（五二七））

……阿那瓌部落既和、士馬稍盛。……三年四月、阿那瓌遣二使人鞏鳳景等一朝貢。及レ還、明帝詔レ之曰、北鎮群狄、為レ逆不レ息。蠕蠕主為レ国立レ忠、助加二誅討一。言念二誠心一、無レ忘二寝食一。今知停在二朔垂一、与二爾朱栄一隣接。其厳勒二部曲一、勿二相暴掠一。又近得二蠕蠕主啓一、更欲二為レ国東討一。但蠕蠕主、世居二北漠一、不レ宜二炎夏一。今可三且停、聴二待後勅一。蓋朝廷慮二其反覆一也。……

K【『北史』巻九八・蠕蠕伝】（正光元年（五二〇）十月）

宴将レ罷、阿那瓌執レ所レ啓立二於座後一。……阿那瓌再拝跽曰、……臣当下統二臨余人一、奉二事陛下一、四時之貢、不中敢闕絶上。陛下聖顔難レ覩、敢不二披陳一。但所レ欲レ言者、口不レ能レ尽レ言。別有二辞啓一、謹以仰呈。願垂二昭覧一。仍以レ啓付二舎人常景一、具以奏聞。

Jは、北魏・孝昌元年（五二五）から同三年（五二七）までの柔然の動静に関する記事である。それによれば、阿那瓌が漠北に帰還して以降は柔然の勢力が次第に強盛となり、孝昌三年（五二七）には北魏に使を派遣して「啓」を送り反乱軍[33]の討伐を申し出るが、北魏は強大化した柔然の動向を警戒し拒否したという。続いてKは、阿那瓌が北魏に亡命した直後、孝明帝に漠北帰還の援助を求めた記事である。それによれば、阿那瓌は「啓」を執り座位の後方に立ち、孝明帝に「別ニ辞啓有リ、謹ミテ以テ仰呈ス。願ハクバ昭覧ヲ垂レンコトヲ」と奏上し、その「啓」を舎人の常景に付して奏聞したという。

ここで注目したいのは、J・Kの双方ともに、阿那瓌から孝明帝へ提出された文書様式は「啓」であり、通常の君臣関係において使用される「表」ではないということである。その一方、Kでは北魏に亡命した阿那瓌が孝明帝に漠北帰還の援助を求めているのだが、皇帝に援助を要請する関係上、阿那瓌は臣下の礼を遵守しなければならないはずである。にもかかわらず、阿那瓌が孝明帝に「表」ではなく「啓」を提出していたということは、柔然の北魏に対する外交文書は、両者が君臣関係にある時期でも「啓」が使われており、北魏も柔然による「啓」の使用を容認していたと考えなければならない(34)。

では、なぜ柔然は北魏に「啓」を使用して、北魏はそれを容認していたのであろうか。この点に関しては、中国における「啓」様式の変遷から検討していく必要がある。まず、唐代における「啓」は、皇太子への上申文書や、上長に奉ずる書状と規定されており(35)、渤海から日本への外交文書としても使用されていたが(36)、皇帝に対して使用された確実な例は、玄奘による一例のみである(37)。一方、唐代以前における「啓」は書状としても使用されていたが、中村圭爾氏の研究では、後漢末に曹操など皇帝同様の実権者への上申文書として「啓」が登場し、東晋・劉宋以降では「表」や「奏」との互用・混用が進行して、皇帝に対する上申文書としても使用されていたという(38)。

このうち最も重要な点は、東晋・劉宋以降では「啓」が皇帝に対しても使用されていたということである。中村氏は、劉宋以降の南朝や北朝の「啓」も、おおむね劉宋と同様の性格を保持するという見通しを示されており(39)、実際に官人からの「啓」に注目すると、北斉・魏収の『魏書』十志を皇帝に上呈する「啓」(40)や、北周・庾信の皇帝からの賜物を謝す「啓」(41)、および隋・江総の毛亀を皇帝に上呈する「啓」(42)が存在しており、六世紀末までは称臣した上で皇帝に提出されていたことが確認できる。北魏が柔然からの「啓」を容認した背景には、このような「啓」の用法が存在していたと考えてよいであろう。

ただし、柔然が北魏に「啓」を使用した理由としては、当該期の「啓」に「表」と同様の機能が含まれることだけではなく、「表」は皇帝以外には提出できないのに対して、「啓」は皇帝以外にも使用できるということ、つまり「啓」では称臣を行わない場合もあることに注意したい。もちろん、阿那瓌が北魏に亡命した当初では、阿那瓌は北魏・孝明帝に称臣していた可能性は高いと思われるのだが、その際の文書様式として「表」ではなく「啓」を選択した理由は、将来的には「啓」を使用したまま称臣を回避して、北魏皇帝との君臣関係を相対化する含みを残したことが考えられる。実際、六鎮の乱[43]に始まる北魏政局の混乱により、北魏と柔然との力関係が変質していくと、両者の名分関係も柔然側が有利な方向に変化する。この点に関しては、次の史料を参照したい。

L【『北史』巻九八・蠕蠕伝】（建義元年（五二八））

建義初、孝荘詔曰、夫勳高者賞重、徳厚者名隆。蠕蠕主阿那瓌、……自今以後、讃拝不レ言レ名、上書不レ稱レ臣。

Lは、北魏・建義元年（五二八）に発生した河陰の変[44]の後、新たに即位した孝荘帝が阿那瓌に讃拝不名[45]・不称臣の礼を認めた記事である。これは、北魏の内乱を背景とする柔然への優遇措置であるが、これにより阿那瓌は、以前と同様に「啓」を使用[46]しながら北魏への称臣を行わない（皇帝以外に対する形式の「啓」を提出する）ことで、君臣関係を相対化することが正式に認められたことになる。言い換えれば、L以前（君臣関係）の時期では柔然は北魏に対して称臣を伴う「啓」を提出していたが、L以降（非君臣関係）の時期では称臣を伴わない「啓」が提出されていたといえる。

このように、君臣関係を回避したい柔然と、君臣関係を結びたい北魏との外交関係は、君臣関係と非君臣上下関係の双方で使用できる「啓」という様式により媒介されていた。同様の事例として、唐の創業時に高祖・李淵は、突厥・始畢可汗に「啓」との封題を持つ外交文書を送り(47)、突厥の援軍を得て長安を占領しているが、この場合は李淵が始畢可汗との君臣関係(48)の相対化を試みたものということができる。このように、本節で分析した柔然—北魏関係も含め、上位勢力の国際秩序が貫徹しない外交関係においては、君臣関係と非君臣上下関係の双方で使用できる「啓」が重要な役割を果たしたのである。

第三節　南北朝相互間と柔然の外交儀礼

前節までは、南北朝に柔然を含めた三者の外交文書を題材に、東部ユーラシアでの国際秩序の併存状況を検討したが、本節では、南北朝相互間と柔然の外交儀礼を題材にして、各勢力内部での国際秩序の併存状況を検討していく。以下では検討の前提として、唐代の外交儀礼に関するこれまでの研究成果を確認しながら、五・六世紀における各勢力の外交儀礼を概観していきたい。

まず、中国王朝国内での外交儀礼は、唐前半期では『大唐開元礼』の規定通り、皇帝が宮内の殿舎に出御して、群臣参加の上で使者から外交文書と信物が提出されており、周辺諸勢力からの使者は一括して朝貢使として扱われていた(49)。南北朝での外交文書と信物の授受儀礼の詳細は不明だが、南北朝相互の使者を除けば、柔然を含めた周辺諸勢力は唐代同様に原則同一の扱いを受けていた。例えば、梁・大同八年（五四二）の元会儀礼では、馬道の北の西側に東魏使、馬道の南の東側に柔然・崑崙使、西側に高句麗・百済使が列立したように(50)、北朝の東魏のみが特別扱いされていた。また、北魏の元会儀礼で南斉使が高句麗使と同様の扱いを受けた際は、南斉使が「二国相ヒ亜《つ》グハ、唯ダ斉ト魏ナリ。辺境ノ小狄、敢ヘテ臣ノ蹤ヲ躡ムナリ」と北魏皇帝に抗議した(51)ように、北朝でも本来は南朝の使者のみが特別扱いされていたと思われる。

一方、中国王朝から周辺諸勢力に使者が派遣される場合には、唐代では天使南面不拝・蕃国王起立北面拝礼という原則が存在していたが、実際には唐の秩序は周辺諸勢力の内部では貫徹していないことが多い(52)。このような状況は五・六世紀の段階でも同様であり、実際に中国王朝と周辺諸勢力の国際秩序が対立した例として、高車王への拝礼を拒否した北魏・朱長生の事例(53)、吐谷渾王への拝礼を拒否して殺害された南斉・丘冠先の事例(54)、高句麗王の不拝を容認して左遷された北魏・房亮の事例(55)を見出すことができる。

以上のように、五・六世紀の外交儀礼は概略としては唐代と同様であるが、南北朝相互間の外交儀礼と、最大の「周辺諸勢力」である柔然の外交儀礼のみは、外交文書と信物の受納儀礼に注目すると、それ以外の外交儀礼とは挙行方法が大きく異なることが分かる。このうち、南北朝相互間の外交儀礼に関しては、以下の史料を参照したい。

M【『周書』巻四二・蕭撝伝(56)】

蕭撝字智遐、蘭陵人也。梁武帝弟安成王秀之子也。……東魏遣二李諧・盧元明一使二於梁一。梁武帝以二撝辞令可レ観、令下兼二中書侍郎一、受中幣於賓館上。……

N【『魏書』巻八五・温子昇伝(57)】

斉文襄王引二子昇一為二大将軍府諮議参軍一。子昇前為二中書郎一。嘗詣二蕭衍客館一受二国書一。自以レ不レ修二容止一、謂レ人曰、詩章易レ作、逋峭難レ為。

O【『隋書』巻四二・李徳林伝】

徳林美二容儀一、善二談吐一。斉天統中、兼二中書侍郎一、於二賓館一受二国書一。陳使江総、目二送之一曰、此即河朔之英霊也。……

P【『隋書』巻七五・元善伝】

……開皇初、拝二内史侍郎一。……陳使袁雅来聘、上令二善就レ館受レ書、雅出レ門不レ拝。善論二旧事有レ拝之儀一。雅不レ能レ対、遂拝、成レ礼而去。……

M〜Pはいずれも、南北朝相互間での外交文書と信物の受納儀礼に関する記事である。年代に関しては、Mは梁・大同三年（五三七）(58)、Nは東魏・興和二年（五四〇）頃(59)、Oは北斉・天統年間（五六五―七〇）(60)、Pは隋・開皇八年（五八八）(61)であり、北魏の東西分裂以降のもの(62)ではあるが、儀礼の内容は全て共通であり、相手の使者が滞在する客館に官人を派遣して外交文書と信物を受け取らせている。

このように、南北朝相互間の外交儀礼では、外交文書と信物は客館で受け取るのが通例といえるが、前述の通り『大唐開元礼』の規定や唐代の前半期の実例では、宮内の殿舎に皇帝が出御した上で外交文書と信物が提出されているので、南北朝間では唐代とは大きく異なる儀礼が行われていたことになる。もちろん、客館に官人を派遣するという方式は、中国王朝での外交文書と信物の受納方式としては一般的ではないが、第一次南北朝時代に特有の方式などではなく、時代が下るとはいえ南宋が金の外交文書を客館で入手した事例も存在している。この点に関しては、次の史料を参照したい。

Q【『金史』巻六五・完顔璋伝】

十三年、改二大興尹一、為二賀宋正旦使一。……宋人請下以二太子一接上レ書、不レ従。宋人就レ館迫取レ書、璋与レ之、

且赴ㇾ宴、多受二礼物一。有司以聞、上怒、欲ㇾ置二之極刑一。左丞相良弼奏曰、……上以為ㇾ然。乃杖ㇾ璋百五十、除名。……

Qは、金・大定十三年（一一七三）に南宋へと派遣された完顔璋に関する記事である。それによれば、南宋は皇帝が起立して自ら金の外交文書を受けるという屈辱的な儀礼を回避するため、皇太子による代理受書を提案し、拒否されると客館に官人を派遣して外交文書の引き渡しを求めた[63]。これに対して完顔璋は外交文書を渡してしまい、その後宴会に出席して多くの礼物を得たので、帰国後処分されたという。

この事例で、南宋が皇太子による代理受書や客館での外交文書受納を試みたのは、南宋皇帝自らが起立して金の外交文書を受け取る儀礼では、金が上位の両国関係[64]が表現されてしまうからである。言い換えれば、君主出御の儀礼の中で外交文書を授受する場合は、君主と使者との面位・立座の別・拝礼の有無などで、両国間の名分関係が明確に示されてしまうので、南宋は金との上下関係が南宋国内では明示されないように、皇帝不在の場で外交文書の授受を進めようとしたといえる[65]。

この点をふまえ、再度南北朝相互間における外交文書と信物の受納儀礼を考察すると、第一節で明らかにしたように、南北両朝が相互に相手の正当性を否定していた以上、仮に唐代の前半期と同様に皇帝出御の儀礼の中で外交文書が授受されたとすれば、使者は天子南面不拝・蕃国王起立北面拝礼の原則を主張し、皇帝は『大唐開元礼』の規定[66]通り南面着座不拝で官人を介して外交文書を受けようとするなど、南北両朝の国際秩序が正面から対立することが容易に想定できる。そのため、両者の対立を緩和する便法として、皇帝が出御することはない客館で外交文書と信物の受納を行い、両国間の名分関係が相互の国内では明示されにくくする方法が案出されたものと思われる[67]。

続いて、南北朝相互間の外交儀礼と同様に、外交文書と信物の受納儀礼が他とは大きく異なる、当該期最大の「周辺諸勢力」である柔然の外交儀礼を検討していく。柔然国内の外交儀礼の史料はほとんど存在していないが、前節Kでも引用した阿那瓌からの奏上の中には、柔然国内の外交儀礼に言及した部分が含まれているのである。この点に関しては、次の史料を参照したい。

R【『北史』巻九八・蠕蠕伝】（前節Kと一部重複）

宴将レ罷、阿那瓌執レ所レ啓立二於座後一。……阿那瓌再拝跽曰、……及二臣兄為一レ主、故遣二鞏顧礼等一使レ来二大魏一、実欲三虔修二藩礼一。是以曹道芝北使之日、臣与二主兄一、即遣二大臣五人一、拝二受詔命一。……

Rは、北魏・正光元年（五二〇）に阿那瓌が北魏に亡命した直後、孝明帝に漠北帰還の援助を求めた奏上の一部であり、阿那瓌亡命以前の柔然—北魏関係に関する記事である。それによれば、阿那瓌の兄・醜奴が即位した後、煕平二年（五一七）[68]に鞏顧礼らを北魏に派遣したのは、実は臣下の礼を修めるためであり、同様に北魏の返使・曹道芝を漠北に迎えた際には、醜奴と阿那瓌は大臣五人を派遣して北魏の詔を拝受させたという。[69]

ここで注目したいのは、Rに見える柔然の外交儀礼では、北魏の外交文書は柔然可汗に直接伝達されるのではなく、可汗が派遣した臣下[70]に対して伝達されていることである。

これは、南北朝相互間の外交儀礼と同様に、君主不在の場で外交文書が受納されたことを意味しており、中国王朝の使者と周辺諸勢力の君主との拝礼の有無が問題化した、前述の高車・吐谷渾・高句麗の事例とは大きく異なる儀礼といえる。また、臣下を派遣して外交文書を受納したということは、受納した場所は少なくとも柔然可汗の牙帳ではありえず、南北朝相互間と同様に客館（に相当する施設）と考えるのが妥当であろう。

以上のように、柔然国内での外交文書の受納儀礼は、同時代における他の周辺諸勢力の儀礼とは挙行方法が大きく異なり、むしろ南北朝相互間の儀礼との共通点を指摘できる。その背景としては、前節F～Hで確認したように、醜奴の可汗在位時の柔然―北魏関係が対等関係であることを指摘できるが[71]、外交文書を使用しない周辺諸勢力相互間の関係も含めるならば、周辺諸勢力の君主が臣下を派遣して相手の使者から使旨を受ける儀礼は、倭国―新羅相互間でも確認できる。この点に関しては、以下の史料を参照したい。

S【『日本書紀』推古十八年（六一〇）十月丁酉（九日）条】

客等拝二朝庭一。……時大伴咋連・蘇我豊浦蝦夷臣・坂本糠手臣・阿倍鳥子臣、共自レ位起之、進伏二于庭一。於レ是、両国客等各再拝、以奏二使旨一。乃四大夫、起進啓二於大臣一。時大臣自レ位起、立二庁前一而聴焉。既而賜二禄諸客一、各有レ差。

T【『日本書紀』持統三年（六八九）五月甲戌（二十二日）条】

命二土師宿禰根麻呂一、詔二新羅弔使級飡金道那等一曰、……二年、遣二田中朝臣法麻呂等一、相二告大行天皇喪一。時新羅言、新羅奉レ勅人者、元来用二蘇判位一。今将二復爾一。由レ是、法麻呂等、不レ得レ奉二宣赴告之詔一。……

まずSは、倭国・推古十八年（六一〇）に来倭した新羅・「任那」使に対する外交儀礼である。この儀礼では、従来から指摘されているように、使者は四人の大夫を介して大臣の蘇我馬子に使旨を伝達しており、儀礼の場に倭王推古は出御していない[72]。一方Tは、持統二年（六八八）に新羅へ赴いた天武の告喪使・土師根麻呂に対する外交儀礼である。この儀礼は、従来あまり注意されていないが、新羅が「勅ヲ奉《うけたまは》ルノ人」の官位を第三位（蘇判）に引き下げているということは、新羅王も倭王と同様に直接使者とは対面せず、官人を派遣して使者から使旨を受けていたということができる[73]。

このように、君主不在の場で外交文書などを受ける方式は、前述の通り『大唐開元礼』の規定や唐代前半期の実例とは異なるのだが、南北朝相互間に加え柔然国内や倭国—新羅相互間でも確認できるように、特殊な儀礼として片付けることは不可能である。これらの事例では、いずれも君臣関係が貫徹しておらず、両者の国際秩序の対立が想定されることに注目すれば、東部ユーラシアにおける君臣関係が貫徹しない外交関係では、君主不在の受納儀礼が両者の国際秩序の併存を図る便法として機能したということができる。

おわりに

本章では、南北朝に柔然を加えた三者を中心に、東部ユーラシアの外交文書と外交儀礼を検討して、以下の結論を得た。まず第一節では、南北朝間では表面上はほぼ同文の外交文書が往復されていたが、それは相互に相手の正当性を否定する「対等関係」を意味することを明らかにした。続いて第二節では、君臣関係を回避したい柔然と、君臣関係を設定したい北魏との関係が、君臣関係と非君臣上下関係の双方で使用可能な「啓」という文書様式により媒介されていたことを明らかにした。最後に第三節では、唐代前半期の実例や『大唐開元礼』の規定には見られない、君主不在の場で外交文書や使旨を受ける儀礼が、南北朝相互間・柔然国内・倭国—新羅相互間などの非君臣関係において、両者の国際秩序の併存を図る便法として機能していたことを明らかにした。

以上の点を通じて最も重要なことは、五・六世紀東部ユーラシアの外交文書と外交儀礼の中には、①相互に相手の正当性を否定する「対等関係」の外交文書、②君臣関係でも非君臣関係でも使用可能な「啓」様式、③君主不在の場での外交文書や使旨の受納という、相互の国際秩序を併存させ関係を維持するための「仕掛け」が含まれていることである。このような「仕掛け」は、唐代では皇帝への用例がほぼ皆無となる「啓」の機能の変化に(74)

代表されるように、隋代以降には非君臣上下関係の縮小・消滅や、文書と儀礼における君臣関係の明確化が進行する中で失われていくが、再び非君臣上下関係が広汎に出現する唐の滅亡後（第二次南北朝時代）には、「某〇書某」形式の書状[75]を外交文書として使用する動きが進むように、五・六世紀とは別の形の「仕掛け」が成立・展開していく。[76]

また、各勢力の内部に視点を移してみると、六・七世紀の倭国の外交儀礼に倭王が出御していない（第三節S参照）ことは、従来は倭国の「独自の習俗」と評価されてきた。[77]これは、外交儀礼に君主が出御する『大唐開元礼』の規定に基づいて、七世紀末から天皇が拝朝の儀への出御を始めるなどの、中国的な外交儀礼の継受を重視した理解であるが、本章で明らかにしたように、君主が不在の場において外交文書や使旨を受納する儀礼は、東部ユーラシアでは相互の国際秩序の併存を図る便法として機能していたのであるから、この理解のみでは一面的と言わざるを得ない。

律令国家日本が天皇出御を伴う中国的な外交儀礼を継受したのは、羅唐戦争の開始後に倭国に低姿勢で接近してきた新羅との「君臣関係」を国内臣下に明示するためであり、[78]その意味では「独自の習俗」から中国的な外交儀礼への変化は「発展」とも評価できる。しかし、その過程において君主不在の場での外交文書や使旨の受納儀礼を廃したことは、相互の国際秩序を併存させ関係を維持する「仕掛け」を放棄したことになるので、実際に日羅関係が八世紀半ば以降悪化・断絶したことを考え合わせれば、これを単純な「発展」と評価することは不可能である。その意味では、倭王が出御していない六・七世紀の倭国の外交儀礼は、大陸の先進文物を継受して未開から文明へ発展する以前の「独自の習俗」ではなく、倭国と新羅の国際秩序を併存させ関係を維持するための「仕掛け」を備えた、東部ユーラシアに遍在する「共時的な儀礼」の一つと位置付けなければならない。

ただし、以上のような理解に基づくのであれば、五・六世紀東部ユーラシアの外交文書と外交儀礼が、相互の国際秩序を併存させたまま関係を維持する「仕掛け」を喪失して、「君臣関係」を明示する隋唐期の外交文書と外交儀礼へと変化していく課程(79)を跡付ける必要が生じてくる。この点に関しては、今後の課題としたい。

注

(1) 西嶋定生「東アジア世界と冊封体制――六―八世紀の東アジア――」(『西嶋定生東アジア史論集三　東アジア世界と冊封体制』岩波書店、二〇〇二、五―五八頁。初出一九六二)・同「序説――東アジア世界の形成――」(同『中国古代国家と東アジア世界』東京大学出版会、一九八三、三九七―四一四頁。初出一九七〇)。

(2) 拙稿「倭国・日本史と東部ユーラシア――六～十三世紀における政治的連関再考――」(『歴史学研究』八七二、二〇一〇、三〇―三八頁)・同「唐宋期周辺諸勢力の外交儀礼について――「東夷の小帝国」倭国・日本の位置――」(同『東アジアの国際秩序と古代日本』吉川弘文館、二〇一一、三二一―三四〇頁。新稿)。

(3) 坂元義種「古代東アジアの国際関係――和親・封冊・使節よりみたる――」(同『古代東アジアの日本と朝鮮』吉川弘文館、一九七八、一―六四頁。初出一九六七・一九六八)では、中国王朝を中心とする国際関係を想定しながらも、中国王朝が派遣した使者の官品の高下から、モンゴル高原に本拠を置いた柔然・突厥・回鶻が、ほぼ類似した高い地位を占めていたことを明らかにしている。

(4) 前島佳孝『西魏・北周政権史の研究』(汲古書院、二〇一三)第二部「対梁関係の展開と四川獲得」所収の諸論文(一九一―三五五頁)参照。

(5) 川本芳昭「五胡十六国・北朝時代における華夷観の変遷」・「五胡十六国・北朝時代における「正統」王朝について」(ともに同『魏晋南北朝時代の民族問題』汲古書院、一九九八、二五―六五・六六―一〇二頁。初出一九八四・一九九七)。

(6) 朴漢済「南北朝時代의《の》　南北関係――交易과《と》　交聘을《を》　中心으로《に》――」(『韓国学論叢』四、一九八一、一五五―二〇六頁)、梁満倉「南北朝通使芻議」(同『漢唐間政治与文化探索』貴陽・貴州人民出版社、二〇〇〇、三〇

五―三二一頁。初出一九九〇）、金鍾完『中国南北朝史研究――朝貢・交聘関係를《を》 중심《中心》으로《に》――』（ソウル・一潮閣、一九九五）、吉川忠夫「島夷と索虜のあいだ――典籍の流伝を中心とした南北朝文化交流史――」（『東方学報（京都）』七二、二〇〇〇、一三三―一五八頁）、堀内淳一「馬と柑橘――南北朝間の外交使節と経済交流――」（『東洋学報』八八―一、二〇〇六、一―二七頁）など。

（7）梁満倉「南北朝通使芻議」（注6前掲）。

（8）潘国鍵「北魏蠕蠕関係史」（同『北魏与蠕蠕関係研究』台北・台湾商務印書館、一九八八、六五―一一六頁）。

（9）榎本あゆち「南斉の柔然遣使　王洪範について――南朝政治史における三斉豪族と帰降北人――」（『名古屋大学東洋史研究報告』三五、二〇一一、六五―九六頁）。

（10）梁満倉「南北朝通使芻議」（注6前掲）。

（11）『文苑英華』のテキストは華文書局本を使用した。

（12）『南史』巻七四・孝義下・謝貞伝によれば、北周は陳・太建五年（五七三）に陳へ聘使杜子暉を派遣したが、その際に趙王・宇文読の幕臣である謝貞を老母への孝のため陳に帰国させたことが見える。

（13）例えば、李柏文書（一九〇九年に橘瑞超氏が楼蘭で発見した、前涼の西域長史李柏の書状草稿と断片）Ot.538Aには「五月七日、西域長史関内侯柏頓首ヽヽ。……李柏頓首ヽヽ」（テキストは伊藤敏雄「李柏文書小考――出土地と書写年代を中心に――」〔野口鉄郎先生古稀記念論集刊行委員会編『中華世界の歴史的展開』汲古書院、二〇〇二、二一―四五頁〕所収のものを使用した）とあり、唐代では開元二十五年（七三七）前後成立の杜友晋編『吉凶書儀』（P三四四二他）巻下・女喪告答親家舅姑書条に「名頓首。……姓名頓首。月日」（趙和平『敦煌写本書儀研究』〔台北・新文豊出版公司、一九九三〕二〇七頁所収）とある。

（14）中国正史のテキストは中華書局排印標点本を使用した。

（15）『資治通鑑』巻一七五・太建十四年（五八二）六月甲申条に「隋遣レ使来弔」とある。

（16）なお、本章旧稿（拙稿「古代東アジア地域の外交秩序と書状――非君臣関係の外交文書について――」〔『歴史評論』六八六、二〇〇七、九六―一〇九頁〕）では、この部分の後に「史料上では「書」と表現されていることから、この外交文書も書状形式と思われる」との文章を続けていた。Bに見える外交文書が書状形式であることは、末尾の「姓名頓首」部分がAと共通することからもほぼ確実と思われるが、旧稿の表現のままでは、史料上で「書」と表現される全ての文書が書状形式と確定できるように読めてしまうので、改稿にあたり当該部分を削除した。なお、後掲C・Dに関する部分にも同様の表現を続けていたが、これも同じ理由で削除している。

(17) 堀敏一「江南王朝と東アジアの諸国・諸民族」（同『東アジア世界の形成――中国と周辺国家――』汲古書院、二〇〇六、二二七―二七一頁。新稿）参照。

(18) 例えば、『資治通鑑』巻一二〇・元嘉四年（四二七）四月丁未条に「魏員外散騎常侍歩堆等来聘」とあり、同・巻一七五・太建十三年（五八一）四月戊戌条にも「散騎常侍韋鼎・兼通直散騎常侍王瑳聘二于周一」とある。

(19) 『資治通鑑』のテキストは中華書局排印標点本を使用した。

(20) 北魏時代には梁との通好は行われていない。梁満倉「南北朝通使芻議」（注6前掲）参照。

(21) 『日本書紀』推古十六年（六〇八）八月壬子（三日）条。

(22) なお、B～Dの外交文書で使用されている起居を問う語に注目しても、清泰（平懐〔対等〕相当）と如宜（幼属〔同一世代の年少者〕相当）、安和（直系尊属相当）と清晏（平懐相当）のように、いずれの場合も自らを上位に置いていることが確認できる。これらの語句が示す敬意の程度については、拙稿「書儀と外交文書」（注2前掲書、二四―五六頁。初出二〇〇六）参照。

(23) 後半期の日本―渤海関係に関しては、拙稿「日本の対新羅・渤海名分関係の検討――「書儀」の礼式を参照して――」（注2前掲書、五七―八六頁。初出二〇〇七）で検討した。

(24) 南朝と柔然の間の交通路に関しては、松田壽男「吐谷渾遣使考」（『松田壽男著作集四　東西文化の交流二』六興出版、一九八七、六八―一二六頁。初出一九三七）、石見清裕「梁への道――「職貢図」とユーラシア交通――」（鈴木靖民他編『梁職貢図と東部ユーラシア世界』勉誠出版、二〇一四、六七―一〇二頁）参照。

(25) その他にも、前漢の李陵と蘇武の往復書状には互いに「足下」が用いられており（ともに『芸文類聚』巻三〇所収）、梁・天監四年（五〇五）に丘遅私が陳伯之に送った書状にも「陳将軍足下無レ恙、幸甚」（『梁書』巻二〇・陳伯之伝）とある。

(26) 『南斉書』巻二・高帝紀下・建元四年（四八二）三月庚申条。

(27) 南斉成立後の柔然との関係に関しては、榎本あゆち「南斉の柔然遣使　王洪範について」（注9前掲）参照。

(28) 『魏書』巻一〇三・蠕蠕伝によれば、阿那瓌の兄・醜奴は即位後に、寵愛する巫女・地万の詐術に惑わされて人心を失い、母親の候呂陵氏に殺された。その後、弟の阿那瓌が即位したが、族兄の示発の率いる軍に敗れ、阿那瓌は軽騎南走して北魏に亡命したという。

（29）北魏では、孝明帝の毒殺以降、北魏の東西分裂までの七年間に、孝昭帝・孝荘帝・長広王・節閔帝・廃帝・孝武帝と、六人の皇帝が廃立を繰り返している。

（30）実際には、後掲Lに見えるように、北魏・建義元年（五二八）に阿那瓌は讃拝不名・不称臣の礼を認められている。

（31）Iに見える「天平」は東魏の年号である。

（32）『北史』巻九八・蠕蠕伝・正光三年（五二二）十二月条に、「阿那瓌上レ表、乞レ粟以為二田種一。詔給二万石一」とある。

（33）この反乱軍は、正光四年（五二三）に発生した六鎮の乱が一旦鎮圧された後、河北に徙された鎮民が再度挙兵し、葛栄らに率いられて華北全域を巻き込む大乱に発展したものである。

（34）この点に関連して、阿那瓌が北帰した正光二年（五二一）には、次に見えるように、七月に阿那瓌は「啓」で精兵一万を求める一方、正月の時点では懐朔鎮将の楊鈞が「表」で漠北情勢を報告していることも注意しておきたい。

【『北史』巻九八・蠕蠕伝】（正光二年（五二一）七月）
七月、阿那瓌啓云、……今乞依二前恩一、賜二給精兵一万一、還令三督率領（ママ）送二臣磧北一、撫二定荒人一。脱蒙レ所レ請、事必克済。詔付二尚書・門下一博議。

【『北史』巻九八・蠕蠕伝】（正光二年（五二一）正月）
……時安北将軍・懐朔鎮将楊鈞表、伝聞、彼人已立レ主。是阿那瓌同堂兄弟。夷人獣心、已相君長。恐未レ肯下以二殺レ兄之人一、郊中迎其弟上。軽往虚反、徒損二国威一。自レ非三広加二兵衆一、無二以送レ其入一レ北。

（35）『大唐六典』巻一・尚書都省・左右司郎中員外郎職掌条には、「凡下之所二以達一レ上、其制亦有六。曰、表・状・牋・啓・辞・牒。／表上二於天子一。其近臣亦為レ状。牋・啓於二皇太子一。然於二其長一亦為レ之。非二公文所一レ施。……」とある。

（36）渤海から日本への外交文書に関しては、石井正敏「神亀四年、渤海の日本通交開始とその事情――第一回渤海

国書の検討――」（同『日本渤海関係史の研究』吉川弘文館、二〇〇一、二六〇―二八二頁。初出一九七五）、拙稿「日本の対新羅・渤海名分関係の検討」（注23前掲）参照。

(37) 唐・慧立『大唐大慈恩寺三蔵法師伝』巻九・謝賜仮宮葬啓（文書名は『全唐文』巻九〇七による）。なお、唐代の啓は『全唐文』などで約三四〇首が確認できる。

(38) 中村圭爾「啓の成立と展開」（科学研究費補助金（基盤研究（C））研究成果報告書『魏晋南北朝における公文書と文書行政の研究』課題番号一〇六一〇三五六、二〇〇一、八五―一〇四頁。初出一九九九）。

(39) 中村圭爾「啓の成立と展開」（注38前掲）一〇一頁。

(40) 【『魏書』巻一〇五・前上十志啓】

臣収等啓。……謹成二十志二十巻一、請続二於伝末一、幷二前例目一、合一百三十一巻。臣等妨レ官秉レ筆、迄レ無レ可レ採。塵二黷旒冕一、堕二深氷谷一。謹啓。

十一月、持節・都督梁州諸軍事・驃騎将軍・梁州刺史・前著作郎・富平県開国子臣魏収啓

(41) 【『文苑英華』巻六五五・庾信・謝明皇帝賜絲布等啓】

臣某啓。奉レ勅、垂二賜雑色絲布綿絹等三十段、銀銭二百文一。……某之観レ此、寧無二愧心一。直以レ物受二其生一、於レ天不レ謝。謹啓。

(42) 【『芸文類聚』巻九九・祥瑞部下・亀・隋江総上毛亀啓】（テキストは上海古籍出版社本を使用した）

臣聞、聖王受レ命、以レ代紹興。……

(43) 六鎮の乱とは、北魏の都・平城北方に配置された軍鎮が、洛陽遷都以降に生じた地位の低下を不満として、沃野鎮の破六韓抜陵の挙兵を契機として起こした大規模な反乱であり、最終的には北魏の東西分裂を惹起している。

(44) 河陰の変とは、親政を志向する孝明帝が母后である霊太后に毒殺され、霊太后により三歳の孝昭帝が擁立されたのに対して、北魏将軍の爾朱栄が孝荘帝を擁立して反旗を翻し、霊太后と孝昭帝を黄河に沈め、王侯以下二千余人を粛正した事件である。

(45) 讃拝不名の礼に関しては、尾形勇「漢唐間の「殊礼」について」（『山梨大学教育学部研究報告　人文社会科学系』二四、一九七四、一〇五―一一四頁）、菊池大「曹操と殊礼」（『東洋学報』九四―一、二〇一二、一―二六頁）参照。

(46) 前掲Iを参照する限り、「復タ臣ト称サズ」と記されているのみの非君臣上下関係の時期では、「国書ヲ奉ズル毎ニ、隣敵抗礼ナリ」とする対等関係の時期とは異なり、称臣以外の礼式が大きく変化したことは想定できない。

(47) 『大唐創業起居注』巻一・大業十三歳（六一七）五月庚子条には、「即立自手疏、与二突厥書一曰、……仍命二封題一、署云二某啓一。所司報請云、突厥不レ識二文字一、惟重二貨財一。願加二厚遺一、改レ啓為レ書。帝笑而謂二請者一曰、……洒遣二使者一、馳駅送レ啓」（テキストは上海古籍出版社本を使用した）とある。護雅夫「突厥と隋・唐両王朝」（同『古代トルコ民族史研究』I、山川出版社、一九六七、一六一―二二三頁。初出一九六四）一七七頁参照。この事例は、石井正敏「神亀四年、渤海の日本通交開始とその事情」（注36前掲）では、八世紀以降渤海が日本に対して使用した「啓」の類例として提示されているが、この事例は、六世紀末までの称臣を伴う「啓」という視点から再検討する必要があると思われる。

(48) 隋末の群雄の多くは、突厥・始畢可汗に臣従して小可汗号を授けられており、李淵も小可汗号を授けられた可能性は高いと思われる。護雅夫「突厥と隋・唐両王朝」（注47前掲）一七七―一七八頁、森安孝夫『シルクロードと唐帝国』（講談社、興亡の世界史〇五、二〇〇七）一五三―一五五頁参照。

(49) 田島公「外交と儀礼」（岸俊男編『まつりごとの展開』中央公論社、日本の古代七、一九八六、一九三―二四六頁）、石見清裕「外国使節の皇帝謁見儀式復元」・「外国使節の宴会儀礼」（ともに同『唐の北方問題と国際秩序』汲古書院、一九九八、四一三―四六〇・四六一―五〇〇頁。初出一九九一・一九九五）、拙稿「唐後半期から北宋の外交儀礼――「対」の制度と関連して――」（注2前掲書、二三六―二七七頁、初出二〇〇九）。

(50) 『酉陽雑俎』前集巻一・礼異には、「梁正旦、使下北使乗車至二闕下一、入中端門上。……至二馬道北・懸鍾内一、道西北立。……馬道南・近道東、有二茹《(ママ)》・崑崙客一。道西近道、有二高句麗・百済客、及其升殿之官三千許人一」（テキストは四部叢刊初編本を使用した）とある。渡辺信一郎「六朝隋唐期の大極殿とその構造」（『都城制研究』二、二〇〇九、七三―八九頁）参照。

(51) 【『南斉書』巻五八・東南夷・東夷伝高麗国条】（永明七年〔四八九〕）
永明七年、平南参軍顔幼明・冗従僕射劉思斅使レ虜。虜元会、与二高麗使一相次。幼明謂二偽主客郎裴叔令一曰、我等銜二命上華一、来造二卿国一。所レ為二抗敵一、在乎一魏一。……幼明又謂二虜主一曰、二国相亜、唯斉与レ魏。辺境小狄、敢躡二臣蹤一。

(52) 拙稿「唐宋期周辺諸勢力の外交儀礼について」（注2前掲）。

(53) 【『魏書』巻八七・朱長生伝】
朱長生及于提、並代人也。高祖時、以二長生一為二員外散騎常侍一、与レ提倶使二高車一。至二其庭一、高車主阿伏至羅、責二長生等拝一。長生拒レ之曰、我天子使、安肯レ拝二下土諸侯一。阿伏至羅、乃不三以レ礼待二……

(54) 【『南斉書』巻五九・河南伝】（永明八年〔四九〇〕。『南史』巻七三では派遣先を柔然とする）
易度侯卒、八年、立二其世子休留茂一。……復遣二振武将軍丘冠先一拝授、幷行二弔礼一。冠先至二河南一、休留茂逼令二先拝一、冠先厲色不レ肯。休留茂恥二其国人一、執二冠先於絶巌上一、推二堕深谷一而死。……

(55) 【『魏書』巻七二・房亮伝】（房亮の南斉派遣は太和十六年〔四九二〕）
……拝二秘書郎一、又兼二員外散騎侍郎一、副二中書侍郎宋弁一使二於蕭賾一。還、除二尚書二千石郎中・済州中正一。兼二員外常侍一、使二高麗一、高麗王託レ疾不レ拝。以二亮辱一レ命、坐二白衣守郎中一。……

(56) 『北史』巻二九・蕭撝伝にもほぼ同文が見える。

(57) 『北史』巻八三・文苑・温子昇伝にもほぼ同文が見える。

(58) 李諧の梁派遣は東魏・天平四年（五三七）である。

(59) 文襄帝高澄の任大将軍は東魏・興和二年（五四〇）、死去は武定七年（五四九）であり、温子昇が梁使の迎接を担当したのは大将軍府諮議参軍となる前なので、仮に興和二年（五四〇）頃と判断しておく。

(60) なお、後藤勝「聘使交換より見た南北朝関係（二）——関係史料の編年整理（下）——」（『聖徳学園岐阜教育大学紀要』二一、一九九一、一二六—一五四頁）によれば、天統元年（五六五）と二年（五六六）に陳使来斉の記事が見える。

(61) 袁雅の隋派遣は陳・禎明二年（五八八年）である。

(62) 北魏の東西分裂以前に関しては明確な史料は存在しないが、東西分裂以降と同様の儀礼である可能性は高いと思われる。

(63) 金・大定五年（一一六五）の和議により、金—南宋関係は君臣関係から非君臣・叔姪関係に改められたが、皇帝が起立して自ら金の外交文書を受けることは、両者の間で結ばれた盟約に明文化されていた。拙稿「唐宋期周辺諸勢力の外交儀礼について」（注2前掲）、井黒忍「受書礼に見る十二～十三世紀ユーラシア東方の国際秩序」

(64) 平田茂樹他編『外交史料から十〜十四世紀を探る』汲古書院、二〇一三、二一一─二三六頁）参照。

(65) 当該期の金─南宋関係は叔姪関係であり、金を上位とする非君臣上下関係である。なお、皇帝不在の場での外交文書の授受は実現していないが、南宋皇帝は南面ないし西面で金の外交文書を受けており、完全な臣礼となる北面受書は回避していた。この点に関しては、拙稿「唐宋期周辺諸勢力の外交儀礼について」（注2前掲）参照。

(66) 『大唐開元礼』の規定に関しては、石見清裕「外国使節の皇帝謁見儀式復元」（注49前掲）参照。

(67) もちろん、Pで陳使袁雅が門外での拝礼を拒否しようとした（天使不拝が関連か）ように、客館で外交文書と信物を受納する方式は、両国間の対立を完全に解消するものではないが、両国間の名分関係が相互の国内で明示されにくくすることには、両者の対立を緩和する意義があると思われる。

(68) 鞏顧礼らの北魏派遣が熙平二年（五一七）であることは、前節Fを参照。

(69) このうち、柔然が醜奴の代から北魏との君臣関係を求めていたという部分は、阿那瓌が孝明帝から漠北帰還の援助を得るための方便であり、実際には前節F〜Hに見える通り、醜奴在位時点での柔然が北魏に対等関係を求めていたことは明白である。ただし、醜奴と阿那瓌が臣下を派遣して北魏の外交文書を受けたという部分に関しては、醜奴の代から北魏との君臣関係を求めていたと称したにもかかわらず、蕃国王起立北面拝礼の原則に基づいた儀礼を挙行していないということになるので、当該部分は大筋では北魏との対等関係に基づいて実際に行われた儀礼と判断できる。

(70) Rには「大臣五人」を派遣したとあるが、実際には大臣ではなく、より下位の臣下が派遣された可能性が否定できないので、ここでは単に「臣下」とした。

(71) 柔然─北魏関係が非君臣上下関係や君臣関係である時期に、どのような外交儀礼が行われていたかは残念ながら不明である。ただし、少なくとも柔然が北魏に臣従していた時期には、Rに見えるような儀礼が挙行されていた可能性は低いであろう。

(72) 田島公「外交と儀礼」（注49前掲）、拙稿「古代倭国・日本の外交儀礼と服属思想」（注2前掲書、一四八─一八七頁。初出二〇〇七）。なお、倭国の外交儀礼に倭王が出御しないことは六世紀以前に遡る。

(73) この点は、事実関係のみは拙稿「『日本書紀』皇極紀百済関係記事の再検討」（本書第三部第一章、初出二〇一一三）で指摘したが、その意義については本章での検討を参照していただきたい。

(74) 本章第二節参照。なお、八世紀前半に唐に対する称臣を回避しようとした吐蕃は、唐に「啓」ではなく「状」を使用している。拙稿「日本の対新羅・渤海名分関係の検討」（注23前掲）七四―七五頁参照。

(75) 「某〇書某」形式の書状に関しては、拙稿「隋唐五代両宋の「致書文書」の再検討と五代十国の外交関係」（本書第一部第一章）を参照。

(76) 第二次南北朝時代の外交文書と外交儀礼に関しては、拙稿「倭国・日本史と東部ユーラシア」・「唐宋期周辺諸勢力の外交儀礼について」（ともに注2前掲）参照。

(77) 田島公「外交と儀礼」（注49前掲）。

(78) 拙稿「古代倭国・日本の外交儀礼と服属思想」（注72前掲）第二節第二項参照。

(79) 例えば、阿那瓌一行を迎えた北魏の宴会が、『大唐開元礼』の規定とは大きく異なる一方、黒田裕一氏が指摘するように（「推古朝における「大国」意識」〔『国史学』一六五、一九九八、三〇―六五頁〕注25）、開皇四年（五八四）に後梁・明帝が来隋した際の郊労儀礼は、『大唐開元礼』の規定とほぼ一致している。

第二章　倭の五王の冊封と劉宋遣使
――倭王武を中心に――

はじめに

『梁職貢図』が作成された南北朝時代の国際関係は、永初元年（四二〇）の劉宋成立、神䴥二年（四二九）の北魏・太武帝の漠北遠征、太延五年（四三九）の北魏の華北統一により大枠が形成された。当該期には華北に北朝（北魏→東魏・西魏→北斉・北周→隋）、江南に南朝（宋→南斉→梁→陳）という、二つないし三つの中国王朝が併存していたが、南朝は柔然・吐谷渾・高句麗などの周辺諸勢力と連携して北朝に対抗していた。(1)

このような中、約百五十年ぶりに中国に朝貢してきたのが、いわゆる倭の五王である。著名な『宋書』倭国伝（巻九七・夷蕃・東夷伝倭国条）などによれば、讃・珍・済・興・武という五人の倭王の朝貢記事が、劉宋の永初二年（四二一）から昇明二年（四七八）にかけて見えており、東晋・義熙九年（四一三）にも高句麗とともに倭国の使者が到来したことが確認できる。以上のように、倭国が中国の南朝に何度も使者を派遣した背景には、国内におけるヤマト政権の確立に加えて、四世紀末以降高句麗の南下に対抗して朝鮮半島南部で軍事力を行使するなどの、国際的契機の重要性が指摘されている。(2)

倭の五王に関する先行研究としては、坂元義種氏の一連の業績(3)が第一に挙げられる。坂元氏は、南北朝・朝鮮三国・倭国にとどまらず、柔然・吐谷渾や南海諸国などの様々な勢力を視野に入れることにより、将軍号の賜与による劉宋の国際秩序や、(4)百済・倭国の将軍府府官による外交など、(5)幅広い論点を提示された。また近年石井正敏氏は、東晋・義熙九年（四一三）の倭国使は独自の派遣であるという説を提示して、あわせて倭国王済の叙任記事の検討から済の安東大将軍進号説を補強している。(6)

本章では、倭の五王の中で最も注目を集めてきた倭王武を中心として、倭の五王の劉宋遣使について再検討していく。周知のように、一九七八年の稲荷山鉄剣銘の発見以降は、武＝ワカタケル大王＝雄略との比定が通説の地位を占めているが、武と雄略の関連史料は完全には符合しておらず、「武」字の訓「タケル」を論拠とした倭王の人物比定には疑問も提出されている。(7)そのため本章では、まず劉宋・昇明年間（四七七―四七九）の倭国遣使記事を分析して、倭王武の比定を再検討した上で、さらに倭王武の遣使背景にも注目することにより、倭の五王の外交全体についての私見を提示していきたい。

第一節　劉宋・昇明年間の倭国遣使史料

本節では、劉宋・昇明年間の倭国遣使記事を分析して、倭王武の外交に関する基本的な事実を明らかにする。まず最初に、昇明年間の倭国使に関する基本史料を『宋書』本紀と倭国伝により提示しておく。なお、『宋書』の記事の多くは『南史』にも収録されるが、『宋書』が梁代の成立であるのに対して、『南史』の成立は唐代にまで下るため、重要な異同がみられる場合以外には、『南史』の記事は特に注記しないこととする。

A【『宋書』巻九七・夷蕃・東夷伝倭国条】(8)（丸数字は筆者補。以下同じ）

……世祖大明六年、詔曰、倭王世子興。奕世載レ忠、作二藩外海一、稟レ化寧レ境、恭修二貢職一。新嗣二辺業一、宜レ授二爵号一。可二安東将軍・倭国王一。興死、弟武立、自称二使持節・都督倭百済新羅任那加羅秦韓慕韓七国諸軍事・安東大将軍・倭国王一。順帝昇明二年、遣レ使上レ表曰、封国偏遠、作二藩于外一。自レ昔祖禰、躬擐二甲冑一、跋二渉山川一、不レ遑二寧処一。東征二毛人一五十五国、西服二衆夷一六十六国、渡平二海北一九十五国。王道融泰、廓レ土遐レ畿、累葉朝宗、不レ愆二于歳一。臣雖二下愚一、忝胤二先緒一、駆二率所レ統、帰二崇天極一、道遥二百済一、装二治船舫一。而句驪無道、図レ欲二見吞一、掠二抄辺隷一、虔劉不レ已、毎致二稽滞一、以失二良風一、雖レ曰レ進レ路、或通或不。①臣亡考済、実忿三寇讎、壅二塞天路一、控弦百万、義声感激、方欲二大挙一。②奄喪二父兄一、使二垂成之功、不レ獲二一簣一。居在二諒闇一、不レ動二兵甲一、是以偃息未レ捷。③至レ今、欲三練レ甲治レ兵、申二父兄之志一、義士虎賁、文武効レ功、白刃交レ前、亦所レ不レ顧。若以二帝徳覆載一、摧二此強敵一、克靖二方難一、無レ替二前功一。竊自仮二開府儀同三司一、其余咸仮授、以勧二忠節一。詔除二武使持節・都督倭新羅任那加羅秦韓慕韓六国諸軍事・安東大将軍・倭王一。

B【『宋書』巻六・孝武帝紀・大明六年（四六二）三月壬寅条】

以二倭国王世子興一、為二安東将軍一。

C【『宋書』巻一〇・順帝紀・昇明元年（四七七）十一月己酉条】（乙酉か）[9]

倭国遣レ使献二方物一。

D【『宋書』巻一〇・順帝紀・昇明二年（四七八）五月戊午条】

倭国王武遣レ使献二方物一。以レ武為二安東大将軍一。……

Aは著名な『宋書』倭国伝であり、大明六年（四六二）に「世子」興が安東将軍・倭国王に冊封されたこと、興の死後即位した弟の武は「使持節・都督倭百済新羅任那加羅秦韓慕韓七国諸軍事・安東大将軍・倭国王」と自称して、昇明二年（四七八）に遣使上表して開府儀同三司への就任を求めたこと、劉宋は武を「使持節・都督倭新羅任那加羅秦韓慕韓六国諸軍事・安東大将軍・倭王」に冊封したことが記されている。

これに対してB～Dは本紀の記事であり、そのうち大明六年（四六二・B）と昇明二年（四七八・D）の記事は倭国伝とも対応しているため、特に不審な点はうかがえないが、昇明元年（四七七・C）の記事は、倭国伝に対応する記事が存在しておらず、その解釈も一定していない。そのため、まずはCの解釈を定めることが必要となる。

Cの解釈には、重要な論点が二点存在する。第一に、A・Dの遣使主体は武であるが、Cの遣使主体は明示されていないこと、第二に、Cの遣使記事の翌年に相当する昇明二年（四七八）にもA・Dという遣使・除正記事が存在していることである。この点に関して坂元義種氏は、Cは興の二回目の遣使であり、A・Dは武の即位遣使とされているが[10]、山尾幸久氏はCを武の一回目、A・Dを二回目の遣使として、半島情勢の急変に対応して連年の使者派遣がなされたとする[11]。以下では、まず両説の当否を検討していく。

（1）　Cを興の二回目の遣使とした場合[12]

この場合は、Cの使節が倭国を出発した時には興はまだ生存しており、A・Dの使節の出発時点では興は死去していることになる。このように想定すれば、A・Dは武の初度の遣使となり、この時に武が除正されたこととも符合するが、一方では興の死去時点と武の遣使が接近してしまい、上表文（A所収）の内容とは重大な矛盾が発生してしまう。

倭王武の上表文には、①父の済は高句麗征討を計画していた、②しかし、父と兄の興を続けて喪い、その諒闇のため征討は行われず、③今に至り甲兵を整えて高句麗征討を行うとあり、これを読む限りでは、武の諒闇はすでに明けていることになる。ところが、CとA・Dとの時間差は約七ヶ月である[13]。もしCの使節派遣時に興が生存しているならば、A・Dの使節の出発時点では、武はいまだ「居リテ諒闇ニ在」る可能性が極めて高い[14]。そのため、この説には大きな問題があることになる[15]。

(2) Cを武の一回目、A・Dを二回目の遣使とした場合[16]

この場合は、Cの使節の倭国出発以前に興が死去していたことになる。このように想定すれば、使者の派遣時に武が諒闇にある可能性を回避することができるので、上表文との矛盾は解消されるのであるが、逆にDの除正記事との間に矛盾が発生してしまう。

通常、中国王朝に朝貢した蕃国王が冊封される場合は、その決定は初度の遣使を受けて行われる。例えば、Bおよび倭国伝大明六年（四六二）条では、興が安東将軍・倭国王に冊封されているが、この史料は明らかに「世子」興の初度の遣使記事である。そのため、武の安東大将軍・倭王への冊封も、武の初度の遣使を受けたものとしなければならず、A・Dを二回目の遣使とする解釈には従うことができない。

なお、朝貢を繰り返すことで倭国王の官号が順次昇進することからすれば[17]、昇明元年（四七七）の一回目の遣使で、武は興と同様安東将軍・倭国王に冊封され、翌年の遣使で安東大将軍・倭王に冊封されたとも考えられるが、Dの除正記事は「武ヲ以テ安東大将軍ト為ス」であり、興の初度の遣使を受けたBの除正記事「倭国王ノ世子・興ヲ以テ、安東将軍ト為ス」と同一表現であるのに対して、元嘉二十八年（四五一）の済の昇進記事は、「使持節・都督倭新羅任那加羅秦韓慕韓六国諸軍事ヲ加ヘ、安東将軍ハ故ノ如シ」および「安東将軍倭王倭済、号ヲ安東大将軍ニ進ム」であり、(18)「加」や「進号」という表現が使用されている。そのため、A・Dを武の二回目の朝貢時の記事とすることはできない。

（3）CとA・Dを同一の使節とした場合(19)

では、（1）説も（2）説も問題とすれば、どのようにCを解釈するべきであろうか。ここで提示したいのは、CとA・Dを同一の使節に関する記事と解釈すること、すなわち昇明元年（四七七）十一月のCを使者の入朝記事、昇明二年（四七八）五月のA・Dは、Cを受けた武の除正記事と考えることである。このように想定すれば、（1）説と（2）説の弱点をともに解消して、一連の史料を整合的に解釈することが可能となる。

ただしこの解釈は、同一の使節に関する遣使記事を複数想定するため、一見奇妙な理解にも見えるのであるが、同様の事例は他にも存在している。以下の史料を参照したい。

E【『旧唐書』巻一七下・文宗紀・開成三年（八三八）十二月丙午条】

……日本国貢二珍珠・絹一。

F【『冊府元亀』巻九七二・外臣部朝貢編五・開成四年（八三九）閏正月条(20)】

南詔・回鶻・日本・牂牁、各遣レ使朝貢。

G【『宋書』巻五・文帝紀・元嘉十五年（四三八）四月己巳条】

以二倭国王珍一、為二安東将軍一。

H【『宋書』巻五・文帝紀・元嘉十五年（四三八）是歳条】

是歳、武都王・河南国・高麗国・倭国・扶南国・林邑国、並遣レ使献二方物一。

まずE・Fでは、日本の承和度遣唐使という後世の事例ではあるが、同一の使節が中国史料に二度登場している。このうちEは、外交文書・信物提出の儀に相当しており、Fは『入唐求法巡礼行記』開成四年（八三九）二月二十七日条に「円澄稱ハク、去月四日、長安ヨリ発シテ帰ル」[21]とあることから、帰国直前の送別の宴に相当する。[22]このように、帰国直前の日本遣唐使にも「使ヒヲ遣ハシテ朝貢ス」の表現が使われることからすれば、中国史料の遣使記事は使節の入朝時点を指すとは限らないことになる。[23]

続いてG・Hは、元嘉十五年（四三八）の倭国王珍による遣使の事例である。Gは前掲B・Dなどと同様の珍の除正記事であり、これとは別にHの朝貢記事が存在するのだが、『宋書』本紀ではHのように、その年に朝貢してきた蕃国を年末にまとめて附載することがあるので、この元嘉十五年（四三八）の事例も、倭国から二度も使者が派遣されたわけではなく、使者入朝時の記事がHで、Hを受けた珍の除正時点がGと解釈できる。

以上の事例を考慮すれば、CとA・Dを同一の、武の初度の遣使と解釈して、昇明元年（四七七）十一月に入朝、翌昇明二年（四七八）五月に除正と考えることも、特異な理解ではなくなる。[24]もちろん、A（倭国伝）に昇明元年（四七七）の記事がないことは問題ではあるが、この点に関しては、おそらく入朝時に提出されたであろう上表文も含めて、倭国伝では除正時の昇明二年（四七八）にまとめて係年されたと理解できよう。

第二節　倭王武の伝位と劉宋遣使

本節では、昇明元年（四七七）における倭王武の劉宋遣使の背景を検討して、あわせて倭の五王による対中国外交の意義も分析していく。倭王武の劉宋遣使については、百済・蓋鹵王二十一年（四七五）に発生した、高句麗による百済王都漢城の陥落[25]がその背景として指摘されているのだが、前節で検討したように、昇明元年（四七七）が倭王武の初度の遣使であるとするならば、武の劉宋遣使の時点については、倭国国内の王位継承という視点からも考察する必要があると思われる。

この点に関しては、倭の五王は劉宋の冊封を受けているので、基本的には代替わり毎に使節を派遣したと考えられるのだが[26]、倭王武に注目すると、『宋書』と『日本書紀』の所伝、および稲荷山古墳出土鉄剣銘の記述は必ずしも一致しておらず、無論『日本書紀』の紀年にも無条件で従うわけにはいかない[27]。そのため以下では、倭王武に関する史料を整理することを通じて、武の王位継承の問題について検討していきたい。

A【『宋書』巻九七、夷蕃、東夷伝倭国条】（再掲、一部のみ）

……封国偏遠、作二藩于外一。自レ昔祖禰、躬二擐甲冑一、跋二渉山川一、不レ遑二寧処一。東征二毛人一五十五国、西服二衆夷一六十六国、渡平二海北一九十五国。王道融泰、廓レ土遐レ畿、累葉朝宗、不レ愆二于歳一。臣雖二下愚一、忝胤二先緒一、駆二率所レ統、帰二崇天極一、道遥二百済一、装二治船舫一。而句驪無道、図レ欲二見呑一、掠二抄辺隷一、虔劉不レ已、毎致二稽滞一、以失二良風一、雖レ曰レ進レ路、或通或不。①臣亡考済、実忿三寇讎、壅二塞天路一、控弦百万、義声感激、方欲二大挙一。②奄喪二父兄一、使二垂成之功、不レ獲二一簣一。居在二諒闇一、不レ動二兵甲一、是以偃息未レ捷。③至レ今、欲三練レ甲治レ兵、申二父兄之志一、義士虎賁、文武効レ功、白刃交レ前、亦所レ不レ顧。若以二帝徳覆載一、摧二此強敵一、克靖二方難一、無レ替二前功一。竊自仮二開府儀同三司一、其余咸仮授、以勧二忠節一。詔除二武使持節・都督倭新羅任那加羅秦韓慕韓六国諸軍事・安東大将軍・倭王一。

I【『日本書紀』安康三年（四五六相当）八月壬辰条】

天皇為二眉輪王一見レ弑〈辞具在二大泊瀬天皇紀一〉。三年後、乃葬二菅原伏見陵一。

J【『日本書紀』雄略即位前紀】

大泊瀬幼武天皇、雄朝嬬稚子宿禰天皇第五子也。……三年八月、……既而穴穂天皇、枕㆓皇后膝㆒、昼酔眠臥。於㆑是、眉輪王伺㆓其熟睡㆒、而刺殺㆑之。……十一月壬子朔甲子、天皇命㆓有司㆒、設㆓壇於泊瀬朝倉㆒、即㆓天皇位㆒。遂定㆑宮焉。……

K【「稲荷山古墳出土鉄剣銘」】（辛亥年＝四七一が最有力）

（表）辛亥年七月中記乎獲居臣上祖名意富比垝其児多加利足尼其児名弖已加利獲居其児名多加披次獲居其児名多沙鬼獲居其児名半弖比

辛亥の年七月中、記す。ヲワケの臣、上祖、名はオオヒコ。其の児、タカリノスクネ。其の児、名はテヨカリワケ。其の児、名はタカヒ（ハ）シワケ。其の児、名はタサキワケ。其の児、名はハテヒ。

（裏）其児名加差披余其児名乎獲居臣世々為杖刀人首奉事来至今獲加多支鹵大王寺在斯鬼宮時吾左治天下令作此百練利刀記吾奉事根原也

其の児、名はカサヒ（ハ）ヨ。其の児、名はヲワケの臣。世々、杖刀人の首となり、奉事し来り、今に至る。ワカタケ（キ）ル（ロ）大王の寺（＝廷）、シキの宮に在る時、吾、天下を左治し、此の百練の利刀を作らしめ、吾が奉事の根原を記すなり。

まず、Aの上表文に注目したい。前節でも言及したように、この中で武は、①父の済は高句麗征討を計画していた。②しかし、父と兄を続けて喪い（「奄カニ父兄ヲ喪ヒ」）、その諒闇のために征討は実現されていない。③今に至り甲兵を整えて高句麗征討を行うと述べているのだが、この記述に従うならば、武の初度の遺使である昇明元年（四七七）をあまり遡らない時期に、父の済と兄の興が相次いで死去したことになる。(28)

ところが、前節で確認したように、大明六年（四六二）の倭国使は「世子」興の初度の遣使である。当然、済の死は大明六年（四六二）以前となり、この解釈とは符合しない。さらに、倭の五王が代々劉宋の冊封を受けていたことから、昇明元年（四七七）の遣使を武の代替わり遣使と考えるのであれば、興の在位期間は十五年程度となるので、これまで興に比定されてきた安康の在位年数が足かけ四年とするI・Jや、武に比定されてきたワカタケル大王＝雄略が辛亥年＝四七一年に在位していたとするKとも矛盾してしまう。[29]

では、これらの諸点を可能な限り整合的に解釈するには、どうすればよいであろうか。ここで注目したいのは、倭の五王の劉宋遣使のうち、確実な代替わり遣使であるものは、前節A・Bに見える大明六年（四六二）の「世子」興の使者のみということである。そのため、昇明元年（四七七）の使者が武の代替わり遣使かどうかは、改めて検討する必要があるといえる。この点に関しては、以下の二通りの可能性を指摘することができる。

（α）　昇明元年の使者を武の代替わり遣使とする場合[30]

この場合は、済の死去は四六一年前後、興の死去は四七六年前後となる。そうなると、武の即位と百済王都漢城の陥落は時期的に重なることとなり、武は興の諒闇が明けてすぐ高句麗遠征を計画し、代替わり遣使も兼ねて劉宋に高句麗の無道を訴えたと理解できる。しかし、前述のように興の在位は十五年程度となるので、上表文の「奄カニ父兄ヲ喪ヒ」との表現や、安康の在位を足かけ四年とする『日本書紀』の所伝と矛盾することに加え、稲荷山鉄剣により四七一年の在位が確認できるワカタケル大王＝雄略が、武ではなく興に比定されてしまい、興の弟である武を雄略の子の清寧に比定せざるを得ないなど、様々な問題点が生じてしまう。そのため、この説を支持するのは難しい。

（β）昇明元年の使者を武の代替わり遣使としない場合[31]

この場合は、済の死去は四六一年前後であり、仮に興の死去を四六四年前後とすれば、（α）説で問題となる上表文の表現と、『日本書紀』の所伝と、稲荷山鉄剣銘の記述は、全て整合的に理解できるようになり、王の比定も済＝允恭、興＝安康、武＝雄略となり、『日本書紀』の伝える親族関係と符合することになる。

またこの場合では、済と興の死去時点と武の劉宋遣使時点が大きく離れることになり、武は諒闇が明けた後すぐではなく、十数年の後に高句麗遠征へ動き出したことになるが、これは四七五年の百済王都漢城の陥落を受けた対応と考えることが可能であり、倭王武の上表文で済と興の死が武の遣使の直前のように読めることに関しても、①・②の部分と、「至今」から始まる③の部分の間に時間差を想定すれば、矛盾なく解釈可能である。[32]

以上のように、倭王武は即位当初は劉宋に使者を派遣せず、高句麗による漢城陥落後に初めて使者を派遣したと考えられる。しかし、この場合には、倭王武は即位後十年以上も劉宋の冊封を受けていないことになる。中国王朝の冊封を受ける諸蕃国は、王の交替後はすぐに前王の死と新王の即位を中国王朝に報告し、前王の弔礼と新王の冊礼を行うはずであるが、[33]武の即位時には弔礼はもちろん冊礼も行われていない[34]のであれば、倭王武の政権は通常想定される被冊封国とは異なる位置付けにあるとしなければならない。

倭の五王が劉宋の冊封を受けていた理由は、高句麗との対立を軸とした朝鮮半島情勢が指摘されてきたが、[35]倭国王は臣下に官号を仮授して劉宋による除正を求めたことから、近年ではヤマト政権内部での豪族・首長の編成の面から冊封の意義が説明されている。[36]しかし、武が即位後十数年もの間冊封を受けておらず、四七五年の百済王都漢城陥落後に初めて冊封を受けたとするならば、倭王武＝ワカタケル大王の冊封は、朝鮮半島に対する軍事介入という特殊な状況下において、初めて必要とされたということができる。

このように考えると、倭王武以外の冊封と国内統治の関係についても、全面的に見直す必要が生じてくる。前述のように、武は即位時に劉宋の冊封を受けていないのに対して、「世子」興は即位時に冊封を受けた可能性が高く、また武＝ワカタケル大王の段階では、人制の整備によりヤマト政権の統治機構が確立してきており、[37]一見興と武の間に画期が想定できるようであるが、短い興＝安康の治世の間に、即位時の冊封を不要にするほどの大きな変化が生じたとは考えにくい。[38]そのため、倭王武のような即位時に冊封を必要としない権力のあり方は、倭の五王の劉宋遣使当初に遡ると想定できる。その場合は、倭の五王による劉宋への遣使および冊封・除正は、第一義的には朝鮮半島南部への軍事介入に伴うものと解釈できるのである[39]が、このように解釈するのであれば、少なくとも倭王済の末年以降は軍事介入が途絶えていく[40]一方で、羅済同盟[41]による高句麗への抵抗体制が確立した結果、倭国の南朝遣使が断絶したという枠組みを提示することができる。

おわりに

以上、本章では倭王武を中心とする倭の五王の冊封と劉宋遣使の諸問題を取り上げた。最後に、倭の五王の外交全体を当該期の東部ユーラシアの国際関係に位置付けることで、本章の結びとしていきたい。

東部ユーラシアの視点から、南北朝時代の国際関係の枠組みの変質を概観するならば、突厥の出現・侯景の乱の勃発・新羅の台頭がみられる五五〇年前後が大きな画期になる。これ以降、伝統中国は統一への動きを加速させ、北方遊牧勢力の軍事力を取り込みながら拡張の道を進むことになり、東方では同時期に台頭した新羅が最終的には朝鮮半島中南部を統一するに至るのであるが、倭国の朝鮮半島に対する影響力は、いわゆる「任那滅亡」（五六二年）以前の早い段階で衰えており、[42]倭国もこのような変動の中に巻き込まれたとは考えにくい。倭国が広域の国際政治の影響を強く受けるようになるのは、推古朝での遣隋使の派遣まで待たなければならないと思われる。

ただし、倭王武自身は、中国・南朝から見た場合には、倭国の王として画期的な位置を占めたと思われる。それは、それまでの四王が「倭国王」に冊封されていたのに対して、武のみが「倭王」に冊封されたことが[43]象徴的に示している。これは、武の冊封時点では劉宋による倭国の扱いが変化していたことを想定させるのであるが、さらに武は昇明二年（四七八）の初任時に安東大将軍に除正されており、その後の宋斉革命・斉梁革命時にも鎮東大将軍・征東〔大〕[44]将軍に進められているが、これは、武以前の四王の初任が安東将軍であることや、晋宋革命時に倭王は進号されていないことと[45]対照的である。

このような「倭王」武の位置は、倭国が東晋・義熙九年（四一三）からの六十五年間に十回という、後の遣唐使を大きく上回る頻度で遣使を重ねた結果、中国・南朝において、高句麗や百済と並ぶ東方政局の構成員としての認識を定着させたことによると思われる。「梁職貢図」においても、梁代に一回も使者を派遣していない倭国使が登場しているが、これは劉宋末における「倭王」武の位置付けが、六世紀中盤の梁代にまで影響を及ぼしていた事例ということができる。

注

（1）坂元義種「倭国王の国際的地位――五世紀の南朝を中心として――」（同『古代東アジアの日本と朝鮮』吉川弘文館、一九七八、五二四―五四二頁。初出一九七二）五二六―五三三頁。その他、南北朝関係に関わる論考としては、吉川忠夫「島夷と索虜のあいだ――典籍の流伝を中心とした南北朝文化交流史――」（『東方学報（京都）』七二、二〇〇〇、一三三―一五八頁）、堀内淳一「馬と柑橘――南北朝間の外交使節と経済交流――」（『東洋学報』八八―一、二〇〇六、一―二七頁）、拙稿「五・六世紀東部ユーラシアの外交文書と外交儀礼――南北朝と柔然の事例から――」（本書第二部第一章、初出二〇〇七〔第一節のみ〕）などが存在する。

（2）近年の概説として、熊谷公男『大王から天皇へ』（講談社学術文庫、日本の歴史〇三、二〇〇八。初版二〇〇一）、鈴木靖民「倭国と東アジア」（同編『日本の時代史二　倭国と東アジア』吉川弘文館、二〇〇二、八―八八頁）、田中史生「倭の五王と列島支配」（『岩波講座日本歴史一　原始・古代一』岩波書店、二〇一三、二三七―二七〇頁）、河内春人『倭の五王――王位継承と五世紀の東アジア――』（中公新書、二〇一八）などを参照。

（3）坂元義種『古代東アジアの日本と朝鮮』（吉川弘文館、一九七八）、同『倭の五王――空白の五世紀――』（教育社、一九八一）など。

（4）坂元義種「五世紀の日本と朝鮮――中国南朝の封冊と関連して――」（注1前掲書、二六一―三〇〇頁。初出一九六九）。

（5）坂元義種「倭の五王の外交――司馬曹達を中心に――」（注1前掲書、三八五―四〇四頁。初出一九七二）。

（6）石井正敏「五世紀の日韓関係――倭の五王と高句麗・百済――」（『石井正敏著作集一　古代の日本列島と東アジア』勉誠出版、二〇一七、三―六六頁。初出二〇〇五）。

（7）河内春人「倭王武の上表文と文字表記」（同『日本古代君主号の研究――倭国王・天子・天皇――』八木書店、二〇一五、五九―九九頁。初出二〇〇三）八八―九一頁。

（8）中国正史のテキストは中華書局排印標点本を使用した。なお、中華書局本『宋書』は『南史』などを参考に一部の文字を改めているが、本章ではこれを採らずに『宋書』の原文字を提示した。以下、他の中国正史についても同様。

（9）中華書局排印標点本『宋書』の当該部分の校注に、「冬十一月己酉　下有丙午。按是月辛巳朔、初五日乙酉、二十六日丙午、二十九日己酉。己酉不当在丙午前。建康実録作乙酉、疑己酉是乙酉之譌」とある。

(10) 坂元義種「中国史書対倭関係記事の検討——藤間生大『倭の五王』を通して——」（注1前掲書、四四三—四八二頁。初出一九六九）四五〇—四五三頁。

(11) 山尾幸久「倭王権と東アジア」（同『日本古代王権形成史論』岩波書店、一九八三、二四六—三二八頁。新稿）第四節、同『古代の日朝関係』（塙書房、一九八九）第三章「『宋書』に見る日朝関係」。

(12) この説は、坂元義種「中国史書対倭関係記事の検討」（注10前掲）のみに見える。

(13) 昇明元年（四七七）には閏十二月が存在するので、時間差は約七ヶ月となる。

(14) なお、後世の事例ではあるが、唐代の『新定書儀鏡』附載「内属服図」（趙和平『敦煌写本書儀研究』〔台北・新文豊出版公司、一九九三〕三二一頁）によれば、兄弟の喪は「周。妻ハ小功ナリ」とあり、周＝一年（十三ヶ月）と判明する。

(15) なおこの説では、済と興の死去年次に大きな開きが出てしまうため、上表文の「奄カニ父兄ヲ喪ヒ」という表現とも矛盾することも付言しておきたい。

(16) この説は、山尾幸久「倭王権と東アジア」第四節、同『古代の日朝関係』第三章（ともに注11前掲）の他、横山貞裕「倭王武の上表文について」（『日本歴史』三八九、一九八〇、九二—九六頁）、熊谷公男『大王から天皇へ』（注2前掲）六九頁の表、前之園亮一「倭の五王の通宋の開始と終焉について——辛酉革命説・戊午革運説から見た場合——」（黛弘道編『古代国家の政治と外交』吉川弘文館、二〇〇一、五三—七一頁）に見える。

(17) 坂元義種「五世紀の倭国王——その称号を中心として——」（注1前掲書、五〇五—五二三頁。初出一九七一）。なお、済の安東大将軍進号に関しては、石井正敏「五世紀の日韓関係」（注6前掲）第二章も参照。

(18) それぞれ『宋書』巻五・文帝紀・元嘉二十八年（四五一）七月甲辰条、および巻九七・夷蕃・東夷伝倭国条・元嘉二十八年（四五一）条。

(19) この考え方に近い説は、昇明元年（四七七）の記事の史実性を否定することで武の朝貢を一回と考える鈴木英夫氏の説（「倭王武の対宋外交の一側面——昇明元年の遣使の倭王をめぐって——」〔同『古代の倭国と朝鮮諸国』青木書店、一九九六、一一四—一四〇頁。新稿〕）と、特に理由を示さず昇明元年（四七七）の遣使入朝、昇明二年（四七八）の除正とする川崎晃氏の説（「倭王武・百済王余慶の上表文と金石文」〔同『古代学論究——

古代日本の漢字文化と仏教――』慶應義塾大学出版会、二〇一二、三―二一頁。初出二〇〇二）が存在する。

(20)　昇明元年（四七七）の記事の史実性を否定することには問題が多いので、鈴木氏の説には従うことができない。

(21)　『冊府元亀』のテキストは『宋本冊府元亀』（中華書局影印本）を使用した。

(22)　『入唐求法巡礼行記』のテキストは小野勝年『入唐求法巡礼行記の研究』（鈴木学術財団、一九六四―六九）を使用して、田中史生『『入唐求法巡礼行記』に関する文献校訂および基礎的研究』（平成十三年度―平成十六年度科学研究費補助金（基盤研究C（二））研究成果報告書、課題番号一三六一〇三九四、二〇〇五）の校訂データベースにより文字を確認した。

(22)　以上に関しては、拙稿「唐後半期から北宋の外交儀礼――「対」の制度と関連して――」（同『東アジアの国際秩序と古代日本』吉川弘文館、二〇一一、二三六―二七七頁。初出二〇〇九）二三八―二四三頁参照。

(23)　このように考えるならば、新羅や渤海などの遣唐使の回数を遣使記事から算出することは、概数の把握としては可能だが、厳密な回数ではありえないことになる。

(24)　この場合、倭王武の使者は七ヶ月建康に滞在したことになり、違例の長さといえるのだが、翌建元元年（四七九）には蕭道成が宋を簒奪して南斉を建国することや、蕭道成は簒奪前にあらかじめ王洪範を柔然に派遣して、北魏の挟撃を提案していることからすれば、この時期の倭国使の来朝は、宋の簒奪を間近に控えた蕭道成により政治的に利用された可能性が考えられる。なお、王洪範の柔然遣使については、榎本あゆち「南斉の柔然遣使王洪範について――南朝政治史における三斉豪族と帰降北人――」（『名古屋大学東洋史研究報告』三五、二〇一一、六五―九六頁）参照。

(25)　『三国史記』巻一八・高句麗本紀・長寿王六十三年（四七五）九月条、同巻二五・百済本紀・蓋鹵王二十一年（四七五）九月条、『日本書紀』雄略二十年（四七六相当）冬条など。

(26)　河内春人「倭王武の上表文と文字表記」（注7前掲）七三―八一頁。

(27)　参考までに、『日本書紀』の紀年では、雄略元年は四五七年に、没年である雄略二十三年は四七九年に相当する。

(28)　例えば、熊谷公男『大王から天皇へ』（注2前掲）七四―七五頁に示された上表文の大意では、「ようやく喪も明けたいま、軍備をととのえて、父と兄の遺志を継ぎたいと思います」とあり、喪が明けた時点と遣使時点は接近すると解釈されている。

(29) 当該期の『日本書紀』では、即位の翌年を元年としているため、安康三年に眉輪王に殺された安康の在位年数は足かけ四年となる。

(30) この考え方に近い説は、昇明元年（四七七）の遣使主体を興とする坂元義種氏の説（「中国史書対倭関係記事の検討」〔注10前掲〕）、昇明元年（四七七）の遣使主体の断定を避けて上表文の「居リテ諒闇ニ在リテ」から武の遣使を即位遣使とする河内春人氏の説（「倭王武の上表文と文字表記」〔注7前掲〕）が存在する。

(31) この考え方に近い説は、井上光貞「雄略朝における王権と東アジア――五世紀末葉・六世紀前半における倭国とその王権　第一部――」（『井上光貞著作集五　古代の日本と東アジア』岩波書店、一九八六、三―五一頁。初出一九八〇）、山尾幸久「倭王権と東アジア」第四節、同『古代の日朝関係』第三章（ともに注11前掲）、鈴木英夫「倭王武と称号自称の時代――武の王権と外交の特質――」（注19前掲書、一四一―一七五頁。新稿）、大平聡「ワカタケル――倭の五王の到達点――」（鎌田元一編『古代の人物一　日出づる国の誕生』清文堂出版、二〇〇九、五一―七三頁）が存在する。しかし井上説では、代替わり遣使の問題には何もふれられておらず、大平説では武の使節派遣を昇明元年と二年の二回とする。また、山尾・鈴木両説では、武が即位遣使を派遣していない理由を、武が臣下の官号の除正を劉宋に求めておらず、武の政権が新たな段階に成熟したとみられることに見出しているが、上表文の「竊カニ自ラ開府儀同三司ヲ仮シ、其ノ余ハ咸ナ仮授シ」という部分は、熊谷公男氏が指摘する（「倭王武の上表文と五世紀の東アジア情勢」〔『東北学院大学論集　歴史と文化』五三、二〇一五、一―三〇頁〕）ように、「仮授」には王が官職を自称するという用例も存在するものの、武の自称称号の除正を二箇所に分けて求めるのは不自然であるので、前半は開府儀同三司に代表される武の称号自称、後半は武による臣下への官爵授与と解するのがよいと思われる。なお『南史』の当該部分は、「其ノ余ハ咸ナ各ノ仮授シ」と「各」字が存在しており、臣下への官爵授与との解釈を補強している。以上から、山尾・鈴木両説には従うことができない。

(32) 『宋書』における「至今」の用例を検討すれば、その直前の文章が直近の過去を指していない事例を多く見出すことができる。

(33) 『南斉書』巻五九・河南伝には、永明八年（四九〇）のこととして、「立㆓其世子休留茂㆒、為㆓使持節・督西秦河沙三州諸軍事・鎮西将軍・領護羌校尉・西秦河二州刺史㆒。復遣㆓振武将軍丘冠先㆒拝授、幷行㆓弔礼㆒」とあり、冊立兼弔礼使が任命されている。倭国でも、「世子」興の即位時には新王の冊礼が行われた可能性が高いと思われる。

(34) なお、倭王武の上表文に注目すると、ここまでの考察とは別に、武の諒闇が明けていることは指摘可能である。この点は、「世子」興の場合とは大きく異なる。

(35) 鈴木靖民「倭国と東アジア」、熊谷公男「大王から天皇へ」（ともに注2前掲）など。

(36) 鈴木靖民「倭の五王の外交と内政――府官制秩序の形成――」（同『倭国史の展開と東アジア』岩波書店、二〇一二、一七三―二〇六頁。初出一九八五）、同「倭国と東アジア」（注2前掲）、河内春人「倭の五王と中国外交」（『日本の対外関係一　東アジア世界の成立』吉川弘文館、二〇一〇、一四一―一六三頁）。

(37) 鈴木靖民「倭の五王の内政と外交」（注36前掲）、鈴木英夫「倭王武と称号自称の時代」（注31前掲）など。

(38) 『日本書紀』雄略即位前紀に見える、葛城円や市辺押磐皇子の滅亡事件は画期の一つではあるが、この事件は、倭国の劉宋遣使を一時遅らせた原因にはなりえても、十数年間も遅らせた原因にはなりえないであろう。

(39) なお、このように考えた場合、倭国王と並ぶ「平西将軍」号を得た倭隋に関しても見直しが必要となる。従来は、国内において倭国王と肩を並べる臣下が存在する面に注目が集まり、そこから倭の五王の王権の弱体性が説かれてきたのだが、除正があくまで朝鮮半島南部への軍事介入と密接な関係を有するのであれば、坂元義種氏がかつて指摘した（坂元義種「古代東アジアの日本と朝鮮――「大王」の成立をめぐって――」〔注1前掲書、一六六―二二五頁、初出一九六八〕一九九頁。鈴木靖民氏のご教示による）ように、倭王の臣下が高位の将軍号を有することは、半島南部における倭国の軍事的な存在感を象徴的に示すと考えることができる。

(40) 武の上表文に基づく限り、済の末年以降昇明元年（四七七）に至るまで、高句麗征討計画は実行に移されていないことになる。この点に関しては、熊谷公男「倭王武の上表文と五世紀の東アジア情勢」（注31前掲）一一一―一一六頁参照。

(41) 羅済同盟に関しては、鈴木英夫「倭王武と称号自称の時代」（注31前掲）一六七―一六八頁、熊谷公男「五世紀の倭・百済関係と羅済同盟」（『東北学院大学大学院文学研究科　アジア文化史研究』七、二〇〇七、一一―一五頁）参照。

(42) 必ずしも事実とは一致しないであろうが、『三国史記』新羅本紀では、巻三（―五〇〇、炤知麻立干以前）には数多く見られる倭の辺寇記事が、巻四（五〇〇―、智證麻立干以降）では見られなくなることが象徴的である。

(43)『宋書』と同じく梁代に成立した『南斉書』でも武は「倭王」とされており、『南斉書』は建元元年（四七九）の進号の冊書などに基づいているので、武は確実に「倭王」に冊封されたと考えられる。なお、済に関しては「倭王倭済」とする史料（『宋書』巻五・文帝紀・元嘉二十八年（四五一）七月甲辰条。『南史』巻二同じ）も存在するが、少なくとも初度の遣使では「倭王」に冊封されてはいない。

(44)「大」を付すのは『南史』巻七九・夷貊下・東夷伝倭国条のみである。

(45)『宋書』巻九七・夷蕃・東夷伝高句驪国条には、永初元年（四二〇）のこととして、「高祖践阼、詔曰、使持節・都督営州諸軍事・征東将軍・高句驪王・楽浪公璉、使持節・督百済諸軍事・鎮東将軍・百済王映、並執二義海外一、遠修二貢職一。惟レ新告レ始、宜レ荷二国休一、璉可二征東大将軍一、映可二鎮東大将軍一。持節・都督・王・公如レ故」とあり、高句麗王・百済王の進号のみが見えている。

第三章　「日出処天子」外交文書再考

——典故と翻訳の問題から——

はじめに

『隋書』巻八一・東夷伝倭国条に見えるいわゆる「日出処天子」外交文書に関しては、倭国と隋の名分関係の問題を中心に、これまで様々な研究がなされてきた[1]。その中でも特に注目されてきたのは、外交文書の「日出処」と「日没処」という特異な表現である。かつて栗原朋信氏は、『魏書』巻一〇二および『北史』巻九七・西域伝波斯国条に見える波斯国王居和多（ササン朝ペルシャのクバード一世とされる）の外交文書の分析により、「日出処」は「日没処」に優越することを導き出して、「日出処天子」外交文書は倭国を隋の上位に位置付けたものとした（いわゆる「傾斜説」[2]）。ただし、この「傾斜説」に対しては、榎一雄・増村宏両氏が「日出処」と「日没処」に関連する語句を博捜して批判を加えており[3]、東野治之氏は『大智度論』巻一〇の「日出ヅル処ハ此レ東方、日没スル処ハ此レ西方ナリ」という用例を指摘して「傾斜説」を否定し、あわせて「日出処天子」外交文書の典故を『大智度論』に比定した[4]。これにより現在では、「日出処天子」外交文書は『大智度論』を参照して起草されたと理解されている[5]。

しかし、「日出処天子」外交文書の典故に関してはなお再検討の余地が残されている。東野氏が『大智度論』

における「日出処」と「日没処」の用例を発見したこと自体は卓見としなければならないが、『大智度論』当該部分の検討を経ずに「日出処天子」外交文書の典故に比定した点は問題である。なぜなら、東野氏も認めているように、『大智度論』の当該部分は、「経」（『大智度論』の注釈対象の『摩訶般若波羅蜜多経』）ではなく、「論」（問答形式の注釈部分）のうちの問いの部分に含まれており、しかもこれに対する答えの部分では、問いの部分で提示された「日出ヅル処ハ是レ東方」との理解は全面的に否定されているからである。[6] そのような部分を外交文書の典故に採用したのであれば、隋との間で何らかの問題を引き起こした可能性も想定しなければならないであろう。

以上から本章では、まず『大智度論』の当該部分を詳細に検討して、『大智度論』以外の関連する語句も含めて分析することにより、「日出処天子」外交文書の再検討を行う。この作業は、倭国と隋の名分関係を見直すことにとどまらず、遣隋使における仏教の役割（仏教的外交[7]）を再定義することにもつながると思われる。

第一節　『大智度論』における「日出処」と「日没処」の用例

本節では、東野治之氏が指摘した『大智度論』巻一〇の「日出処」と「日没処」の用例を検討して、当該部分が「日出処天子」外交文書の典故となりえるかを確認する。まずは行論の前提として、『大智度論』そのものについて略述していきたい。

『大智度論』（Mahāprajñāpāramitāopadeśa）全百巻は、『摩訶般若波羅蜜多経』（Mahāprajñāpāramitāsūtra、大品般若経）の注釈書であり、二世紀に龍樹（Nāgārjuna）が著述し、五世紀に鳩摩羅什（Kumārajīva）により漢訳された。ただし、『大智度論』はサンスクリット写本もチベット語訳も現存しておらず、明らかに龍樹の言ではない部分も含まれていることから、鳩摩羅什の著作とする説も有力である。『大智度論』が中国仏教や日本仏教に及ぼした影響は非常に大きいのだが、その理由は、大乗仏典の基本的な事項が丁寧に解説されていることや、インドの空観思想を正しく伝えたことに求められる。(8)

以下では、『大智度論』巻一〇に見える「日出処」と「日没処」の用例を検討するが、『大智度論』は『摩訶般若波羅蜜多経』の注釈なので、「日出処」と「日没処」の用例を含む「論」の部分だけではなく、「経」の部分も含めて当該部分の全文を提示したい。

A【鳩摩羅什訳『大智度論』巻一〇・大智度初品中十菩薩来釈論第十五之余】(9)

経

南方度㆘如㆓恒河沙等㆒諸仏世界㆖、其土最在㆑辺世界名㆓離一切憂㆒、仏号㆓無憂徳㆒、菩薩名㆓離憂㆒。西方度㆘如㆓恒河沙等㆒諸仏世界㆖、其世界最在㆑辺世界名㆓滅悪㆒、仏号㆓宝山㆒、菩薩名㆓儀意㆒。北方度㆘如㆓恒河沙等㆒諸仏世界㆖、其世界最在㆑辺世界名㆑勝、仏号㆓勝王㆒、菩薩名㆓得勝㆒。下方度㆘如㆓恒河沙等㆒諸仏世界㆖、其世界最在㆑辺世界名㆑善、仏号㆓善徳㆒、菩薩名㆓華上㆒。上方度㆘如㆓恒河沙等㆒諸仏世界㆖、其世界最在㆑辺世界名㆑喜、仏号㆓喜徳㆒、菩薩名㆓得喜㆒。如㆑是一切、皆如㆓東方㆒。

論

①問曰、如㆓仏法中㆒、実無㆓諸方名㆒。何以故。諸五衆・十二入・十八界中所㆑不㆑摂、四法蔵中亦無㆑説㆑方。是実法因縁、求亦不㆑可㆑得。今何以故、此中説㆓十方諸仏・十方菩薩来㆒。

答曰、随㆓世俗法所㆑伝故説㆑方。求㆑方実不㆑可㆑得。

②問曰、何以言㆑無㆑方。汝四法蔵中不㆑説、我六法蔵中説。汝衆・入・界中不㆑摂、我陀羅驃中摂。是方法

常相故、有相故、亦有亦常。③如二経中説一、日出処是東方、日没処是西方、日行処是南方、日不レ行処是北方。④日有二三分・合一。若前合、若今合、若後合。随レ方日分、初合是東方。⑤南方・西方亦如レ是。日不レ行処是無レ分。⑥彼間レ此、問二彼此一、是方相。若無レ方、無二彼此一。彼此是方相、而非レ方。

答曰、不レ然。須弥山在二四域之中一、日繞二須弥一照二四天下一。鬱怛羅越日中、是弗婆提日出、於二弗婆提人一是東方。弗婆提日中、是閻浮提日出、於二閻浮提人一是東方。是実無レ初。何以故。一切方皆東方、皆南方、皆西方、皆北方。汝言、日出処是東方、日行処是南方、日没処是西方、日不レ行処是北方。是事不レ然。復次有二処日不レ合、是為レ非レ方。無二方相一故。

問曰、我説二一国中方相一、汝以二四国一為レ難。以是故、東方非レ無レ初。

答曰、若一国中、日与二東方一合、是為二有辺一。有辺故無常、無常故是不レ遍。⑦以レ是故、方但有レ名而無レ実。

（1）「論」の部分では誰と議論しているのか

Aの「論」の部分では、東野氏の指摘の通り、仏教における方位の観念について議論がなされている。ただし、Aの「論」部分は非常に難解であるため、方位に関して「誰と」「何について」議論しているのかを明確にしない限り、Aの「論」部分を正確に理解することは難しいと思われる。そこで、傍線部②の「問ヒテ曰ハク、何ヲ以テ方無シト言フ。汝ハ四法蔵中ニ説カズ、我ハ六法蔵中ニ説ク。汝ハ衆・入・界中ニ摂サズ、我ハ陀羅驃中ニ摂ス」という部分に注目したい。

この部分では、問者が答者に対して仏教で「方（方位）無シト言フ」理由を尋ねているのだが、続く問者の言によれば、答者の「四法蔵」[10]と「衆・入・界」[11]の中では方位に言及していないが、問者の「六法蔵」と「陀羅驃」では方位も含めて論じているという。ここで重要な点は、この「六法蔵」と「陀羅驃」とは仏教の説ではなく、インドでの仏教の主たる論敵、勝論（Vaiseṣka）派（ヴァイシェーシカ学派）[12]の説ということである。

勝論派とは、正統バラモン教六派哲学の一つであり、仏教側からすれば外道四執の一つとなる自然哲学の学派である。その起源は紀元前五世紀ごろまで遡るが、紀元前二世紀にカナーダ（Kaṇāda）がギリシア哲学の影響を受け体系化して、正統バラモン教の中では数論（Sāṃkhya）派と並ぶ最大の勢力を有していた。つまり、Aの「論」部分は、単なる問答や注釈ではなく、方位をめぐる仏教と勝論派との論争ともいうべきものである。[13]

（2）「論」の部分では何について議論しているのか

では、Aの「論」の部分での論争相手が勝論派だとすれば、勝論派と方位の何について議論しているのであろうか。この点に関しては、傍線部①の「問ヒテ曰ハク、仏法中ノ如クハ、実ニ諸ノ方ノ名無シ。何ヲ以テノ故ナルヤ」と、傍線部⑦の「是ヲ以テノ故ニ、方ハ但ダ名ノミ有リテ実無シ」という部分に注目したい。この両者によれば、Aの「論」の部分は、「仏教では「実」の中に各種方位を含めていない。それはなぜか」という勝論派の問いに始まり、「以上の理由により、方位には名はあるが「実」はない」という仏教の結論で終了したことになる。つまり、Aの「論」部分では「実」、すなわち哲学的意味での「実体」[14]について議論していることになる。仏教では東西南北などの方位は「実体」と認められていないが、勝論派では六句義（「六法蔵」）の第一・実句義（「陀羅驃」）の中で、諸事物の「実体」を地・水・火・風・空・時・方・我・意の九種に分類しているように[15]、方位は真に実在するものとして認めている。当然ながら、両者の説は相容れることはできず、互いに論難を続けたということになる。

（3）「日出処是東方」が基づく「経中説」とは何か

以上のように、Aの「論」の部分では、勝論派を論争の相手として、方位を「実体」と認めるかどうかを議論していることが判明した。この点を前提として、東野氏が指摘した「日出処」と「日没処」の用例が、「日出処天子」外交文書の典故にふさわしいかを確認していきたい。ここで注目したいことは、傍線部③に「経中ノ説ノ如クハ、日出ヅル処ハ是レ東方、日没スル処ハ是レ西方、日行ク処ハ是レ南方、日行カザル処ハ是レ北方ナリ」とある通り、「日出処」と「日没処」の用例全体が「経中ノ説」に基づく主張ということである。ここでいう「経」は、従来は特に注意されることもなく『大智度論』の注釈対象である『摩訶般若波羅蜜多経』と考えられてきたが、『摩訶般若波羅蜜多経』の本文には対応する記述は存在しないことに加え、Aの「論」の部分の問者（傍線部③の発言者）は勝論派の徒であり、仏教とは異なり方位を「実体」と認める立場から論を展開している以上、この「経」を『摩訶般若波羅蜜多経』と考えることは不可能である。[16]

そのため、この「経」は勝論派の経典（Sūtra）の一つと考えたい。勝論派の経典は、カナーダ著とされ、紀元五〇年から一五〇年ごろに現在に近い形に整えられた『勝論経』（Vaiśeṣikasūtra）が現存しており、チャンドラーナンダ（Candrānanda）による七世紀の注釈が附されている。そして、この『勝論経』本文とチャンドラーナンダの注釈には、「日出ヅル処ハ是レ東方」を含む問者の主張と同一主旨の部分が複数存在する。以下の史料を参照したい。なお、『勝論経』とチャンドラーナンダの注釈原文はサンスクリットであるが、ここでは宮元啓一氏による現代日本語訳で提示し、『勝論経』本文は太字で示した。

B【カナーダ著・チャンドラーナンダ注釈『勝論経』第二章第二日課一二[17]】

「これよりもこれが」という〔観念が生ずる〕由縁のもの、それが空間の標印である。

中身のつまった実体を区切りとして「これはそれよりも東である」などという観念が生ずる由縁のもの、それが空間の標印である。〔空間の〕性質は、数・量・別異性・結合・分離である。

C【カナーダ著・チャンドラーナンダ注釈『勝論経』第二章第二日課一六】

過去・現在・未来の太陽との結合により「東」〔という表示がある〕。

一日の始めに、太陽がある特定の地点と結合した、あるいは結合する、あるいは結合するであろうという、その太陽との結合により「東」という表示がある。「太陽をここから前に出す」というのが〔その語源である〕。

D【カナーダ著・チャンドラーナンダ注釈『勝論経』第二章第二日課一七】

同様にして、「南」「西」「北」〔という表示がある〕。

他ならぬこの太陽との結合により「南」などという表示がある。

まずBでは、方位によりある場所と別の場所を区別できるとしているが、これは傍線部⑥の「彼ハ此ト間《へだ》ツ、彼ト此ヲ間ツ、是レ方ノ相ナリ」と対応する。次にCの『勝論経』本文では、太陽とある地点との結合については、過去における結合、現在における結合、未来における結合の三種類が存在すると述べており、注釈部分では、一日の最初に太陽と結合した・結合する・結合するであろう方位を「東」と呼ぶことを記しているが、これは傍線部③の「日出ヅル処ハ是レ東方」および傍線部④の「日ニ三ツノ分・合有リ。若シクハ前合、若シクハ今合、若シクハ後合ナリ。方ニ随フ日ノ分ハ、初合ハ是レ東方」と対応している。最後にDでは、Cと同様にしている。

「南」・「西」・「北」という方位を説明しているが、これは傍線部⑤の「南方・西方モ亦タ是ノ如シ」と対応している。

このように、Aの「論」のうち二番目の「問曰」の部分は、問者が勝論派の経典の一つに基づいて、方位は「実体」であると述べた部分であり、C・Dと③～⑤との比較から明らかなように、勝論派は東西南北などの方位を、太陽の運行と結び付けて説明していたことになる。すなわち、「日出ヅル処ハ是レ東方、日没スル処ハ是レ西方」との部分は、仏教ではなく勝論派における方位のとらえ方を示すものといえる。[18]

以上のように考えるならば、『大智度論』における「日出処」と「日没処」の用例は、仏教における代表的な外道である勝論派の言説に基づいているので、そもそも故事を連想させる典故としては不適格といえる。もし「日出処天子」外交文書が『大智度論』に依拠していたとするならば、推古朝の倭国では著名な仏典である『大智度論』すら十分に理解されていないことになるので、遣隋使での仏教の役割（仏教的外交）そのものを再検討しなければならない。また、「日出処天子」外交文書を受け取る隋の視点では、菩薩戒を受けた「菩薩天子」たる煬帝に対して、外道の言説に基づく外交文書が送られたことになるので、「日出処天子」外交文書が隋の国内で意図せざる問題を引き起こした可能性も想定しなければならないくなる。[19][20]

そのため、「日出処天子」外交文書での「日出処」と「日没処」という特異な表現は、『大智度論』を典故としていない可能性が高いといえる。実際、「日出処天子」外交文書以前に「日出処」を使用した六世紀の波斯国と胡蜜檀国の外交文書（第二節G・H）は、問題なく北魏と梁に受納されているので、少なくともこの両者に関しては、『大智度論』の「日出処」と「日没処」の用例は典故として機能していない。[21] このように考えれば、そもそも『大智度論』の用例が典故になり得たかは疑問と言わざるをえない。

では、「日出処天子」外交文書が『大智度論』を典故としないのならば、「日出処」や「日没処」という外交文書としては特異な表現は何に基づいて使用されたのであろうか。この点に関しては、『大智度論』以外の「日出処」と「日没処」の用例も含めて検討する必要があるので、節を改めて論じていきたい。

第二節　『大智度論』以外の「日出処」や「日没処」などの用例

本節では、『大智度論』以外の「日出処」と「日没処」等の用例から、「日出処天子」外交文書の中に「日出処」と「日没処」という特異な表現が使用された背景を推定する。『大智度論』以外の「日出処」や「日没処」等の用例は、「日出処天子」外交文書に関連して早くから注目を集めてきたが[22]、近年紹介された「梁職貢図」題記の逸文[23]の中に、「揚州天子、曰（日カ）出処ノ大国ノ聖主」で始まる胡蜜檀国の上表文が見出されたため、「日出処」や「日没処」等の用例を再度詳細に検討する必要が生じている[24]。以下では、これまでに指摘された事例を確認した上で、『大智度論』以外の「日出処」と「日没処」等の用例を検討していきたい。なお、関係する表現部分は太字で示した。

E【『後漢書』巻八六・南蛮西南夷伝莋都夷条および「遠夷慕徳歌」[25]】（細字は夷語）

……自二汶山一以西、前世所レ不レ至、正朔所レ未レ加。白狼・槃木・唐菆等百余国、戸百三十余万、口六百万以上、挙レ種奉レ貢、称為二臣僕一。輔上レ疏曰、……今白狼王唐菆等、慕レ化帰レ義、作二詩三章一。……臣輒令レ訊二其風俗一、訳二其辞語一。今遣二従事史李陵一与レ恭護送詣レ闕、幷上二其楽詩一。……帝嘉レ之、事下二史官一、録二其歌一焉。……

遠夷慕徳歌詩曰、蛮夷所レ処、〈僂讓皮尼。〉日入之部。〈且交陵悟。〉慕レ義向レ化、〈繩動随旅。〉帰二日出主一。〈路旦根雒。〉聖徳深恩、〈聖徳渡諾。〉与二人富厚一。〈魏菌度洗。〉冬多二霜雪一、〈綜邪流藩。〉夏多二和雨一。〈莋邪尋螺。〉寒温時適、〈藐潯瀘灘。〉部人多有。〈菌補邪推。〉渉レ危歴レ険、〈辟危帰険。〉不レ遠二万里一。〈莫受万柳。〉去レ俗帰レ徳、〈術畳附徳。〉心帰二慈母一。〈仍路孳摸。〉

F　【東魏・楊衒之『洛陽伽藍記』巻五・宋雲・烏場国条(26)】

……(神亀二年・五一九)十二月初、入二烏場国一。……国王見二宋雲一、云二大魏使来一、膜拝受二詔書一。聞三太后崇奉二仏法一、即面レ東合掌、遥心頂礼。遣下解二魏語一人上問二宋雲一曰、卿是日出(処)(27)人也。宋雲答曰、我国東界、有二大海水一、日出二其中一、実如二来旨一。……

G　【『魏書』巻一〇二・西域伝波斯国条(28)】

神亀中、其国遣レ使上二書貢物一云、大国天子、天之所レ生、願日出処、常為二漢中天子一(29)。波斯国王居和多千万敬拝。朝廷嘉納レ之。自レ此毎レ使朝献。

H　【清・葛嗣彤編『愛日吟廬書画続録』巻五・清張庚諸番職貢図巻・胡蜜檀国条(30)】

胡蜜檀国、滑旁小国也。普通元年、使三使随二滑使一来朝貢。其表曰、揚州天子、日(日カ)出処大国聖主。胡蜜王、名時僕、遥長跪合掌、行礼千万。令三滑使到二聖国一、因附二函啓幷水精鐘一口・馬一匹一。聖国若有レ所レ須レ勅、不二敢有一レ異。

I　【『隋書』巻六七・裴矩伝所引「西域図記」序】

皇上膺レ天育レ物、無レ隔二華夷一、率土黔黎、莫レ不レ慕レ化。風行所レ及、日入以来、職貢皆通、無二遠不一レ至。

……

J【宋・李燾『続資治通鑑長編』巻三一四・元豊四年（一〇八一）七月癸丑条(31)】

于闐遣二蕃部阿辛一上表稱、**于闐国僂儸有二福力量一知二文法一黒汗王、書与二東方日出処大世界田地主漢家阿舅大官家一**。大約言三路遠、傾レ心相向、前レ此三遣レ人入貢、未レ回二本国一、重複数百言。董氈使下人導二阿辛一至中熙州上、訳二其書一以聞。……

K【元・李志常『長春真人西遊記』巻上・壬午年（一二二二）三月上旬条(32)】

三月上旬、阿里鮮至レ自二行宮一、伝レ旨云、真人来レ自二**日出之地**一、跋二渉山川一、勤労至矣。今朕已回、亟欲レ聞レ道、無レ倦迎レ我。……

E～Kの史料は、栗原朋信氏の「傾斜説」に関連して指摘されていたため、従来は東と西の優劣の差のみが注目されてきた。しかし、E～Kの史料を通覧すると、I以外は全て漢語以外から翻訳されたものという特徴がある。まずE・F・Jの三例(33)では、史料中に翻訳であることが明記されている。続いて、Gに関しては中世ペルシャの書簡文言が反映されており(34)、Kではチンギス＝ハンが通事の阿里鮮(35)を派遣して、長春真人を行在所に召喚する旨を伝えているので、阿里鮮が伝えた内容はモンゴル語から漢語への翻訳を経ていることが明白である。最後にHに関しては、胡蜜檀国王が「胡蜜王、名ハ時僕」と自称していることが注目されるが、この特異な自称形式については次の史料を参照したい。

L【宋・江少虞『宋朝事実類苑』巻四三・仙釈僧道・西域僧覚稱条(36)】

大中祥符初、有二西域僧覚稱一、来館二於伝法院一。……因索レ紙以二竹筆一作二梵書一。横行数十字。請浄公訳云、稽首摧伏諸魔力、**我智者**〈本名〉**覚稱**、出家至レ今十九臘、渠胝偈句義能説、後複作二聖徳頌一。……

Lでは、大中祥符（一〇〇八―一〇一六）初めに入宋した西域僧覚稱がサンスクリット文書を作成したことを伝えているが、その訳文の「我レ智者〈本名〉覚称」という部分は、前掲Hの「胡蜜王、名ハ時僕」と同様に、漢文文書では通常見られない特異な自称形式であり、サンスクリット文書の形式を引き継いでいると思われる。この点から判断すれば、HはLと同じくサンスクリット文書を翻訳したものと考えられる。(37)

以上のように、現在までに知られている「日出処」や「日没処」等の用例の多くが翻訳により生じたものであれば、「日出処天子」外交文書の「日出処」や「日没処」も、倭語から漢語へと翻訳された結果登場した可能性を想定しなければならない。この点に関して注目すべきなのは、致書形式の書状およびそれに類似する文書形式の中に、明らかに翻訳を経たものが存在することである。以下の史料を参照したい。

M【唐・慧立『大唐大慈恩寺三蔵法師伝』巻七・永徽四年（六五三）五月乙卯条(38)】

中印度国摩訶菩提寺大徳智光・慧天等致二書於法師一。……其書曰、微妙吉祥世尊金剛座所摩訶菩提寺諸多聞衆所二共囲繞一上座慧天、致下書摩訶支那国於二無量経律論一妙尽二精微一木叉阿遮利耶上。敬問無量、少レ病少レ悩。我慧天苾芻、今造二仏大神変讃頌及諸経論比量智等一、今附二苾芻法長一将レ往。……

N【宋・李燾『続資治通鑑長編』巻三六三・元豊八年（一〇八五）十二月丙子条】

権管勾熙河蘭会路経略司公事趙済奏、西蕃阿里骨差二首領結廝雞一齎二到蕃字一、訳称、蕃家王子結施攬哥邦彪籛阿里骨、文字送二与熙州趙竜図一。……

Mは、西天取経から帰国して訳経に従事する玄奘に対して、インド・摩訶菩提寺の慧天ら(39)が宛てた致書文書であるが、「我レ慧天苾芻」という自称形式が登場することから、Mは前掲H・Lと同様に、サンスクリット文書の翻訳と思われる。続いてNは、青唐王国（西寧を中心とするチベット系の小王国）(40)第三代の王・阿里骨の「蕃字」を、権管勾熙河蘭会路(41)経略司公事の趙済が皇帝に奏上したことを伝えている。宋代史料での「文字」とは文書を指すので、この文書は明らかに翻訳を経たものということになる。[42]

このように、翻訳の結果として致書文書および致書文書に類似する文書形式が出現することがあるならば、「日出処天子」外交文書も翻訳により成立した致書文書と考える余地があることになる。「日出処天子」外交文書に「日出処」と「日没処」という特異な表現が含まれている背景は、現状では以上のように考えておきたい。

おわりに

本章では、これまで「日出処天子」外交文書の典故とされてきた『大智度論』巻一〇の「日出処」と「日没処」の用例を検討した結果、当該部分は仏教における代表的な外道、勝論派の言説に基づいていることから、典故として不適格であることを指摘した。また、『大智度論』以外の関連語句を分析した結果、「日出処」と「日没処」等の用例の多くが漢語以外から翻訳されたものであることから、「日出処天子」外交文書は翻訳により成立した外交文書である可能性を指摘した。

これまで「日出処天子」外交文書に関しては、「日本は、中国流の国際文書の諸形式を知っていて起草した」[43]などのように、漢籍や仏典の知識に基づいて漢語で起草されたという理解がなされてきた。また、「日出処」や「日没処」という特異な表現についても、増村宏氏が「太陽によって方向・地域を表わす言い方には後進民族的な「幼稚さ」・素朴さがあると言いうる」[44]と指摘した程度であり、「日出処天子」外交文書と翻訳との関係については、従来はほとんど検討されていない。[45]

しかし、「日出処天子」外交文書が翻訳を経ているのであれば、倭国と隋の名分関係に新たな説明を加えることが可能である。例えば、倭国は「日出処天子」外交文書で隋との対等関係を提示したと解釈されてきたが、「日出処天子」外交文書が翻訳により成立したとすれば、「日出処天子」外交文書では名分関係が正しく翻訳されておらず、倭国は遣使当初から隋との上下関係を容認していた可能性と、「日出処天子」外交文書は名分関係を正しく翻訳していたが、隋は名分関係は正しく翻訳されていない（真意は隋への臣属）と認識した可能性の二つを、新たに検討しなければならなくなる。

前者の可能性を採るならば、倭国の遣隋使が煬帝ないし文帝を「菩薩天子」と称して、倭王が裴世清に「冀クハ大国惟新ノ化ヲ聞カン」と語るような、倭国が隋との上下関係を当初から容認している『隋書』の記事を整合的に理解できる。(46) また、隋に対しては対等関係を提示した一方で、唐に対しては表を提出して君臣関係を表明したことに関しても、倭国＝日本の外交方針の転換を想定することなく説明できる。(47)

後者の可能性を採るならば、隋の裴世清派遣目的は「日出処天子」外交文書では正しく表現されていない隋との名分関係を確認し、倭王に宣諭を加えることになるので、裴世清派遣の背景に倭国の地位を過大評価した政治意図(48)を想定する必要はなくなる。ただし、この場合の倭国＝日本と隋・唐との関係では、名分関係をめぐる対立は解消されていないので、倭国＝日本の外交方針の転換過程を説明する必要は残ることになる。

このように、「日出処天子」外交文書や倭国と隋との名分関係に関しては、まだ検討の余地が残されていることになる。今後、これらの検討を進めていくためには、倭国と隋との関係の全体を視野に収めるとともに、東部ユーラシアの視点から外交文書の翻訳という問題(49)に取り組む必要があると思われる。この点は今後の課題としたい。

注

（1）後文で取り上げたものを除く代表的な研究としては、宮田俊彦「「治天下」と「御于天皇」――上代金石文に関する二三の問題――」（『茨城大学文理学部紀要』人文科学編一、一九五一、一三八―一六五頁）、同「聖徳太子御伝私記」（『茨城大学文理学部紀要』人文科学編六、一九五六、一一―三八頁）、同「天皇号の成立は推古十六年（六〇八、隋大業四年）である」（『日本歴史』二六八、一九七〇、一一五―一一八頁）、高橋善太郎「遣隋使の研究――日本書紀と隋書との比較――」（『東洋学報』三三―三・四、一九五一、三二一―三三六頁）、徐先堯「隋倭国交の対等性について」（『文化』二九―二、一九六五、八三―一一四頁）、増村宏「隋書と書紀推古紀――遣隋使をめぐって――」・「隋書と日本書紀の遣隋使記事――宮田俊彦氏の隋書に対する問いかけについて――」（ともに同『遣唐使の研究』同朋舎、一九八八、七七―一五三頁・一五四―一九七頁。初出一九六八、一九六九・一九七三）、中村裕一「慰労制書と「致書」文書」（同『唐代制勅研究』汲古書院、一九九一、二九九―三三〇頁。初出一九八六）、李成市「高句麗と日隋外交――いわゆる国書問題に関する一試論――」（同『古代東アジアの民族と国家』岩波書店、一九九八、二八七―三一四頁。初出一九九〇）を挙げることができる。なお、以下に「日出処天子」外交文書も掲げておく。

【『隋書』巻八一・東夷伝倭国条】（テキストは中華書局排印標点本を使用した）

……大業三年、其王多利思比孤遣レ使朝貢。……其国書曰、日出処天子致二書日没処天子一、無レ恙云云。帝覧レ之不レ悦、謂二鴻臚卿一曰、蛮夷書有二無礼者一、勿二復以聞一。……

（2）栗原朋信「日本から隋へ贈った国書――とくに「日出処天子致書日没処天子」の句について――」・「日・隋交渉の一側面――いわゆる国書問題の再考察――」（ともに同『上代日本対外関係の研究』吉川弘文館、一九七八、一七五―二〇五頁・二〇六―二三六頁。初出一九六五・一九六九）。

（3）榎一雄「波斯王居和多の上表について」（史学会第六五回大会報告、要旨は『史学雑誌』七五―一二、一九六六、八九頁）、増村宏「日出処天子と日没処天子――倭国王の国書について――」・「日出ずる処と日没する処について――栗原氏の批判に答える――」（ともに注1前掲著書、三―四七頁・四八―七六頁。初出一九六八・一九七〇）。

（4）東野治之「日出処・日本・ワークワーク」（同『遣唐使と正倉院』岩波書店、一九九二、九七―一一三頁。初出一九九一)。
(5)河上麻由子「遣隋使と仏教」(同『古代アジア世界の対外交渉と仏教』山川出版社、二〇一一、一二六—一四六頁。初出二〇〇八)一二六頁など。
(6)東野治之「日出処・日本・ワークワーク」(注4前掲)。
(7)遣隋使における仏教の役割(仏教的外交)に関しては、東野治之「日出処・日本・ワークワーク」(注4前掲)から出発した河上麻由子「遣隋使と仏教」(注5前掲)参照。ただし、石井正敏「『日本書紀』隋使裴世清の朝見記事について」(『石井正敏著作集一　古代の日本列島と東アジア』勉誠出版、二〇一七、六七—九八頁。初出二〇一二)九〇—九二頁では、百済による仏教的外交の事例がみられないことから、倭国遣隋使の仏教的外交について否定的な見解が述べられている。
(8)以上、『大智度論』に関しては、東野治之「日出処・日本・ワークワーク」(注4前掲)、加藤純章「羅什と『大智度論』」(平成十一年度—平成十三年度科学研究費補助金(基盤研究(B)(二))研究成果報告書『『大智度論』の総合的研究——その成立から中国仏教への影響まで——』課題番号一一四一〇〇〇六、二〇〇三、一—一六頁)参照。
(9)『大智度論』のテキストは大正新脩大蔵経本を使用した。
(10)「四法蔵」とは、『大智度論』巻一一に「復次有」人言、以二四種法蔵一教レ人。一修妬路蔵、二毘尼蔵、三阿毘曇蔵、四雑蔵」とあることからすると、仏教の説であり、修妬路蔵・毘尼蔵・阿毘曇蔵・雑蔵の四種を指すと思われる。
(11)「衆・入・界」とは、仏教の説であり、色・受・想・行・識の五衆と、色・声・香・味・触・法の六塵と喜・怒・哀・楽・愛・悪の六情からなる十二入と、十二入に眼識・耳識・鼻識・舌識・身識・意識の六識を加えた十八界のことである。
(12)勝論派(ヴァイシェーシカ学派)に関しては、宇井伯壽「勝論経に於ける勝論学説」(同『印度哲学研究』第三、岩波書店、一九六五、四二一—五九四頁。初版一九二六)、和田壽弘「ヴァイシェーシカ哲学の体系」(注8前掲報告書、六三—六九頁)参照。
(13)なお、近世日本の真言僧快道による『阿毘達磨俱舎論法義』巻一一(テキストは大正新脩大蔵経本を使用した）では、「故智度論第十〈二十五右〉曰、須弥山在二四域之中一、日繞二須弥一照二四天下一。鬱恒羅越日中、是弗婆提日出、於二弗婆提人一是東方。弗婆提日中、是閻浮提日出、於二閻浮提人一是東方。是実無レ初。何以故。一切方皆東方、皆南方、皆西方、皆北方。汝言、日出処是東方、日行処是南方、日没処是西方、日不レ行処是北方。是事不レ爾。此智論破二外道執一方実有体一」とあるように、『大智度論』の当該部分は外道の説を論破した部分と認識されている。

(14) Aの「論」の部分の最後の「答曰」以下の内容に従えば、ここでいう「実」とは、永遠性と普遍性を合わせ持つものということになる。

(15) 宇井伯壽「勝論経に於ける勝論学説」・和田壽弘「ヴァイシェーシカ哲学の体系」（ともに注12前掲）。

(16) 大正新脩大蔵経本および大正新脩大蔵経データベースで確認した。

(17) 『勝論経』およびチャンドラーナンダの注釈のテキストは、宮本啓一訳『ヴァイシェーシカ・スートラ――古代インドの分析主義的実在論哲学――』（臨川書店、二〇〇九）を使用した。

(18) 『大智度論』当該部分の勝論派の主張が『勝論経』と完全には一致していない（特に「北」の説明）ことや、勝論派の経典が他にも存在していた可能性を考慮して、『勝論経』に基づいた主張とまでは断定しない。なお、勝論派の説は時代により変化しているが、加藤純章氏によれば、『大智度論』に引く勝論派の説は初期の説であり（加藤純章「羅什と『大智度論』」〔注8前掲〕四頁）、実際に十世紀後半とされるシュリーダラ（Śrīdhara）の『ニヤーヤーカンダリー』（Nyāyakandalī）第二章第九節・方角では、東西南北などの方位を太陽の運行と関連して説明していることは『勝論経』と同じであるが、『大智度論』当該部分のような批判を受けたためか、「方角は唯一である。けれども、観念（東西南北など十種の方位：筆者注）の相違は付加物（昇る太陽など：筆者注）の相違に基づいているのである」（テキストは本多恵訳『ヴァイシェーシカ哲学体系』〔国書刊行会、一九九〇〕を使用した）という説に変化している。

(19) この場合、『大智度論』の内容とは関係なく「日出処」と「日没処」という表現のみが使用されたか、もしくは当該部分が勝論派の言説である旨の情報が欠落した別の書（『大智度論』の注釈など）から孫引きしたことになる。どちらにせよ、推古朝の倭国における仏教・仏典の理解度は低いといえる。

(20) 煬帝の父、文帝も菩薩戒を受けた「菩薩天子」であるので、倭国が文帝から煬帝への代替わりを把握していないとすれば、文帝に対するものと理解するべきであろう。

(21) 仮に「日出処」と「日没処」という表現が『大智度論』の当該部分を想起させるものであれば、波斯国と胡蜜檀国の外交文書は必ず問題となるはずである。

(22) 栗原朋信「日本から隋へ贈った国書」・「日・隋交渉の一側面」（ともに注2前掲）、増村宏「日出処天子と日没処天子」・「日出ずる処と日没する処について」（ともに注3前掲）など。

(23) 「梁職貢図」の逸文に関しては、趙燦鵬「南朝梁元帝《職貢図》題記佚文的新発現」（『文史』九四、二〇一一、一一一―一一八頁）、同「南朝梁元帝《職貢図》題記佚文続拾」（『文史』九七、二〇一一、二三七―二四二頁）参照。

(24) 鈴木靖民「東アジア世界史と東部ユーラシア世界史――梁の国際関係・国際秩序・国際意識を中心に――」（『専修大学東アジア世界史研究センター年報』六、二〇一二、一四三―一六三頁）、金子修一「北朝の国書」（鈴木靖民他編『梁職貢図と東部ユーラシア世界』勉誠出版、二〇一四、五〇二―五三〇頁）など参照。

(25) 中国正史のテキストは中華書局排印標点本を使用した。

(26) 『洛陽伽藍記』のテキストは大正新脩大蔵経本を使用した。

(27) 「処」字は、国立国会図書館所蔵学津討原本（琴川張氏照曠閣刊・嘉慶十一年序）により意補する。

(28) 『北史』巻九七にもほぼ同文が存在する。

(29) この「大国天子、天之所ㇾ生、願日出処、常為二漢中天子一」の部分は難解である。当座、金子修一「北朝の国書」（注24前掲）の解釈に従い、「大国の天子は天の生むところであり、願わくは日出ずる処において、漢中すなわち中国全体の天子であらせられますように」という意味と理解しておきたい。

(30) 『愛日吟廬書画続録』（「梁職貢図」逸文部分）のテキストは、鈴木靖民他編『梁職貢図と東部ユーラシア世界』（勉誠出版、二〇一四）所収の影印を使用した。

(31) 『続資治通鑑長編』のテキストは中華書局排印標点本を使用した。

(32) 『長春真人西遊記』のテキストは連筠簃叢書本を使用した。

(33) Ｅは後漢に服属した西南夷の白狼王らが献じた「遠夷慕徳歌」、Ｆは西域の烏場国王が北魏使の宋雲に対して発した問い、Ｊはカラハン朝（カシュガルを本拠としてイスラム教に改宗した王朝。十一世紀初頭に于闐を滅ぼした）からの外交文書である。

（34）Nicholas Sims-Williams,"From Babylon to China:Astrological and Epistolary Formulae Across Two Millennia", *Atti Dei Convegni Lincei*, 127, 1996, pp. 77-84、河上麻由子「南北朝～隋代における仏教と対中国交渉」（注5前掲著書、一七―六五頁。初出二〇〇六）。

（35）『長春真人西遊記』巻下・癸未年（一二二三）三月七日条には、「上、通事ノ阿里鮮ニ問ヒテ曰ハク」とあり、阿里鮮は通事と判明する。

（36）『宋朝事実類苑』のテキストは上海古籍出版社本を使用した。

（37）以上の点に関しては、拙評「書評　河上麻由子著『古代アジア世界の対外交渉と仏教』」（『日本史研究』六〇八、二〇一三、六二―六八頁）も参照。

（38）『大唐大慈恩寺三蔵法師伝』のテキストは大正新脩大蔵経本を使用した。

（39）慧天（Prajñādeva）は小乗に明るいインドの高僧であり、玄奘のインド滞在中には、曲女城（Kanyākubja）における戒日王（Śīlāditya）御前での法座で玄奘と論議を戦わせている。

（40）青唐王国に関しては、中嶋敏「西羌族をめぐる宋夏の抗争」（同『東洋史学論集――宋代史研究とその周辺――』汲古書院、一九八八、四六六―四七八頁。初出一九三四）、祝啓源『唃廝囉――宋代蔵族政権――』（西寧・青海人民出版社、一九八八）参照。

（41）北宋の熙河蘭会路については、金成奎「北宋後期の蕃兵制」（同『宋代の西北問題と異民族政策』汲古書院、二〇〇〇、二五五―三〇八頁。初出一九九八）参照。

（42）例えば、『参天台五臺山記』巻四・熙寧五年（一〇七二）十月二十一日条によれば、神宗との朝見を翌日に控えた成尋一行は、「頭刀等ヲ将帯シ、懐ニ文字ヲ挟ムコトヲ得ズ。各ノ知悉ノ文状ヲ具シテ連申ス」とあるように、誓約の文書を提出している。

（43）栗原朋信「日本から隋へ贈った国書」（注2前掲）一九二頁。

（44）増村宏「日出処天子と日没処天子」（注3前掲）三一頁。

（45）「日出処天子」外交文書を『隋書』の編者による潤色と考える宮田俊彦氏は、煬帝に対する小野妹子の奏上を翻訳した際に「日出処」と「日没処」という語が出現したとする（同「「治天下」と「御于天皇」」〔注1前掲〕）

が、「日出処天子」外交文書そのものの翻訳を論じているわけではない。

(46)　河上麻由子「遣隋使と仏教」（注5前掲）一四三頁でも、「倭国が遣隋使によって対等を主張しようとしていたか、この点についてはまだ検討の余地が残っているように思う」との指摘がなされている。

(47)　特に、『日本書紀』に掲載されている、いわゆる「東天皇」外交文書を『日本書紀』編者による造作と考えるのであれば、倭国は裴世清の帰国段階で早くも隋に対する対等外交の方針を放棄したことになるので、倭国が当初から隋との上下関係を容認していたのであれば、矛盾点は消滅する。いわゆる「東天皇」外交文書に関する私見は、拙稿「「東天皇」外交文書と書状――倭国と隋の名分関係――」（同『東アジアの国際秩序と古代日本』吉川弘文館、二〇一一、八七―一〇八頁。初出二〇〇八）参照。

(48)　例えば、隋の対高句麗戦略上の必要により、高句麗の背後に位置する「大国」倭国に裴世清を派遣したとの理解である。この点に関する私見は、拙稿「「東天皇」外交文書と書状」（注47前掲）第二節参照。

(49)　外交文書の翻訳を取り上げたものとしては、海老澤哲雄「モンゴル帝国対外文書管見」（『東方学』七四、一九八七、八六―一〇〇頁）が存在する。

附録　「日出処」と「日没処」の用例を含む『大智度論』巻一〇（史料A）の論部分の私訳

問うて言うことには、仏教の教義では「実（実体）」の中に「方位」を含めていない。それはなぜか。「五衆（色・受・想・行・識）」の中にも、「十二入（六塵〔色・声・香・味・触・法〕と六情〔喜・怒・哀・楽・愛・悪〕）」の中にも、「十八界（六塵と六情と六識〔眼識・耳識・鼻識・舌識・身識・意識〕）」の中にも、みな方位は含まれておらず、「四法蔵（修妬路蔵・毘尼蔵・阿毘曇蔵・雑蔵）」の中にも、方位に関して説くところはない。この「実」に関する事柄の由来（方位が実体に含まれていない理由）は、求めても得ることはできなかった。今なぜこの経典（『摩訶般若波羅蜜多経』）の中では、「十方諸仏」や「十方菩薩来」と説いているのか。

答えて言うことには、（仮の手段として）世俗における事物を伝えるやり方に従ったゆえに方位を使用したまでのことである。（もし）方位を分析の対象としたとしても、（その中に）「実」を得ることはできない。

問うて言うことには、なぜ（実体の中に）方位は含まれないと言うのか。あなた方（仏教）の「四法蔵（修妬路蔵・毘尼蔵・阿毘曇蔵・雑蔵）」の中では（方位は実体として）説いてはいないが、私たち（勝論派）の「六法蔵（六句義。実・徳・業・同・異・和合。勝論派ではこれらの集合離散により万物は生成消滅すると説く）」の中では（方位は実体として）説いている。あなた方の「五衆」・「十二入」・「十八界」の中には（方位は実体として）含まれていないが、私たちの「陀羅驃（第一実句義。諸事物の実体を地・水・火・風・空・時・方（＝方位）・我・意の九つに分類する）」の中には（方位が実体として）含まれている。この方位の性格は「常相（「常」の標印を持つ）」であるため、また「有相（「有」の標印を持つ）」でもあるため、「有（存在性＝有性を有する）」でもあり「常（常住性＝永遠性を有する）」でもある。経（勝論派の経典）の中に説くところによれば、日出づる処は東方、日没する処は西方、日行く処は南方、日行かざる処は北方である。太陽には（それぞれ）三つの「分（特定の地点との地理的な結合）」と「合（特定の地点との時間的な結合）」とがある。（三つの「合」とは）「前合（過去における結合）」と、「今合（現在における結合）」と、「後合（未来における結合）」とである。方位に随った太陽の（三つの）「分」とは、（一日の内に）初めて「合」する（方位）が東方であり、南方と西方もまた同様となる（それぞれ二回目・三回目の「合」する方位に相当する）。日の行かない処（北方）には「分」はない。あちら側とこちら側を区別すること、これが方位の「相（標印）」である。もし方位がなければ（方位に実体が存在していなければ）、「あちら側」も「こちら側」も存在しない（ある地点と別の地点を空間的に区別することができない）ことになる。「あちら側」と「こちら側」自体は方位の「相」であり、方位自体ではない。

答えて言うことには、そうではない。須弥山は東西南北四つの世界の中心にあり、太陽は須弥山（の周囲）を続って四つの世界を照らしている。鬱怛羅越（須弥山北方の世界）で太陽が南中すれば、弗婆提（須弥山東方の世界）では日の出となり、（その時の太陽の方位は）弗婆提の人にとっては東方となる。弗婆提で太陽が南中すれば、閻浮提（須弥山南方の世界）では日の出となり、（その時の太陽の方位は）閻浮提の人にとっては東方となる。この「実」は（論理的に循環していて）初まりが存在しない（収束しない＝普遍ではない）。なぜであろうか。それは、すべての方位はみな東方でもあり、みな南方でもあり、みな西方でもあり、みな北方でもあるからである。あなたは「日出づる処は東方、日没する処は西方、日行く処は南方、日行かざる処は北方なり」と言ったが、それは間違いである。また次に、太陽と「合」しない処（＝北方）があるならば、それは方位ではないとみなすべきである。方位の「相」がないからである（東・南・西が太陽との「合」により方位として定義づけられるのならば、太陽との「合」が存在しない北は、方位として定義づけることは不可能である）。

問うて言うことには、私は一国（一つの世界）の中の方位の「相」を説いているのに、あなたは四国（東西南北の四つの世界）を以て批判しており、不当である。したがって、東方に初まりが存在しない（論理的に循環して収束しない＝普遍ではない）ということはない。

答えて言うことには、もし一国の中で太陽が東方と「合」するならば、これは（東方が）「有辺（空間的に有限）」ということになる。「有辺」であれば「無常（永遠性が存在しない）」であり、「無常」であればすなわち「不遍（あまねく通用する実体ではない）」ということになる。以上の理由により、方位にはただ名はあるが「実」はない。

第三部　唐の全盛期と倭国・日本の外交関係

第一章　『日本書紀』皇極紀百済関係記事の再検討

はじめに

『日本書紀』巻二四・皇極紀（六四二―六四五）には、倭国と高句麗・百済・新羅との交渉に関わる多数の記事がみられる。その中には、百済王子・豊璋（翹岐《ぎょうき》）(1)の倭国への入質や、高句麗・泉蓋蘇文による政変などが含まれているなど、倭国の外交関係をめぐる大きな変化を伝えているのだが、同時期にはこの他にも、唐の膨張に伴う東部ユーラシア規模での変動の一環として、百済による旧加耶地域の占領、倭国での上宮王家討滅事件と乙巳の変、新羅での毗曇の乱などの諸事件が集中的に発生している。そのため、皇極紀の外交関係記事を検討することは、当該期の国際情勢全体を分析する上でも重要といえる。

その一方で、皇極紀の外交関係記事には、山尾幸久・鈴木靖民両氏が指摘するように、本来六四二年である高句麗・泉蓋蘇文による政変を六四一年と伝えるなど(2)、紀年の錯誤も見受けられる。この紀年の問題に関しては、山尾氏がさらなる検討を加えており、皇極紀の外交関係記事全体は少なくとも一年繰り下げる必要があるとしたが(3)、この結論は、高句麗関係記事に関しては、特に問題なく認めることができる(4)。

しかし、百済関係記事の紀年も繰り下げるためには、別途検討を経る必要がある。皇極紀の百済関係記事に関しては、鈴木靖民・山尾幸久両氏以外にも、西本昌弘・鈴木英夫・渡辺康一・熊谷公男各氏の研究があり、(5) 山尾氏の説に基づいて全記事を一年繰り下げる見方が中心であるが、皇極紀の外交関係記事全体の約七割（二十三件）を占める百済関係記事を一括して繰り下げる史料操作には無理があり、即座に従うことはできない。

また、この百済関係記事の紀年は、六四二年の七月から八月にかけて百済が占領した、旧加耶地域の問題とも関係してくる。当該期の百済は、旧加耶地域を占領する一方で倭国に王子の豊璋を入質させ、倭国の求めに応じて「任那の調」を提出するなど、一見倭国に対して従属的な外交政策を展開しているのだが、もし百済関係記事の紀年が揺れ動くことになれば、百済の外交政策自体も評価し直す必要があると思われる。

そのため本章では、皇極紀の百済関係記事の紀年を再検討して、当該期における倭国と百済の外交過程の全体を明らかにした上で、百済王子・豊璋の入質と、百済による旧加耶地域の占領問題を中心とする、六四〇年代前半の国際情勢の変遷を分析していきたい。

第一節　皇極元年正月乙酉条の紀年

（1）　舒明の告喪使と弔使

本節では、皇極紀の百済関係記事のうち、最初に登場する皇極元年（六四二）正月乙酉条を取り上げて、その紀年を再検討する。この正月乙酉条は、一連の百済関係記事の起点であるのだが、「はじめに」でも述べたように、従来の見解の多くは、この条文を六四二年ではなく六四三年の記事と解釈した上で、続く百済関係記事の紀年も一括して一年繰り下げている。その論拠は、舒明の死去にともなう告喪使・弔使の派遣と、倭国の遣百済使である安曇比羅夫の舒明の殯儀礼への参加、という二点に集約できるので、まず本項では前者の、舒明の死去にともなう告喪使と弔使の派遣という問題を再検討していく。以下の史料を参照したい。

A【『日本書紀』皇極元年（六四二）正月乙酉（二十九日）条(6)】

百済使人大仁阿曇連比羅夫、従二筑紫国一、乗二駅馬一来言、百済国、聞二天皇崩一、奉二遣弔使一。臣随二弔使一、共到二筑紫一。而臣望レ仕二於葬一、故先独来也。然其国者、今大乱矣。

B【『日本書紀』皇極元年（六四二）二月戊子（二日）条】

遣二阿曇山背連比羅夫・草壁吉士磐金・倭漢書直県一、遣二百済弔使所一、問二彼消息一。弔使報言、百済国主謂レ臣言、塞上恒作レ悪之。請レ付二還使一、天朝不レ許。百済弔使傔人等言、去年十一月、大佐平智積卒。又百済使人、擲二崑崘使於海裏一。今年正月、国主母薨。又弟王子児翹岐、及其母妹女子四人、内佐平岐味、有二高名一之人卌余、被レ放二於島一。

C【『日本書紀』皇極元年（六四二）二月庚戌（二十四日）条】

召二翹岐一、安二置於安曇山背連家一。

まずAでは、遣百済使の安曇比羅夫が百済の「弔使」とともに、おそらく六四二年正月初旬には筑紫に到着したのだが(7)、安曇比羅夫は六四一年十月九日に死去した舒明の殯に参加するため、単身で大和に帰還したことを伝えている。続くBでは、その三日後の二月二日に、安曇比羅夫ら三人を筑紫の百済「弔使」のもとに派遣して百済の消息を聴取しており、あわせて後日筑紫から伝えられたであろう、百済「弔使」とその傔人の返答を附載している。またCでは、百済王子豊璋（翹岐）を安曇比羅夫の家に安置する命が下されており、豊璋は今回の百済使に同行して来倭したと考えることができる。

以上のA〜Cは、一連の百済使節についての史料とみなすことができるが、山尾幸久・西本昌弘・鈴木英夫各氏は、①皇極紀の対外関係記事は、順序そのものは正しく配されていること、②Aは皇極二年（六四三）四月庚子（二十一日）条に見える「筑紫大宰馳駅奏曰、百済国主児翹岐弟王子共二調使一来」の同事重複記事と見なせること、③中国・朝鮮史料を参照すれば、皇極元年（六四二）紀にある高句麗関係記事は六四三年の誤りと断定できること（第二節第一項L〜O参照）から、Aは『日本書紀』の記す六四二年正月ではありえず、六四三年四月の誤りであると解釈している。(8)

これに対し渡辺康一氏は、高句麗関係記事の紀年に基づき百済関係記事の紀年を改めることに疑問を呈した上で、安曇比羅夫が参加しようとした舒明の殯は六四二年の十二月に終了しているので、安曇比羅夫の帰国が六四三年四月だとすれば、比羅夫が筑紫から急ぎ帰還した理由が説明できないことから、Aの紀年を『日本書紀』の通りに六四二年正月と解釈した。(9)この渡辺氏の批判は注目すべきものではあるのだが、一方では西本昌弘氏が指摘するように(10)、渡辺説に基づいて一連の流れを整理するならば、六四一年十月九日の舒明の死去→「告喪使」安曇比羅夫の百済派遣→六四二年正月の安曇比羅夫と百済「弔使」の筑紫到着（A）の順となり、安曇比羅夫は三ヶ月弱で倭国―百済間を往復したことになる。これは、倭国―百済・新羅間の往復事例の中では飛び抜けて早く(11)、事実とすればきわめて不審である。そのため、安曇比羅夫を舒明の告喪使、今回の百済使を舒明の弔使と考える限りでは、Aの紀年は『日本書紀』が記す六四二年正月ではなく、六四三年であると考えざるをえない。

しかしこの理解は、安曇比羅夫が舒明の告喪使であり、かつ今回の百済使が舒明の弔使であることを前提としている。すなわち、もし安曇比羅夫や今回の百済使の派遣と舒明の死去とが関係しなければ、安曇比羅夫の倭国出発を舒明死去以降に限定する必要はなく、Aの紀年も『日本書紀』の六四二年正月を動かす必要はなくなるのである。

この点に関しては、Aに見える安曇比羅夫の奏上に「百済国、天皇ノ崩ズルヲ聞キテ、弔使ヲ奉リ遣ハス」とあることから、今回の百済使は明らかに舒明の弔使であり、百済使に同行し帰国した安曇比羅夫は舒明の告喪使とされてきた。また、近年告喪使と弔使から七世紀の君主権の継承を論じた中林隆之氏も、倭国の告喪使は舒明の死去時から始まり、天武の死去時を最後に途絶したとしているのだが(12)、実は倭国から告喪使が派遣された確実な事例は天武の死去時のみであり、斉明(13)・天智(14)の死去時には告喪使派遣は確認できないので、倭国は特殊な場合を除いて告喪使を派遣していないことになる。

ただし、孝徳の死去時は新羅に対して巨勢稲持を派遣して「喪ヲ告」げたという記事が存在しており、これは告喪使を派遣したことを示すと考えられるので、この点に関しては検討が必要である。以下の史料を参照したい。

D【『日本書紀』白雉五年（六五四）十月壬子（十日）条、是歳条】

壬子、天皇崩㆓于正寝㆒。仍起㆓殯於南庭㆒。……

是歳、高麗・百済・新羅、並遣㆑使奉㆑弔。

E【『日本書紀』持統三年（六八九）五月甲戌（二十二日）条】

命㆓土師宿禰根麻呂㆒、詔㆓新羅弔使級飡金道那等㆒曰、太政官卿等、奉㆑勅奉宣、二年、遣㆓田中朝臣法麻呂等㆒、相㆓告大行天皇喪㆒。①時新羅言、新羅奉㆑勅人者、元来用㆓蘇判位㆒。今将㆓復爾㆒。由㆑是、法麻呂等、不㆑得㆑奉㆓宣赴告之詔㆒。若言㆓前事㆒者、②在昔難波宮治天下天皇崩時、遣㆓巨勢稲持等㆒、告㆑喪之日、翳飡金春秋奉㆑勅。而言㆘用㆓蘇判㆒奉㆖勅、即違㆓前事㆒也。……

Dでは、六五四年の十月十日に孝徳が死去した後、同年のうちに高句麗・百済・新羅が使者を派遣して弔問したことが見えている。一方Eでは、六八九年に来倭した新羅の弔使金道那を譴責しているのだが、その詔の中で、前年の六八八年に派遣された天武の告喪使田中法麻呂への迎接時には、新羅が「勅ヲ承ル人」の官位を蘇判（第三位）に引き下げたことが原因で、倭国側が告喪の「詔」の伝達を断念したこと（①）こと、また孝徳の死去時に巨勢稲持が「喪ヲ告」げた時は、翳湌（第二位）の金春秋が「勅」を受けていたこと（②）が述べられている。

この巨勢稲持が「喪ヲ告」げた事例は、一見すると倭国が派遣した告喪使の確実な事例とも考えられる。しかし、この時点における新羅の外交儀礼の構造と、孝徳の死去時点・金春秋の即位時点を念頭に置くならば、巨勢稲持を倭国の告喪使とすると複数の矛盾点が生じてしまうという問題がある。

まず、Eに見える新羅の外交儀礼に注目すると、倭国の使者の「詔」を国王が受けるのではなく、官位第二位ないし第三位の、宰相に相当する臣下が受けるという特徴がある。これは同時期の倭国の外交儀礼[15]と同様の構造であり、倭国も「勅ヲ承ル人」の官位が引き下げられたことは問題にしているが、国王自身が「詔」を受けていないことは不問に付している。この点に基づけば、Eで巨勢稲持から「勅」を受けた「翳湌金春秋」とは、新羅の外交儀礼の構造上からも、官位（＝翳湌）を付して表記されていることからも、武烈王として即位する以前の「国相」[16]金春秋でなければならない。

ところが、金春秋の即位は『三国史記』新羅本紀では六五四年の三月[17]である一方、孝徳の死去はDにあるように六五四年の十月十日であり、金春秋即位以後のことになる。そのため、もし巨勢稲持が孝徳の告喪使として新羅に派遣されたならば、金春秋はすでに即位しているので、翳湌の官位が表記されることもないし、巨勢稲持から「勅」を受けることもありえない。逆に巨勢稲持が孝徳の告喪使でないとするならば、派遣時期は金春秋の即位以前（孝徳存命中）と考えることが可能になるので、翳湌の金春秋が巨勢稲持から「勅」を受けたことが無理なく説明できる。

以上の想定は、Dの記事の分析からも裏付けることができる。Dでは前述したように、孝徳死去の同年中に高句麗・百済・新羅が弔使を派遣したことが記されているが、孝徳の死去は六五四年の十月十日であるので、倭国から朝鮮三国への告喪使の派遣と、三国から倭国へ派遣された弔使の到着という手順が、孝徳死去後の三ヶ月弱[18]の間ですべて完結することは不可能である。

それでは、Dの記事に見える高句麗・百済・新羅の「弔使」という表記は、どのように解釈すればよいのであろうか。ここで注意しなければならないのは、Dの記事は六五四年に来倭した勢力の使者を年末に一括記載したものであり、中国正史の本紀部分でしばしば見受けられる記述方式に基づくものということである[19]。この点を念頭に置くならば、Dに見える朝鮮三国の「弔使」は、倭国からの告喪使の派遣とは全く関係なく、孝徳死去以前も含めた六五四年のうちに来倭した使者を指しており、同年十月の孝徳の死去に伴い一括して「弔使」と表現されていると考えられるので、孝徳の死去時に朝鮮三国が弔使を派遣したと理解することはできないと思われる。

このように、倭国では告喪使の派遣とは関係なく、大王死去に前後して来倭した使者を「弔使」として扱うのであれば、大規模かつ長期間の殯儀礼を挙行した天武死去時[20]を唯一の例外として、倭国の大王死去時には、朝鮮三国に告喪使を派遣した上で、三国から弔使の派遣を受けるという慣行は存在していないことになる[21]。そのため、本項冒頭で提示した舒明死去時の史料(A~C)に関しても、遣百済使の安曇比羅夫は告喪使と明記されていない以上、舒明の存命中に派遣された使者と考えるべきであり、来倭した百済の「弔使」についても、本来弔使として派遣された使者ではなく、舒明死去により「弔使」として扱われたことになるので、Aの紀年は『日本書紀』の記載を疑う必要はなくなり、六四二年の正月と考えて問題ないことになる。

（2）舒明の殯への参加

本項では、皇極元年（六四二）正月乙酉条（前項A）の紀年に関する問題のうち、前項で取り上げた舒明の死去にともなう告喪使と弔使の派遣に続き、もう一つの問題である、倭国遣百済使の安曇比羅夫による舒明の殯への参加について再検討していく。この問題に関しては、以下の史料を参照したい。

F【『日本書紀』舒明十三年（六四一）十月丁酉（九日）条】

天皇崩二于百済宮一。

A【『日本書紀』皇極元年（六四二）正月乙酉（二十九日）条】（再掲）

百済使人大仁阿曇連比羅夫、従二筑紫国一、乗二駅馬一来言、百済国、聞二天皇崩一、奉二遣弔使一。臣随二弔使一、共到二筑紫一。而臣望レ仕二於葬一、故先独来也。然其国者、今大乱矣。

Fでは、皇極の前代の大王舒明が、六四一年の十月九日に死去したことを伝えている。続くAは前項でも検討した史料であるが、傍線部のように、倭国遣百済使の安曇比羅夫が舒明の葬に仕えるため急いで帰還したことが見えている。この部分の筋立ては、垂仁朝に「常世国」に派遣され「非時香菓」を入手したが、帰国時にはすでに垂仁が死去していたので、垂仁の陵に向かい自死した田道間守の逸話[22]と同様に、遠方に派遣された使者が帰国後に大王の死去を知り、亡き大王に対する忠義を示すという内容である。そのため、前項で検討したように安曇比羅夫が舒明の生前に派遣されたとすれば、比羅夫は帰国後に初めて舒明の死去を知ることになるので、急いで大和に帰還して舒明の殯に参加しようとしたことは、この逸話の筋立て上からも合理的に説明ができるのだが、逆に比羅夫を舒明の告喪使としてしまうと、比羅夫は舒明死去後に百済へ派遣されたことになるので、急ぎ大和に帰還して舒明の殯に参加しようとしたことの説明が困難となる。

しかし西本昌弘氏は、六四二年の正月では舒明の葬儀はまだ開始されておらず、初めて舒明の喪を発したのは同年の十二月であることから、安曇比羅夫は六四二年の正月に帰国したのではなく、翌六四三年に帰国したと解釈している。[23]この点に関しては、以下の史料を参照したい。

G【『日本書紀』皇極元年（六四二）十二月甲午（十三日）条】

初発二息長足日広額天皇喪一。是日、小徳巨勢臣徳太、代二大派皇子一而誄。次小徳粟田臣細目、代二軽皇子一而誄。次小徳大伴連馬飼、代二大臣一而誄。

H【『日本書紀』皇極元年（六四二）十二月壬寅（二十一日）条】

葬二息長足日広額天皇于滑谷岡一。……

I【『日本書紀』舒明十三年（六四一）十月丙午（十八日）条】

殯二於宮北一。是謂二百済大殯一。是時、東宮開別皇子、年十六而誄之。

このG・Hを参照する限りでは、確かに六四二年十二月に「初メテ息長足日広額天皇ノ喪ヲ発」しており、舒明の喪が発せられたのはこの時のようにも見える。ところが、舒明死去（F）の直後に当たるIを参照すると、十月九日の舒明死去の直後の、同月十八日に殯が開始されたことが見えている。このことから明らかなように、舒明の喪は六四二年の十二月ではなく、死去直後の六四一年の十月に発せられたと考えなければならない。

以上の点は、同様の流れで行われた推古死去時の殯儀礼の事例と比較すれば、より明白になると思われる。以下の史料を参照したい。

J【『日本書紀』推古三十六年（六二八）三月癸丑（七日）条】

天皇崩之。〈時年七十五。〉即殯二於南庭一。

K【『日本書紀』推古三十六年（六二八）九月戊子（二十日）条、壬辰（二十四日）条】

秋九月己巳朔戊子、始起㆓天皇喪礼㆒。是時、群臣各誄㆓於殯宮㆒。……

壬辰、葬㆓竹田皇子之陵㆒。

Jでは、六二八年の三月に推古が死去して、同日に殯が開始されているが、これは舒明死去時のF・Iと対応している。一方Kでは、同年の九月に「始メテ天皇ノ喪礼ヲ起ス」として誄の奏上を開始し、推古を竹田陵に合葬しているが、これも同様に舒明死去時のG・Hと対応している。このように、推古の場合も死去後すぐに殯が開始され、埋葬直前に改めて誄の奏上などの儀礼を実施しているのだが、この儀礼構造から判断すれば、GとKは初めて大王の喪を発した記事ではなく、埋葬に向けた儀礼の開始を示すことになる。

以上のように考えれば、安曇比羅夫の帰国を六四二年正月としても、すでに舒明の喪は発せられているので、比羅夫が急ぎ大和へ帰還したとしても特に不審ではない。加えて、舒明の殯の進行予定まで筑紫に伝達されるとは考えられず、比羅夫は殯の終了時期を正確に把握できない可能性が高いことや、大王の殯は死去から埋葬まで通常一年以内であり、後継者問題が発生した推古の場合でも六ヶ月程で終了していること[24]から判断しても、安曇比羅夫の帰国記事（A）の紀年は、通常ならすでに殯が終了した可能性もある[25]、舒明死去後三ヶ月の六四二年正月とする方がふさわしいと思われる[26]。

第二節　皇極紀百済関係記事全体の紀年

（1）皇極元年二月戊申条と高句麗関係記事

本節では、皇極紀百済関係記事全体の紀年を再検討することを通じて、当該期における倭国と百済との外交過程を明らかにしていきたい。前節での検討で、皇極紀百済関係記事の最初に登場する皇極元年（六四二）正月乙酉条（A）は、六四三年に繰り下げる必要がないことを明らかにしたのだが、従来の見解の多くは、Aの紀年を六四三年に繰り下げたうえで、百済関係記事全体の紀年も一括で一年繰り下げているので、もしAの紀年を繰り下げないとすれば、皇極紀の百済関係記事全体も原則は紀年を繰り下げてはならないことになる。この場合に問題となるのは、従来の見解でも言及されている皇極元年（六四二）二月戊申条と、皇極二年（六四三）七月辛亥条の扱い方である。まず本項では、皇極元年（六四二）二月戊申条の解釈を再検討していく。以下の史料を参照したい。

L【『日本書紀』皇極元年（六四二）二月丁未（二十一日）条】

遣㆓諸大夫於難波郡㆒、検㆓高麗国所㆑貢金銀等、幷其献物㆒。使人貢献既訖、而諮云、去年六月、弟王子薨。秋九月、大臣伊梨柯須弥弑㆓大王㆒。幷殺㆓伊梨渠世斯等百八十余人㆒。仍以㆓弟王子児㆒為㆑王。以㆓己同姓都須流金流㆒為㆓大臣㆒。

M【『日本書紀』皇極元年（六四二）二月戊申（二十二日）条】

饗㆓高麗・百済客於難波郡㆒。詔㆓大臣㆒曰、以㆓津守連大海㆒可㆑使㆓於高麗㆒。以㆓国勝吉士水鶏㆒可㆑使㆓於百済㆒。〈水鶏、此云㆓倶毘那㆒。〉以㆓草壁吉士真跡㆒可㆑使㆓於新羅㆒。以㆓坂本吉士長兄㆒可㆑使㆓於任那㆒。

N【『日本書紀』皇極元年（六四二）二月辛亥（二十五日）条】
饗二高麗・百済客一。
O【『日本書紀』皇極元年（六四二）二月癸丑（二十七日）条】
高麗使人・百済使人、並罷帰。

このL〜Oは一連の記事であるが、Lでは高句麗使が六四二年十月に発生した泉蓋蘇文による政変の情報を伝えているので、「はじめに」でも述べたように、本来は六四三年の記事といえる。続くMが、問題の皇極元年（六四二）二月戊申条であり、高句麗・百済・新羅の三国に加え、「任那」に対しても使者を派遣したことが見えているのだが、これは六四二年七月から八月にかけて、百済が旧加耶地域を占領したことへの対応と判断できるので、Mの紀年も同様に六四三年に繰り下げなければならない。

しかし、Mは百済関係記事でもあるので、前節での検討結果に従うならば、原則としては紀年を繰り下げてはならないはずである。加えて、M〜Oは六四二年に来倭した百済使（前節A・B）の帰国記事に相当するようにみえるため、A（・B）の紀年を六四二年に比定しておきながら、M（・N・O）の紀年を六四三年に繰り下げるのであれば、両者の間に矛盾が生じるようにみえてしまう。

ところが、詳細に検討すると、A・Bに見える百済使と、M〜Oに見える百済使は別の使者であることが判明する。なぜなら、『日本書紀』の記載順に関連記事を並べ替えるとすれば、六四二年正月二十九日に安曇比羅夫帰還（A）→二月二日に安曇比羅夫一行を筑紫に派遣（B）→二月二十二日に百済使を難波で饗す（M）という順になるが、もしA・Bの百済使と、M〜Oの百済使が同一であるとすれば、その百済使は筑紫に派遣された安曇比羅夫一行に伴われて難波に到着したはずなので、安曇比羅夫一行は二十日間で筑紫―難波間を往復したことになる。

ここで、筑紫（大宰府）―畿内間の移動の実例を検討すると、斉明の死去時に、斉明の遺骸を那津から難波に移送した際の所要日数は、十月七日から二十三日までの十七日間であり[27]、八世紀に来日した新羅使の場合では、大宰府到着から入京までに二ヶ月程度を要している[28]。そのため、二十日間での筑紫―難波間の往復は、きわめて不審な事例ということができる。さらに、Mでは百済使と並んで高句麗使が饗されているのだが、この高句麗使の難波到着は二月六日であるので[29]、百済使の難波到着もその前後でなければならないはずであるが、迎送の使者である安曇比羅夫一行の出発は二月二日以降なので、二月六日前後の難波到着はほとんど不可能である。そのため、A・Bに見える百済使と、M〜Oに見える百済使は別の使者と考えるべきであろう。

その一方で、鈴木靖民・山尾幸久両氏が指摘するように、皇極二年（六四三）六月辛卯（十三日）条には高句麗使筑紫到着の記事があり、そこには「高麗、自㆓己亥年㆒不㆑朝。而今年朝也」という群卿の言が見えているので、高句麗使来倭は乙亥年（六三九）以来の出来事となることを考えるならば、L〜Oの記事は六四三年の七月以降に繰り下げるのが妥当である[30]。このように考えるならば、M（・N・O）は百済関係記事ではあるが、高句麗関係記事のPと一連のものと考えて六四三年に繰り下げる一方で、M〜Oの百済使とは別の使者であるA・Bの百済使は、『日本書紀』の紀年を繰り下げることなく六四二年の来倭として扱うべきと思われる。

（２）皇極二年七月辛亥条と「任那の調」

本項では、皇極紀百済関係記事の紀年に関わる問題のうち、前項で取り上げた皇極元年（六四二）二月戊申条に続き、皇極二年（六四三）七月辛亥条の解釈を再検討する。以下の史料を参照したい。

P【『日本書紀』皇極二年（六四三）七月辛亥（三日）条】
遣二数大夫於難波郡一、検三百済国調与二献物一。於レ是、大夫問二調使一曰、所レ進国調、欠二少前例一。送二大臣一物、不レ改二去年所レ還之色一。送二群卿一物、亦全不二将来一。皆違二前例一。其状何也。大使達率自斯・副使恩率軍善、倶答諮曰、即今可レ備。自斯、質達率武子之子也。

Q【『日本書紀』大化元年（六四五）七月丙子（十日）条】
高麗・百済・新羅、並遣レ使進レ調。百済調使、兼二領任那使一、進二任那調一。唯百済大使佐平縁福、遇レ病留二津館一、而不レ入二於京一。……又詔二於百済使一曰、明神御宇日本天皇詔旨、始我遠皇祖之世、以二百済国一、為二内官家一、譬如二三絞之綱一。①中間、以二任那国一、属二賜百済一。②後遣二三輪栗隈君東人一、観二察任那国堺一。是故、百済王随レ勅、悉示二其堺一。③而調有レ闕。由レ是、却二還其調一。④任那所レ出物者、天皇之所二明覧一。夫自今以後、可四具題三国与二所レ出調一。汝佐平等、不レ易レ面来。早須二明報一。今重遣二三輪君東人・馬飼造一。〈闕レ名。〉……

Pは、本項で扱う皇極二年（六四三）七月辛亥条であり、大夫数人を難波に派遣して、来倭した百済使が持参した調を検査したところ、不足が発見されたため百済使を難詰したことが見えている。一方、Qはいわゆる「大化改新」直後の記事であり、百済使が朝庭で調を進上したことに加え、公式令1詔書式条に基づく「詔」が下されたという明白な潤色が存在するのだが[31]、このうち傍線部①の「中間、任那国ヲ以テ、百済ニ属ケ賜フ」という部分は、六四二年七月から八月にかけての百済による旧加耶地域の占領を指すことは明らかである。さらに傍線部②では、三輪栗隈君東人が遣「任那」使として派遣されて、百済王が三輪東人に「任那」の境域を監察させたことが見えているが、これは百済による旧加耶地域領有を倭国が承認したことを示すと思われる。三輪東人の派遣時期を直接語る史料は存在しないが、前項Mでは坂本吉士長兄を「任那」に派遣したことが見えており、その派遣時期は、『日本書紀』の紀年を一年繰り下げた六四三年になることからすれば、三輪東人も坂本長兄とともに「任那」へ遣わされたものと思われる。[32]

このように、Qの記事は明らかな潤色を含むのだが、当該期の倭国と百済との外交関係についての重要な史料であることは間違いない。しかも、Qで百済使が持参した調とは、いわゆる「任那の調」のことである。これまでの研究ではこの点が最も注目されており、傍線部③の「而調有レ闕。由レ是、却二還其調一」は、Pで百済使が調を返却されたことを指していること、Pの紀年は一年繰り下がり六四四年であること、そしてPの百済使は、六四三年（Mを一年繰り下げた紀年）に「任那」へと派遣された、坂本長兄と三輪東人に同行して来倭したものと考えられてきた。[33]

しかし、この理解には、Q・P両記事の解釈に誤りが存在する。まず、Qの傍線部③に関しては、日本古典文学大系本『日本書紀』も含めて「而シテ調、闕《もら》セルコト有リ。是ニ由リテ、其ノ調ヲ却還ス」と訓まれて、百済が調を欠いて返却されたのは六四五年以前、すなわちPの時点を指すと解釈されてきたが、ここは「而シテ調、闕《ケツ》有リ」などと読み、百済が調を欠いて返却されたのは六四五年のことと解釈しなければならない。なぜなら、Pで百済が欠いた「調」は、Pの傍線部にも「百済国ノ調」や「国ノ調」とあるように、百済自身の調のことであり、「任那の調」とは解釈できない一方で、Qの傍線部④では、「任那の調」は倭国の大王が親覧するものであるから、今後は「具サニ国ト出ダス所ノ調トヲ題スベシ」と、再提出時の形式を詳細に指示しているように、六四五年に提出された「任那の調」にも不備があることがうかがわれるからである。

このように理解すれば、Qの傍線部③はPと関連付けて解釈する必要はなくなるので、PとMの前後関係やP

の紀年についても再検討しなければならない。この点に関しては、Pで百済が欠いた調が「任那の調」ではなく、百済の調であることに注目したい。Pでは調を欠いた百済使を倭国側が厳しく譴責している一方で、百済が「任那の調」を提出していないことに関しては全く言及されていないのだが、Pの紀年を一年繰り下げて六四四年として、坂本長兄と三輪東人の「任那」派遣（Mを一年繰り下げて六四三年）以降と解釈してしまうと、Pの時点ではすでに三輪東人による「任那」監察が行われたことになり、百済が倭国に「任那の調」を出していないことや、そのことを倭国が難詰していないのはきわめて不審である。逆に、Pの紀年を繰り下げず六四三年七月として、坂本長兄と三輪東人の「任那」派遣以前と解釈すれば、Pの時点では三輪東人の「任那」観察は行われていないことになり、Pに「任那の調」の記載がなくても問題はない。そのため、皇極二年（六四三）七月辛亥条（P）の紀年は、六四四年に繰り下げる必要はないといえる。

おわりに

以上、本章では皇極紀の百済関係記事の紀年を再検討した。その結果、高句麗関係記事でもある一部の記事（M～O）を除いて、原則として『日本書紀』の紀年を動かす必要はないことを明らかにした。以下では本章全体の結論として、皇極紀の百済関係記事のうち主要なものと、関連する事項を時系列順に提示しておく。

六四一・十以前　倭国、安曇比羅夫を百済に派遣

十　舒明死去（F）

六四二・正　安曇比羅夫帰国、豊璋一行来倭（A）

七―八　百済、旧加耶地域を占領
十　高句麗・泉蓋蘇文による政変発生
十二　舒明の殯終了（G～I）
六四三・七　高句麗使来倭、本国の政変を伝える（L）
百済、本国の調を欠いたことを難詰される（P）
六四三・七以降　高句麗・百済・新羅・「任那」へ一斉遣使（M）
六四四？　三輪栗隈君東人、「任那」を監察
六四五・六　「三韓進調之日」に乙巳の変が発生
六四五・七　百済、提出した「任那の調」を返却される（Q）

この中で最も重要な変更点は、百済王子豊璋の来倭は百済の旧加耶地域占領以前ということと、百済が「任那の調」を初めて提出したのは六四五年ということである。このうち百済王子豊璋の来倭に関しては、従来の見解では、六四二年七月から八月に百済が旧加耶地域を占領した後、倭国が百済の旧加耶地域の領有を承認する見返りとして、六四三年に豊璋が「質」として来倭したと考えられてきたのだが[34]、豊璋の来倭を六四二年正月とする本章の見解に従えば、豊璋の来倭は百済の旧加耶地域占領以前になるので、百済王子豊璋は倭国の要求に応じて来倭した「質」ではなく、新羅との全面対決を決意した百済・義慈王により、新羅の背後に位置する倭国との関係を強化するため、百済側から主体的に派遣された「質」と解釈しなければならない[35]。このように考えれば、当該期における百済の外交政策は、旧加耶地域の占領以前から反新羅・親倭国という明確な方向性が存在していたことになり、六四〇年代の前半における朝鮮半島南部の国際政局は、このような百済の外交政策を中心に展開し

たと評価することができる。

一方、百済による「任那の調」の提出に関しては、倭国による百済の旧加耶地域領有の承認を象徴するものであり、従来の見解ではPの紀年を一年繰り下げた六四四年に百済が初めて提出したとされてきたのだが、Pに見える調が「任那の調」ではない以上、百済が「任那の調」を初めて提出したのは六四五年のことと考える必要がある。さらに、Qでは六四五年七月に「任那の調」が返却されており、これ以前に「任那の調」が提出されたとみられる一方、同じくQの傍線部④には「任那ノ出ス所ノ物ハ、天皇ノ明覧スル所ナリ」とあり、この「任那の調」は大王の親覧に供されることからすれば、百済が「任那の調」を初めて倭国に提出した場は、大王皇極・古人大兄・蘇我入鹿らが出席した、同年六月の「三韓進調之日」[36]の儀礼、すなわち乙巳の変の舞台である可能性が極めて高い。

ここで注目されるのは、乙巳の変の発生後、古人大兄が「韓人殺二鞍作臣一〈謂下因二韓政一而誅上〉」云々と発言していること[37]である。この発言に関しては、乙巳の変の背景に朝鮮半島政策をめぐる対立が想定されてきたが[38]、百済が倭国に初めて「任那の調」を提出したのが乙巳の変の舞台である「三韓進調之日」ということであれば、倭国による百済の旧加耶地域領有の承認を象徴する儀礼の場において政変が発生したことになるので、倭国の朝鮮半島政策と乙巳の変は、これまでの想定以上に深く結びつくと考えられる。この点に関しては、当該期の東部ユーラシアの国際情勢だけではなく、上宮王家討滅事件などの倭国国内の政治過程や、いわゆる「任那の調」の廃止に代表されるような六四五年以降の外交過程も含めて再検討する必要があるのだが、詳細は今後の課題としたい。

注

(1) 皇極紀で「翹岐」と表記される百済王子が、百済復興戦争時に倭国の救援軍に同行して帰国した百済王子豊璋と同一人物であることは、西本昌弘「豊璋と翹岐――大化改新前夜の倭国と百済――」(『ヒストリア』一〇七、一九八五、一―一八頁)参照。

(2) 皇極元年(六四二)二月丁未条(第二節第一項P)。山尾幸久「大化前後の東アジアの情勢と日本の政局」(『日本歴史』二二九、一九六七、二七―四七頁)、鈴木靖民「皇極紀朝鮮関係記事の基礎的研究」(同『日本の古代国家形成と東アジア』吉川弘文館、二〇一一、三〇―七八頁。初出一九七〇・一九七一)参照。

(3) 山尾幸久「大化改新直前の政治過程について(上)」(『日本史論叢』一、一九七二、九九―一三五頁)。ただし、山尾氏は当初、皇極元年(六四二)条の記事はすべて十七ヶ月繰り下げるべきと理解していたが、西本昌弘氏の批判(「豊璋と翹岐」(注1前掲))を受けて、「六四〇年代の東アジアとヤマト国家」(『青丘学術論集』二、一九九二、一四一―一九五頁)では、元年条の記事はすべて六四三年四月・六月よりも後であるというように、理解を一部改めている。

(4) なお、皇極紀には新羅関係記事も存在しているが、高句麗・百済関係記事よりも数が少なく、繰り下げの有無による問題は発生しない。ただし、本章全体の結論から推せば、『日本書紀』の紀年を改める必要はないと考えている。

(5) 鈴木靖民「皇極紀朝鮮関係記事の基礎的研究」(注2前掲)、同「七世紀東アジアの争乱と変革」(注2前掲書、一―二八頁。初出一九九二)、山尾幸久「大化前後の東アジアの情勢と日本の政局」(注2前掲)、同「大化改新直前の政治過程について(上)」・「六四〇年代の東アジアとヤマト国家」(ともに注3前掲)、西本昌弘「豊璋と翹岐」(注1前掲)、同「豊璋再論」(『日本歴史』六九六、二〇〇六、一―一四頁)、鈴木英夫「大化改新直前の倭国と百済――百済王子翹岐と大佐平智積の来倭をめぐって――」(同『古代の倭国と朝鮮諸国』青木書店、一九九六、二七六―三〇〇頁。初出一九九〇)、渡辺康一「百済王子豊璋の来朝目的」(『国史学研究』一九、一九九三、三六―七五頁)、熊谷公男「日本百済大寺の造営と東アジア」(『東北学院大学論集　歴史と文化』四〇、二〇〇六、二三三―二五五頁)。

(6) 以下、『日本書紀』のテキストは日本古典文学大系本を使用した。

（7）第二節第一項で述べるように、斉明の死去後、遺骸を那津から難波に移送した際の所要日数は、十月七日から二十三日までの十七日間であることから、安曇比羅夫の筑紫到着は正月初旬と推定できる。
（8）山尾幸久「大化改新直前の政治過程について（上）」（注3前掲）、西本昌弘「豊璋と翹岐」（注1前掲）、鈴木英夫「大化改新直前の倭国と百済」（注5前掲）。
（9）渡辺康一「百済王子豊璋の来朝目的」（注5前掲）。なお熊谷公男氏は、皇極元年（六四二）にかかる対外関係記事の大半は翌六四三年のものとする一方で、Aは皇極二年（六四三）四月庚子（二十一日）条の同事重複記事ではないとして、A〜Cのみを六四二年に係年している。熊谷公男「日本百済大寺の造営と東アジア」（注5前掲）二四八—二五〇頁参照。
（10）西本昌弘「豊璋再論」（注5前掲）。
（11）倭国—百済間往復の所要時間は、欽明六年（五四四）の膳臣巴提使の例では、三月から十一月までの足かけ九ヶ月であり、地理的にはより近い新羅への往復でも、天武元年（六七二）十二月に新羅使金押実が帰国した後、天武二年（六七三）閏六月に新羅賀登極使金承元が来倭しており、足かけ八ヶ月に及んでいる。
（12）中林隆之「古代君主制の特質と東アジア」（『歴史科学』二〇五、二〇一一、三一—四五頁）。
（13）『日本書紀』天武九年（六八〇）十一月乙亥（四日）条には、「高麗人十九人、返二于本土一。是当二後岡本天皇之喪一、而弔使留之、未レ還者也」とあり、斉明の死去に際して高句麗から「弔使」が派遣されているが、倭国の告喪使派遣は確認できない。
（14）『日本書紀』天武元年（六七二）十一月辛亥（二十四日）条・十二月癸未（二十六日）条、天武二年（六七三）閏六月己亥（十五日）条によれば、新羅は遣倭国使により天智死去・天武即位の情報を入手して、弔使と賀登極使を派遣したが、壬申の乱が終息した天武元年（六七二）八月以降も含め、倭国の告喪使は派遣されていない。
なお、この時の倭国は、天武の賀登極使のみを入京させ、天智の弔使は筑紫より帰国させており、これは壬申の乱で勝利して政権を簒奪した天武が、前政権である天智の弔使の受け入れを拒否したためと説明されることもあるが、『続日本紀』天平宝字三年（七五九）正月庚午（三日）条では、聖武の死去を弔問した渤海使に対して「但歳月既改、海内従レ吉。故不下以二其礼一相待上也」（テキストは新日本古典文学大系本を使用した）と詔して、凶礼での迎接を拒否していることからすれば、天智の死去時も含めて、倭国＝日本は原則、凶儀による外交を回避していたと理解すべきであろう。

(15) 倭国段階の外交儀礼では、朝鮮諸国の使者の使旨は四人の大夫を介して大臣に伝達されるが、大王はその儀礼には出席していない。拙稿「古代倭国・日本の外交儀礼と服属思想」(同『東アジアの国際秩序と古代日本』吉川弘文館、二〇一一、一四八―一八七頁。初出二〇〇七)参照。なお、大臣から大王への伝達は、「おわりに」で言及する乙巳の変の舞台のような儀礼が別途設定されたはずである。この点に関しては、拙著『古代日本外交史――東部ユーラシアの視点から読み直す――』(講談社選書メチエ五六九、二〇一四)一五〇―一五二頁参照。

(16) 『旧唐書』巻一九九上・東夷伝新羅国・貞観二十二年(六四八)条には、「真徳遣二其弟国相・伊賛干金春秋、及其子文王一来朝」(中国正史のテキストは中華書局排印標点本を使用した)とあり、金春秋が「国相」と称されていたことが判明する。なお、新羅の宰相に関しては当面、木村誠「新羅の宰相制度」(同『古代朝鮮の国家と社会』吉川弘文館、二〇〇四、二三八―二六七頁。初出一九七七)参照。

(17) 『三国史記』巻五・新羅本紀・真徳王八年(六五四)三月条、太宗武烈王即位前紀参照。

(18) 白雉五年(六五四)は閏年であるが、閏月は五月である。

(19) 例えば、『宋書』巻五・文帝紀・元嘉十五年(四三八)是歳条には、「是歳、武都王・河南国・高麗国・倭国・扶南国・林邑国、並遣レ使献二方物一」とある。

(20) 天武の死去時に関しては、新羅の弔使を殯に参加させるという意図を想定することができる。なお、「弔使」の殯参加に関しては、『日本書紀』允恭四十二年正月戊子条(事実かは疑問)、欽明三十二年(五七一)八月丙子朔条にも見える。

(21) なお、唯一の例外である天武の死去時に関しても、Eの傍線部①によれば、田中法麻呂は告喪の「詔」を宣していないので、倭国からの告喪使の派遣は有効に機能していないことにも注目すべきであろう。

(22) 『日本書紀』垂仁九十年二月庚子朔条、九十九年七月戊午朔条・十二月壬子条以降を参照。

(23) 西本昌弘「豊璋再論」(注5前掲)。

(24) 和田萃「殯の基礎的考察」(同『日本古代の儀礼と祭祀・信仰』上、塙書房、一九九五、七―八三頁。初出一九六九)一七―一八頁参照。

(25) なお、舒明の殯が一年三ヶ月という異例の長さであることや、舒明の殯が終了していない状態で皇極が即位していることは不審であるが、近年稲田奈津子氏は、殯期間中には使者の近親女性が殯宮に籠もるという確実な史料は存在せず、必要に応じて殯宮に滞在していたことを提示した（「殯儀礼の再検討」〔同『日本古代の喪葬儀礼と律令制』吉川弘文館、二〇一五、一―二三頁。新稿〕）。本章旧稿では、舒明の殯の終了記事（G・Hなど）が六四一年に繰り上がる可能性を指摘したが、稲田氏の指摘をふまえるならば、その可能性は低いことになる。

(26) なお関連して、『日本書紀』皇極二年（六四三）是歳条には「是歳、百済太子余豊、以二密蜂房四枚一、放二養於三輪山一。而終不二蕃息一」とあり、豊璋が百済からミツバチを将来したことが見えているのだが、ミツバチの巣を移動させる場合は、当然越冬中（巣の中で蜂球になり体温を保つ習性がある）に行う必要がある。豊璋の来倭を六四二年とする場合、旧暦の正月に筑紫着になり問題は発生しないが、六四三年とする場合、豊璋の来倭記事に相当するのは、皇極二年（六四三）四月庚子（二十一日）条となり、旧暦の四月ではすでに越冬が終了しているので、きわめて不審である。日本在来種の蜂（和蜂）が朝鮮半島からの渡来種であることは、渡辺誠「韓国と日本の蜂洞・蜂箱――和蜂はもともと韓国蜂である――」（和田文夫先生頌寿記念論文集刊行会編『民俗と考古の世界』同会、二〇〇〇、三―一四頁）参照。

(27)『日本書紀』斉明七年（六六一）十月己巳（七日）条・乙酉（二十三日）条参照。

(28) 例えば、『続日本紀』天平六年（七三四）十二月癸巳（六日）条で大宰府に到着した新羅使は、同七年（七三五）二月癸卯（十七日）条で入京している。

(29)『日本書紀』皇極元年（六四二）二月壬辰（六日）条参照。

(30) 鈴木靖民「皇極紀朝鮮関係記事の基礎的研究」（注2前掲）、山尾幸久「大化改新直前の政治過程について（上）」（注3前掲）。

(31) 七世紀中盤までの外交儀礼では、朝鮮諸国からの調は難波などの客館で検査・受理されており、朝庭では進上されていない。そのため、Qに見える進調と宣詔も、実際に朝庭で行われていたかは疑問である。拙稿「古代倭国・日本の外交儀礼と服属思想」（注15前掲）参照。なお熊谷公男氏は、Qの百済使は朝廷で任那の調を進上していることと、調に不備がある場合はPのように難波で返却され、使者の入京は許されていないことから、Qの傍線部③「而調有レ闕。由レ是、却二還其調一。」を大化元年（六四五）のこととする後述の私見を批判している（「「任那復興」策と「任那の調」」〔『東北学院大学論集　歴史と文化』五七、二〇一八、一―三三頁〕第四章）が、前述のように、Qは百済使が朝廷で任那の調を進上した論拠とはなりえないので、熊谷氏の批判に従うことはできない。

（32）　以上、西本昌弘「豊璋と翹岐」（注1前掲）、山尾幸久「六四〇年代の東アジアとヤマト国家」（注3前掲）、鈴木英夫「大化改新直前の倭国と百済」、渡辺康一「百済王子豊璋の来朝目的」（ともに注5前掲）など参照。

（33）　山尾幸久「六四〇年代の東アジアとヤマト国家」（注3前掲）、鈴木英夫「大化改新直前の倭国と百済」、渡辺康一「百済王子豊璋の来朝目的」（ともに注5前掲）。なお筆者も、「古代倭国・日本の外交儀礼と服属思想」（注15前掲）を発表した段階では同様に理解していたが、後文の通り理解を改めることとする。

（34）　西本昌弘「豊璋と翹岐」（注1前掲）、同「東アジアの動乱と大化改新」（『日本歴史』四六八、一九八七、二〇—三七頁）、同「豊璋再論」（注5前掲）。

（35）　このように考えるならば、豊璋の来倭についていては、傔人は事実上の追放と理解してしまう可能性もあるが、百済からの追放ではありえないことになる。また、いわゆる「百済大乱」についても、実在の事件とすれば、百済の政策変更に伴い発生したものと解釈することができる。

（36）　著名な史料であるが、『日本書紀』皇極四年（六四五）六月甲辰（八日）条には、「中大兄密謂㆓倉山田麻呂臣㆒曰、三韓進㆑調之日、必将使㆔卿読㆓唱其表㆒。遂陳㆘欲㆑斬㆓入鹿㆒之謀㆖。麻呂臣奉㆑許焉」とある。

（37）　『日本書紀』皇極四年（六四五）六月戊申（十二日）条には、「古人大兄、見走㆓入私宮㆒、謂㆓於人㆒曰、韓人殺㆓鞍作臣㆒〈謂㆘因㆓韓政㆒而誅㆖〉吾心痛矣。即入㆓臥内㆒、杜㆑門不㆑出」とある。

（38）　山尾幸久「六四〇年代の東アジアとヤマト国家」（注3前掲）一八五—一八六頁参照。

第二章　七世紀後半における倭国の外交儀礼

はじめに

古代倭国・日本の外交儀礼（賓礼）[1]は、滝川政次郎氏により推古朝段階での隋の礼書の導入が想定されて[2]以降、鍋田一・田島公・森公章・黒田裕一・浜田久美子等の諸氏により検討が重ねられており、[3]筆者も倭国・日本独自の服属思想という視点から外交儀礼を分析した。[4]これらの研究成果を略述すれば以下の通りとなる。

六世紀…難波などの客館に大夫を派遣して調の検査・宣勅を行う。使者は入京しない。

七世紀…使者が入京し、宮内で使旨の奏上と宴会を行うようになる。ただし大王は儀礼に出御せず、難波での調の検査は従来通り行われている。

八世紀…難波での調の検査が消滅する一方、天皇が拝朝の儀と宴会に出御し、諸官人も参加するようになる。全体としては『大唐開元礼』の儀礼体系に近いが、独自の服属思想である仕奉観念に基づく使旨の奏上も行われている。

九世紀…『大唐開元礼』にはない朝集堂での送別儀礼が登場し、仕奉観念に基づく使旨の奏上は消滅する。承和年間以降は天皇が拝朝儀礼に出御しなくなる。

このように、倭国・日本の外交儀礼は、各段階において様々な画期が存在しているが、最大の画期は七世紀から八世紀への変化、すなわち律令制下の外交儀礼の成立であることは認めてよい。七世紀前半と八世紀の外交儀礼との間には、①客館に大夫を派遣して調の検査（＝使者の資格審査）を行うか否か（八世紀には消滅）、②調の貢上時点が難波での調の検査終了後か朝庭での使旨の奏上時か、③使禄の賜与時点が朝庭での使旨の奏上時か後日の宴会時か(5)、そして④使船の最終到着地が難波か筑紫かという、儀礼体系に関わる差異が存在している。このうち最も重要な変化は、七世紀前半の外交儀礼を特徴付ける調の検査の消滅（①）と、外国使節の対応窓口の移動（④）であり、この変化の時点を解明することは、律令制下の外交儀礼の成立過程を考える上では不可欠の作業である。

しかし、筆者も含めた従来の研究では、推古朝から皇極朝までの外交儀礼は注目されているが、孝徳朝以降についてはほとんど取り上げられていない(6)。それは、七世紀後半の外交儀礼の史料が断片的にしか残存しておらず、推古朝や八世紀以降とは異なり、具体的な儀礼の分析が困難であることによるが、倭国の外交窓口である難波と筑紫では、七世紀第Ⅲ四半期に朝鮮半島からの搬入土器の分布が大きく変動しているように(7)、外国使節に対する迎接方法の変化の痕跡は考古学的にも確認できる。そのため、使旨奏上儀礼など狭義の外交儀礼の分析にとどまらず、文献史料からこの時期の外国使節の迎接方法を復元することは、考古学の見地からも重要な意味を持つと思われる。

以上から本章では、七世紀後半における倭国の外交儀礼を、外国使節に対する迎接方法を中心に検討するとともに、考古学の成果も考慮して、律令制下の外交儀礼の成立過程を明らかにしていく。対象とする期間は、孝徳朝から持統朝までの約五十年間にわたるが、この期間には、全ての使者を筑紫で応対した特殊な時期が二度にわたり含まれている。(8) そのため本章では、使者の迎接を行う場所に基づいて、当該期を以下の第Ⅰ期から第Ⅴ期に区分して検討していく。

第Ⅰ期　六四五―六六〇…原則として全使者が入京か。
第Ⅱ期　六六三―六七二…全使者（唐使も含む）を筑紫で対応。
第Ⅲ期　六七三―六七九…筑紫で応対する使者と入京させる使者を峻別。
第Ⅳ期　六七九―六九〇…全使者を筑紫で対応。
第Ⅴ期　六九二―六九七…原則として全使者が入畿（入京）か。

このうち、第Ⅰ期と第Ⅴ期には、分析可能な事例がほとんど存在せず、本格的な検討は困難である。ただし、第Ⅰ期では飛鳥岡本宮での饗宴が確認できる以上、(9) 七世紀前半の外交儀礼からの大きな変化を想定することは不可能であり、第Ⅴ期では難波での対応しか確認できないが、その直後の文武二年（六九八）には新羅使が元日朝賀に参加しており、律令制下と同様の外交儀礼が行われた可能性は高いと考えられる。(10) 一方で、第Ⅱ期から第Ⅳ期は、比較的史料に恵まれているが、時期を遡るほど事例が乏しくなり、信憑性に問題がある史料も含まれるようになる。そのため、本章では先に第Ⅳ期の外交儀礼を明らかにして、そこから第Ⅱ期と第Ⅲ期に遡る形で検討を進めていきたい。

第一節　第Ⅳ期の外交儀礼

（1）新羅本使と新羅送使・耽羅使・小高句麗使への対応

本節では、第Ⅳ期（六七九―六九〇）の倭国の外交儀礼を検討する。「はじめに」で確認したように、この期間では倭国は全ての使者を筑紫で対応しているが、その対応方法は一律ではなく、外交相手や使者の種類により異なる扱いがなされている。そのため本項では、第Ⅳ期における倭国の外国使節に対する対応方法を分析していく。孝徳朝から持統朝までの倭国の外交儀礼をまとめた表7を参照すると、当該期に来倭した外国使節は、新羅本使・新羅送使・耽羅使[11]・小高句麗使[12]の四種であるが、倭国が最も厚遇したのは新羅本使であるので、まず新羅本使への対応を検討する。以下の史料を参照したい。

A【『日本書紀』天武十年（六八一）十二月甲戌（十日）条[13]】

小錦下河辺臣子首遣二筑紫一、饗二新羅客忠平一。

B【『日本書紀』朱鳥元年（六八六）正月是月条】

是月、為レ饗二新羅金智祥一、遣二浄広肆川内王・直広参大伴宿禰安麻呂・直大肆藤原朝臣大嶋・直広肆堺部宿禰鯯魚・直広肆穂積朝臣蟲麻呂等于筑紫一。

C【『日本書紀』持統元年（六八七）十二月庚子（十日）条】

以二直広参路真人迹見一、為下饗二新羅一勅使上。

A（表7のNo.29。以下、表7との対応は数字のみで示す）・B（33）・C（34）ではいずれも、来倭した新羅本使を饗するための使者が筑紫に派遣されている。これらの使者は全て令制の五位相当の人物（大夫）であり、特に王族一人と大夫四人が派遣されたBの事例では、大臣の蘇我馬子と四人の大夫が新羅・「任那」使から使旨を受けた、推古十八年（六一〇）の事例が想起される。[14] 続いて、次の史料を参照したい。

D【『日本書紀』持統三年（六八九）五月甲戌（二十二日）条】

命二土師宿禰根麻呂一、詔二新羅弔使級飡金道那等一曰、太政官卿等、奉レ勅奉宣、二年、遣二田中朝臣法麻呂等一、相二告大行天皇喪一。時新羅言、新羅奉レ勅人者、元来用二蘇判位一。今将二復爾一。由レ是、法麻呂等、不レ得レ奉二宣赴告之詔一。若言二前事一者、在昔難波宮治天下天皇崩時、遣二巨勢稲持等一、告レ喪之日、翳飡金春秋奉レ勅。而言下用二蘇判一奉上レ勅、即違二前事一也。……是故、調賦与二別献一、並封以還レ之。……汝道那等、奉二斯所レ勅、奉二宣汝王一。

D（36）では、A～Cの事例と同様に中央から土師根麻呂が派遣され、新羅本使に宣勅をしているが、宣勅の内容は、前年の遣新羅使に対する新羅側の迎接が常例を欠いたことなどへの譴責であり、明らかに特殊な場合の対応である。しかし、その場合でも中央からの使者が新羅本使に対応していた点は共通しているので、第Ⅳ期の新羅本使に対しては、来倭当初は筑紫大宰[15]が迎接を担当するが、その後の饗宴や宣勅は中央から派遣されてきた使者が担当していたということができる。

しかし、このような迎接方法は新羅本使に限られており、新羅送使・耽羅使・小高句麗使には異なる対応が採られていた。まず新羅送使に関しては、次の史料を参照したい。

E【『日本書紀』持統四年（六九〇）十月戊午（十五日）条】

遣二使者一、詔二筑紫大宰河内王等一曰、饗二新羅送使大奈末金高訓等一、准下上二送学生土師宿禰甥等一送使之例上。其慰労賜物、一依二詔書一。

宴会	行事	王禄	送別	帰国	備考
					会場疑問
7/11(難波朝)					
是年(岡本宮)					
				7/16	
	10/1(宣勅)		10/4(筑紫ヵ)	12/12	
			11/13	12/是月	
		⑪/11ヵ			
		11/1		11/5	
		3/18		3/18	
		11/29		12/17	
	3/18(告喪)	5/12ヵ		5/30	
			11/24(筑紫)	12/26	
	8/25(宣勅)			8/25(筑紫)	
9/28(難波)				11/1	賀登極使
			11/21(筑紫)		弔喪使
			⑥/24(筑紫)	⑥/24(筑紫)	送使
			11/21(筑紫)		
				8/25(難波)	本使
			3/14(筑紫)	3/14(筑紫)	送使
			8/28(筑紫)		
				7/8	
				8/27	本使
			4/14(筑紫)	4/14(筑紫)	送使
					本使遭難
			4/25(筑紫)	6/5	
			10/4/17(筑紫)	10/5/26	
			6/5(筑紫)	8/20	
	12/10(使派遣)		正/11(筑紫)	2/12	
			8/3(筑紫)		
			2/24(筑紫)	3/23	
			3/14(筑紫)	3/14(筑紫)	送使

表7　七世紀後半の外交儀礼

No.	対象	対応	年次	来倭	入京等	貢調等
01	高句麗・新羅・百済	入京	大化元			7/10(朝庭)
02	百済	入京ヵ	斉明元	是年		
03	高句麗・新羅・百済	入京	斉明2	8/8(高句麗)		
04	高句麗	入京ヵ	斉明6	正/1(筑紫)	5/8(難波)	
05	唐	筑紫	天智3	5/17(筑紫ヵ)		不明(筑紫)
06	唐	筑紫	天智4	7/28(対馬)		9/22(筑紫)
07	耽羅	筑紫	天智6	7/11		
08	新羅	筑紫	天智7	9/12		
09	耽羅	筑紫	天智8	3/11		
10	新羅	筑紫	天智10	10/7		
11	唐	筑紫	天智10	11/2(対馬)		3/21(筑紫)
12	新羅	筑紫	天武元			
13	耽羅	筑紫	天武2	⑥/8(筑紫ヵ)		
14	新羅	入京	天武2	⑥/15(筑紫)	8/25(決定)	
15	新羅	筑紫	天武2	⑥/15(筑紫)		
16	新羅	筑紫	天武2	⑥/15(筑紫)		
17	小高句麗	筑紫	天武2	8/20(筑紫)		
18	新羅	入京ヵ	天武4	2/是月	4/是月(難波)	
19	新羅	筑紫	天武4	2/是月		
20	小高句麗	筑紫	天武4	3/是月		
21	耽羅	入京ヵ	天武4	8/1(筑紫)	9/27(難波)	
22	新羅	入京	天武5	11/3(筑紫)	3/19(決定)	
23	新羅	筑紫	天武5	11/3(筑紫)		
24	耽羅	入京	天武6	8/28	正/22(出発)	
25	新羅	入京	天武7	是年(筑紫)	正/5(出発)	
26	新羅	筑紫	天武8	10/17		
27	小高句麗	筑紫	天武9	5/13		
28	新羅	筑紫	天武9	11/24		
29	新羅	筑紫	天武10	10/20(筑紫)		
30	小高句麗	筑紫	天武11	6/1		
31	新羅	筑紫	天武12	11/13		
32	新羅	筑紫	天武13	12/6(筑紫)		

宴会	行事	王禄	送別	帰国	備考
	正/是月(使派遣)		5/29(筑紫)	5/29(筑紫)	
	12/10(使任命)		2/10(筑紫)	2/29	
			9/23(筑紫)		
	5/22(宣勅)		6/24(筑紫)	7/1	
	10/15(対応指示)		11/7 ヵ(筑紫)	12/3	送使
11/11(難波)	12/24(調分配)			2/30以降	
			11/7 ヵ(使禄)		

・送使など、本来の使者に同行した使者は、本使と扱いが同じであれば省略し、扱いが別ならば別の使者として採録した。
・「宴会」の項は、畿内(主に宮内)で行われるものを対象にした。「送別」の項は、それ以外(主に筑紫)を対象にした。

E(37)は、遣唐留学僧の智宗らを筑紫に送付した新羅送使に関連する史料である。この時は、筑紫大宰の河内王に詔を下して、天武十三年(六八四)に遣唐留学生の土師甥らを送付した送使(32)の例に准じて、新羅送使への饗宴と賜物を命じている。ここで注意すべき点は、この時も筑紫に使者が派遣されてはいるが、新羅送使への饗宴と賜物は筑紫大宰に命じられているので、中央派遣の使者の役割は詔の伝達に限定されることになる。つまり、新羅本使に対しては中央派遣の使者と筑紫大宰が迎接を担当するが、新羅送使に対しては筑紫大宰のみが迎接を担当していたと考えられる。

続いて、耽羅使・小高句麗使に関しては、筑紫に使者が派遣された事例は確認できないので、新羅送使の場合と同じく、筑紫大宰のみが迎接を担当していたと思われる。この点に関しては、新羅本使・新羅送使を含め、第Ⅳ期の外国使節の倭国滞在期間には、各使節への迎接方法に規定された特徴が見受けられるので、以下では各使節の倭国滞在期間を分析することで、倭国の外国使節に対する迎接方法を類型化していきたい。

まず、耽羅使と小高句麗使の滞在期間は、35の耽羅使では一ヶ月弱、30の小高句麗使でも約二ヶ月と比較的短期間である。新羅送使

No.	対象	対応	年次	来倭	入京等	貢調等
33	新羅	筑紫	天武14	11/27(筑紫ヵ)		4/19(京進)
34	新羅	筑紫	持統元	9/23		2/2(京進)
35	耽羅	筑紫	持統2	8/25(筑紫)		
36	新羅	筑紫	持統3	4/20(筑紫ヵ)		
37	新羅	筑紫	持統4	9/23(筑紫)		
38	新羅	入京ヵ	持統6			11/8 ヵ
39	耽羅	?	持統7			

凡例
・本表は、拙稿「古代倭国・日本の外交儀礼と服属思想」(注2所収)収録の表をもとに、645年から697年までの外交儀礼を一覧にしたものである。
・採録の対象は、何らかの儀礼が見える記事のみとした。

の場合でも、前掲のE(37)の使者では滞在期間は二ヶ月強であり、耽羅使や小高句麗使と同様の傾向がみられる。ところが新羅本使の倭国滞在期間は順に、26が約八ヶ月、28が約九ヶ月、29が四ヶ月弱、31が四ヶ月強、33が約六ヶ月、34が約五ヶ月であり、明らかに新羅送使・耽羅使・小高句麗使よりも長期間である。以上のような滞在期間の差は、新羅本使に対しては筑紫に大夫を派遣して饗宴などを挙行していた一方、新羅送使・耽羅使・小高句麗使に対しては筑紫大宰が迎接を担当していたという、倭国の迎接方法の差異と対応することが明白である。

ただ注意しなければならないのは、第Ⅳ期に来倭した外国使節のうち、27の小高句麗使の滞在期間は約一年、32の新羅送使は約四ヶ月、36の新羅本使は二ヶ月強というように、一部の使者では滞在期間の長短が逆転していることである。しかし、前掲Dで確認した通り、36の新羅本使に対しては、倭国側は前年の遣新羅使に対する新羅側の迎接などを譴責しているので、この時の対応は特殊なものと考えなければならない。また、27の小高句麗使と32の新羅送使に関しては、帰国時に斉明弔使の未帰国者(27)や漂着新羅人(32)を附されているので[16]、この影響で倭国での滞在期間が延長されている可能性が高い。そのため、この両者の場合も例外的な措置と考えるべきであろう。

以上のように、第Ⅳ期における倭国の外国使節への対応方法は、新羅本使に対するものと、新羅送使・耽羅使・小高句麗使に対するものの二種類が存在する。このうち、新羅本使への対応は厚礼であり、使者は長期滞在して筑紫に派遣された大夫の迎接を受けるが、新羅送使・耽羅使・小高句麗使への対応は薄礼であり、倭国滞在は短期間で迎接のための使者も派遣されないという違いがある。それでは、この対応方法は、第Ⅴ期以降展開する律令制下の外交儀礼とどう関係してくるのだろうか。以下では項を改めた上で、調の検査体制の視点から分析していきたい。

（2）新羅本使に対する調の検査

本項では、第Ⅳ期における調の検査の分析を通じて、七世紀末から八世紀初頭における外交儀礼の変化を明らかにしていく。「はじめに」で確認したように、七世紀前半から八世紀にかけて発生した外交儀礼の変化のうち最も重要なものの一つは、七世紀前半の外交儀礼を特徴付けていた調の検査（＝使者の資格審査）の消滅であるが、第Ⅳ期に来倭した外国使節の中では、信物（調）の扱いが判明するのは新羅本使のみであるため、以下では新羅本使が持参した調の検査について分析を進めていく。前項で明らかにした通り、第Ⅳ期の新羅本使に対しては、中央から派遣された使者（大夫）と筑紫大宰が迎接を担当していたが、このうち中央派遣の使者の役割に関しては、以下の史料を参照したい。

F【『日本書紀』天武十年（六八一）十月乙酉（二十日）条】

新羅遣㆓沙喙一吉湌金忠平・大奈末金壹世㆒貢㆑調。金銀銅鉄、錦絹鹿皮、細布之類、各有㆑数。別献㆓天皇・々后・太子、金銀錦霞、幡皮之類一、各有レ数。

A【『日本書紀』天武十年（六八一）十二月甲戌（十日）条】（再掲）

小錦下河辺臣子首遣二筑紫一、饗二新羅客忠平一。

G【『日本書紀』天武十四年（六八五）十一月己巳（二十七日）条】

新羅遣二波珍飡金智祥・大阿飡金健勲一請レ政。仍進レ調。

B【『日本書紀』朱鳥元年（六八六）正月是月条】（再掲）

是月、為レ饗二新羅金智祥一、遣二浄広肆川内王・直広参大伴宿禰安麻呂・直大肆藤原朝臣大嶋・直広肆堺部宿禰鯽魚・直広肆穂積朝臣蟲麻呂等于筑紫一。

H【『日本書紀』持統元年（六八七）九月甲申（二十三日）条】

新羅遣二王子金霜林・級飡金薩慕、及級飡金仁述・大舎蘇陽信等一、奏二請国政一。且献二調賦一。学問僧智隆附而至焉。筑紫大宰、便告二天皇崩於霜林等一。即日霜林等、皆着二喪服一、東向三拝、三発レ哭焉。

C【『日本書紀』持統元年（六八七）十二月庚子（十日）条】（再掲）

以二直広参路真人迹見一、為下饗二新羅一勅使上。

これらの史料は、順に29（FとA）・33（GとB）・34（HとC）の新羅本使の、倭国到着時点（F〜H）と中央派遣の使者の任命時点（A〜C）である。まず確認するべき点は、前項での指摘とも重なるが、A〜Cでの筑紫への使者派遣の目的は、いずれも新羅本使に対する饗宴のためであり、調の検査のためではないということである。「はじめに」でも述べたように、七世紀前半では客館に大夫を派遣して調の検査を実施していたが、八世紀では調の検査は消滅している。この変化を念頭に置くならば、A〜Cで筑紫に派遣された大夫の役割に調の検査が含まれていないことは重要であり、第Ⅳ期の時点ではすでに調の検査体制は大きく変質していたことが想定できる。

この点は、中央派遣の使者の任命時点からも確認できる。前掲の史料群による使者の任命時点は、29は新羅本使の到着後二ヶ月弱、33では約二ヶ月後、34では約二ヶ月半後であるが、筑紫―難波間を十七日で移動した例があることを考慮すれば[17]、使者の任命時点は明らかに遅い。仮に中央派遣の使者が調を検査していたとすれば、外国使節の到着後すぐに使者を任命するはずであり、七世紀前半の実例でも、皇極元年（六四二）は難波着の二日後、同二年（六四三）には十日後に検査が実施されている[18]。また、同じ第Ⅳ期の36の新羅本使に対しては、入国後約一ヶ月で中央派遣の使者による宣勅（譴責。前項D参照）がなされているので[19]、29・33・34の事例よりも迅速に大夫を筑紫に派遣できることは明らかである。このように、新羅本使の倭国到着後すぐに中央から使者が派遣されていない以上は、中央派遣の使者（大夫）の役割は新羅本使の迎接に限定されており、調の検査までは担当していないと考えるべきであろう[20]。

それでは、第Ⅳ期では中央派遣の使者は調の検査を担当していないのであれば、新羅本使が持参した調はどのように取り扱われていたのだろうか。そこで注目されるのが筑紫大宰の役割である。中央派遣の使者が筑紫に到着するまでの間は、新羅本使の迎接は筑紫大宰が担当するはずであり、筑紫大宰が調の取り扱いに関与したことは十分に想定できる。この点に関しては、以下の史料を参照したい。

I【『日本書紀』持統二年（六八八）二月辛卯（二日）条】

大宰献₂新羅調賦₁。金銀絹布・皮銅鉄之類、十余物。幷別所ₗ献仏像・種々彩絹・鳥馬之類、十余種。及霜林所ₗ献金銀彩色・種々珍異之物、幷八十余物。

J【『日本書紀』朱鳥元年（六八六）四月戊子（十九日）条】

新羅進調、従二筑紫一貢上。細馬一疋・騾一頭・犬二狗・鏤金器、及金銀・霞錦綾羅・虎豹皮、及薬物之類、并百余種。亦智祥・健勲等別献物、金銀・錦霞綾羅・金器屏風、鞍皮絹布・薬物之類、各六十余種。別献二皇后・皇太子及諸親王等一之物、各有レ数。

I（34）では、新羅本使が持参した調が京進されているが、京進の主体は「大宰」と記されているので、筑紫大宰が調を京進したことは明白である。一方J（33）では、調の京進主体は不明であるが、Iでは来倭（前掲H）から四ヶ月強、Jでは来倭（前掲G）から五ヶ月弱が経過しているように、両者は新羅本使の迎接日程としてはほぼ同一であることが確認できる。そのため、Jの京進主体もIと同様に筑紫大宰と考えられる。

しかし、筑紫大宰が調を京進するのであれば、京進時期が新羅本使の来倭から四ヶ月強～五ヶ月弱後というのは明らかに遅い。そもそも、外国使節が持参した信物は遅滞なく相手方に渡されるべきであるし、前述の通り、新羅本使の来倭から約二ヶ月（33）～約二ヶ月半（34）後には、迎接のために筑紫に大夫などが派遣されているので、筑紫大宰による調の京進は、日程上は中央派遣の使者が筑紫に到着した後に行われたことになる。中央派遣の使者が調の検査を担当していない以上、この日程は一見不可解なものに見えてしまうのだが、この問題に関しては、さらに以下の史料を参照したい。

K【『日本書紀』天武八年（六七九）十月甲子（十七日）条】

新羅遣二阿飡金項那・沙飡薩虆生一朝貢也。調物、金銀鉄鼎、錦絹布皮、馬狗騾駱駝之類、十余種。亦別献二物天皇・皇后・太子一。貢二金銀刀旗之類一、各有レ数。

F【『日本書紀』天武十年（六八一）十月乙酉（二十日）条】（再掲）

新羅遣二沙喙一吉飡金忠平・大奈末金壹世一貢レ調。金銀銅鉄、錦絹鹿皮、細布之類、各有レ数。別献二天皇・々后・太子、金銀錦霞、幡皮之類一、各有レ数。

L【『日本書紀』持統三年（六八九）四月壬寅（二十日）条】

新羅遣二級飡金道那等一、奉レ弔二瀛真人天皇喪一。幷上二送学問僧明聡・観智等一。別献二金銅阿弥陀像・金銅観世音菩薩像・大勢至菩薩像各一軀、綵帛錦綾一。

D【『日本書紀』持統三年（六八九）五月甲戌（二十二日）条】（再掲）

命二土師宿禰根麻呂一、詔二新羅弔使級飡金道那等一曰、……是故、調賦与二別献一、並封以還レ之。……汝道那等、奉二斯所レ勅、奉二宣汝王一。

K・F・Lは、順に26・29・36の新羅本使の来倭記事であるが、その中に持参した調や別献の品目が記載されているので、新羅本使の筑紫到着後すぐに筑紫大宰が調と別献を受納したことが考えられる。一方D（36）では、前項で述べた通り、前年の遣新羅使への迎接が常例を欠いたこと等を新羅本使に譴責しているのだが、勅では「調賦ト別献トハ、並ビニ封シテ以テ之ヲ還ス」と宣告しており、宣勅の時点ではすでに倭国側へ調と別献が渡されていることと、新羅側の対応次第では勅により調と別献を返却する場合もあることが判明する。このことは、新羅本使の受け入れの可否は筑紫大宰が判断するのではなく、中央が判断していたことを意味している。

以上の検討結果を整合的に解釈するためには、第Ⅳ期での調の検査と貢上時点は、次のように考えなければならない。新羅本使が持参した調と別献は、中央派遣の使者の到着を待たず、筑紫大宰が受納して品目等を確認し中央に報告するが、新羅本使を受け入れるかどうかの判断は中央が行うので、この段階では筑紫大宰は調も別献も京進することができない。そのため筑紫大宰は、中央派遣の使者が到着するまで調と別献を保管し続け、その後使者が伝えた中央からの指示に従い、調と別献を京進ないし返却した、と。[21] つまり、筑紫大宰の役割は、あくまで実務的な関与に限定されることになる。

このような調の扱い方は、もちろん七世紀前半とは大きく異なる上に、当該期には調の不備のみが原因で放還された例が存在しないので、七世紀前半と同様に「検査」と称するには問題も残る。しかし、中央が新羅本使の受け入れの可否を判断して、筑紫大宰はその判断に従い調を京進または返却しているということは、調の返却も想定されていることになるので、調の検査（＝使者の資格審査）は第Ⅳ期までは形を変えて維持されており、律令制下と同様の外交儀礼が行われたと思われる第Ⅴ期に消滅したと考えるべきであろう。では、第Ⅳ期の調の検査体制はどこまで遡ることができるのだろうか。以下では節を改めた上で、第Ⅱ期と第Ⅲ期における倭国の外交儀礼を検討していきたい。

第二節　第Ⅱ期・第Ⅲ期の外交儀礼

(1)　唐使に対する外交儀礼

本節では、第Ⅱ期（六六三―六七二）および第Ⅲ期（六七三―六七九）の倭国の外交儀礼を検討する。この期間の特徴としては、以下の二点に注意しておきたい。第一に、第Ⅱ期では全ての外国使節を筑紫で応対しているが、第Ⅲ期になると一部の使節は従来通り入京させている点、第二に、第Ⅱ期では天智三年（六六四）・同四年（六六五）・同十年（六七一）と三度にわたり唐使が来倭している点である。この時期に唐使が繰り返し来倭した背景には、六六〇年の百済滅亡と六六三年の百済復興軍の敗北により、唐の設置した熊津都督府が一時的に旧百済領を掌握したが、六六九年に新羅が旧百済領への侵攻を開始して、六七二年には旧百済領をほぼ支配下に収めたという、朝鮮半島南部の勢力変遷が存在していたの[22]であるが、この時期に来倭した唐使、特に天智三年（六六四）の使者に対する外交儀礼には、前節で分析した第Ⅳ期の新羅本使に対する外交儀礼との共通点が存在する。そのため本項では、第Ⅱ期の唐使に対する外交儀礼を検討することで、第Ⅳ期の新羅本使に対する外交儀礼の位置付けを明らかにする。まず、以下の史料を参照したい。

M【『善隣国宝記』巻上・天智三年（六六四）条[23]】

海外国記曰、天智天皇三年四月、大唐客来朝。大使朝散大夫上柱国郭務悰等卅人・百済佐平禰軍等百余人、到㆓対馬島㆒。遣㆓大山中采女通信侶・僧智弁等㆒来、喚㆓客於別館㆒。於㆑是智弁問曰、有㆓表書〈幷〉献物㆒、以不。使人答曰、有㆓将軍牒書一函〈幷〉献物㆒。乃授㆓牒書一函於智弁等㆒而奏上。但献物、検看而不㆑将也。九月、大山中津守連吉祥・大乙中伊岐史博徳・僧智弁等、称㆓筑紫大宰辞㆒〈実是勅旨。〉告㆓客等㆒、今見㆓客等来状㆒者、非㆓是天子使人㆒、百済鎮将私使。亦復所㆑賚文牒、送㆓上執事㆒私辞。是以使人不㆑得㆑入㆑国、書亦不㆑上㆓朝廷㆒。故客等自事者、略以㆓言辞㆒奏上耳。十二月、博徳授㆓客等牒書一函㆒。函上著㆓鎮西将軍㆒。日本鎮西筑紫大将軍、牒㆘在㆓百済国㆒大唐行軍総管㆖。使人朝散大夫郭務悰等至、披㆓覧来牒㆒、尋㆓省意趣㆒、既非㆓天子使㆒、又無㆓天子書㆒、唯是総管使、乃為㆓執事牒㆒。牒是私意、唯須㆓口奏㆒、人非㆓公使㆒、不㆑令㆓入京㆒〈云云〉。

〈此亦師安・広忠・信俊・師遠・広宗五人、同所㆑勘也。〉

N1【『日本書紀』天智三年（六六四）五月甲子（十七日）条】

百済鎮将劉仁願、遣㆓朝散大夫郭務悰等㆒、進㆔表函与㆓献物㆒。

N2【『日本書紀』天智三年（六六四）十月乙亥朔条】

宣㆘発㆓遣郭務悰等㆒勅㆖。是日、中臣内臣、遣㆓沙門智祥㆒、賜㆓物於郭務悰㆒。

N3【『日本書紀』天智三年（六六四）十月戊寅（四日）条】

饗二賜郭務悰等一。

N4【『日本書紀』天智三年（六六四）十二月乙酉（十二日）条】

郭務悰等罷帰。

MおよびN1～N4は、いずれも05の唐使に関する史料である。このうちN1～N4は、出典は『日本書紀』なので、記事の内容に一応の信頼を措くことができるのだが、外交儀礼に関する記述はそれほど多くない。これに対してMには、05の唐使に対する外交儀礼が詳細に記述されているが、出典は『善隣国宝記』所引の『海外国記』逸文であり、全てが後世の造作とは考えられていないものの、史料の信頼性には早くから疑問が出されている[24]。例えば、Mでは「日本鎮西筑紫大将軍、百済国ニ在ル大唐行軍総管ニ牒ス」という外交文書が、唐使の帰国時に倭国側から送付されているが、これは倭国＝日本の外交における牒の使用例としては、確実な初見（天平宝字八年（七六四）七月[25]）から百年も遡るため、少なくともこの外交文書に関しては、そのまま事実と認めることは不可能である。

ただし、Mに見える使者迎接の手順は、従来の研究でも史実に近いものを伝えていると評価されているので[26]、単純に後世の造作として切り捨てることもできないと思われる。そのため、以下ではMの記述の信頼性に注意しながら、05の唐使に対する外交儀礼を検討していきたい。Mが伝える05の唐使の迎接手順は以下の通りである。

① 采女通信侶・僧智弁が筑紫に派遣され、唐使を「別館」に召喚する。

② 智弁が唐使に外交文書・信物の有無を確認（し、受納）する。

③ 外交文書は智弁が京進・奏上するが、信物は検看するだけで京進はしない。

④　津守連吉祥・伊岐史博徳・智弁が筑紫に派遣され、筑紫大宰の辞と称して唐使に入国の不可を通告する。

⑤　唐使の帰国時に倭国側の外交文書（牒）が送付される。

この手順の特徴は、中央から使者が二回派遣されていることである。一回目の使者の役割は、唐使から外交文書と信物を受け取り、外交文書を京進して中央の判断を仰ぐことであり、二回目の使者の役割は、入国不可という中央の判断を唐使に伝達（して、唐使の帰国時に外交文書を授与）することであるが、Mでは明記されていないものの、おそらくはN3に見える饗宴も担当していたと思われる。

ここで注目したいのは、このような迎接の手順は、第Ⅳ期の新羅本使に対する外交儀礼とほぼ一致することである。例えば、④の宣勅やN3の饗宴は、第Ⅳ期でも中央派遣の使者が担当しており、同様に②・③に関しても、第Ⅳ期では筑紫大宰が担当しているが[27]、迎接内容は同一である。もちろん、外交文書は第Ⅳ期では扱われていないが[28]、その他の迎接手順に関しては、倭国側が受納した信物や調・別献がすぐには京進されず、中央からの使者が筑紫に到着してから京進・返却されるところまで共通している。

以上で指摘したような、Mが伝える05の唐使の迎接手順と前節で分析した第Ⅳ期の新羅本使に対する外交儀礼の共通性は、Mの使者迎接の手順が大筋では信頼できることを意味するとともに、第Ⅳ期の新羅本使に対する外交儀礼が、前節で分析した調の検査体制も含めて、第Ⅱ期の唐使に対する外交儀礼の系統を引いていることを示すといえる。

それでは、第Ⅱ期の唐使に対する外交儀礼が、以上のように位置付けることができるとすれば、第Ⅱ期と第Ⅲ期における唐使以外に対する外交儀礼は、どのように評価できるのであろうか。この点に関しては、耽羅使の扱いや、「はじめに」で言及した使船の最終到着地の問題も含めて、項を改めて検討していきたい。

良絵本 釈迦の本地 原色影印・翻刻・注解
ボドメール美術館［所蔵］小峯和明・金英順・目黒将史［編］◉16,000

年写真家の見た明治日本
宮田奈奈／ペーター・パンツァー［編］◉6,500

と易の中国思想史 川原秀城［著］◉7,000

本の印刷楽譜 上野学園大学日本音楽史研究所［編］◉15,000

写真・絵葉書で旅する東アジア150年
村松弘一・貴志俊彦［編］◉3,800

ラー百科 見る・知る・読む 能舞台の世界
小林保治・表 きよし［編］石田 裕［写真監修］◉3,200

世古今和歌集注釈の世界 国文学研究資料館［編］◉13,000

策紙芝居からみる日本の戦争 安田常雄［編著］◉6,000

化財／文化遺産としての民俗芸能 俵木 悟［著］◉4,200

口木版のメディア史 国文学研究資料館［編］◉8,000

海学のすすめ 鹿熊信一郎・柳 哲雄・佐藤 哲［編］◉4,200

渉の民族誌 モンゴル遊牧民のモノをめぐる情報戦
堀田あゆみ［著］◉4,500

宋・鎌倉仏教文化史論 西谷 功［著］◉15,000

野山金剛寺善本叢刊 後藤昭雄［監修］
一期 第一巻 漢学／第二巻 因縁・教化 ◉32,000
二期 第三巻 儀礼・音楽／第四巻 要文・経釈・第五巻 重書 ◉37,000

森有礼が切り拓いた日米外交
初代駐米外交官の挑戦　国吉栄［著］●4,8

火葬と両墓制の仏教民俗学
サンマイのフィールドから　岩田重則［著］●6,0

遣唐使から巡礼僧へ　石井正敏著作集 2
石井正敏［著］村井章介·榎本渉·河内春人［編］●10,0

アジアの戦争と記憶
二〇世紀の歴史と文学　岩崎稔·成田龍一·島村輝［編］●4,6

ヒロシマ·パラドクス
戦後日本の反核と人道意識　根本雅也［著］●3,2

女のことば　男のことば　小林祥次郎［著］●2,0

文化史のなかの光格天皇
朝儀復興を支えた文芸ネットワーク　飯倉洋一·盛田帝子［編］●8,0

金沢文庫蔵 国宝 称名寺聖教 湛睿説草
研究と翻刻　納冨常天［著］●16,0

『古事記』『日本書紀』の最大未解決問題を解く
安本美典［著］●3,

グローバル·ヒストリーと世界文学
伊藤守幸·岩淵令治［編］●2,

出島遊女と阿蘭陀通詞　片桐一男［著］●3,

古代東アジアの仏教交流　佐藤長門［編］●8,

勉誠出版の本 〔歴史（前近代）〕

江戸時代生活文化事典

重宝記《ちょうほうき》が伝える江戸の知恵

学び・教養・文字・算数・農・工・商・礼法・服飾・俗信・年暦・医方・薬方・料理・食物等々、江戸時代に生きる人々の生活・思想を全面的に捉える決定版大百科事典。

長友千代治〔編著〕

項目数 15000
図版 700 点以上
掲載！

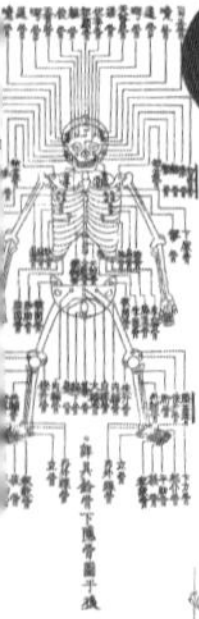

本体 28,000 円（+税）
B5判上製函入
二分冊（分売不可）・1784頁
ISBN978-4-585-20062-8 C1000
2018年3月刊行

（2）唐使以外に対する外交儀礼

本項では、第Ⅱ期および第Ⅲ期の唐使以外に対する外交儀礼を検討する。この時期に来倭した唐使以外の外交使節としては、第Ⅳ期と同様に新羅本使・新羅送使・耽羅使・小高句麗使が存在するが、前節でも言及したように、第Ⅱ期では倭国は全ての外国使節を筑紫で対応しているが、第Ⅲ期になると一部の使節のみを入京させるようになる。そのため、以下では第Ⅱ期から検討を始めて、第Ⅲ期を中心に分析していきたい。

まず表7を参照すると、第Ⅱ期は唐使以外では新羅使と耽羅使が来倭しているが、いずれの場合も中央から迎接のための使者は派遣されておらず、さらに倭国での滞在期間に注目しても、07の耽羅使のみは五ヶ月以上滞在しているが、(29) 08の新羅使は二ヶ月弱、09の耽羅使は八日間、10の新羅使は二ヶ月強という短期間で帰国している。これに対して、唐使には前項で検討した通り中央から使者が派遣されており、倭国での滞在期間は五ヶ月程度（06）から七ヶ月弱（05）と比較的長期である。このような唐使と新羅使・耽羅使の扱いの差は、前節で検討した第Ⅳ期の新羅本使（厚礼）と新羅送使・耽羅使・小高句麗使（薄礼）の扱いの差に相当するものと思われる。

次に、第Ⅲ期の外交儀礼を検討する。この時期には、第Ⅳ期と同様に新羅本使・新羅送使・耽羅使・小高句麗使が来倭しているが、前述したように、第Ⅲ期の倭国は入京させる外国使節と筑紫で対応する外国使節を峻別しているので、まずは表7を参照しながら、当該期の倭国がどのような基準で使者を入京させていたかを明らかにしていきたい。

第Ⅲ期に倭国が初めて入京を許可した外国使節は、天武二年（六七三）に来倭した14の新羅本使（賀登極使）である。六六三年の白村江の敗戦以降は、倭国は緊迫する国際情勢をふまえ、全ての外国使節を筑紫で対応していた（第Ⅱ期）のだが、六六九年の羅唐戦争の開始や六七二年の半島南部での戦闘状態の終結に伴い、倭国の対外的な緊張関係は大幅に緩和していた。(30) 天武二年（六七三）の時点で外国使節の入京が再開された背景には、このような国際情勢の変化が存在していたと思われる。

以後倭国は、18・22の新羅本使、25の新羅送使、21・24の耽羅使を入京させている。このうち新羅本使と耽羅使に関しては、天武二年（六七三）来倭の13・15の事例以外は全て入京しているので、(31) この両者には原則として入京が許可されていたと考えられる。これに対して、新羅送使が入京したのは前述の25の事例のみであり、しかもこれは本使の遭難による特別措置と考えられる。(32) 一方、小高句麗使に関しては、倭国に三ヶ月から五ヶ月程度滞在しているにもかかわらず、入京した事例は皆無である。つまりこの両者は、新羅本使や耽羅使とは異なり、通常は筑紫で対応されていたといえる。

以上のように、第Ⅲ期では倭国は原則として新羅本使と耽羅使のみを入京させ（厚礼）、新羅送使と小高句麗使には入京を許していない（薄礼）とすれば、第Ⅲ期と第Ⅳ期の間で耽羅使の扱いが大きく変化したことになる。前節で検討したように、第Ⅳ期の耽羅使は新羅送使や小高句麗使と同じ扱い（薄礼）であるが、前述の通り、第Ⅲ期では新羅本使と同様の対応（厚礼）を受けていたのであるから、倭国における耽羅の位置付けは、新羅と同格の外交相手から小高句麗と同様の存在へと格下げされたといえる。

それでは、なぜ倭国は耽羅の位置付けを引き下げたのであろうか。表7を参照すると、耽羅使の入京の終見は天武七年（六七八）である(24)一方、次に耽羅使が来倭するのは第Ⅳ期の持統二年（六八八）である(35)ので、変化の理由は六七八年から六八八年までの十年間に求めなければならない。ここで注目したいのは、六七九年に新羅が耽羅に使者を派遣して服属させたことである。(33) これ以降、耽羅は新羅に従属していくのだが、その変化と連動するように、倭国における耽羅の位置付けも、新羅と同格の独立勢力から小高句麗と同様の従属勢力へと格下げがなされたものと思われる。

続いて、第Ⅲ期の外交儀礼のうち、入京を許された外国使節への迎接方法を検討する。前述した通り、第Ⅲ期では倭国の対外的な緊張緩和に伴い、第Ⅱ期には停止していた外国使節の入京を再開しているのだが、入京ないし入畿した人数に注目すると、第Ⅲ期での入京した外国使節への対応は、第Ⅰ期や七世紀前半の対応とは必ずしも一致しないことが判明する。この点に関しては、以下の史料を参照したい。

O【『日本書紀』天武二年（六七三）八月戊申（二十五日）条】

喚二賀騰極使金承元等、中客以上廿七人於京一。……

P【『日本書紀』天武六年（六七七）三月辛巳（十九日）条】

召二新羅使人清平及以下客十三人於京一。

Q【『日本書紀』斉明元年（六五五）七月己卯（十一日）条】

於二難波朝一、饗二北〈北越。〉蝦夷九十九人、東〈東陸奥。〉蝦夷九十五人一。幷設二百済調使一百五十人一。仍授二柵養蝦夷九人・津刈蝦夷六人、冠各二階一。

O（14）とP（22）は、ともに第Ⅲ期の新羅本使の事例であるが、ここで入京を許可されている人数は、Oでは中客以上の二十七人、Pではわずか十三人であり、残りは筑紫に留められている。これに対して第Ⅰ期の事例であるQ（02）では、百済の使節百五十人を「難波朝」で饗応しているように、O・Pよりもはるかに多数の人員が入畿している。このような差異が生じるのは、第Ⅰ期と第Ⅲ期では外国使節が来倭した際の使船の最終到着地が異なるためである。これは、「はじめに」でも言及したように、七世紀前半の外交儀礼と八世紀の外交儀礼の大きな違いでもあるのだが、この点に関しては、皇極朝における百済使の事例を参照したい。

R【『日本書紀』皇極元年（六四二）五月庚午（十六日）条】
百済国調使船与二吉士船一、倶泊二于難波津一。……

S【『日本書紀』皇極二年（六四三）六月辛丑（二十三日）条】
百済進レ調船、泊二于難波津一。

このRとSでは、百済使の船が難波津に入港しているので、百済使の船の最終的な到着地は難波ということになる。その場合は、仮に百済船が筑紫に停泊したとしても、それは単なる寄港地としての停泊になるので、百済使は筑紫に留められることはなく、そのまま瀬戸内海経由で難波に到着するはずである。[34] つまり、七世紀前半の段階では、外国使節はほぼ全員が入畿するということになる。[35] この点に加えて、百五十人もの百済使が入畿した前掲Qの事例を参照すれば、第Ⅰ期でも七世紀前半と同様に、外国使節の船の最終的な到着地は難波であり、外国使節はほぼ全員が入畿していたと判断できる。

ところが、第Ⅲ期の事例である前掲OとPでは、使節の一部のみに入京が許され、残りの人員は筑紫に留め置かれているので、外国使節の船の最終到着地は、七世紀前半や第Ⅰ期のように難波ではなく、筑紫と考えなければならない。つまり、第Ⅲ期の外国使節に対しては、倭国は全ての使節の船を筑紫に入港させた上で、筑紫で対応するべき使節はそのまま筑紫に留めて対応し、入京させる場合には使節の一部のみを倭国側の船で難波に送り、残りの人員は引き続き筑紫で対応したことになる。このような倭国の対応方法は、七世紀前半や第Ⅰ期の対応とは明確に異なるが、律令制下の外交儀礼とは一致しており、八世紀の迎接方法の淵源と考えることができる。

ただし、一時的な現象ではあるが、天武四年（六七五）には外国使節の船が難波に入港している。第Ⅲ期に入京を許された外交使節は、新羅が14・18・22・25[36]の四例、耽羅が21・24の二例であるが、使節の筑紫着から入京決定か難波着までの期間を算出すると、14（O）・22（P）・24では、筑紫到着後二ヶ月から五ヶ月で入京が決定しているのに対して、天武四年（六七五）の事例である18と21のみは、筑紫到着後二ヶ月程度ですでに難波に到着している。このうち前者は、第Ⅲ期の対応として特に難点は見当たらないが、後者に関しては、明らかに難波への到着時期が早い。ここで注意したいのは、外国使節が筑紫から難波まで二ヶ月程度で到着するという迎接日程は、使船の最終到着地がまだ難波である七世紀前半の、舒明四年（六三二）の唐使や皇極二年（六四三）の百済使への対応(37)と共通していることである。この点を考慮すれば、第Ⅲ期でも18と21の事例のみは、七世紀前半や第Ⅰ期と同様、外国船が難波に入港したことは確実であろう(38)。

以上のように考えるならば、天武朝では外国使節の入京を再開したにもかかわらず、白村江の敗戦以前とは異なり外国船を瀬戸内海から排除していることになるのだが、これは当該期の朝鮮半島情勢をふまえた防衛体制の構築とも関連する重要な問題といえる(39)。

最後に、これまでの考察で得られた知見をもとに、「はじめに」で言及した、七世紀第Ⅲ四半期における難波と筑紫での朝鮮半島からの搬入土器の変動状況を位置付けてみたい。寺井誠氏によれば、難波のうち、古くから官衙的施設が置かれてきた上町台地北端で出土する朝鮮半島からの搬入土器は、そのほとんどが難波遷都以前のものであり、遷都以降はほとんど見られなくなる。一方筑紫では、七世紀第Ⅱ四半期までは福岡平野と早良平野で新羅土器の搬入が見られるが、第Ⅲ四半期以降では福岡平野のみに集中するという(40)。

これらの現象は、本章で明らかにした外国使節への対応の変化に加え、難波宮の成立や福岡平野の外交拠点化が関係すると思われる。まず、上町台地北端における朝鮮半島からの搬入土器が、難波遷都以降ほとんど見られなくなることに関しては、白村江の敗戦以前（～第Ⅰ期）には倭国の迎接方法の変化は確認できず、遷都以前と同様に難波に入港した外国船により多数の土器が搬入されたと想定できる以上、難波遷都に伴い使節の迎接・滞在拠点が上町台地北端以外へ移転したと考えざるを得ない。次に、筑紫における新羅土器の出土が、七世紀第Ⅲ四半期以降福岡平野に集中することに関しては、白村江の敗戦以降（第Ⅱ期～）に外国船の最終到着地が難波から筑紫に変化したことを考慮すれば、筑紫大宰が置かれた福岡平野が倭国の外交拠点として整備された結果、筑紫に入港した外国船が積載していた土器の多くが福岡平野に搬入されたと想定することができる。

おわりに

本章では、七世紀後半における倭国の外交儀礼の変化を、各段階ごとに検討してきた。ただし本章では、史料の残存状況の問題から、天武・持統朝の外交儀礼から遡及する形で検討を進めてきているので、最後に本章の結論を時系列順に提示することで、律令制下の外交儀礼の成立過程を展望していきたい。

まず第Ⅰ期（六四五―六六〇）の段階では、外国船の最終到着地は七世紀前半と同様に難波であり、使節のほぼ全員が難波に到着していた。難波到着後の外交儀礼に関する史料は十分ではないが、七世紀前半と同様の儀礼が展開されたと考えて問題はない。

しかし、白村江の敗戦以降の第Ⅱ期（六六三―六七二）になると、国際情勢の緊迫化を反映して、来倭した外国使節を全て筑紫に留めて対応するようになる。このうち唐使には中央から使者が二度派遣されており、最初の使者が唐使から外交文書と信物を受け取り、信物を検看・保管して中央に報告し、二度目の使者が中央の判断を伝達して饗宴などを担当して、その後信物が京進ないし返却された。この新たな対応方法は、信物の検査体制も含め、第Ⅳ期の新羅本使への対応に継承されていく。一方、新羅使と耽羅使に対しては、中央から使者が派遣されることはなく、比較的短期間で帰国させている。

続いて第Ⅲ期（六七三―六七九）に入ると、倭国は対外的な緊張緩和を背景に外国使節の入京を再開するが、入京を許されたのは基本的には新羅本使と耽羅使のみであり、その他の使節は従来通り筑紫で対応されていた。また、天武四年（六七五）の事例を除けば、入京を許された場合でも使節の大多数は筑紫に留められているように、難波は使船の最終到着地としての役割を完全に喪失し、外国船は瀬戸内海から排除されていく。

ところが第Ⅳ期（六七九―六九〇）では、第Ⅱ期と同様に再度全ての外国使節を筑紫に留めて対応するようになる。このうち新羅本使に対しては、まず筑紫大宰が調と別献を受納・検看して中央に報告するが、その後第Ⅱ期の唐使と同様に中央から使者が派遣され、その使者が中央の判断を伝達し饗宴などを担当して、調と別献が京進ないし返却される。一方、耽羅使・新羅送使・小高句麗使に対しては、第Ⅱ期の新羅使や耽羅使と同様、中央から使者は派遣されていない。特に耽羅使に関しては、第Ⅲ期では新羅本使と同様に扱われていたが、六七九年の新羅への服属により倭国での位置付けが低下している。

最後に第Ⅴ期（六九二―六九七）では、直接的な史料は乏しいものの、律令制下と同様の外交儀礼が行われたと思われる。七世紀前半の外交儀礼の特徴である調の検査（＝使者の資格審査）は、第Ⅳ期までは形を変えて残存していたが、調の検査は八世紀には実施されていないので、調の検査は第Ⅴ期には消滅したと考えられる。

以上のうち、従来最も注目されてきたのは、第Ⅳ期に倭国が再度全ての外国使節を筑紫に留めて対応した点である。かつて田島公氏は、筑紫大宰は使節の処遇決定への関与が想定できることを根拠に、その原因の一つを「外国使が畿内に入ることを制限し、国家の外交権を皇権のもとに確立しようとした」[41]ことに求めたが、本章で明らかにしたように、外国使節の処遇は少なくとも第Ⅱ期から中央（倭王）が決定しており、筑紫大宰の役割は迎接の実務に限定されているので、[42]全ての外国使節を筑紫に留めた原因を倭王による外交権の掌握に求めることは困難である。もちろん、第Ⅳ期の変化の重要性は依然として認められるのだが、外国使節の入畿（入京）が再開する第Ⅴ期には、律令制下と同様の外交儀礼が挙行された可能性が高いことからすれば、第Ⅳ期の変化の背景としては、天武九年（六八〇）の律令制定の詔や、持統四年（六九〇）の藤原京造営開始に象徴される、律令国家日本の成立に向けた動きを重視した方がよいと思われる。

また、今一つ注目すべき点は、第Ⅳ期では国際情勢に対応して倭国における耽羅の位置付けが引き下げられたことである。このことは、天武・持統朝での倭国の外交関係は、耽羅との関係も含めて議論する必要があることを示しているのだが、倭国と耽羅との関係を正しく位置付けていくためには、天武・持統朝に登場する新羅の「請政」に関する再検討を行わなければならない。この点に関しては、章を改めて進めていきたい。

注

（1）外国使節の到着から帰国に至る迎接過程は、『大唐開元礼』の礼区分に従い「賓礼」と総称されてきた。しかし筆者は、「賓礼」以外の礼も外国使節に適用されていることや、「賓礼」という概念そのものが時代により変化していることから、外国使節に対する迎接全体の総称としては、「賓礼」ではなく「外交儀礼」の語を使用している。

（2）滝川政次郎「江都集礼と日本の儀式」（岩井博士古稀記念事業会編『典籍論集』大安、一九六三、三四二―三四七頁）。

（3）鍋田一「古代の賓礼をめぐって」（柴田実先生古稀記念会編『日本文化史論叢』同記念会、一九七六、六六九

―六八一頁)、同「六・七世紀の賓礼に関する覚書――『日本書紀』の記載について――」(滝川政次郎博士米寿記念会編『律令制の諸問題』汲古書院、一九八四、三九九―四二六頁)、田島公「日本の律令国家の「賓礼」――外交儀礼より見た天皇と太政官――」(『史林』六八―三、一九八五、三五―八六頁)、同「外交と儀礼」(岸俊男編『まつりごとの展開』中央公論社、日本の古代七、一九八六、一九三―二四六頁)、森公章「古代難波における外交儀礼とその変遷」(同『古代日本の対外認識と通交』吉川弘文館、一九九八、三〇〇―三二六頁。初出一九九五)、同「賓礼の変遷から見た日渤関係をめぐる一考察」(同『遣唐使と古代日本の対外政策』吉川弘文館、二〇〇八、一六六―一七八頁。初出二〇〇三)、黒田裕一「推古朝における「大国」意識」(『国史学』一六五、一九九八、三〇―六五頁)、浜田久美子「律令国家の賓礼受容」(同『日本古代の外交儀礼と渤海』同成社、二〇一一、三三―五五・八〇―八七頁。初出二〇〇三)。

(4) 拙稿「古代倭国・日本の外交儀礼と服属思想」(同『東アジアの国際秩序と古代日本』吉川弘文館、二〇一一、一四八―一八七頁。初出二〇〇七)。

(5) ①〜③は、拙稿「古代倭国・日本の外交儀礼と服属思想」(注4前掲)を参照。

(6) 代表的な研究としては、田島公「外交と儀礼」(注3前掲)を挙げることができるが、概説書という性格上、十分な検討はなされていない。

(7) 寺井誠「難波における百済・新羅土器の搬入とその史的背景」(『共同研究成果報告書』七、大阪歴史博物館、二〇一三、五―二六頁)。

(8) 田島公「外交と儀礼」(注3前掲)。

(9) 『日本書紀』斉明二年(六五六)是歳条参照。

(10) 『続日本紀』文武二年(六九八)正月壬戌朔条に、「天皇御㆓大極殿㆒受㆑朝。文武百寮及新羅朝貢使拝賀。其儀如㆑常」(テキストは新日本古典文学大系本を使用した)とあることも参照。

(11) 耽羅に関しては、森公章「古代耽羅の歴史と日本――七世紀後半を中心として――」(注3前掲書(一九九八)、二四〇―二七二頁。初出一九八六)、筧敏生「耽羅王権と日本」(同『古代王権と律令国家』校倉書房、二〇〇二、九六―一一五頁。初出一九八九)参照。

(12) 小高句麗(新羅により旧百済領の金馬渚に安置された高句麗遺民の国)に関しては、村上四男「新羅と小高句

麗国」（『朝鮮学報』三七・三八、一九六六、二八―七二頁）、新蔵正道「天武朝の対外関係と小高句麗」（横田健一編『日本書紀研究』二〇、一九九六、二九一―三二〇頁）、井上直樹「高句麗遺民と新羅――七世紀後半の東アジア情勢――」（『東洋史研究』七五―一、二〇一六、九八―一三六頁）参照。

(13)『日本書紀』のテキストは日本古典文学大系本を使用して、一部天理図書館善本叢書等により文字を改めた。

(14) かつて筆者は、Bを論拠に、七世紀前半の外交儀礼は朱鳥元年（六八六）までは継続したと考えた（拙著『古代日本外交史――東部ユーラシアの視点から読み直す――』〔講談社選書メチエ五六九、二〇一四〕一七四頁）が、Bには「新羅ノ金智祥ニ饗センガ為」とあるので、使者派遣理由は饗宴のためとしなければならず、この時点まで七世紀前半と同様の使旨奏上儀礼が継続したと考えるのは困難である。私見を訂正したい。

(15) 筑紫大宰に関しては当面、八木充「筑紫大宰とその官制」（九州歴史資料館編『大宰府古文化論叢』上、吉川弘文館、一九八三、三一九―三五二頁）参照。

(16)『日本書紀』天武九年（六八〇）十一月乙亥（四日）条、同十四年（六八五）三月己未（十四日）条参照。

(17)『日本書紀』斉明七年（六六一）十月己巳（七日）条、同乙酉（二十三日）条参照。

(18)『日本書紀』皇極元年（六四二）五月庚午（十六日）条、同壬申（十八日）条、同二年（六四三）六月辛丑（二十三日）条、同七月辛亥（三日）条参照。

(19)『日本書紀』持統三年（六八九）四月壬寅（二十日）条（後掲L）、同五月甲戌（二十二日）条（前掲D）参照。

(20) この点に関しては、調の検査は複数の大夫が担当していたが、第Ⅳ期に筑紫へ派遣された大夫は、B（33）以外は一人であることにも注意するべきである。

(21) 後述するように、第Ⅱ期における唐使への対応でも、中央から派遣された使者が唐使の信物を一旦受納・検看している。

(22) 盧泰敦著・橋本繁訳『古代朝鮮　三国統一戦争史』（岩波書店、二〇一二）参照。

(23)『善隣国宝記』のテキストは訳注日本史料本を使用した。

(24) 鈴木靖民「百済救援の役後の日唐交渉――天智紀唐関係記事の検討――」（同『日本の古代国家形成と東アジア』吉川弘文館、二〇一一、一六一―二二六頁。初出一九七二）注2参照。

(25)『続日本紀』天平宝字八年（七六四）七月甲寅（十九日）条参照。

(26)　鈴木靖民「百済救援の役後の日唐交渉」（注24前掲）注2参照。
(27)　Mで筑紫大宰ではなく中央派遣の使者が対応した理由としては、国際情勢の緊迫化や筑紫大宰の外交機能の未整備を可能性として指摘できる。
(28)　これは、新羅使が外交文書を持参していないためである。
(29)　07の耽羅使の滞在期間が長い理由としては、没落倭人を送付してきた可能性を指摘できる。『日本書紀』天智六年（六六七）閏十一月丁酉（十一日）条参照。
(30)　盧泰敦著・橋本繁訳『古代朝鮮　三国統一戦争史』（注22前掲）二二一頁、森公章「鞠智城「繕治」の歴史的背景」（『史聚』五〇、二〇一七、三一五―三二五頁、三二六―三二七頁）参照。
(31)　天武二年（六七三）には、倭国は新羅の賀登極使（14）のみを入京させていたが、この時の対応方法はその後に受け継がれていないため、例外と考えるべきであろう。
(32)　『日本書紀』天武七年（六七八）是歳条参照。
(33)　『三国史記』巻七・新羅本紀・文武王十九年（六七九）二月条参照。
(34)　なお、外国使節が難波に到着する際には、飾船による迎船儀礼が行われるが、外国使節が自国の船で難波に入港するのであれば、迎船儀礼の意味もより明確に理解できる。
(35)　ただし、使節のほぼ全員が入畿していても、入京するのは二十人程度と考えられる。
(36)　25の事例は期間の算出が不可能であり、前述したように本使の遭難による特別措置の入京と考えられるので、検討からは除外する。
(37)　『日本書紀』舒明四年（六三二）八月条、同年十月甲寅（四日）条、皇極二年（六四三）四月庚子（二十一日）条、同年六月辛丑（二十三日）条参照。
(38)　このような措置が採られた理由としては、18では新羅王子、21では耽羅王が来倭していることを指摘できる。
(39)　なお、瀬戸内海からの外国船の排除は、治承四年（一一八〇）に平清盛が大和田泊に宋船を入港させるまで継続する。この点は、天武朝と平氏政権の有する歴史上の意義の一端をよく表しているのではないだろうか。
(40)　寺井誠「難波における百済・新羅土器の搬入とその史的背景」（注7前掲）。
(41)　田島公「外交と儀礼」（注3前掲）二二四―二二五頁。

(42)　筑紫大宰の独自の判断が想定できるのは、天智八年（六六九）に来倭して八日で帰国した09の耽羅使と、天武二年（六七三）に来倭して九日で帰国した16の新羅送使、および天武四年（六七五）に筑紫に着いてから二ヶ月程度で難波に到着した18の新羅本使と21の耽羅使のみである。いずれの事例も、その後の対応とは大きく異なるため、以後同様の対応は採られていないと思われる。

第三章　七世紀後半から八世紀前半の倭国・日本—新羅関係

はじめに

七世紀後半から八世紀前半にかけての倭国・日本と新羅（統一新羅）との外交関係は、白村江の戦いや新羅の朝鮮半島中南部の統一を経て、倭国を上位とする新たな関係が形成された一方、八世紀には新羅が日本との対等関係を志向したことで、両者の対立が顕在化するようになる。このような倭国・日本と新羅との関係は、新羅を「蕃国」と位置付ける「東夷の小帝国」日本の外交関係の全体にも関わる重要な問題であるため、鈴木靖民・濱田耕策・古畑徹・石井正敏などの各氏により研究が重ねられてきた。(1)(2)

このうち、七世紀後半の倭国と新羅の関係については、古畑徹氏の研究が重要である。新羅の対唐・対倭外交双方を検討した古畑氏は、羅唐戦争終結後の儀鳳三年（六七八）にも唐は新たな新羅征討を計画したが、西方で吐蕃に敗れたため中止したことを指摘し、新羅—唐関係は潜在的な対立が継続していたこと、そのため新羅は倭国に低姿勢で外交を続けていたことを明らかにした。(3)(4)この古畑氏の理解は大筋では首肯できるものであり、新羅や倭国の外交関係が東部ユーラシア全体の国際政局の影響を受けていたという重要な指摘でもあるのだが、(5)七世紀後半に新羅が四度にわたり倭国に「請政」を実施したことが十分に位置付けられておらず、倭国—新羅関係の理解にはなお問題を残している。

一方、八世紀前半の日羅関係については、七三〇年代に両者の対立が顕在化したことが指摘されており、特に天平六年（七三四）来日の新羅使が、国号を「王城国」と改めたとして放還された事件（王城国事件）以降、日羅双方が相手の使者を放還し続けたことや、王城国事件の際日本が初めて新羅使の「入朝之旨」を尋問したことが注目されてきた。(6)しかし、筆者がすでに明らかにしたように、王城国事件が発生したのは通常の外交儀礼が終了した後であり、この時の新羅使は「入朝之旨」の尋問を経て入京したわけではない。そのため、日羅関係の悪化過程に対しては全面的な再検討が必要と思われる。(7)

以上から本章では、七世紀後半から八世紀前半の倭国・日本と新羅の外交関係を、新羅の「請政」と日羅関係の悪化過程に注目して検討していく。これにより、各時期における新羅の外交の特質を明らかにするとともに、東部ユーラシアの視点から「東夷の小帝国」倭国・日本の外交関係を描き出していきたい。

第一節　七世紀後半の倭国―新羅関係と新羅の請政

（1）　持統九年の請政について

本節では、七世紀後半の倭国―新羅関係を、新羅の「請政」に注目して検討していく。請政、すなわち「政ヲ請フ」というのは、新羅使が倭国の朝廷に何らかの政治的な奏上を行うことであり、六七六年・六八五年・六八七年・六九五年の四度にわたり実施された。この請政は、かつては宗主国に対する国政の報告と考えられてきたが、(8)古畑徹氏は請政を新羅の対倭外交上の特使と位置付けた上で、六八五・六八七両年の請政は、六八三年に新羅が小高句麗国を併合したことに対し、[9]倭国の了承を得るために行われたとした。[10]これは、新羅外交の自主性を重視した理解であり、その時々の国際情勢から請政の意義を考察するという視点は継承しなければならないが、小高句麗国の併合問題だけでは全ての事例を説明することは不可能である。[11]特に、小高句麗国の併合が完了した後の六九五年にも請政が実施されているということは、新羅が低姿勢で倭国と交渉しなければならない要因が、小高句麗国の併合問題以外にも存在したことになるので、それぞれの請政の時点においてどのような外交案件が存在していたかは、改めて検討する必要があろう。そこで本項では、持統九年（六九五）の請政を検討して、背景にある倭国―新羅間の外交案件を明らかにしていく。まずは、今回の請政に関わる史料を参照したい。

A【『日本書紀』持統九年（六九五）三月己酉（二日）条[12]】

新羅遣二王子金良琳・補命薩湌朴強国等、及韓奈麻金周漢・金忠仙等一、奏二請国政一、且進二調・献物一。

Aでは、新羅が王子の金良琳らを派遣して、倭国に国政を奏請（＝請政）しているが、新羅遣倭国・日本使をまとめた表8を参照すると、新羅の王子派遣は持統元年（六八七）の請政以来のことであり、次の派遣は天平勝宝四年（七五二）の金泰廉まで下ることからしても、今回の請政が重要な外交案件を取り上げたことは明白であろう。

表8　新羅遣日本使一覧（専使・単独の送使のみ）

初出	使者名	備考
六六八年九月	沙喙級湌金東厳	九位（新羅の官位。以下同じ）
六六九年九月	沙湌金督儒	八位

六七一年六月	欠名	
六七一年十月	沙湌金万物	八位
六七二年十一月	金押実	
六七三年閏六月	韓阿湌金承元	五位、賀登極使
六七三年閏六月	一吉湌金薩儒	七位、弔使
六七五年二月	王子金忠元 大監級湌金比蘇	王子 九位
六七六年十一月	沙湌金清平 汲湌金好儒	八位、請政使、粛慎同道 九位
六七八年	汲湌金消勿	九位、遭難水没
六七九年十月	阿湌金項那 沙湌薩虆生	六位、多数の調 八位
六八〇年十一月	沙湌金若弼	八位
六八一年十月	沙喙一吉湌金忠平	七位、告喪使、多量の調
六八三年十一月	沙湌金主山	八位
六八四年十二月	大奈麻金物儒	十位、送使、没落倭人送還
六八五年十一月	波珍湌金智祥 大阿湌金健勲	四位、請政使、多量の調 五位
六八七年九月	王子金霜林 級湌金薩慕	王子、請政使、多量の調 九位
六八九年四月	級湌金道那	九位、弔使

六九〇年九月	大奈末金高訓	十位、送使、没落倭人送還
六九二年十一月	級飡朴億徳	九位
六九三年二月	沙飡金江南	八位、告喪使
六九五年三月	王子金良琳 補命薩飡朴強国	王子、請政使 八位
六九七年十月	一吉飡金弼徳	七位、朝賀参加初見
七〇〇年十一月	薩飡金所毛	八位、告喪使
七〇三年正月	薩飡金福護	八位、告喪使
七〇五年十月	一吉飡金儒吉	七位、日本慰労詔書初見
七〇九年三月	金信福	大臣会見儀礼初見
七一四年十一月	重阿飡金元静	六位
七一九年五月	級飡金長言	九位
七二一年十二月	一吉飡金乾安	七位、放還（元明死去）
七二三年八月	韓奈麻金貞宿	十位
七二六年五月	薩飡金造近	八位、金順貞への勅書
七三二年正月	韓奈麻金長孫	十位、年期奏請
七三四年十二月	級伐飡金相貞	九位、放還（王城国事件）
七三八年正月	級飡金想純	九位、放還（天然痘か）
七四二年二月	沙飡金欽英	八位、放還（宮室未成）

七四三年三月	薩飡金序貞	八位、放還（土毛）
七五二年閏三月	王子韓阿飡金泰廉 大使金暄	王子、五位、入京
七六〇年九月	級飡金貞巻	九位、放還（使人軽微）、四条件の提示
七六三年二月	級飡金体信	九位、放還（四条件無視）、王子か執政大夫の来日要求
七六四年七月	大奈麻金才伯	十位、送使、放還、戒融の情報
七六九年十一月	級飡金初正	九位、送使、放還（土毛）、清河の書
七七四年三月	礼府卿沙飡金三玄	八位、送使、放還（土毛）、清河の書
七七九年十月	薩飡金蘭蓀	八位、送使、入京、遣唐使と唐使を送る

では、今回の請政で取り上げられた外交案件は何であろうか。再度表8を参照すると、二年前の持統七年（六九三）にも神文王の喪を告げる新羅使が来倭しているが、この新羅使は、新たに五歳の孝昭王が即位したにもかかわらず、王位継承に関わる請政を実施していない[13]ことに注意しなければならない。この点から考えるならば、今回取り上げられた外交案件は、持統七年（六九三）から同九年（六九五）の間に新たに発生したものに限定されるはずである。そこで、次の史料を参照したい。

B【『日本書紀』持統七年（六九三）十一月壬辰（七日）条】

賜二耽羅王子・佐平等一、各有レ差。

Bでは、耽羅の王子以下が倭国から賜物を受けているので、来朝の記事を欠くものの、これ以前に耽羅使が来倭したことが判明する。耽羅は六世紀から百済に従属していたが、百済の滅亡後は倭国とも関係を持ち、文武王十九年（六七九）に新羅に従属している。[14] すなわち、今回の耽羅遣倭国使は、耽羅が新羅に従属した状態で派遣されたのであるが、新羅の立場からすれば、自らに従属していたはずの耽羅が独自に倭国と通交することは、耽羅の離反や倭国への従属につながる恐れがあるので、決して容認できないはずである。

以上から考えるならば、持統九年（六九五）の請政は、耽羅が新羅に従属していることの確認のために行われたと思われる。当該期の新羅も倭国と同様、小高句麗や耽羅などの「蕃国」を服属させている「小帝国」である[15]以上、持統七年（六九三）の耽羅遣倭国使のために動揺した耽羅の帰属を倭国に確認させることは、新羅外交の重要な問題である。そして、この請政の結果、八世紀以降耽羅は日本に使者を派遣しなくなり、日本も耽羅を独立勢力とは認識しなくなるように[16]、耽羅の帰属問題は完全に解決されたといえる。

（2）天武十四年・持統元年の請政について

続いて本項では、天武十四年（六八五）と持統元年（六八七）の請政を検討していく。まずは、この両年の請政に関わる史料を参照したい。

C【『日本書紀』天武十四年（六八五）十一月己巳（二十七日）条】

新羅遣㆓波珍飡金智祥・大阿飡金健勲㆒請㆑政。仍進㆑調。

D【『日本書紀』持統元年（六八七）九月甲申（二十三日）条】

新羅遣㆓王子金霜林・級飡金薩慕、及級飡金仁述・大舎蘇陽信等㆒、奏㆓請国政㆒、且献㆓調賦㆒。……

Cでは、波珍飡（新羅の官位第四位）の金智祥と、大阿飡（同じく第五位）の金健勲が請政を実施しており、Dでは王子の金霜林らが国政を奏請している。新羅の官位の第五位以上は王族のみに与えられるので(17)、C・Dではともに王族が請政していることになる。新羅が王族を派遣したのは、天武四年（六七五）の王子金忠元以来のことであり、しかも一年おきに請政を実施したことから考えるならば、この両年の請政は、倭国—新羅関係で重要な役割を果たしたことが想定できる。

この両年の請政に関しては、前項で言及した通り、神文王三年（六八三）に小高句麗国を新羅が併合したことに対し、倭国の了承を得るために行われたとする古畑徹氏の説(18)が存在している。もちろん、小高句麗国の併合問題は、倭国—新羅関係の重要案件であり、古畑氏が指摘するように、天武十三年（六八四）の遣小高句麗使・遣新羅使の派遣期間が一年以上の長期に及んだことや、神文王四年（六八四）十一月には小高句麗遺民の叛乱が発生したことからすれば、天武十四年（六八五）の請政において小高句麗国の併合問題が取り上げられた可能性は高いと思われる(19)。しかし、持統元年（六八七）にも請政が実施された理由は、小高句麗国の併合問題だけではない。以下の史料を参照したい。

E【『日本書紀』天武十三年（六八四）四月辛未（二十日）条】

小錦下高向臣麻呂為二大使一、小山下都努臣牛甘為二小使一、遣二新羅一。

F【『日本書紀』天武十三年（六八四）五月戊寅（二十八日）条】

三輪引田君難波麻呂為二大使一、桑原連人足為二小使一、遣二高麗一。

G【『日本書紀』天武十三年（六八四）十月辛巳（三日）条】

……是日、県犬養連手繦為二大使一、川原連加尼為二小使一、遣二耽羅一。

E〜Gは、いずれも天武十三年（六八四）に倭国が派遣した遣新羅使・遣小高句麗使・遣耽羅使に関する史料である。このうち注目したいのは、E・Fと同年にGの遣耽羅使も派遣されていることである。前項で検討したように、耽羅の帰属問題も新羅外交の重要な案件であることからすれば、すでに文武王十九年（六七九）の段階で新羅に従属した耽羅に対して倭国が使者を派遣することは、新羅の立場では決して容認できないはずである。この点から考えるならば、Gの遣耽羅使の派遣は、倭国―新羅間における耽羅の帰属問題を惹起するはずであるから、この問題の解決のために請政が実施されたと想定することは十分可能であろう。[20]

このように、当該期における倭国―新羅間の外交課題としては、小高句麗国の併合問題の他にも、耽羅の帰属問題も存在していた。天武十四年（六八五）と持統元年（六八七）の二度にわたり請政が実施されたのは、小高句麗国の併合問題と耽羅の帰属問題の両方を取り上げて決着を図るためと考えることができる。[21]

そして、この両年の請政の結果、小高句麗国の併合問題と耽羅の帰属問題は、いずれも大きく進展することになる。まず小高句麗国の併合問題に関しては、これ以降では倭国の遣小高句麗使も小高句麗の遣倭国使も派遣されていないので、この問題は完全に解決したものと思われる。次に耽羅の帰属問題に関しては、前項で言及した通り耽羅の遣倭国使は派遣されるものの、倭国の遣耽羅使はこれ以降派遣されていないので、不完全ではあるが解決に向けた進展が見られたということができる。また前章で指摘したように、持統二年（六八八）に来倭した耽羅使への迎接方法は、新羅使と同格の扱いではなく、小高句麗使と同格の扱いへと格下げがなされていること[22]も考え合わせると、この両年の請政が倭国における耽羅の位置付けを決定付けたということができる。

（3）天武五年の請政と倭国―新羅関係の推移

最後に本項では、天武五年（六七六）の請政を検討した上で、四度にわたり実施された請政を中心にしながら七世紀後半の倭国―新羅関係の推移を明らかにしていく。まずは、今回の請政に関わる史料を参照したい。

H【『日本書紀』天武五年（六七六）十一月丁卯（三日）条】

新羅遣㆓沙飡金清平㆒請㆑政。幷遣㆓汲飡金好儒・弟監大舍金欽吉等㆒進㆑調。其送使奈末被珍那・副使奈末好福、送㆓清平等於筑紫㆒。

Hでは、沙飡（新羅の官位第八位）の金清平が請政を実施しているが、請政使の金清平は他の請政の例とは異なり王族ではない。また表8を参照しても、官位第八位は遣倭国使としては特記すべき高さではなく、天武八年（六七九）来倭の新羅使のように多量の調を献上[23]したことも確認できないので、今回の請政使の重要性を過大評価するわけにはいかない。そのため、今回の請政の意義を正しく位置付けるには、前後の時期を含めた倭国―新羅間の外交課題を明確にする必要があると思われる。

そこで再度表8を参照すると、六六〇年代から六七〇年代の倭国―新羅関係は、三段階に区分ができる。第一段階は天智六年（六六七）までの交渉断絶期、第二段階は天智七年（六六八）から天武元年（六七二）の交渉再開期、第三段階は天武二年（六七三）以降の交渉全盛期である。ここで注意すべき点は、羅唐戦争の勃発が文武王九年（六六九）で、新羅による旧百済領掌握完了が文武王十一年（六七一）であること[24]と、新羅から請政や高位の使者の派遣、多量の調の献上[25]が行われるのは天武二年（六七三）以降ということである。これは、新羅の遣倭国使の再開（第一段階から第二段階への移行）が羅唐戦争の開始と密接に関連することを示す[26]一方で、新羅の対倭低姿勢外交の開始（第二段階から第三段階への移行）は旧百済領の掌握完了以降であることを意味している。

以上のように考えるならば、天武五年（六七六）の請政開始時点での新羅の対倭外交上最大の課題は、羅唐戦争を背景に倭国との友好関係を構築することではなく、新羅による旧百済領の掌握を倭国に承認させることとなる。白村江の敗戦以降、倭国には旧百済貴族が多数亡命しているので、新羅が掌握した旧百済領を円滑に統治していくためには、百済王氏[27]や亡命百済貴族を利用した倭国の介入を排除することが不可欠である。もちろん、古畑徹氏が指摘するように[28]、新羅の対倭外交は新羅と唐の対立にも規定されているが、羅唐戦争が勃発した文武王九年（六六九）から天武元年（六七二）までの間には、新羅の対倭低姿勢外交が行われていないことを考え合わせれば、今回の請政内容の主たるものは羅唐戦争に関わる事項ではないと判断できる[29]。

では、この後の請政で取り上げられることになる、小高句麗国の併合問題と耽羅の帰属問題は、この段階ではどのように扱われたのであろうか。まず、小高句麗国の併合問題に関しては、朝鮮半島北部から南下する唐の遠征軍との戦いが文武王十六年（六七六）まで続いていた以上は[30]、高句麗遺民の反発が予想される小高句麗国の併合を進めることは、この段階では困難であろうと思われる。次に、耽羅の帰属問題に関しては、文武王十九年（六七九）には新羅が耽羅を従属させているので、天武五年（六七六）の段階で何らかの奏上が行われた可能性も存在するが、天武六年（六七七）の耽羅遣倭国使は従来通り新羅本使と同一の扱いを受けており[31]、天武八年（六七九）には倭国の遣耽羅使も派遣されているように[32]、請政の前後で倭国の耽羅に対する外交方針は変化していない。そのため、この段階で耽羅に関する請政がなされたとは考えにくい[33]。

このように、天武五年（六七六）の請政が新羅による旧百済領掌握を倭国に承認させるために行われ、この段階においては小高句麗国の併合問題も耽羅の帰属問題も重要な外交課題ではないとすれば、七世紀後半に四度にわたり実施された新羅の請政は、新羅による旧百済領・小高句麗国・耽羅の、併合・従属過程に従い行われていたといえる[34]。

最後に、新羅の遣倭国・日本使をまとめた表8と、本節で検討した新羅の請政により、七世紀後半の倭国―新羅関係を段階区分すれば、以下の通りとなる。

六六八―六七二：羅唐戦争勃発。新羅、旧百済領を掌握。遣倭国使を再開するが、請政は行われていない。

六七三―六七九：新羅、旧百済領掌握を倭国に承認させるため、請政を含めた対倭低姿勢外交を行う。羅唐戦争終結、羅唐関係は潜在的な対立が続く。

六七九―六八三：新羅、耽羅を従属させ、小高句麗国を併合する。

六八四―六八七：倭国の遣小高句麗使と遣耽羅使により、小高句麗国の併合問題と耽羅の帰属問題が発生。新羅、請政使を二度派遣する。

六八八―六九二：新羅の半島中南部の支配は一旦安定する。新羅、対倭低姿勢外交を一時転換して、倭国との間に対立が発生する（後述）。

六九三―六九五：耽羅の遣倭国使により、耽羅の帰属問題が再燃。新羅、請政使を派遣。

六九六―　　　：新羅の半島中南部の支配は安定化する。以後、新羅は請政を行わない。新羅使の元日朝賀への参列や、新羅への慰労詔書の発給が開始される。

この倭国―新羅関係の推移の中で最も注意すべき点は、請政や高位の使者の派遣、多量の調の献上という形で行われた新羅の対倭低姿勢外交は、旧百済領・小高句麗国・耽羅を含めた新羅の朝鮮半島中南部の支配が安定すれば消滅するということである。この点は、持統九年（六九五）の請政使を除けば、神文王八年（六八八）以降は高位の使者の派遣も多量の調の献上も行われていないことや、持統二年（六八八）から三年（六八九）には、新羅は倭国使に対する「奉勅人」と天武の弔使の官位をともに格下げして、倭国側の反発を招いたことから確認することができる。[35]

また、新羅使の元日朝賀への参列や、新羅への慰労詔書の発給が開始されたのは、新羅の対倭低姿勢外交が消滅した六九六年以降(36)であることも見逃せない点である。これは、新羅が日本に低姿勢外交を行わなければならない要因が解消された後に、新羅を「蕃国」と位置付ける律令国家日本の国際秩序が設定されたということになるので、八世紀前半の日羅関係は当初から対立が内包されていたことになるが、「はじめに」で言及した通り、両者の対立が顕在化するのは七三〇年代以降である。では、日羅関係の悪化はどのような過程を経て進行していくのであろうか。この点は、節を改めて検討していきたい。

第二節　八世紀前半の日羅関係と新羅の外交方針の変化

(1)　日羅関係悪化の画期について

本節では、八世紀前半の日羅関係の悪化過程を、新羅の外交方針の変化に注目して検討していく。まずは前提として、従来の研究に基づいて八世紀の日羅関係を略述したい。

前節の末尾でも言及した通り、八世紀の日本は新羅を「蕃国」と位置付ける国際秩序を設定し、新羅に朝貢形式の外交を要求した。新羅は当初この外交形式を容認していたが、日本との外交関係を重視した上宰の金順貞が聖徳王二十四年（七二五）に死去した後は、聖徳王二十七年（七二八）に上大等に就任した金思恭により、対唐外交の重視、対日外交の相対化が進められ、聖徳王三十一年（七三二）に日本へ「来朝の年期」を奏請して三年一貢が認められて以降は、日本に対して朝貢形式の外交を実施しなくなり、開元二十三年（七三五）に唐から浿江（大同江）以南の地を割譲されて以降は、毎年のように唐に使者を派遣するなど、対唐外交を重視する方向に一段

と傾斜したという。(37)

一方、八世紀前半の日本では、新羅使は入京後に入朝の旨を問われていたが、日本との対等な外交関係を志向した天平六年（七三四）の新羅使が、入朝の旨に関する問答の中で国号を「王城国」と称したとして放還された王城国事件以降では、日羅双方が互いの使者を放還することが続く。その後天平勝宝四年（七五二）に新羅王子金泰廉が来日すると、一時的に日羅関係は改善するが、翌天平勝宝五年（七五三）に派遣された日本遣新羅使が新羅王との会見を認められずに帰国してからは、再び日羅関係は悪化する。天平宝字四年（七六〇）以降では、新羅使の来日後大宰府に入朝の由を問う使者を派遣して、新羅使の資格審査を実施しているのだが、新羅は日本側の求める礼式に従うことはなく、宝亀十年（七七九）の使者を最後に、新羅の遣日本使は途絶することになる。(38)

以上の理解の中で最も問題となる点は、王城国事件の解釈を中心とする日羅関係の悪化過程である。従来の王城国事件の位置付けは、①新羅側はすでに日本に対する朝貢形式の外交を放棄して、日本との対等関係を志向しており、②朝貢形式の遵守を求める日本側は多治比県守を兵部曹司に派遣して入朝の旨を尋問し、朝貢形式の外交を拒否する新羅使を放還したが、この対応は八世紀後半における大宰府での資格審査体制に継承されていく、というものであり、王城国事件は八世紀前半における日羅関係悪化の画期と、八世紀後半における両者の対立の前蹤として重視されてきた。

しかし、筆者が明らかにした通り(39)、王城国事件が発生した時点は、正規の外交儀礼が問題なく終了した後、大臣・宰相との会見が行われた場においてであり、使者の入京直後に入朝の旨を尋問する場で発生したのではない。そのため、従来の理解は全面的に再検討する必要がある。まず①に関しては、この時は正規の外交儀礼が問題なく終了したということは、天平六年（七三四）の新羅使は正規の外交儀礼では全く問題を発生させていないことになるので、この時点ではまだ新羅は朝貢形式の外交を放棄していないと思われる。続いて②に関しては、王城国事件が大臣・宰相との会見が行われた場で発生したことは、多治比県守は入朝の旨を尋問する使者ではないということになるので、この時点ではまだ日本は八世紀後半につながるような新羅使の資格審査を実施していないと思われる。(40)

それでは、王城国事件が八世紀前半における日羅関係悪化の画期ではなく、八世紀後半における日本と新羅との対立の前蹤でもないとすれば、日羅関係の悪化過程はどのように考えればよいのであろうか。そこで注目したいのが、王城国事件の発生後、初めて新羅に派遣された天平八年（七三六）の日本遣新羅使である。以下の史料を参照したい。

I【『続日本紀』天平八年（七三六）二月戊寅（二十八日）条】
以㆓従五位下阿倍朝臣継麻呂㆒、為㆓遣新羅大使㆒。

J【『続日本紀』天平九年（七三七）正月辛丑（二十七日）条】
遣新羅使大判官従六位上壬生使主宇太麻呂・少判官正七位上大蔵忌寸麻呂等入京。……

K【『続日本紀』天平九年（七三七）二月己未（十五日）条】
遣新羅使奏、新羅国、失㆓常礼㆒、不㆑受㆓使旨㆒。……

L【『続日本紀』天平勝宝四年（七五二）六月壬辰（十七日）条】
……是日、饗㆓新羅使於朝堂㆒。詔曰、……而前王承慶・大夫思恭等、言行怠慢、闕㆓失恒礼㆒。由欲㆑遣㆑使問㆑罪之間、今彼王軒英、改㆓悔前過㆒、冀㆓親来㆑庭。而為㆑顧㆓国政㆒、因遣㆓王子泰廉等㆒、代而入朝、兼貢㆓御調㆒。……

I・Jでは、天平八年（七三六）二月に任命された遣新羅使が、翌天平九年（七三七）正月に帰国しているが、Kでは帰国した遣新羅使が「新羅国、常ノ礼ヲ失ヒテ、使ノ旨ヲ受ケズ」と奏上しており、新羅の対応が問題視されている。(41)またLでは、天平勝宝四年（七五二）に来日した新羅王子金泰廉への詔の中で、金泰廉の来日以前に日羅関係が悪化していた原因を、かつて孝成王・金承慶とその上大等である金思恭が「言行怠慢ニシテ、恒ノ礼ヲ闕失」したことに求めている。

このように、日本側の認識では、天平八年（七三六）の遣新羅使が日羅関係悪化の画期であるのだが、日羅関係の悪化過程において今回の遣新羅使はあまり重視されていない。その最大の理由は、Lの「前王承慶・大夫思恭」という部分が『三国史記』の記事と符合していないことである。『三国史記』新羅本紀によれば、孝成王・金承慶の即位は七三七年二月であり、金思恭の上大等退任は七三七年三月であるため、「前王承慶・大夫思恭」との組み合わせが成立していたのは、天平八年（七三六）の遣新羅使の帰国後の七三七年二月から三月に限定される。そのため、Lの傍線部は、金思恭が上大等の退任後も実権を保持していたことの反映と解釈されて、(42)天平六年（七三六）の遣新羅使の帰国以降での新羅の対日外交方針を示すものと考えられてきた。

しかし、井上直樹氏が指摘するように、『三国史記』新羅本紀が伝える孝成王即位時期（聖徳王の死去時期）は、中国史料の編年に依拠しているので、七三七年二月は孝成王の即位時点を示すのではなく、唐が孝成王冊立のための使者を派遣した時点を示している。そのため孝成王の即位は、実際には七三六年の秋から冬にかけてと判断できるのだが、(43)このように考えるならば、「前王承慶・大夫思恭」という組み合わせが成立した時期も、七三七年二月から三月の一ヶ月ほどに限定されるのではなく、七三六年の後半にまで遡ることになるので、天平八年（七三六）の遣新羅使が「常ノ礼ヲ失ヒテ、使ノ旨ヲ受ケズ」という扱いを受けたことに関係する可能性が高くなる。

そこで、天平八年（七三六）の日本遣新羅使の行程を確認すると、七三六年六月に難波を出港[44]し、前掲Jのように七三七年正月に帰国しているので、新羅王都金城に滞在していた期間は、七三六年の秋から冬にかけてになる。つまり、今回の遣新羅使は、孝成王・金承慶が即位し、「前王承慶・大夫思恭」との組み合わせが成立した時期に新羅王都金城を訪れたことになるので、今回の遣新羅使が「常ノ礼ヲ失ヒテ、使ノ旨ヲ受ケズ」という扱いを受けた理由は、新たに即位した孝成王・金承慶と、上大等在任中の金思恭により、新羅が従来の外交方針を改めたためと考えられる。

以上のように、八世紀前半における日羅関係悪化の画期は、天平八年（七三六）派遣の日本遣新羅使であり、新羅はこの時点で日本に対する外交方針を改めたといえる。では、王城国事件の段階では朝貢形式の外交を放棄していないにもかかわらず、新羅はなぜこの時点で外交方針を変化させたのであろうか。この点は、項を改めて検討していきたい。

（2）　新羅の外交方針の変化とその背景

本項では、孝成王元年（七三六）に発生した新羅の外交方針の変化と、その背景にある東部ユーラシアの国際情勢を検討する。まず、新羅が日本に対する外交方針を変化させた背景としては、聖徳王の死去と孝成王の即位も挙げられるが、より重要な契機としては、渤海に備えるため浿江への置戍を求めた新羅の上表に、唐が開元二十三年（七三五）三月に許可を与え、ついで浿江以南の地を新羅に割譲したことを指摘しなければならない。[45]

この唐の措置は、開元十八年（七三〇）から同二十三年（七三五）にかけて展開した、契丹・奚・渤海の唐から

表9　日本遣新羅使一覧（六国史所収）

初出月	使者名	備考
六六八年十一月	小山下道守麻呂	従七位相当
六七〇年九月	安曇頰垂	
六七五年七月	小錦上大伴国麻呂	正五位相当
六七六年十月	大乙上物部摩呂	正八位上相当
六八一年七月	小錦下采女竹羅	従五位相当
六八四年四月	小錦下高向麻呂	従五位相当 多量の調を託される
六八七年正月	直広肆田中法麻呂	従五位下相当 告喪使、使旨伝達せず
六九二年十一月	直広肆息長老	従五位下相当
六九五年七月	直広肆小野毛野	従五位下相当
七〇〇年五月	直広肆佐伯麻呂	従五位下相当
七〇三年九月	従五位下波多広足	
七〇四年十月	正六位上幡文通	
七〇六年八月	従五位下美努浄麻呂	
七一二年九月	従五位下道首名	
七一八年三月	正五位下小野馬養	
七一九年閏七月	従六位下白猪広成	

の離反と突厥への従属、唐と契丹・奚・渤海・突厥との武力衝突(46)の中で、開元二十一年（七三三）の冬に新羅が唐とともに渤海を攻撃したことや、攻撃失敗後も渤海を牽制したことへの報償である(47)が、この唐の措置により、新羅の平壌以南の領有が認められるとともに、唐と新羅が協力して渤海に対峙するという国際関係が構築されたことで、羅唐戦争以来の唐と新羅の潜在的な対立関係は解消され、新羅はこれ以降毎年のように唐に使者を派遣することになる(48)。

この羅唐関係の改善は、石井正敏氏がすでに指摘した通り、日羅関係にも影響を与えたことが想定される(49)。浿江以南の地の割譲自体は、従来から日羅関係の画期の一つとして重視されてきたのだが、前項で検討した通り、天平六年（七三四）の新羅遣倭国使の段階では、新羅は日本に対する朝貢形式の外交を放棄していない一方、天平八年（七三六）の日本遣新羅使の段階では、新羅は従来

七二二年五月	正七位下津主治麻呂	
七二四年八月	従五位上土師豊麻呂	
七三二年正月	従五位下角家主	
七三六年二月	従五位下阿倍継麻呂	放還、使旨伝達できず
七四〇年三月	外従五位下紀必登	放還
七五二年正月	正七位下山口人麿	中止か
七五三年二月	従五位下小野田守	放還
七七九年二月	正六位上下道長人	遣唐使関係
七九九年四月	正六位上大伴峰麻呂	中止
八〇三年三月	正六位上斎部浜成	遣唐使関係
八〇四年九月	正六位上大伴岑万里	遣唐使関係
八三六年閏五月	紀三津（六位か七位）	遣唐使関係

の対応方法を改めたことからすれば、開元二十三年（七三五）三月以降となる[50]浿江以南の地の新羅への割譲は、従来考えられてきたよりも大きな意味を持つ。新羅が日本に対する外交方針を変化させた最大の原因は、浿江以南の地の割譲により羅唐間の潜在的な対立が解消されたためと理解できるのではないか[51]。

それでは、羅唐間の潜在的な対立が解消された孝成王元年（七三六）以降、新羅は日本に対してどのような態度で臨んでいたのであろうか。従来この点に関しては、天平十五年（七四三）来日の新羅使金序貞が調を土毛と改めて放還された[52]ように、新羅遣日本使が日本側の要求する礼式を拒否した側面が注目されてきた。しかし、新羅遣倭国・日本使をまとめた表8と、倭国・日本の遣新羅使をまとめた表9を参照すると、新羅遣日本専使の途絶が天平宝字七年（七六三）であるのに対して、日本遣新羅専使の途絶は天平勝宝五年（七五三）であり、専使に注目すれば日本遣新羅使途絶の方が早いのである。そのため、孝成王元年（七三六）以降の新羅の対日本外交を考える上では、新羅の使者が日本の要求する礼式を拒否した側面だけではなく、日本の使者に対する新羅の対応方法という側面にも注意する必要があろう。この点に関しては、残念ながら新羅の対応の詳細を示す史料は存在していないのだが、孝成王元年（七三六）以降の日羅関係からある程度推定することは可能である。以下の史料を参照したい。

K【『続日本紀』天平九年（七三七）二月己未（十五日）条】（再掲）

遣新羅使奏、新羅国、失㆓常礼㆒、不㆑受㆓使旨㆒。……

M【『三国史記』巻九・新羅本紀・景徳王元年（七四二）十月条(53)】

日本国使至。不㆑納。

N【『三国史記』巻九・新羅本紀・景徳王十二年（七五三）八月条】

日本国使至。慢而無礼。王不㆑見㆑之。乃廻。

Kは前項で言及した通り、天平八年（七三六）の遣新羅使が「常ノ礼ヲ失ヒテ、使ノ旨ヲ受ケズ」という扱いを受けたことを示しており、同様にMでは景徳王元年（七四二）に日本遣新羅使が受け入れを拒否されているが、同年には日本の遣新羅使を確認することができないので、Mは天平十二年（七四〇）の新羅使紀必登に関する史料と想定できる(54)。またNでは、天平勝宝五年（七五三）に派遣された新羅使小野田守が、「慢ニシテ無礼」であるため王に会うことなく放還されている。

以上の三例は、いずれも日本遣新羅専使に対する新羅の対応を伝えているが、特にM・Nでは、日本の専使は正規の外交儀礼で対応されず、放還されていることに注目したい。表9を参照すると、日本遣新羅使が放還されたのはM・Nの二例のみであり、新羅の対応が問題化したKの事例も含めると、孝成王元年（七三六）以降は明らかに傾向が変化したといえる。その背景としては、前掲Kに「新羅国、常ノ礼ヲ失ヒテ、使ノ旨ヲ受ケズ」とある通り、新羅が日本遣新羅使への対応方法を変更したことが指摘できる。

一方で、表9を参照すると、日本からの専使の派遣が途絶した天平勝宝五年（七五三）以降においても、日本の遣新羅送使は、紀三津のように使者そのものに問題がある場合を除けば[55]、一度も放還されていないことが注目される。新羅は、日本の遣新羅使を完全に拒否していたのではなく、自らの設定した条件に合致しない使者（専使）は放還するが、そうではない使者（送使）は積極的に受け入れていたと考えられる。

では、どのような条件の使者であれば新羅に受け入れられたのであろうか。再度表9を参照すると、新羅が受け入れたと思われる日本の遣新羅送使は、耽羅に漂着した遣唐使を迎える宝亀十年（七七九）の使者[56]と、消息不明の遣唐使船の保護と捜索を依頼する延暦二十三年（八〇四）の使者[57]、そして遣唐使の派遣に先立ち漂着時の保護を依頼する延暦二十二年（八〇三）の使者であり[58]、いずれも遣唐使に関連した使者である。このうち、延暦二十三年（八〇四）の事例では、新羅への依頼は太政官牒で行われており、慰労詔書は発給されていない[59]。また、宝亀十年（七七九）の事例では大宰府の官人が大使に任命されており[60]、延暦二十二年（八〇三）の事例では大宰府に消息を送らせているので[61]、ともに慰労詔書は持参していないと思われる。

このように考えるならば、新羅が日本遣新羅使を受け入れるための条件の一つとして、慰労詔書の問題を想定することができる。律令国家日本は、新羅に対する外交文書として慰労詔書を使用し、新羅との名分関係を君臣関係と規定したのだが、慰労詔書を蕃国王に与える際には、原則としては天使南面不拝・蕃主北面起立拝礼で授受が行われるので[62]、当然新羅国内で礼式上の問題が生じたはずである。前掲Kに「常ノ礼ヲ失ヒテ、使ノ旨ヲ受ケズ」とある通り、孝成王元年（七三六）の時点で新羅が日本遣新羅使への対応方法を変更したのは、日本の慰労詔書を受け取ることで発生する、日本上位の礼を回避するためと考えることができる。その一方で、慰労詔書を持参していない使者であれば、新羅下位の礼が発生する可能性は大きく低下する。石井正敏氏が指摘するように、『三国史記』巻一〇・新羅本紀・哀荘王四年（八〇三）七月条の「日本国ト交聘結好ス」という記述は、日本が延暦二十二年（八〇三）に派遣した遣新羅送使と関係すると想定できるのだが、(63) その中で「交聘結好」という表現が使用され、日羅関係が対等関係として認識されている理由は、慰労詔書を持参していない日本の使者に対して、新羅側の意向に基づいた迎接が行われたためではないかと思われる。

おわりに

本章では、七世紀後半から八世紀前半の倭国・日本と新羅の関係を、新羅の「請政」と日羅関係の悪化過程に注目して検討し、以下の結論を得た。第一に、新羅の請政や高位の使者の派遣、多量の調の献上などの対倭低姿勢外交は、旧百済領・小高句麗国・耽羅等を含めた朝鮮半島中南部の支配を安定化させるためのものである。第二に、日羅関係悪化の画期は、王城国事件ではなく、天平八年（七三六）の日本遣新羅使が「常ノ礼ヲ失ヒテ、使ノ旨ヲ受ケズ」という扱いを受けたことである。第三に、新羅が日本の使者への対応を変更した最大の理由は、浿江以南の地の割譲による羅唐関係の改善をふまえ、慰労詔書を受け取ることで発生する日本上位の礼を回避するためと考えられる。

以上からすれば、「東夷の小帝国」倭国・日本と統一新羅との関係は、東部ユーラシアの国際関係全体に大きく影響されていたといえる。羅唐戦争の終結後にも新たな新羅遠征が計画されるが、西方における吐蕃の勢力伸長により中止されるなど、羅唐関係は潜在的な対立が続く一方、新羅自身も羅唐戦争で確保した朝鮮半島中南部の支配安定という課題を抱えていた七世紀後半段階では、新羅は倭国に対して朝貢外交を行い、さらに請政などの低姿勢外交も展開していた。続いて、新羅による朝鮮半島中南部の支配は安定したが、平壌以南の地をめぐる唐との潜在的な対立が完全には改善されていない八世紀前半段階では、新羅は日本への朝貢外交は継続する一方、請政などの低姿勢外交は放棄している。最後に、契丹・可突于の再度の乱を端緒にした、契丹・奚・渤海の唐からの離反と突厥への従属、唐と契丹・奚・渤海・突厥との武力衝突の中で、新羅が唐に助力した報償として浿江以南の地を割譲され、羅唐間の潜在的な対立が解消された孝成王元年（七三六）以降の段階では、新羅は日本に対する朝貢外交を拒否するようになり、また日本遣新羅使への対応を変更して、慰労詔書に代表される日本上位の礼を回避したと思われる。[64]

ただし、八世紀後半の日羅関係にまで視野を広げた場合には、天平勝宝四年（七五二）に来日し、日羅関係を一時的に改善させた新羅王子金泰廉を、どのように位置付けるかという問題が残されている。新羅による王子派遣は、持統九年（六九五）に請政を実施した金良琳以来のことであるが、第二節第二項で言及したように、翌天平勝宝五年（七五三）に派遣された小野田守は、「慢ニシテ無礼」として放還されているので、新羅が再度日本に対する朝貢外交を容認したと考えることはできない。また、東部ユーラシアの国際関係が大きく変化するのは、天宝十四載（七五五）に発生した安史の乱以降のことであり、[65]金泰廉の来日理由を新羅の外部環境の変化に求めることも、現状の理解では困難である。この点に関しては、今後の課題としたい。

注

（1）「東夷の小帝国」に関しては、石母田正「日本古代における国際意識について——古代貴族の場合——」・「天皇と「諸蕃」——大宝令制定の意義に関連して——」（ともに『石母田正著作集四　古代国家論』岩波書店、一九八九、一一—一三頁・一五—三四頁。初出一九六二・一九六三）、拙稿「古代東アジア地域対外関係の研究動向

──「冊封体制」論・「東アジア世界」論と「東夷の小帝国」論を中心に──」（同『東アジアの国際秩序と古代日本』吉川弘文館、二〇一一、一一－二二頁。初出二〇〇八）参照。

（2）鈴木靖民「奈良初期の対新羅関係」・「養老期の対新羅関係」・「天平初期の対新羅関係」・「奈良時代における対外意識──『続日本紀』朝鮮関係記事の検討──」（いずれも同『日本古代対外関係史の研究』吉川弘文館、一九八五、一一三－一三八頁・一三九－一六〇頁・一六一－一七九頁・一八〇－二二五頁。初出一九六七・一九六七・一九六八・一九六九）、濱田耕策「聖徳王代の政治と外交──通文博士と倭典をめぐって──」・「中代・下代の内政と対日本外交──外交形式と交易をめぐって──」・「対日本外交の終幕──日唐間の情報と人物の中継をめぐって──」（いずれも同『新羅国史の研究──東アジア史の視点から──』吉川弘文館、二〇〇二、一二二－一四八頁・三二八－三七三頁・三七四－三九五頁。初出一九七九・一九八三・一九九七）、古畑徹「七世紀末から八世紀初にかけての新羅・唐関係──新羅外交史の一試論──」（『朝鮮学報』一〇七、一九八三、一－七三頁）、同「日渤交渉開始期の東アジア情勢──渤海対日通交開始要因の再検討──」（『朝鮮史研究会論文集』二三、一九八六、八五－一一四頁）、同「唐渤紛争の展開と国際情勢」（『集刊東洋学』五五、一九八六、一六－三四頁）、石井正敏「八・九世紀の日羅関係」（鈴木靖民他編『石井正敏著作集一　古代の日本列島と東アジア』勉誠出版、二〇一七、一三〇－一七二頁。初出一九八七）など。

（3）羅唐戦争とは、高句麗の滅亡後に発生した、旧百済領などの帰属をめぐる新羅と唐の戦争である。羅唐戦争の推移に関しては、古畑徹「七世紀末から八世紀初にかけての新羅・唐関係」（注2前掲）、盧泰敦著・橋本繁訳『古代朝鮮　三国統一戦争史』（岩波書店、二〇一二）、植田喜兵成智「唐人郭行節墓誌からみえる羅唐戦争──六七一年の新羅征討軍派遣問題を中心に──」（『東洋学報（東京）』九六－二、二〇一四、一－三四頁）参照。

（4）古畑徹「七世紀末から八世紀初にかけての新羅・唐関係」（注2前掲）。なお近年植田喜兵成智氏は、羅唐戦争の結果、新羅国内では唐に対する鋭い対立意識が発生していたことを明らかにした。植田喜兵成智「羅唐戦争終結期記事にみる新羅の対唐意識──『三国史記』文武王十四・十五・十六年条の再検討──」（『史滴』三六、二〇一四、九六－一二三頁）。

（5）新羅の外交関係と東部ユーラシアの国際政局との関係は、菅沼愛語「七世紀後半の東部ユーラシア諸国の自立への動き──「唐・吐蕃戦争」と新羅の朝鮮半島統一・突厥の復興・契丹の反乱・渤海の建国との関連性──」

（同『七世紀後半から八世紀の東部ユーラシアの国際情勢とその推移――唐・吐蕃・突厥の外交関係を中心に――』渓水社、二〇一三、二三―六一頁。初出二〇〇九）、盧泰敦著・橋本繁訳『古代朝鮮　三国統一戦争史』（注3前掲）第四章「新・唐戦争と日本、吐蕃」参照。

（6）濱田耕策「聖徳王代の政治と外交」・「中代・下代の内政と対日本外交」（ともに注2前掲）、河内春人「新羅使迎接の歴史的展開」（『ヒストリア』一七〇、二〇〇〇、一―二三頁）など。

（7）拙稿「宰相・大臣との会見儀礼と天平六年新羅使」（注1前掲書、一八八―二〇四頁。新稿）参照。

（8）鈴木靖民「七世紀末における日羅関係の一斑――新羅使の「請政」について――」（『朝鮮史研究会会報』一〇、一九六六、四―五頁）。

（9）小高句麗国とは、羅唐戦争時に新羅が高句麗遺民を結集させるため金馬渚（全羅北道益山市）に置いた傀儡政権で、文武王十年（六七〇）に建国されるが、神文王三年（六八三）に新羅に併合された。小高句麗国に関しては、村上四男「新羅と小高句麗国」（『朝鮮学報』三七・三八、一九六六、二八―七二頁）、新蔵正道「天武朝の対外関係と小高句麗」（横田健一編『日本書紀研究』二〇、一九九六、二九一―三二〇頁）、井上直樹「高句麗遺民と新羅――七世紀後半の東アジア情勢――」（『東洋史研究』七五―一、二〇一六、九八―一三六頁）参照。

（10）古畑徹「七世紀末から八世紀初にかけての新羅・唐関係」（注2前掲）。

（11）古畑氏自身も、「六七六年については、対唐戦争、六九五年については孝昭王即位の事情について説明し、一定の支持を取り付けるためのものではなかったかと思うが、推測の域を出ない」（同「七世紀末から八世紀初にかけての新羅・唐関係」〔注2前掲〕注60）としているように、六七六・六九五両年の請政に関しては成案を得ていない。

（12）『日本書紀』のテキストは日本古典文学大系本を使用した。

（13）『三国史記』巻八・新羅本紀・神文王七年（六八七）二月条に「元子生マル」とあり、神文王の長子である孝昭王は六八七年生まれ（六九二年の即位時点で五歳）であることが確認できる。また、持統七年（六九三）来倭の新羅使に関する史料は以下の通りであり、請政を確認することはできない。

【『日本書紀』持統七年（六九三）二月壬戌（三日）条】

新羅遣㆓沙飡金江南・韓奈麻金陽元等㆒、来赴㆓王喪㆒。

【『日本書紀』持統七年（六九三）三月乙巳（十六日）条】
賜下擬レ遣二新羅一使直広肆息長真人老・勤大弐大伴宿禰子君等、及学問僧弁通・神叡等、絁綿布上、各有レ差。又賜二新羅王賻物一。

なお新羅は、天武十年（六八一）来倭の文武王の告喪使でも、持統七年（六九三）来倭の神文王の告喪使でも、王位継承に関する請政を実施していない。これは、請政を宗主国への国政報告ではなく、対倭外交上の特使とする古畑氏の理解を裏付ける。

(14) 耽羅に関しては、森公章「古代耽羅の歴史と日本――七世紀後半を中心として――」（同『古代日本の対外認識と通交』吉川弘文館、一九九八、二四〇―二七二頁。初出一九八六）、筧敏生「耽羅王権と日本」（同『古代王権と律令国家』校倉書房、二〇〇二、九六―一一五頁。初出一九八九）を参照。なお、『三国史記』巻七・新羅本紀・文武王十九年（六七九）二月条には、「使ヲ発シテ耽羅国ヲ略ス」とあるため、新羅が耽羅に兵を発して従属させたと理解されることもあるが、当該条の「略ス」は「経略する、おさめる」の意であり、新羅は耽羅を平和裏に従属させたと理解しなければならない。持統七年（六九三）に前掲Bのような耽羅の独自外交が行われた背景には、このような耽羅の従属事情も存在していたと思われる。

(15) 酒寄雅志「古代東アジア諸国の国際意識――「中華思想」を中心として――」（一九八三年度歴史学研究会大会報告『東アジア世界の再編と民衆意識』青木書店、一九八三、二五―三四頁）、拙稿「唐宋期周辺諸勢力の外交儀礼について――「東夷の小帝国」倭国・日本の位置――」（注1前掲書、三一一―三四〇頁。新稿）参照。

(16) 天平十年（七三八）周防国正税帳では、耽羅人は「耽羅国人」ではなく「耽羅島人」と記されていた。筧敏生「耽羅王権と日本」（注14前掲）一一一―一一三頁参照。

(17) 『三国史記』巻三八・職官志上・大輔条参照。

(18) 古畑徹「七世紀末から八世紀初にかけての新羅・唐関係」（注2前掲）。

(19) この請政以降、小高句麗遣倭国使も、倭国遣小高句麗使も登場していないことからすれば、前項で取り上げた持統九年（六九五）の請政と同様に、この請政で小高句麗国の併合問題が最終的に解決したと考えることができる。

(20) 小高句麗国の遣日本使には、六七三年以降は常に新羅の送使が付いている（井上直樹「高句麗遺民と新羅」

〔注9前掲〕一一九―一二二頁）が、耽羅の遣日本使には一度も新羅の送使は付いていない。天武十四年（六八四）には、前掲Fのように遣小高句麗使も派遣されているのだが、新羅の対倭外交の案件としてより重要度が高いのは、独自外交を制限できていない耽羅に関する事項ということは明白である。

(21) なお、前掲Eに見える遣新羅使の高向麻呂は、翌天武十四年（六八五）五月に帰国するが、その際に新羅王から多量の調を託されている（『日本書紀』同年五月辛未〔二十六日〕条。倭国遣新羅使が新羅王から多量の調を託されたことが見えるのはこの条文のみ）ことからすれば、この時期の新羅が倭国に対して特に低姿勢で外交を進めていたことは明らかである。

(22) 前掲C・Dの請政使は倭国に五〜六ヶ月滞在し、しかも中央から使者が派遣されているのに対して、以下に掲げるように、持統二年（六八八）の耽羅使は、滞在約一ヶ月で帰国のための饗を催されており、中央からの使者派遣は確認できない。この点に関しては、拙稿「七世紀後半における倭国の外交儀礼」（本書第三部第二章）も参照。

【『日本書紀』持統二年（六八八）八月辛亥（二十五日）条】
耽羅王遣㆓佐平加羅㆒、来献㆓方物㆒。
【『日本書紀』持統二年（六八八）九月戊寅（二十三日）条】
饗㆓耽羅佐平加羅等於筑紫館㆒、賜㆑物各有㆑差。

(23) 七世紀後半に新羅が倭国に対して多量の調を献上したことに関しては、羅唐戦争とそれに伴う羅唐間の潜在的対立関係を背景に、倭国を上位に置く礼式を表明したことの反映ではあるが、倭国では入手困難な物品を含む多量の物品を調として献上するという行為は、同時に新羅の倭国に対する先進意識と自負心の表明でもある。この点に関しては、新川登亀男「調（物産）の意味」・「調と別献物」・「新羅における立太子と別献物の登場」（いずれも同『日本古代の対外交渉と仏教――アジアのなかの政治文化――』吉川弘文館、一九九九、九―三五頁・三五―五七頁・五七―九二頁。初出一九八八・一九八九・一九九二）参照。

(24) 盧泰敦著・橋本繁訳『古代朝鮮　三国統一戦争史』、植田喜兵成智「唐人郭行節墓誌からみえる羅唐戦争」（ともに注3前掲）参照。

(25) 『日本書紀』によれば、新羅から多量の調がもたらされたのは、天武八年（六七九）以降に限られているのだが、これは筑紫で全ての使者の応対を開始して、筑紫大宰が新羅の調の内容を中央に報告していた時期（後掲拙稿の第Ⅳ期）と一致しているので、新羅使が原則入京している天武七年（六七八）以前（後掲拙稿の第Ⅲ期）にも、多量の調の献上が行われていた可能性は高いと思われる。倭国の外交儀礼の時期区分に関しては、拙稿「七世紀後半における倭国の外交儀礼」（注22前掲）参照。

(26) 盧泰敦著・橋本繁訳『古代朝鮮　三国統一戦争史』（注3前掲）一九二―一九三頁。

(27) 百済王氏に関しては、筧敏生「百済王姓の成立と日本古代帝国」（注14前掲書、一五一―五三頁。初出一九八九）などを参照。

(28) 古畑徹「七世紀末から八世紀初にかけての新羅・唐関係」（注2前掲）。

(29) また、新羅が旧百済領を掌握した後、唐が攻勢に出るのは六七二年八月の石門の戦い、六七三年九月の臨津江（ソウル―開城間を流れる大河で、河口部で漢江と合流する）流域の戦いであるが、唐軍はこの段階では臨津江を越えて南下することはできず、六七五年二月に臨津江南岸の七重城で新羅軍を撃破したものの、同年九月の泉城と買肖城の戦いで新羅軍に敗れ、形勢は逆転している。今回の請政使の新羅出発時点は文武王十六年（六七六）前半と思われるので、羅唐戦争に関わる事項は扱われた可能性はあるが、重要性は高くないと思われる。羅唐戦争の経過に関しては、盧泰敦著・橋本繁訳『古代朝鮮　三国統一戦争史』・植田喜兵成智「唐人郭行節墓誌からみえる羅唐戦争」（ともに注3前掲）、井上直樹「高句麗遺民と新羅」（注9前掲）参照。

(30) 盧泰敦著・橋本繁訳『古代朝鮮　三国統一戦争史』（注3前掲）、植田喜兵成智「羅唐戦争終結期記事にみる新羅の対唐意識」（注4前掲）。ただし、『三国史記』巻七・新羅本紀・文武王十六年（六七六）十一月条に記される伎伐浦海戦に関しては、同条の後文に「又タ進ミテ、大小二十二戦シテ之ニ克ツ」とあり、伎伐浦海戦も含めた一定期間の戦いを総括した記事ということが明白であるので、六七六年十一月以前の海戦と考えるべきであろう。

(31) 天武六年（六七七）の耽羅遣倭国使は、新羅本使と同様に入京を許されている。『日本書紀』天武七年（六七八）正月己卯（二十二日）条参照。

(32) 『日本書紀』天武八年（六七九）九月庚子（二十三日）条に、「高麗ニ遣ハス使人、耽羅ニ遣ハス使人等返ル。共ニ朝庭ヲ拝ス」とある。

(33)　耽羅は天武二年（六七三）、同四年（六七五）、同六年（六七七）と連続して倭国に王族を派遣しており、しかも天武四年（六七五）には国王自ら来倭しているように、耽羅は倭国に接近することで生き残りを模索していた。そのため、この段階で耽羅に関する請政がなされたとしても、効果を挙げたかは不明である。

(34)　なお、新羅の請政は、小高句麗国の併合問題や耽羅の帰属問題が発生した後に行われており、旧百済領の掌握以前や小高句麗国の併合前、耽羅の従属前には行われていない。これは、新羅の請政が、あくまでも問題が発生した後の対処として実施されていたことを示しているので、仮に倭国の遣小高句麗使や遣耽羅使、耽羅の遣倭国使が派遣されていなければ、新羅の請政も行われていない可能性がある。

(35)　『日本書紀』持統三年（六八九）五月甲戌（二十二日）条参照。なお、新羅から「奉勅人」の官位を格下げされた遣新羅使の田中法麻呂は、任命記事は『日本書紀』持統元年（六八七）正月甲申（十九日）条であるが、帰国記事は同三年（六八九）正月辛酉（八日）条である一方、前述の同年五月甲戌条には持統二年（六八八）に派遣したとあるように、記事に混乱がみられる。ただし、持統元年（六八七）には請政が行われているように、六八七年段階の新羅は倭国重視の外交方針を堅守していることからすれば、田中法麻呂の新羅到着は持統二年（六八八）である可能性が高い。

(36)　新羅使の元日朝賀への参列は文武二年（六九八）が初見であり、新羅への慰労詔書の発給は慶雲三年（七〇六）が初見である。

(37)　鈴木靖民「金順貞・金邕論――新羅政治史の一考察――」（注2前掲書、三一一―三三一頁。初出一九六七）、濱田耕策「聖徳王代の政治と外交」・「中代・下代の内政と対日本外交」、古畑徹「唐渤紛争の展開と国際情勢」、石井正敏「八・九世紀の日羅関係」（以上、注2前掲）、平澤加奈子「八世紀後半の日羅関係――宝亀十年新羅使を中心に――」（『白山史学』四二、二〇〇六、四二―七三頁）。

(38)　濱田耕策「聖徳王代の政治と外交」・「中代・下代の内政と対日本外交」、石井正敏「八・九世紀の日羅関係」（以上、注2前掲）、河内春人「新羅使迎接の歴史的展開」（注6前掲）、平澤加奈子「八世紀後半の日羅関係」（注37前掲）。

(39)　拙稿「宰相・大臣との会見儀礼と天平六年新羅使」（注7前掲）

(40)　多治比県守が入朝の旨を問う使者ではないとすれば、日本側が新羅使の入朝の旨を尋問した初見は、『続日本紀』天平宝字四年（七六〇）九月癸卯（十六日）条にまで下ることになる。そのため、八世紀前半の新羅使に対する迎接方法と、八世紀後半の新羅使に対する迎接方法は、全く異なると考えるべきであろう。この点に関しては、河内春人「新羅使迎接の歴史的展開」（注6前掲）も参照。

(41)　なお、今回の日本遣新羅使の帰国後、日本側では「兵ヲ発シテ征伐ヲ加ヘヨ」との意見が出た（『続日本紀』天平九年〔七三七〕二月丙寅〔二十二日〕条）ことにも注意しなければならない。ただしこの時点では、天然痘の流行により社会の疲弊が進行したことや、藤原四子政権が崩壊したことなどにより、新羅征討に関する施策は実行されていないのだが、新羅征討計画自体は藤原仲麻呂政権に受け継がれていくことを考えるならば、今回の日本遣新羅使の一件は、その後の日羅関係に大きな影響を与えたことは確実であろう。新羅征討計画と東北での版図拡大方針が、天然痘の流行と大仏造立により約二十年間中断していたことに関しては、鈴木拓也「天平九年以後における版図拡大の中断とその背景」（今泉隆雄先生還暦記念論文集刊行会編『杜都古代史論叢』同論文集刊行会、二〇〇八、二七―四五頁）を参照。

(42)　濱田耕策「聖徳王代の政治と外交」（注2前掲）、平澤加奈子「八世紀後半の日羅関係」（注37前掲）。

(43)　井上直樹「八世紀中葉の新羅・唐関係――孝成王代を中心に――」（『唐代史研究』一二、二〇〇九、四―二六頁）。以後本章では、井上氏の検討結果に基づいて、孝成王元年を七三六年とする。

(44)　『続日本紀』によれば、天平八年（七三六）の日本遣新羅使は、二月戊寅（二十八日）に任命され、四月丙寅（十七日）に辞見しているが、『万葉集』巻一五には「天平八年丙子夏六月、使ヲ新羅国ニ遣ハスノ時」の歌百四十五首が収録されているので、難波出港は六月と考えられる。

(45)　古畑徹「唐渤紛争の展開と国際情勢」、石井正敏「八・九世紀の日羅関係」（以上、注2前掲）。

(46)　七三〇年から七三五年にかけての東部ユーラシア情勢に関しては、古畑徹「唐渤紛争の展開と国際情勢」（注2前掲）、菅沼愛語「唐と突厥第二可汗国の和戦」・「八世紀前半の東部ユーラシアの国際情勢――多様な外交関係の形成とその展開――」（ともに注5前掲書、一四九―一八八頁・六二―一一九頁。初出二〇〇一・二〇〇九、二〇一〇）、速水大「開元二十二年の唐と契丹」（『明大アジア史論集』一八、二〇一四、一八九―二〇六頁）を参照。

(47)　古畑徹「唐渤紛争の展開と国際情勢」（注2前掲）。

(48) 古畑徹「日渤交渉開始期の東アジア情勢」、同「唐渤紛争の展開と国際情勢」、石井正敏「八・九世紀の日羅関係」(以上、注2前掲)。

(49) 石井正敏「八・九世紀の日羅関係」(注2前掲)。

(50) なお、浿江以南の地が新羅に割譲された正確な時期は不明である。古畑徹「唐渤紛争の展開と国際情勢」(注2前掲)参照。

(51) このように考えれば、聖徳王の在位中(七〇二─七三六)には、新羅は日本への朝貢外交を維持し続け、孝成王の即位前後に外交方針を変化させたことになる。また、上大等の金思恭は、日本との対等外交を志向したとされてきたが、金思恭の上大等在任期間(七二八─七三七)は新羅が日本への朝貢外交を維持していた時期とほぼ重なるので、むしろ対日外交を重視した人物として理解するべきではないだろうか。

(52) 『続日本紀』天平十五年(七四三)四月甲午(二十五日)条参照。

(53) 『三国史記』のテキストは韓国精神文化研究院本を使用した。

(54) 前項Lによれば、日本側は「前王承慶」(孝成王)の時代には新羅は恒礼を闕失したが、「今彼王軒英」(景徳王)は前過を改悔したと認識しているので、Mは景徳王代ではなく、孝成王代のこととするのがよいと思われる。

(55) 承和三年(八三四)に派遣された紀三津に関しては、西別府元日「九世紀前半の日羅交易と紀三津「失使旨」事件」(岸田裕之編『中国地域と対外関係』山川出版社、二〇〇三、三─二八頁。初出二〇〇〇)、山崎雅稔「新羅国執事省牒からみた紀三津「失使旨」事件」(木村茂光編『日本中世の権力と地域社会』吉川弘文館、二〇〇七、一六─五四頁)、鄭淳一「承和年間における対外交渉と新羅康州」・「承和三年の新羅国執事省牒にみえる「島嶼之人」」(ともに同『九世紀の来航新羅人と日本列島』勉誠出版、二〇一五、九三─一一九頁・一二〇─一六一頁。初出二〇一〇・二〇一三)参照。

(56) 濱田耕策「対日本外交の終幕」(注2前掲)、平澤加奈子「八世紀後半の日羅関係」(注37前掲)。

(57) 石井正敏「八・九世紀の日羅関係」(注2前掲)。

(58) 石井正敏「『古語拾遺』の識語について」(『日本歴史』四六二、一九八六、七五─八六頁)、同「八・九世紀の日羅関係」(注2前掲)。

(59) 次の史料を参照。テキストは訳注日本史料本を使用した。

【『日本後紀』延暦二十三年九月己丑（十八日）条】

遣二兵部少丞正六位上大伴宿禰岑万里於新羅国一。太政官牒曰、遣二使唐国一、脩聘之状、去年令三大宰府送二消息一訖。時無二風信一、遂変二炎涼一。去七月初、四船入レ海、而両船遭レ風漂廻、二船未レ審二到処一。即量二風勢一、定着二新羅一。仍遣二兵部省少丞正六位上大伴宿禰岑万里等一尋訪、若有二漂着一、宜二随レ事資給、令レ得レ還レ郷。不レ到二彼堺一、冀遣レ使入レ唐、訪覓具報。

(60)　石井正敏「八・九世紀の日羅関係」（注2前掲）では、遣使目的が緊急を要することと、使人の捜索・身柄引き取りという実務的な内容であることから、中央の官人ではなく、大宰府の官人を任命したと想定している。

(61)　『日本後紀』延暦二十三年九月己丑（十八日）条（注59に引用）に、「去ル年大宰府ヲシテ消息ヲ送ラシメ訖ヌ」とある。

(62)　慰労詔書の授与儀礼に関しては、石見清裕「唐の国書授与儀礼について」（『東洋史研究』五七―二、一九九八、二四三―二七六頁）、拙稿「唐宋期周辺諸勢力の外交儀礼について」（注15前掲）を参照。

(63)　石井正敏「八・九世紀の日羅関係」（注2前掲）。

(64)　古畑徹「七世紀末から八世紀初にかけての新羅・唐関係」、同「唐渤紛争の展開と国際情勢」（ともに注2前掲）。

(65)　天宝十載（七五一）のタラス河畔の戦いは有名であるが、東部ユーラシアの国際関係を大きく変動させてはいない。むしろ、天宝九載（七五〇）の南詔の唐からの離反と吐蕃への臣従の方が、安史の乱以降の東部ユーラシアの国際関係を一部先取りしたものとして重要である。

第四部　八・九世紀日本の外交関係と君臣秩序

第一章　渤海の対日本外交文書について

――六国史と『類聚国史』の写本調査から――

はじめに

歴史学の研究において、最も重要なものは史料である。日本古代史の研究もその例外ではなく、明治以来、六国史・律令格式を中心とする基本史料が、刊本として公開されることで研究が進展してきた。(1) 現在最も利用されている刊本としては、新訂増補国史大系本（一九六四完結。以下「国史大系本」と略す）を挙げることができるが、六国史に関しては、朝日新聞社本『増補六国史』（一九四〇―四一）も利用されており、さらに前半の三国史に関しては、日本古典文学大系本『日本書紀』（一九六五・六七）、新日本古典文学大系本『続日本紀』（一九八九―九八）、訳注日本史料本『日本後紀』（二〇〇三。逸文を含む）という、より精度の高いテキストが刊行されている。

しかし、『続日本後紀』以降の後半三国史、および『類聚国史』に関しては、現在のところ新たなテキストは刊行されておらず、仁明朝以降の研究を進めていくためには、引き続き国史大系本を使用しなければならない環境にある。その一方で、古代史研究の進展に伴い、国史大系本のテキストに含まれる様々な問題点が指摘されるようになり、(2) これを補うように近年では、影印本の刊行やデジタル化などの手段で、各種写本の公開が進められてきた。(3) その結果、国史大系本の文字を写本で確認するという研究姿勢は、現在では多くの古代史研究者に共有されている。

筆者がこれまで進めてきた外交文書の研究においても、国史大系本のテキストに注意を払わなければならないのは同様である。特に筆者の研究では、書儀[4]を利用しながら外交文書で使用された語句の分析を行う関係上、わずか一文字の存否が論旨を左右することも珍しくはない。そのため、各種写本の調査に基づいた厳密な校訂テキストを作成することは、外交文書研究の進展のためには不可欠といえる。

そのような状況の中、筆者は『訳註　日本古代の外交文書』[5]の編纂に際し、注釈の前提作業として、六国史や『類聚国史』などの写本を調査する機会を得た。この調査の過程で筆者は、渤海の対日本外交文書の中に、写本調査に基づいて現行テキストの文字を改めることで、後半期の日本―渤海関係の理解に再検討を迫る点を発見した。

以下で論じるように、解釈にまで影響するテキストの変更が生じたのは大別して二点、天長元年（八二四）の一紀一貢制施行以前の外交文書と、貞観十八年（八七六）の渤海使が持参した外交文書であり、改めた文字数は合計でわずか四文字である。しかし、前述したように一文字の存否が論旨を左右する研究環境においては、これらの諸点を放置することはできない。そのため本章では、渤海の対日本外交文書のうち、解釈にまで影響するテキストの変更が生じた点を提示するとともに、あわせて後半期の日本―渤海関係に関わる問題についても言及していきたい。

第一節　「蒙恩」と「蒙免」――一紀一貢制以前――

本節では、天長元年（八二四）にいわゆる一紀一貢制（渤海使の来日を十二年に一回と制限する制）(6)が施行される以前の、日本―渤海関係をめぐる問題を扱う。本節で注目したいのは、この時期の渤海の外交文書（王啓）に見える「蒙恩」という語である。「蒙恩（恩ヲ蒙ル）」という語は書簡用語であり、相手の起居（安否）を問うた後、自分が（相手のおかげで）息災であることを伝える語である。まず、渤海の外交文書における初見事例と、関係する書儀の規定として、以下の史料を参照したい。なお、Bに付した算用数字は敦煌漢文文献書儀の校訂番号であり、異同などの詳細は注に記した。

A【『日本後紀』弘仁元年（八一〇）九月丙寅（二十九日）条(7)】

渤海国遣レ使献二方物一。其王啓云、南容等廻、遠辱二書問一。悲切二三考一、慰及二藐孤一、捧読之時、無レ任二哀感一。伏承先帝、仙馭昇遐、太上天皇、怡二神閑館一、万機之重、早識レ所レ帰。孟秋尚熱、伏惟天皇、起居万福。即此元瑜蒙レ恩。天皇継登二宝位一、置命惟新。歓洽二兆民之心一、頼及二一方之外一。在二於文好一、休慼攸レ同、事貴レ及レ時、不レ可二淹滞一。重差二和部少卿兼和幹苑使開国子高南容等一奉レ啓、用申二慶賀之礼一。兼上二土物一、具在二別録一。況南容等、再駕二窮船一、旋渉二大水一。放還之路、恐二動不虞一。伏望、遠降二彼使一、押領同来、実謂レ当レ仁。伏惟照諒、封域遥隔、拝賀未レ由。

B【唐・鄭余慶撰『大唐新定吉凶書儀』寮属起居第六・起居啓条(8)】

孟春猶寒、伏惟官位、尊体動止万福。即日某蒙レ恩。限以二卑守一、不レ獲二拝伏一。下情無レ任二惶懼一。謹奉レ啓起居。不宣、謹啓。

某月日具官姓名啓

Aは、弘仁元年（八一〇）九月に来日した渤海使、高南容が持参した渤海の外交文書である。まず傍線部に注目すると、最初に時候の挨拶（「孟秋尚ホ熱シ」）を述べた上で、相手の起居を問い（「伏惟フニ天皇、起居万福ナラム」）、その上で自らの息災を伝えている（「即チ此レ元璵恩ヲ蒙ル」）。この部分は、早く山田英雄氏が指摘したように書儀に基づいているが(9)、実際にBの傍線部を参照すれば、Aの傍線部に見える表現は書状冒頭部の典型的な構成であり、Bのような何らかの手本に基づくことは明白であろう。

この「蒙恩」という語に関しては、書儀を参照すると詳細な規定が存在しており、どのような相手に対して使用される語であるかを明らかにすることができる。次の史料を参照したい。なお、太字は刊本の文字を改めた部分である（以下同じ）。

C【『刪定儀諸家略集』通例第二・第十二条、第十三条(10)】

凡下[1]情、不具[2]、不宣[3]、伏惟、伏願、珍重等語、通施尊重。自叙皆云二[4]蒙恩一。若患、則[5]指二陳其状一。不レ得レ云二劣勿[6]等語一。

凡**惟**[7]仰、馳係、曠奉、辞奉[8]、安悆、奉問等語、**通施小重**[9]。**自**[10]叙亦可[11]レ云二推[12]免一。

まず前半部（第十二条）では、「下情」以下の語が尊長一般に対して使用されることを示した上で、自らのことを叙す（自分の起居を伝える）場合には「蒙恩」を使用すべきことを規定している。続いて後半部（第十三条）では、「惟仰」以下の語が小重（兄姉など長属相当）(11)に対して使用されることを示した上で、自らのことを叙す場合には「推免」を使用すべきことを規定している。このことからも明らかなように、「蒙恩」は「推免」よりも高い敬意を示す語であり、「下情」や「伏惟」などと同様に(12)、主に世代が上の相手に対して使用される語ということができる。

　このように、渤海の外交文書における「蒙恩」の使用は、渤海側から日本側に表明された敬意の表れと考えることが可能であり、さらに「蒙恩」の語は、弘仁元年（八一〇）以降においても、同十年（八一九）・同十二年（八二一）・承和九年（八四二）・嘉祥二年（八四九）・貞観元年（八五九）・同十四年（八七二）・元慶元年（八七七）と、現行テキストで確認する限りでは毎回使用されている。そのため、この「蒙恩」の語は、渤海の外交文書にBのような書儀の形式が取り入れられて以降、おそらく両者の関係が断絶するまで、一貫して使用されたと考えられてきた。確認のため、以下では弘仁十年（八一九）・同十二年（八二一）の外交文書を提示しておく。

D【『類聚国史』巻一九四・殊俗下・渤海・弘仁十年（八一九）十一月甲午（二十日）条(13)】
渤海国遣レ使献二方物一。上レ啓云、仁秀啓。仲秋已涼、伏惟天皇、起居万福。即此仁秀蒙レ恩。……雲海路遥、未レ期二拝展一。謹奉レ啓。……

E【『類聚国史』巻一九四・殊俗下・渤海・弘仁十二年（八二一）十一月乙巳（十三日）条】
渤海国遣レ使献二方物一。国王上レ啓云、仁秀啓。孟秋尚熱、伏惟天皇、起居万福。即此仁秀蒙レ恩。……青山極レ地、碧海連レ天。拝謁未レ由、伏増二鴻涯一。謹奉レ啓。

しかし、実際に写本の文字を確認していくと、以上の理解は成立しがたいことが明らかとなる。なぜなら、『続日本後紀』と『日本三代実録』に収録されている渤海の外交文書では、『類聚国史』も含めて、諸写本の該当部分は全て「蒙恩」に作るのに対して、『日本後紀』部分、すなわち弘仁元年（八一〇）・同十年（八一九）・同十二年（八二一）の外交文書（前掲A・D・E）では、「蒙恩」に作る写本は皆無であり、『類聚国史』を含めたほぼ全ての写本が「蒙免」に作るからである（表10を参照）。

表10　蒙恩と蒙免

年次	日本後紀		類聚国史巻194		刊本
	天理図書館蔵三条西本	岩瀬文庫蔵柳原本	尊経閣文庫蔵模写本	内閣文庫蔵徳川吉宗蒐集本	訳注日本史料本
弘仁元	蒙免	蒙免	──	──	蒙恩(意改)
弘仁10	──	──	蒙免(ヵ)	蒙無	蒙恩(意改)
弘仁12	──	──	蒙免	蒙免	蒙恩(意改)

・天理図書館蔵三条西本・岩瀬文庫蔵柳原本に関しては、遠藤慶太「『日本後紀』の諸本と逸文」(同『平安勅撰史書研究』皇學館大学出版部、2006、50-76頁。初出2002)を参照。
・尊経閣文庫蔵模写本に関しては、吉岡眞之「類聚国史」(皆川完一他編『国史大系書目解題』下、吉川弘文館、2001、97-160頁)を参照。
・内閣文庫蔵徳川吉宗蒐集本(特102-1)には、「右類聚国史巻第百九十四西三條中納言所献今以続日本後紀三代実録校正焉」との奥書が見える。
・尊経閣文庫蔵模写本の弘仁10年部分は、「免」と「无」の中間の文字であり、「免」と判読した。

ところが、訳注日本史料本では、前掲A・D・Eをいずれも「蒙恩」に意改している。その根拠は、承和年間以降の事例では全て「蒙恩」とあることと[14]、渤海の外交文書に影響を与えた書儀の規定(Bなど)でも「蒙恩」とあることと考えられるのだが、原本の文字は可能な限り尊重すべきなので、A・D・Eが「蒙免」として解釈できるのであれば、いたずらに意改をすることは慎まなければならない。

それでは、A・D・Eの外交文書は「蒙免」というテキストで解釈することができるのであろうか。ここで問題となるのは、前掲Cなどの書儀の規定で登場する同種の語は「推免」であり、「蒙免」ではないということと、唐人《とうひと》の別集で「蒙免」という語が使用されているのは、韓愈『昌黎先生集』巻一九・答魏博田僕射書に見える、「即日愈蒙免蒙恩」という不審な事例[15]のみということである。そのため、一見「蒙免」というテキストで解釈することは不可能なようであるが、実は書儀の中には、書状の実例を列挙した部分や、後代の略本と推定されるものを中心に、「蒙免」が使用されている事例を十例見出すことができる。煩雑にはなるが、確認の意味を含めて以下に列挙しておく。

F【「吐蕃占領敦煌初期漢族書儀」第十七首(16)】
某使至、辱㆑問、深慰㆓馳情㆒。孟秋尚熱、伏惟動静康勝。某蒙㆑免。既忝㆓親隣㆒、同憂㆓禍乱㆒、蒙㆓諮留後㆒、発㆓遣専使㆒、城池獲㆑安、実頼㆓其力㆒。惟昭悉。限以㆓所守㆒、展豁未㆑従、人李西流、音塵勿㆑間。

G【「吐蕃占領敦煌初期漢族書儀」第二十五首(17)】
伏惟〈判官〉、某蒙㆑免。流沙西極、人戸凋残、引㆓領東瞻㆒、庶㆓幾疵仮㆒。珍々重々。所守有㆑限、拝奉未㆑由、下情、伏増、不宣、謹状。

H【「吐蕃占領敦煌初期漢族書儀」第二十八首(18)】
執㆑手未㆑幾、但増㆓馳望㆒。秋冷、伏惟論兄動静康愈。某蒙㆑免[1]。官寮等並平安、諸務尋常。事了早[2]赴㆑州、撫㆓宰百姓㆒、所々望々。未㆓即相見㆒、馳㆑心尚鯨、謹。

I【「吐蕃占領敦煌初期漢族書儀」第三十六首(19)】
遠承㆓車騎㆒、久在㆓秦川㆒。万里蕭條、尺素難㆑達。季夏毒熱、伏惟動止[1]康勝。某蒙㆑免。遥瞻㆓東耗㆒、早[2]晩南轅。沐雨櫛風、野次㆓山谷㆒。儻因㆓廻靶㆒、時嗣㆓徳音㆒。謹因。

J【唐・張敖撰『新集吉凶書儀』巻上・僧道吉書儀・俗人与僧人書条(20)】
頂奉雖㆑近、馳誠寔[1]深。春首[2]尚寒、伏惟和尚法体勝㆑常[3]。即此某蒙㆑免。以和尚澄[4]㆑心幽寂、摂㆑性[5]禅林[6]、感㆓動衆心㆒、帰㆓依正覚㆒。弟子限以㆓俗塵㆒、未㆑由㆓頂[7]謁[8]㆒、勤慕之至、難㆓以喩言㆒。謹奉㆑状。不宣[9]、弟子姓[10]名和南[11]。〈如不㆓是門師㆒、即不㆑要㆑稱㆓弟子㆒。〉和尚〈法前。亦[12]云㆓座前㆒。〉

K【唐・張敖撰『新集吉凶書儀』巻上・僧道吉書儀・僧人答俗人書条(21)】
闕[1]㆑叙既久、馳[2]仰毎深。忽奉㆓栄[3]翰㆒、殊慰㆓勤謁[4]㆒。春景暄和、伏惟[5]某官動止康和。即此某蒙㆑免。某雖レ居二一室一、未レ弁二三空一6、行業荒蕪7、虚労二問及一、未レ由二披展一、馳企難レ言。謹奉二還状一。不宣、釈某状8上。〈僧道書、言詞軽重与レ俗並同。唯只9不レ言二再拝頓首10字一。〉某官11〈閣下。亦云二12記室一。如前人稍13小、即云二14侍者執事謹空一。〉

L【唐・張敖撰『新集吉凶書儀』巻上・夫与妻書条㉒】

執レ別已久、思慕毎1深、信使不レ通、音書2断絶。春景暄和、惟3第4幾娘子動止康和、児女等各得二佳健一。此某蒙レ免。今承二官役一、且得二平善一、憂二念家中一、豈可二言述一。好須二5侍奉一6、〈如無二父母一、不レ要二此語一。〉男女厳二切教令一7、不レ得レ令二其猖蕩一。限以二所8役一、展款未レ由、空積二思慕一9。今因二某乙往一附レ状。不宣、某状通。幾娘子。10〈左11右。〉

M【「晩唐的一種吉凶書儀」第七首㉓】

寒温、惟動納珍勝。某蒙レ免。択レ才吾賢先唱、復聞レ任レ理、特著二嘉声一。忝為二近官一、固増二欣慰一、未レ遂二拝賀一、馳情日深。謹因二使還一奉レ状。不宣、謹状。月日准上。

N【「晩唐的一種吉凶書儀」与夫書条㉔】

辞奉久、馳仰増深、不レ枉二近書一、無レ慰二傾望一。寒温、惟動用珍勝。即此大君大家動止万福、男女等無レ恙。児蒙レ免。未レ由二展奉一、但増二馳系一。謹奉レ状。不宣、謹状。月日准上。

O【『新集書儀』与僧人書条㉕】

久闕二1頂謁一、馳結但2深。孟春猶寒3、伏惟和尚4法体勝レ常。即5此某蒙レ免6。切以和尚澄レ心幽寂、摂レ性7禅林、感二8動9衆心一、帰二依正覚一。弟子某乙、限以二王事一、礼謁未レ由、〈亦云、限以二塵俗一、未レ由二頂謁一10。〉伏増二恋結一之至。〈亦云、勤11慕12之至、難二以喩言一。〉謹奉レ状。不宣、弟子某乙状上13。〈亦云二稽首一14、或云二和南一15。〉

不二是[16]門師一[17]、不レ稱二弟子一亦得[18]。〉開行月日、開行和尚〈法前。亦云二座前一、亦云二香案一[19]。〉

このように、自らの息災を伝える語として「蒙免」が存在したことを確認できる。(26) そのため、A・D・Eの外交文書に関しても、「蒙恩」に作る信頼すべき写本が存在していない以上は、後代の事例を参照して「蒙恩」と意改するのではなく、写本に記されている「蒙免」のままで解釈を試みるべきであろう。

それでは、A・D・Eの該当部分を「蒙免」と改めるならば、後半期日本―渤海関係の理解はどのように変化するのであろうか。前述の通り、従来は弘仁元年（八一〇）以降、渤海の外交文書では一貫して「蒙恩」が使用されたと考えられてきたが、A・D・Eで使用された語が「蒙免」であるとすれば、「蒙恩」が使用されたのは『続日本後紀』以降の時期に限定されることとなり、『日本後紀』の時期においては、確認できる限りでは全て「蒙免」が使用されたことになる。言い換えれば、渤海の対日本外交文書における自らの息災を告げる語は、「蒙免」から「蒙恩」に変化していたといえる。それでは、この変化は何を意味しているのであろうか。この点に関しては、次の史料を参照したい。

P【唐・鄭余慶撰『大唐新定吉凶書儀』序(27)】

……姨舅云二不具再拝一、今改云二不宣再拝一。兄姉云二履体如何一、今改云二動止康和一。……

Pは、元和六・七年（八一一・八一二）に成立したと推定される、鄭余慶撰『大唐新定吉凶書儀』の序であり、兄姉に使用する語を従来の「履体如何」から「動止康和」へと改めたことが記されている。ここで注目したいのは、前掲の「蒙免」が使用されている十例（F〜O）のうち、K・Lの二例ではこの「動止康和」の語が見えることである。この点から判断するならば、K（僧侶→俗人）とL（夫→妻）が示す敬意は兄姉（長属）相当であり、他の八例もほぼ同様の礼と想定することができるが、これを裏付けるように、Hでは宛所を「論兄(28)」と記しており、Lでは傍系尊属以上には使用されない「惟」[29]が見えているなど、F〜Oには他にも長属相当の礼がいくつか散見している。そのため、F〜Oで使用されている「蒙免」の語についても、表明する敬意は長属相当であり、世代が上の相手にも使用することができる「蒙恩」よりは薄礼ということができる。

このように考えるならば、渤海の対日本外交文書における「蒙免」から「蒙恩」への変化は、日本に対する敬意の明確化を意味することになる。この変化は、弘仁十二年（八二一）から承和九年（八四二）の間に発生しているることから、天長元年（八二四）に施行された一紀一貢制との関連が想定できるのだが、一紀一貢制の施行が以降の日本—渤海関係を大きく規定したのに対して、渤海の対日本外交文書における「蒙免」から「蒙恩」への変化は、それだけでは日本—渤海間の名分関係を大きく変えるものではないので、一紀一貢制に対する渤海側の反応と即断することはできない。この点は、後半期の日本—渤海関係全体に関わる問題でもあるので、渤海が日本に対する敬意を明確化した背景については、次節で論じる元慶元年（八七七）の事例も含めた上で検討していきたい。

第二節　啓と状について

本節では、貞観十八年（八七六）来日渤海使の一件を中心とする、日本—渤海関係の問題を扱う。本節で注目したいのは、「渤海王啓」と呼び習わされる渤海の対日本外交文書の様式であるが、まずは前提として、この時の渤海使派遣の背景と顚末を述べていく。

これより先、貞観十三年（八七一）に、十二年の年期を満たした渤海使楊成規らが来日して、同十四年（八七二）に入京・帰国したが、さらにその翌年、貞観十五年（八七三）には渤海の遣唐使崔宗佐・門孫宰一行が日本に漂着して、同十六年（八七四）に食料などの援助を受けて無事帰国した。渤海側はこの一連の厚遇を謝し、あわせて日本からの遣渤海使の復活を求めるために楊中遠らを日本に派遣したのだが、貞観十八年（八七六）十二月に出雲に来着した楊中遠一行は、年期を満たしていないという理由で入京を許されず、また遣渤海使の復活も果たされることなく帰国している。(30)

この時の渤海使に関する外交文書としては、渤海王からの外交文書と中台省の牒が『日本三代実録』に、太政官からの返牒が『都氏文集』巻四に残存しているが、ここでは問題となる渤海王からの外交文書を掲げる。次の史料を参照したい。なお、当該部は『日本三代実録』の写本に、親本（三条西家本）以前の段階から欠損が生じているので、(31)欠損部は［　］で示して、適宜『類聚国史』（尊経閣文庫所蔵模写本）で補訂した。

Q【『日本三代実録』元慶元年（八七七）四月十八日条(32)】

……［王］啓曰、玄錫啓。季秋極涼、伏惟天皇、起［居万］福。即此玄錫蒙レ恩。廼者、使楊成規被レ差、入二観貴国一。得レ達二微誠一、礼畢却返。璽書［国］信、無レ徴頓臻、捧受喜歓、感激之［深。］本国往二唐国一相般検校官門孫宰等所レ乗船一隻、従レ風漂流、着二貴国岸一。天皇特垂二恩念一、仍与二生成一、別賜二粮料一、優賞並蒙、生命全還二本国一。実是善隣之救援、敦二［於当時一、久要之情］親、逢二於今日一。延レ領南望、伏深抃躍。何［乃得レ不三］木石緘黙、陳二謝深恩一。亦察二旧記一、久与二貴国一、交レ使往来、舟車織レ路。今乃使乎惣絶、已多二歳年一。伏以、礼尚二往来一、聖人所レ貴、聞レ義則従、君子斯宗。如何先祖規摸、常欲レ奉二於是日一、後嗣堂搆、必庶レ継二於前修一。不レ勝二懇［誠一、不レ遑レ待レ紀。］謹差二政堂省孔目官楊中遠一、令下謝二深恩一、［幷請中嘉客上。］伏冀天皇、宣二弘前制一、仍二依故実一、遠垂二皇［華一、廻二］復旧路一。冀不レ閉二大道一、恩二憐遠客一、准

レ例入レ都、提二撕此事一、幸甚々々。限以二滄浪一、未レ由二拝覲一。謹奉レ啓起居。不宣、謹啓。……

Qの冒頭に「玄錫啓」とあるように、渤海王からの外交文書は、神亀四年（七二七）の第一回の遣使以来、原則として啓であると考えられてきた。(33) そして、今回の外交文書においても、冒頭に加えて末尾にも「不宣、謹ミテ啓ス」とあることから、『養老公式令』7啓式条の規定を引くまでもなく、啓であることは明白とされてきた。

しかし、諸写本で文字を確認したところ、今回の外交文書の最末尾の「謹啓」については、宮内庁書陵部蔵谷森本・内閣文庫蔵慶長写本・和歌山大学蔵紀州藩本・京都御所東山御文庫本・国立歴史民俗博物館蔵高松宮本、(34)さらには尊経閣文庫蔵『類聚国史』模写本も含めた合計六本がすべて「謹状」に作っており、「謹啓」に作る信頼すべき写本は皆無であることが判明した。また、国史大系本の頭注には「啓原作状、……並拠類史改」とあり、『類聚国史』に従い「啓」と改めた旨が記されているのだが、ここでいう『類聚国史』とは、尊経閣文庫蔵模写本ではなく、文化十三年（一八一六）に刊行された仙石版本のことであり、文字を改める根拠としては薄弱である。(35) そのため、この場合も前節の事例と同じく、もし「状」として解釈できるのであれば、いたずらに意改をすることは慎まなければならないであろう。

それでは、Qの外交文書は、末尾を「謹状」とするテキストで解釈することができるのであろうか。言うまでもないことであるが、啓と状は全く別の様式である。試みに『全唐文』などに収録される啓と状を通覧すると、啓であれば「某啓」で始まり「謹啓」で結ぶのに対して、書状として用いる状であれば、特に冒頭の文言を記さず「謹状」で結び、公文書としての状であれば、まず事書を付した上で、本文を「右、……謹状」とするものがほとんどである。(36) この点から判明するように、両者は明確に区別が可能であり、実際に現存する唐人《とうひと》の啓と状には、互いに混用していた様子は全く見受けられない。

しかし、新羅末期の文人、崔致遠の『桂苑筆耕集』の中には、「某啓」で始まり「謹状」で結ぶ書状が六首見えており、南唐の禅僧・応之撰述の『五杉練若新学備用』巻中所収の「十二月節令往還書様」・「四季惣叙」にも同様の書状が四十四首存在することに加え、さらに時代が下れば、宋人《そうひと》の啓は唐代の公文書としての状と同様に、本文を「右、某啓」で始めるものも見えてくる。以下の史料を参照したい。

R【新羅・崔致遠『桂苑筆耕集』巻一八・謝借示法雲寺天王記状(37)】

某啓。昨日伏蒙二恩慈一、借二示修法雲寺天王碑一。綵毫乍レ閲、俗眼初醒、唯慙二鉄印之傭流一、忽覩二銀鉤之妙迹一。既成二国宝一、豈許二家蔵一。竊聆将勅(勒カ)二貞碑一、始揮二神筆一、風亭滅レ暑、天酒呈レ祥。固知二垂露之蹤一、便成二甘露一、況仮二崩雲之勢一、永耀二法雲一。宜乎琬琰之詞、鎮二彼琉璃之地一、共伝二嘉瑞一、遠振二芳声一。然則隋煬帝之故都、永為二宝窟一、謝将軍之旧宅、終作二福田一。下情無レ任二捧読祠禱栄懼之至一。其碑謹専諮納。謹状。

S【南唐・応之『五杉練若新学備用』巻中・十二月節令往還書様・賀正条(38)】

某啓。伏以序啓二三陽一、春鮮二万物一、北陸頃消二於陰滞一、東郊漸布二於煦和一。伏惟某人、道契二昭時一、誉芳二華貫一、履レ兹令レ序、必納二殊祥一。伏限二阻遙一、莫レ申二卑敬一。謹奉レ状陳レ賀。伏惟照察。謹状。

T【宋・王禹偁『小畜集』巻二五・迴孫何謝秘書丞直史館京西転運副使啓(39)】

右、某啓。伏以列下中秘二図書一之府上、貳下外司二漕運一之権上、惟是才難、允帰二公議一。学士文同二三代一、名冠二四科一、擅場早達二于天聴一、独行不レ随二于時態一。軽二留侯之雑伯一、浪取二帝師一、慕二孟子之著書一、力談二王道一。暫倅二坐レ棠之政一、尋升二汗レ簡之資一。闔籍通班、式耀二獲レ麟之筆一、転輸劇務、更観二流レ馬之功一。方切二欣怡一、忽承二緘翰一、備認二謙沖之旨一、弥増二銘荷之誠一。衣レ錦昼行、雖レ労二于按部一、演レ綸夜直、願効二于前駆一。謹奉レ啓。

このように、唐末から北宋にかけては、啓と状の混用とも言うべき現象が進行していたといえる。ここで注意しなければならないのは、Rの作者の崔致遠は咸通九年（八六八）に十二歳で唐に留学して、のち科挙に及第しており、乾寧四年（八九七）に唐朝廷で発生した新羅と渤海との争長事件に関連して「謝不許北国居上表」を起草したように、漢文文書に明るい人物ということである。そのため、九世紀末の「某啓」で始まり「謹状」で結ぶ文書は、啓と状の様式を混用したものではあるが、作者の無知に由来するものではあり得ず、当時においてもさほど奇異ではない形式としなければならない。

このように考えるならば、同時期に渤海が日本に対して、「某啓」で始まり「謹状」で結ぶ外交文書を提示する可能性を否定することはできなくなる。前述の通り、信頼すべき写本の文字が『類聚国史』も含めて全て「謹状」に作る状況では、Qの外交文書の末尾は写本の文字に従い、「謹状」としておくべきであろう。

ところで、渤海の外交文書で「状」といえば、弘仁二年（八一一）の日本遣渤海使に託された外交文書が「啓ヲ改メテ状ニ作ル」という状態であったため、遣渤海使の林東人が渤海国書の受け取りを拒否した事件を挙げることができる。以下の史料を参照したい。

U【『日本後紀』弘仁二年（八一一）十月癸亥（二日）条】

正六位上林宿禰東人等、至レ自二渤海国一。奏曰、国王之啓、不レ拠二常例一。是以去而不レ取。……

V【『日本後紀』弘仁六年（八一五）正月甲午（二十二日）条】

渤海国使王孝廉等帰レ蕃。賜レ書曰、天皇敬問二渤海王一。……前年附二南容等一啓云、南容再駕二窮船一、旋渉二大水一。伏望、辱降二彼使一、押領同来者。朕矜二其遠来一、聴レ許所レ請。因差二林東仁一充レ使、分二配両船一押送。東仁来帰不レ齎レ啓。因言曰、改レ啓作レ状、不レ遵二旧例一。由レ是発日、棄而不レ取者。……

この事件に関しては、筆者は以前、書儀に規定される「起居啓」と「起居状」の文面がほぼ同一で、同様の礼式を示すと思われること、また状は皇帝にも提出され得る様式であることから、啓から状への変化は礼式の変化を意味するものではなく、林東人が受け取りを拒否したのは、旧例である啓様式が遵守されていないためと解釈した。(40) ところが、本節の検討結果をふまえれば、林東人が受取を拒否した理由は、この「渤海の外交文書の様式が「啓」ではなく「状」である」との解釈の他に、「渤海の外交文書の末尾が「謹啓」ではなく「謹状」である」との解釈もありえることになる。

もちろん、後者の解釈は、九世紀初頭の段階ですでに啓と状の混用がなされていたことを前提としており、その点が確認できないという点で留保が必要ではあるが、「某啓」で始まり「謹状」で結ぶ形式は、予備知識のない者には異様に映るため、即座に非難の対象になりえることや、貞観十八年（八七六）に来日した楊中遠一行の使命の一つが、この林東人を最後に途絶した日本の遣渤海使の復活であることを考えるならば、林東人に託された渤海の外交文書が、楊中遠一行が持参したものと同じく「某啓」で始まり「謹状」で結ぶ形式を採用していたというのは、一考の価値はある可能性ではないかと思われる。

おわりに――後半期の日本―渤海関係――

以上、本章では後半期における渤海の対日本外交文書のうち、解釈にまで影響するテキストの変更が生じた点を指摘して、「蒙免」から「蒙恩」という日本に対する敬意の明確化と、「某啓」で始まり「謹状」で結ぶ形式の外交文書の存在という論点を提示した。本章での検討過程でも明白であろうが、各種写本の調査に基づいた厳密な校訂テキストを作成することは、国史大系本以降新たなテキストが刊行されていない後半三国史と『類聚国史』[41]に関しては特にそうであるが、非常に重要ということを主張しておきたい。

では最後に、以上の論点をふまえれば、後半期の日本―渤海関係はどのように理解できるのであろうか。この点に関しては、延暦年間以降の渤海の外交文書を通覧すると、「蒙免」と「蒙恩」以外の点でも、渤海が日本に対する敬意を高めていることに注意したい。

例えば、日本天皇の起居を問う語は、延暦十五年（七九六）は傍系尊属相当の「動止万福」であるが、弘仁元年（八一〇）以降では直系尊属相当の「起居万福」となり[42]、延暦十五年（七九六）に「不勝羞愧」を使用していた結びの句も、貞観十八年（八七六）の中台省牒では上表文で多用される「不勝感激瞻仰之至」が採用されている[43]。

そのため、渤海は第六代の王である大嵩璘以降、順次日本に対する敬意を高めているということができる。もちろん、渤海は最後まで日本に対して臣下の礼は提示していないのであるが、渤海が順次日本に対する敬意を高めていたのは、渤海側には一貫して日本との外交を継続する必要性が存在したからと考えなければならない。

その意味で重要なのは、第二節で取り上げた外交文書を持参した楊中遠一行が、日本の遣渤海使の復活を要請していたことである。従来、後半期の日本―渤海関係は、経済面（交易）が注目される一方で、政治面はやや軽視されてきたのだが、もし日本の遣渤海使が復活していたら、日本において渤海使が天皇の徳化称賛に利用されたように[44]、渤海王大玄錫の政権を荘厳する儀式に参列させられることは十分想定できる[45]。

この点、渤海側の史料が残存していないのは残念ではあるが、後半期の日本―渤海関係には、政治面からの再解釈を行う余地がまだ残されているのではないだろうか。そのためには、本章で扱った二種類四文字以外にも、様々な史料をテキストから再検討していく必要があるのだが、これは今後の課題としたい。

注

（1）ただし、六国史の刊行自体は、慶長勅版『日本書紀』（神代巻）より始まる。近世の六国史版本とその利用に関しては、遠藤慶太「勅撰史書の書写と印刷――近世写本の集成のまえに――」（同『平安勅撰史書研究』皇學館大学出版部、二〇〇六、二九―四九頁。初出二〇〇五）参照。

（2）例えば、遠藤慶太「勅撰史書の書写と印刷」（注1前掲）、同「『続日本後紀』現行本文の問題点」（注1前掲書、九九―一一九頁、初出二〇〇〇）、鹿内浩胤「序章　研究の視角と本書の構成」・「『続日本後紀』現行本文の成立過程」（ともに同『日本古代典籍史料の研究』思文閣出版、二〇一一、三―一三頁・一七―四八頁。新稿・初出二〇一〇〔一部〕）など。

（3）例えば、マイクロフィルムの撮影が進められ、宮内庁書陵部他で閲覧が可能である京都御所東山御文庫本（以下「東山御文庫本」と略す）など。

（4）書儀に関しては、山田英雄「書儀について」（同『日本古代史攷』岩波書店、一九八七、一五五―一七〇頁。初出一九六八）、趙和平『敦煌写本書儀研究』（台北・新文豊出版公司、一九九三）、丸山裕美子『日本古代国家・社会における書儀の受容に関する基礎的研究』（平成十五年度―平成十七年度科学研究費補助金（基盤研究(C)）研究成果報告書、課題番号一五五二〇四〇九、二〇〇六）などを参照。書儀を利用した外交文書の分析に関しては、拙稿「書儀と外交文書――古代東アジア地域の外交関係解明のために――」・「日本の対新羅・渤海名分関係の検討――「書儀」の礼式を参照して――」（ともに同『東アジアの国際秩序と古代日本』吉川弘文館、二〇一一、二四―五六頁・五七―八六頁。初出二〇〇六・二〇〇七）参照。

（5）鈴木靖民・金子修一・石見清裕・浜田久美子編『訳註　日本古代の外交文書』（八木書店、二〇一四）。

（6）一紀一貢制に関しては、森公章「日渤関係における年期制の成立とその意義」（同『遣唐使と古代日本の対外政策』吉川弘文館、二〇〇八、一七九―二一〇頁。初出二〇〇四）、浜田久美子「年期制の成立とその影響」（同『日本古代の外交儀礼と渤海』同成社、二〇一一、一三二―一五〇・一五七―一六三頁。初出二〇〇八）参照。

（7）『日本後紀』のテキストは訳注日本史料本を使用した。なお後述するように、Aの傍線部には改めるべき文字が含まれているのだが、ここでは行論の都合上、現行テキスト通りに提示している。後掲D・Eも同様。

（8）敦煌漢文文献S．六五三七v。書儀のテキストは趙和平『敦煌写本書儀研究』（注4前掲。以下『写本』と略す）に翻刻が掲載されているが、校訂には問題も多く、そのまま使用することは危険である。本章の趣旨に従うならば、書儀も厳密な校訂に基づくテキストを作成すべきではあるが、本章では各引用部に校訂を附すことにより、テキストの厳密性を保つよう心がける。この点、ご了解をお願いしたい。

【史料Bの校訂注】

a：S．六五三七v　写：『写本』（底本はa）

[1]情（写意補）―ナシ（a・写原）。

【校訂略号（以下共通）】

原：原文字　傍：傍書　抹：抹消　補：補字　意補：意による補字　改：改字　意改：意による改字　按：按語

（9）山田英雄「日・唐・羅・渤間の国書について」（注4前掲書、一三五―一五四頁。初出一九七四）参照。

（10）『刪定儀諸家略集』については、拙稿「書儀と外交文書」（注4前掲）二七頁参照。

【史料Cの校訂注】

a：P．二六一六v　b：P．三八四九　c：P．四〇〇二　写：『写本』（底本はb）。

[1]下（a・c・写補）―ナシ（b・写原）。[2]具（a・c・写改）―其（b・写原）。[3]宣（a・b・写）―判読不能（c）。[4]云（a・c・写補）―ナシ（b・写原）。[5]則（c）―ナシ（a）―□不（b・写）。[6]云劣勿（b・c・写）―劣劣（a）。[7]惟（b・c・写原）―唯傾（a）―惟傾（写補）。[8]奉（a・c・写補）―ナシ（b・写原）。[9]通施小重（c）―通小重（a）―皆是平懐施小重（b・写）。[10]自（意改・写按）―自外（b・c・写原）―白（a）。[11]亦可（b・c・写）―等（a）。[12]推（b・c・写）―挽（a）。

（11）『刪定儀諸家略集』の規定では、宛所を尊重・小重・平懐・小軽・卑下の五段階に区分しており、そのうち小軽に対する語として規定されている「佳適」（『写本』三六四頁）は、杜有晋撰『吉凶書儀』などでは表弟妹（父の姉妹の子のうちの年少者）に対する語として見える（『写本』一六九頁）ことと、Cの第十三条に見える「馳係」は、同じく杜有晋撰『吉凶書儀』では兄姉に対する語との規定である（『写本』一八〇頁）ことから、小重とは兄姉相当と推定できる。

(12)「伏惟」が主として世代が上の相手に対して使用されることは、拙稿「書儀と外交文書」(注4前掲)三三・四〇—四一頁参照。

(13)D・Eは訳註日本史料本のテキストを提示した。なお国史大系本では、Dの当該部分は「蒙無」に作り、頭注では「無、下文或作免、或作恩」としており、Eは「蒙免」に作り、頭注では「免、上文十年十一月条作無」とする。

(14)訳注日本史料本の頭注では、いずれも「意ニヨリ改ム。続後紀嘉祥二年三月戊辰条参照」とする。

(15)この事例は以下の通りである。

【唐・韓愈『昌黎先生集』巻一九・答魏博田僕射書】(四部叢刊初編本)

季冬極寒、伏惟僕射尊体動止万福。即日愈蒙㆑免蒙㆑恩。……限以㆓官守㆒、拝奉未㆑由、無㆑任㆓馳恋㆒。謹因㆓使廻㆒奉㆑状。不宣、謹状。

この事例に関しては、四部叢刊初編の細字注に「諸本無蒙免二字」とあるように、テキストに問題がある。そのため、「蒙免」の事例としては不確実である。

(16)史料Fに関しては、異同は存在しない。

(17)史料Gに関しては、異同は存在しない。

(18)【史料Hの校訂注】

a：S.一四三八v　写：『写本』(底本はa)。

1蒙免(a抹・写)—蒙恩免(a原)。　2早(写意改)—旱(a・写原)。

(19)【史料Iの校訂注】

a：S.一四三八v　写：『写本』(底本はa)。

1止(a傍・写)—静(a原)。　2早(写意改)—旱(a・写原)。

(20)【史料Jの校訂注】

a：S.二二〇〇　b：P.二六四六　c：P.二五五六　d：P.三二八四　写：『写本』(底本はb)(以上、J・K・L共通)。

1寔(a・c)—実(b・写)—覚(d)。　2首(a・b・d・写)—ナシ(c)。　3常(a・c・d・写

改）―幸（b・写原）。 4澄（a・c・d・写改）―登（b・写原）。 5性（b・c・d・写）―姓（a）。 6林（a・c・d・写改）―杖（b・写原）。 7頂（a・c・d・写補）―ナシ（b・写原）。 8謁（a・b・d・写）―渇（c）。 9不宣（a・c・d）―ナシ（b・写）。 10姓（a・b・d・写）―性（c）。 11和南（a・写補）―和尚（c・d）―ナシ（b・写原）。 12亦（a・c・d・写補）―ナシ（b・写原）。

(21)【史料Kの校訂注】
1闕（a・b・d・写）―闍（c）。 2馳ノ下、ナシ（b・c・d・写）―慈（a）。 3栄ノ下、ナシ（a・d・写抹）―輪（b・写原）―欠（c）。 4謁（a・d）―渇（b・c・写）。 5伏惟（a・b・c・写）―ナシ（d）。 6三空（a改・b・c・d・写）―空三（a原）。 7蕪（a・c・d・写改）―無（b・写原）。 8不宣釈某状（a・d・写補）―［四字欠］状（c）―ナシ（b・写原）。 9只（a・b・c・d）―已（写）。 10首（a・c・d・写補）―ナシ（b・写原）。 11某官（a・c・d・写）―ナシ（b）。 12云（a・c・d・写）―之（b）。 13稍（a・c・d）―稱（b・写）。 14 云（b・写）―言（a）―ナシ（c・d）。

(22)【史料Lの校訂注】
1毎（a・b・d・写）―ナシ（c）。 2書（a・c・d・写改）―信（b・写原）。 3惟ノ上、ナシ（a・c・d）―伏（b・写）。 4第（c・d・写改）―弟（a・b・写原）。 5須（a・c・d・写改）―酒（b・写原）。 6奉（b・c・d・写）―ナシ（a）。 7令（a・c・d・写改）―示（b・写原）。 8所（a・d・写改）―此（c）―卑（b・写原）。 9慕（a・c・d・写改）―暮（b・写原）。 10幾娘子（a・b・写）―〈幾娘子〉（c・d）。 11左（a・c・d・写改）―右（b・写原）。

(23) 史料Mに関しては、異同は存在しない。

(24) 史料Nに関しては、異同は存在しない。

(25)【史料Oの校訂注】
a：S．五六三六　b：S．五五九三　c：S．七六六　d：P．三五八一　e：P．三六九一　写：『写本』（底本はe）。
1久闕（a・c・d・写補）―久闞（b）―欠（e・写原）。 2但（a・b・c・d・e・写）―倍（写

按）。③寒（a・c・d・e・写）―ナシ（b）。④和尚（a・b・c・d・写補）―欠（e・写原）。⑤即（a抹・b・c・d・e・写）―即日（a原）。⑥蒙免（a・b抹・c・d・e・写）―蒙恩免（b原）。⑦性（a・b・c・e・写）―姓（d）⑧感（a・b・c・d・写補）―欠（e・写原）。⑨動（a・b・c・e・写）―ナシ（d）。⑩未由頂謁（a・b・写補）―未［(三字欠)］（d）―欠（c・e・写原）。⑪勤（a・b・d・写改）―懃（e・写原）―欠（c）。⑫慕（a・b・d・写改）―暮（e・写原）―欠（c）。⑬上（b）―ナシ（a・d・e・写）―欠（c）。⑭稽首（b・d・e）―稽首稽首（a・写）―欠（c）。⑮和南（e）―和南和南（a・写）―和尚（b・d）―欠（c）。⑯是（a・b・d・写補）―欠（c・e・写原）。⑰門師（a・e・写）―師門（b）―欠（c・d）。⑱亦得（a・b・写補）―欠（c・d・e・写原）。⑲亦云香案（b）―ナシ（a・d・e・写）―欠（c）。

(26) 書儀の中に「蒙免」という語句が見えることに関しては、呉麗娯『敦煌書儀与礼法』（蘭州・甘粛教育出版社、二〇一三）一七五頁に指摘がある。ただし、杜有晋撰『吉凶書儀』、鄭余慶撰『大唐新定吉凶書儀』など、八・九世紀に公的な規範としての性格を有していた書儀には、「蒙免」の用法は存在していない。これは、「蒙免」は当初は正式な用語としての扱いを受けておらず、八世紀後半頃から徐々に使用が拡大してきたことを反映するものと思われる。

(27) 【史料Pの校訂注】

a：S．六五三七v　写：『写本』（底本はa）

①再拝ノ下、ナシ（a抹・写）―兄姉（a原）。

(28) Hが敦煌の吐蕃占領期の書儀であることをふまえれば、「論兄」の「論」とは、吐蕃人（おそらく州刺史以上の官吏）を指すものと思われる。

(29) 「惟」が傍系尊属以上には使用されないことに関しては、拙稿「書儀と外交文書」（注4前掲）三三・四〇―四一頁参照。なお、「伏惟」に作る写本B（P．二六四六）も存在するが、校訂注（注22）を通覧すれば明らかなように、B本が最も誤りが多い。そのため、ここではB本以外に従い「惟」として解釈した。

(30) 以上の記述は、石井正敏「年期制をめぐって」（同『日本渤海関係史の研究』吉川弘文館、二〇〇一、五〇七―五一三頁。新稿）を参照した。なお、楊中遠一行が年期制の廃止を要請したわけではないことに関しても、同論文を参照。

(31)　後掲の宮内庁書陵部蔵谷森本・内閣文庫蔵慶長写本・和歌山大学蔵紀州藩本・京都御所東山御文庫本・国立歴史民俗博物館蔵高松宮本が、いずれも欠損部を共通することから、この欠損は早い段階で生じていたものと思われる。

(32)　『日本三代実録』のテキストは、写本調査の結果に従い国史大系本の文字を一部改めた。なお後述するように、Qの末尾の傍線部には改めるべき文字が含まれているのだが、第一節A・D・E同様、現行テキスト通りに提示している。

(33)　渤海王からの外交文書「啓」に関しては、石井正敏「神亀四年、渤海の日本通交開始とその事情――第一回渤海国書の検討――」・「古代東アジアの外交と文書――日本と新羅・渤海の例を中心に――」（ともに注30前掲書、二六〇―二八二頁・五四二―五六六頁。初出一九七五・一九九二）を参照。例外としては、後掲U・Vに見える弘仁二年（八一一）の事例と、宝亀二年（七七一）来日渤海使の事例を指摘できる。後者に関しては、拙稿「日本―渤海間の擬制親族関係について――東部ユーラシアの視点から――」（本書終章、初出二〇〇九）参照。

(34)　以上のうち、宮内庁書陵部蔵谷森本・内閣文庫蔵慶長写本・和歌山大学蔵紀州藩本・京都御所東山御文庫本に関しては、遠藤慶太「『三代実録』の写本について」（注1前掲書、一四四―一六五頁。初出二〇〇五）を参照。国立歴史民俗博物館蔵高松宮本に関しては、小倉真紀子「近世禁裏における六国史の書写とその伝来」（田島公編『禁裏・公家文庫研究』三、思文閣出版、二〇〇九、一一五―一三四頁）を参照。

(35)　仙石版本は、今回の外交文書の最末尾を「謹啓」に作る。また、校異には「乙本戊本及本史啓作状今従甲本」とあり、諸写本の「謹状」を、甲本（凡例によれば「官庫秘蔵」・「幕下募四方所纂成者」）により「謹啓」と改めた旨が見えるのだが、「右類聚国史巻第百九十四以西三條中納言所献今以続日本後紀三代実録校正焉」との奥書を存する内閣文庫蔵徳川吉宗蒐集本（特一〇二―一）では、当該部分は原作の「謹状」を朱で「謹啓」と改めており（根拠は不明）、その清書本（同文庫蔵特〇五一―一。「右類聚国史巻第百九十四以西三條中納言所献之本繕写者／元文元年丙辰十一月」との奥書を存する）では「謹啓」とのみ記されている。そのため、今回の外交文書の最末尾を「謹啓」に作るという甲本のテキストは、徳川吉宗蒐集本に附された朱に由来する可能性が高く、当該部分を「謹啓」に改める根拠としては使用すべきではない。なお、徳川吉宗蒐集本に附された朱に関しては、

注41も参照。

（36）公文書としての状に関しては、中村裕一「上奏と裁可の語」（同『唐代制勅研究』汲古書院、一九九一、四〇六―四五一頁。初出一九八三）、拙稿「九世紀の君臣秩序と辞官・致仕の上表――状と批答に注目して――」（本書第四部第二章、初出二〇〇九）参照。

（37）『桂苑筆耕集』のテキストは景仁文化社影印本を使用した。

（38）『五杉練若新学備用』のテキストは、山本孝子「『五杉練若新学備用』巻中における「十二月節令往還書様」「四季惣叙」の位置付け――その製作年代と利用対象者層を中心として――」（『桃の会論集』六、二〇一三、一六一―一七五頁）所収のものを使用した。改稿にあたり附加しておく。

（39）『小畜集』のテキストは四部叢刊初編本を使用した。

（40）拙稿「日本の対新羅・渤海名分関係の検討」（注4前掲）六四―六五頁。

（41）『類聚国史』に関して、現段階までの調査で気がついた点を付しておきたい。巻一九四（殊俗・渤海下）に関しては、尊経閣文庫所蔵模写本系統のテキストのみが存在しており、同本の子本である内閣文庫蔵徳川吉宗蒐集本（特一〇二―一）を介して、国史大系本のテキストが形成されたと思われるのだが、国史大系本のテキストには、元文元年（一七三六）に徳川吉宗の命で実施された校訂結果に由来する文字がいくつか存在している。例えば、尊経閣文庫蔵模写本は前欠であり、弘仁年間の記事には大きな欠損が何箇所も見られるのであるが、その部分の一部には朱で補字がなされている（弘仁元年―七年）。しかし、校訂に使用した写本は不明であることに加え、真撰本『日本後紀』の発見は寛政年間であり、偽撰本（二十巻本）『日本後紀』や『日本逸史』では、外交文書部分は全て「云々」に作っているので、この時の校訂による補字の根拠は不明である。他巻の写本状況もこれと大きく変わるとは思えないので、同様の問題点は『類聚国史』全体に及ぶものと考えるべきであろう。

（42）『類聚国史』巻一九三・殊俗上・渤海・延暦十五年（七九六）四月戊子（二十七日）条所引外交文書「哀緒已具㆓別啓㆒。伏惟天皇陛下、動止万福」および第一節A「孟秋尚熱、伏惟天皇、起居万福」。

（43）『類聚国史』巻一九三・殊俗上・渤海・延暦十五年（七九六）十月己未（二日）条所引外交文書「自知㆓鄙薄㆒、不㆓敢墜失㆒。不㆑勝㆓羞愧㆒」および『日本三代実録』元慶元年（八七七）四月十八日条所引中台省牒「堂搆之念、不㆑勝㆓感激瞻仰之至㆒」。

(44)　拙稿「古代倭国・日本の外交儀礼と服属思想」（注4前掲書、一四八―一八七頁。初出二〇〇七）第二節第二項・第三項参照。

(45)　渤海国内での外交儀礼は不明だが、隋―南宋の周辺諸勢力の外交儀礼では、上位勢力（中国王朝など）の理想とする外交儀礼が、下位勢力内部でも貫徹していた事例は少ない。そのため、渤海国内での外交儀礼でも、渤海の理想とした両国関係が表明されていたと考えるべきであろう。拙稿「唐宋期周辺諸勢力の外交儀礼について――「東夷の小帝国」倭国・日本の位置――」（注4前掲書、三一一―三四〇頁。新稿）参照。渤海の理想とした国際関係については、酒寄雅志「華夷思想の諸相」（同『渤海と古代の日本』校倉書房、二〇〇一、四三五―四七二頁。初出一九九三）参照。

第二章　九世紀の君臣秩序と辞官・致仕の上表

――状と批答に注目して――

はじめに

本章では、皇帝・天皇への上申文書である表（上表文）を取り上げて、九世紀の日本における君臣秩序の変化を検討する。まずは前提として、上表制度の概略を提示したい。

上表とは、表様式の文書を皇帝・天皇に提出することであり、中国由来の儀礼である。中国では、官人の上表に対しては、必要に応じて皇帝から批答（返答）として慰労詔書・論事勅書が発給されており、上表と批答により君臣間の応答がなされているが、(1)これは周辺諸勢力の首長から外交文書として表を提出させ、その返答として慰労詔書・論事勅書を発給するという、中国王朝が理想とする国際秩序と同様の構造である。(2)また日本においては、外交上では中国同様に新羅・渤海に対して慰労詔書・論事勅書を発給し、表の提出を求めたことはよく知られているが、(3)国内でも聖武朝には上表制度を導入しており、延暦年間以降には朔旦冬至の賀表や致仕の上表が活発に行われていた。(4)

このように、上表は皇帝・天皇と官人との関係を維持・強化する儀礼といえる。従来の研究には森田悌・黒須利夫・藤森健太郎・古瀬奈津子・中野渡俊治各氏のものがあり、(5)日本における上表儀礼の成立過程や即位勧進の上表、あるいは上表を通じた日唐官人制の特質などが議論されてきた。しかし、辞官・致仕など官人個人からの上表に注目すると、従来は十分に注意されていない論点も見えてくる。

第一は、官人個人による皇帝・天皇への上申文書としては、表とほぼ同形式・同内容の「状」も存在していることである。この「状」に関しては、森田氏が一部言及する程度であり(6)、十分に解明されているとは言い難い。そのため、皇帝・天皇への上聞制度全体を見直す意味でも、表と状の区別や使い分けは、改めて検討を進める必要がある。

第二は、日本でも中国同様に批答が発給されていることである。前述のように、君臣間の応答は上表と批答で行われるため、上表とともに批答にも注目する必要があるのだが、丸山裕美子氏が指摘するように、日本では慰労詔書・論事勅書は批答にも使用されていたことをふまえれば(7)、筆者がこれまで書儀を中心に実施してきた、外交文書(慰労詔書・論事勅書)の分析手法を(8)、批答にも援用することができると思われる。

以上から本章では、状と批答に注目して上表儀礼の再検討を行い、天皇と官人の関係がどのように表現されているかを明らかにする。この作業は上表や「上状」の制度的側面を解明するとともに、当該期の君臣秩序を明らかにすることにもつながるであろう。

第一節　表と状について

(1)　表と状の規定と様式

本節では、皇帝・天皇への上申文書である表と状に注目して、両者の使い分けを明らかにしていく。本項では、先行研究に基づいて表と状の規定を確認したい。

まず中国では、表・状ともに『大唐六典』巻八・門下省侍中条に規定されており、原則門下省の審議を受けることなく中書省から皇帝に提出された。両者の用途は、中村裕一氏はほぼ同じとしているが[9]、本章で取り上げる辞官・致仕に注目すると、表はほとんどの案件に使用されているのに対して、致仕状・辞官状は存在しておらず、謝官状（新任の官を形式上辞退する状）も六部侍郎以下の官に限定されている。

表と状の様式は、中村氏は実例や『大唐六典』の規定から、唐の公式令に表式・状式の存在を想定しているも[10]のの、『唐令拾遺補』では復原は困難として省略されており、近年発見された北宋天聖令でも公式令は残存していないことから、現状では規定としては不明とせざるを得ない[11]。一方、実例はきわめて多様であり、一定の書式を見出すことは困難であるが、一般的なものとしては以下の史料を参照したい。

A【唐・鄭余慶撰『大唐新定吉凶書儀』諸色牋表第五・賀冬表条[12]】

臣某乙言。晷運推移、日南長至。……臣限以二藩守一、不レ獲三随レ例稱二慶闕庭一。無レ任二屛営之至一、謹奉レ表以聞。臣誠歓誠喜、頓首頓首、謹言。

B【清・王昶『金石萃編』巻七八・裴耀卿書奏[13]】

奚・契丹両蕃

右、奚及契丹、尤近二辺鄙一、侵軼是慮、式遏二成労一。……臣耀卿等、不レ勝二区区抃躍之至一、謹奉レ状以聞。謹奏。

Aは、元和六―七年（八一一―八一二）成立の模範文例集、『大唐新定吉凶書儀』[14]所収の冬至を賀す表の例文である。ここでは冒頭と末尾の定型句に注意すると、「臣某言ス（臣某乙言ス）」で始まり「謹ミテ表ヲ奉ジテ以テ聞ス……謹ミテ言ス」で結ばれており、表の様式はおおむねこの通りとみられる。一方Bは、開元二十三年（七三五）に奚・契丹を含めた東北辺境の情勢が安定した際に上呈された状であり、[15] 同様に冒頭と末尾の定型句に注意すると、「奚・契丹両蕃」と事書が提示され、それを受けて「右」から本文が始まり、「謹ミテ状ヲ奉ジテ以テ聞ス。謹ミテ奏ス」で結ばれている。このように、中国の表と状は冒頭（「臣某言」か「事書／右」か）と末尾（「奉レ表……謹言」か「奉レ状……謹奏」か）から判別が可能である。

続いて日本では、職員令の中務卿の職掌に「受二納上表一」との字句が見え、選叙令官人致仕条には五位以上官人は上表して致仕するという規定があるが、[16] 状に関する記述は存在せず、令制当初では状の使用は想定されていないと思われる。その後、延暦年間以降に上表が盛行すると、『内裏儀式』・『内裏式』や『弘仁式』編纂時に、「百官賀表儀」や「五位以上上表儀」などが制定され、上表の儀式化が進行していく。[17]

一方、様式に関しては、公式令には表式を規定しておらず、公式令奏事式条の穴記にも「問、表奏造様何。答、不レ見。表奏上表上啓等之式、宜レ放二書儀之体一耳」とある通り、書儀の規定を参照して表を作成することが想定されている。そのためか、実例では表・状ともにある程度形式が統一されている。以下の史料を参照したい。

C【『菅家文草』巻一〇・為右大臣請減職封半表[18]】

臣多言。臣修レ表辞レ職、不レ聴再廻。……伏願陛下、留二臣所レ食千戸一、接二遺美於百年一。……不レ堪二悃款之至一、上レ表以聞。臣多誠惶誠恐、頓首々々、死罪々々、謹言。

D【『菅家文草』巻九・請罷右近衛大将状】

右、臣某出二身儒館一、偸二職武官一。三四年来、罪深責重。伏願聖主陛下、曲降二鴻慈一、罷二臣大将一。不レ勝二悃切之至一、修レ状以聞。臣某誠惶誠恐、頓首々々、死罪々々、謹言。

Cは、元慶六年（八八二）に右大臣源多が大臣職封の半減を求めた表で、冒頭と末尾の定型句に注意すると、「臣某言ス」で始まり「表ヲ上《たてまつ》リテ以テ聞ス……謹ミテ言ス」で結ばれているため、日本の表の様式はおおむね中国に準拠したとみられる。一方Dは、昌泰三年（九〇〇）に右大臣菅原道真が右大将の辞職を求めた状で、同様に冒頭と末尾の定型句に注意すると、「右」で始まり「状ヲ修メテ以テ聞ス……謹ミテ言ス」で結ばれており、「謹奏」は使われていないが、冒頭が「右」であることから、前行に事書が存在していたことが想定できる。そのため、日本の状も中国の状の様式をおおむね踏襲していたと考えられる。

以上のように、日本の表と状も、中国と同様に冒頭（「臣某言」か「事書／右」か）と末尾（「上レ表」か「修レ状」か）から判別できるのだが、実際に表と状の使い分けを検討する上で大きな問題となるのは、六国史の地の文では状も「表」と表記するなど、文面上から表と状を区別することが困難なことである。[19] 例えば、以下の史料を参照したい。なお、両者に共通していない部分は四角囲いで明示した。

E【『日本三代実録』元慶八年（八八四）三月二十一日条[20]】

正三位行中納言兼民部卿在原朝臣行平奉レ表、請レ罷二民部卿一曰、臣行平伏奉二今月九日詔旨一、以レ臣為二民部卿一。恩喧二冬日一、懼切二春氷一。三省而慙、一身無レ厝。臣謹検、人民損益、倉庫虚（ママ）、雖レ繋二国吏之常憂一、復関二所司之明察一。故既往任二此職一者、皆是詳通二政事一、広踏二吏途一。僉曰之容、具瞻所レ属而已。臣累佩二銀魚一、久忍二尸素一。縦期二粉骨一、已無二才智之可レ施、空叩二丹心一、唯有二老病之相迫一。上畏二玄鑑一、下愧二蒼生一。伏願陛下、曲廻二聖恩一、罷二臣所職一、勿レ俾下微臣為二天工之盗一、機要為中閑曠之官上。

F【『菅家文草』巻九・為在中納言謝民部卿状】

右、臣行平伏奉二今月九日詔旨一、以レ臣為二民部卿一。恩喧二冬日一、懼切二春氷一。三省而慙、一身無レ厝。臣謹検、人民損益、倉庫盈虚、雖レ繫二国吏之常憂一、復関二所司之明察一。故既往任二此職一者、皆是詳通二政事一、広踏二吏途一。僉曰之容、具贍所レ属而已。臣累佩二銀魚一、久忍二尸素一。縦期二粉骨一、已無二才智之可レ施、空叩二丹心一、唯有二老病之相迫一。上畏二玄鑑一、下愧二蒼生一。伏願陛下、曲廻二聖恩一、罷二臣所職一、勿レ俾下微臣為二天工之盗一、機要為中閑曠之官上。臣行平誠惶誠恐、頓首々々、死罪々々、謹言。

E・Fはともに、元慶八年（八八四）に在原行平が民部卿の辞任を求めたものであり、『日本三代実録』と『菅家文草』にほぼ同文の文書が存在するが[21]、『日本三代実録』の地の文ではこの文書を「表」と表現しているのに対して、『菅家文草』ではこの文書は状に分類され、巻九の「奏状」に収録されている。ここで本文の冒頭部分に注目すると、『菅家文草』では「右」の字が見えるので、様式上からもこの文書が状であることを確認できるが、『日本三代実録』ではこの部分が省略されているので、文面のみから文書様式を判断するのは不可能である。そのため、表と状の使い分けを検討するには、まず表と状を確実に区分できる文集・別集を分析した上で、その結果をもとに六国史・古記録の記載を検討するという手順を踏む必要があろう。以下、項を改めて検討していきたい。

(2)　表と状の使い分け

本項では文集・別集、六国史、古記録を題材に、表と状の使い分けについて検討する。まず初めに、表と状を確実に区分することができる文集・別集を取り上げて、そこに収録されている表と状の用途を明らかにしていきたい。

文集・別集に収録される表と状のうち、官人個人からの辞官・致仕などに関するものは表11・12にまとめた。

それによると、表の用途としては、ほぼ全期間を通じて致仕・辞大臣以上・大臣以上減封禄があり、九世紀に限定されるものとして納言辞大将按察使が存在する。一方、状の用途には、大臣辞大将（全期間）・大納言減封禄（貞観―元慶）・辞大中納言（寛弘―）・辞参議（寛平―）・辞衛門督（全期間）・辞兵衛督（承暦―）・辞八省卿（元慶―）・辞蔵人頭（寛平―）・辞弁官（元慶―）が存在しており、表と状の用途は依拠史料や時期によらず重複しないことが判明する。

この用途区分では、辞大将按察使の場合のみは大臣が状・納言が表であるが、それ以外は大臣以上が表・納言以下が状であり、原則として案件の軽重により使い分けがなされていると思われる。ただし、辞大中納言・辞兵衛督は初見が寛弘・承暦年間とかなり遅れるのであるが、ほぼ同格の案件とみられる大臣辞大将や大納言減封禄、辞衛門督は貞観年間から存在していることに加え、十二世紀まで見通しても表と状の間には案件の変化がないことから、早くから状が使われていたと推定することができる。

続いて、表と状の使い分けの実態を確認するために、時代は少々下るが、上表・上状の記述を多く含む古記録を検討する。『貞信公記抄』などでは六国史と同様に状も「表」と表記しているが、摂関期以降はおおむね表と状を区別しているので、表13・14として『小右記』・『権記』・『御堂関白記』・『左経記』に見える表と状を整理した。

これによれば、表と状との使い分けは文集・別集と同様で、最も例外が多い『小右記』でも七七例中七〇例の表記は文集・別集と一致しているので、表と状の区別は少なくとも九割方は守られていたことが確認できる。さらに、表記上では例外に相当する事例でも、以下のように実際には原則通りの形式が使用された例も存在する。

G【『小右記』長保元年（九九九）七月二日条[22]】（丸括弧は筆者補、以下同じ）

辞左右大臣内大臣	辞封禄随身	納言辞大将按察使
貞観 14 右大臣藤原基経	貞観 13 摂政藤原良房 貞観 16 惟喬親王	貞観 8 大納言藤原氏宗辞右大将
元慶 6 右大臣源多 昌泰 2 右大臣菅原道真	元慶 6 右大臣源多 昌泰 2 右大臣菅原道真	元慶 2 大納言源多辞按察使
天慶 7 右大臣藤原実頼 天徳 4 右大臣藤原顕忠 安和元右大臣藤原師尹 貞元 2 右大臣源雅信 長保 2 左大臣藤原道長	延長 8 摂政藤原忠平 天暦元右大臣藤原師輔	
寛徳元内大臣藤原教通 康平 2 左大臣藤原教通 承暦元右大臣藤原師房 嘉保 2 内大臣藤原師通 康和 4 右大臣藤原忠実 天永 3 右大臣藤原忠実 保安 2 左大臣源俊房 長承 3 内大臣藤原宗忠	長承元内覧藤原忠実	

・同一年のものとして複数の上表・上状が収録されていても一件として記した。
・「使別当」は検非違使別当、「勘長官」は勘解由使長官の略である。
・時期区分は、初期の例として貞観年間、『菅家文草』の下限である昌泰まで、『本朝文粋』の下限である寛弘まで、それ以降、の四時期に区分してある。

辞四衛府督八省卿使別当	その他
貞観 12 右衛門督源生	
元慶 8 民部卿在原行平	元慶元右大弁藤原山陰 元慶 3 内記都良香 寛平 3 蔵人頭菅原道真
寛和 2 中務卿兼明親王	
長暦 2 使別当藤原公成 承暦 3 左兵衛督藤原公房 承暦 3 使別当藤原実季 嘉保 2 左衛門督源家賢 天承元使別当藤原実行	天喜 2 大宰大弐源資通 康平 5 大学頭文章博士藤原実範 治暦 2 文章博士藤原明衡 嘉承元右少将藤原有家

表11　文集・別集の「表」

	致仕	辞摂政関白内覧	辞太政大臣准三宮
貞観	貞観 14 大学助教善淵永貞 貞観 15 以前主殿頭当麻鴨継 貞観 17 式部卿大宰帥忠良親王	貞観 18 摂政藤原基経	
元慶 〜 昌泰	元慶元大納言南淵年名	仁和 3 藤原基経	
延喜 〜 寛弘	天暦 3 関白太政大臣藤原忠平 康保 4 関白左大臣藤原実頼 安和 2 関白太政大臣藤原実頼	延長 8 摂政藤原忠平 天慶元摂政藤原忠平 天慶 3 摂政藤原忠平 天慶 9 関白藤原忠平 長徳元関白藤原道隆 長徳 4 内覧藤原道長	承平 6 藤原忠平 康保 4 藤原実頼 天延 2 藤原兼通 正暦元藤原兼家
長和 〜 保延		康平 7 関白藤原頼通 承保 3 関白藤原師実 寛治元摂政藤原師実 寛治 4 摂政藤原師実 嘉承元関白藤原忠実 天仁元摂政藤原忠実 天仁 2 摂政藤原忠実 保安 3 関白藤原忠通 大治元摂政藤原忠通 大治 4 摂政藤原忠通	寛仁 2 藤原道長 康平 5 藤原頼通 永久元藤原忠実 保延 6 藤原忠実

凡例(表11・表12共通)
・表11・表12の出典は以下に限定されるので、煩雑を避けるため各出典と月日は略した。
『都氏文集』巻三・四、『菅家文草』巻九・一〇、『朝野群載』巻七、『本朝文粋』巻四・五、『本朝続文粋』巻四・五、『政事要略』巻三〇、『三十五文集』。
・女官の上表や、出家官人の僧名による上表と上状は除外した。

表12　文集・別集の「状」

	大臣辞大将	納言減封禄	辞大中納言参議
貞観	貞観 12 右大臣藤原氏宗	貞観 8 大納言藤原氏宗	
元慶 〜 昌泰	昌泰 3 右大臣菅原道真	元慶 4 大納言源多	寛平 8 参議藤原高藤
延喜 〜 寛弘	天暦 9 左大臣藤原実頼		寛弘元ヵ中納言左衛門督藤原公任
長和 〜 保延	康平 5 左大臣藤原教通 承保 2 関白左大臣藤原師実 康和 4 右大臣藤原忠実 保延元左大臣藤原家忠 保延 6 内大臣藤原頼長		治暦 2 以前参議勘長官某 嘉承元大納言源師忠

辞左右大臣内大臣	納言辞大将按察使（例外〔太字〕含む）
長保 2.4/27・7/16 左大臣藤原道長 長保 3.5/3 右大臣藤原顕光 長保 3.6/4 左大臣藤原道長 寛弘 3.11/26 左大臣藤原道長	**正暦 4. ⑩ /26 内大臣藤原道兼辞左大将 （「表」「状」両方）** 長徳 4.9/23 大納言藤原道綱辞右大将 長保 2.5/22 大納言藤原道綱辞右大将
長徳元 .8/14 右大臣藤原道長 寛弘 2.6/27 左大臣藤原道長 寛弘 3.11/26 左大臣藤原道長 長和元 .7/8 左大臣藤原道長 寛仁元 .12.27 内大臣藤原頼通	
寛仁 4.7/19 内大臣藤原頼通	
正暦 4. ⑩ /6 内大臣左大将藤原道兼 長和元 .6/5・9・29・7/8 左大臣藤原道長 寛仁元 .12/26 内大臣藤原頼通 寛仁 2.4/11 内大臣藤原頼通 寛仁 4.7/19 内大臣藤原頼通 治安元 .10/16・19・22・25・26 右大臣藤原実資	永祚元 .6/23・24 大納言藤原朝光辞左大将 **長徳 2.8/9 左大臣藤原道長辞左大将** **長保元 .7/2 中宮大夫平惟仲** **長保元 .9/10 蔵人頭藤原行成** 長和 2. 正 /12 中納言藤原隆家辞按察使 **寛仁 3.4/7 大納言源俊賢** **寛仁 3.12/15 藤原頼宗辞使別当**

表13　古記録に見える「表」

	致仕	辞摂関内覧太政大臣准三宮
権記	長保 4.8/6 左馬権守源兼資（出家） 寛弘 2.7/21 中納言藤原公任	長徳 4.3/5・12・13 左大臣内覧藤原道長
御堂関白記	寛弘 2.7/21 中納言藤原公任	長和 5.7/1・10/2・12/7 摂政藤原道長 寛仁元 .3/16 摂政藤原道長 寛仁 2.2/3・5・9 太政大臣藤原道長 寛仁 2.2/24・4/10 摂政藤原頼通
左経記	寛仁 2.12/24・30 大納言源俊賢	寛仁 2.2/5・9 太政大臣藤原道長 寛仁 2.2/24・4/10 摂政藤原頼通 寛仁 3.12/22 摂政藤原頼通 寛仁 4.6/14 関白藤原頼通
小右記	永祚元 . 正 .9 左大臣源雅信 寛弘 2.7/21 中納言藤原公任 長和 4.12/16 参議平親信 寛仁 2.12/24・25・29・30 大納言源俊賢 寛仁 3. 正 /6・2/6・7 大納言源俊賢 万寿元 .11/10～12・12/8・10 大納言藤原公任	正暦 4.4/23 摂政藤原道隆 長徳元 .2/26 関白藤原道隆 寛仁 2.2/5・9 太政大臣藤原道長 寛仁 3.6/19・7/3 准三宮藤原道長 寛仁 3.10/22・12/12・23 摂政藤原頼通 寛仁 4.11/8・⑫ /30 関白藤原頼通 治安元 .12/16 太政大臣藤原公季 長元 2.9/15・16・17・25 関白藤原頼通

凡例（表13・表14共通）
・表13・表14の日付は上表・上状のことが各史料に記載されている日付であり、上表・上状の日付とは必ずしも一致しない。
・「使別当」は検非違使別当、「勘長官」は勘解由使長官の略である。

辞四衛府督八省卿使別当宮大夫	その他（例外〔太字〕含む）
正暦 4. ⑩ /26 民部卿平伊望（「表状」） 長保元 .7/2・3・8 中宮大夫平惟仲 長保 2.2/11 使別当藤原公任 寛弘 3.7/28 使別当藤原斉信 寛弘 5.10/28 兵部卿藤原行成 （「辞兵部卿書」）	長徳 4.7/15 蔵人頭左中弁藤原行成（「辞書」） 長保元 .9/7・8 蔵人頭藤原行成 長保 2.3/14・15 蔵人頭藤原行成 長保 3.2/4 蔵人頭藤原行成 （「状」「申文」） 長保 3.4/23・24 蔵人頭右大弁藤原行成 長保 3.5/6・8・11 左中将源経房（5/8 は「辞書」） 寛弘 3.2/7 山城守藤原輔尹（「辞書」）
寛弘 2.10/4・5 使別当藤原斉信 長和 4.6/25 使別当藤原実成 長和 5.5/21・7/14 使別当藤原実成 （7/14 は「申文」）	長保元 .9/7・8 蔵人頭藤原行成（「辞書」） 長保 2.3/14 蔵人頭藤原行成（「辞書」） 長和 2.4/27 薩摩守大江清言（「辞書」） 長和 2.5/9・12 天文博士安倍吉昌（「辞書」）
長元 8. 正 /3 左衛門督源師房	長元 4.6/27 上総守藤原維時（「辞書」）
長徳 2.9/9・10・18 左衛門督別当藤原実資 長和 3.10/14・20 使別当藤原教通 長和 4.6/26 使別当藤原実成 長和 5.4/27・28 右衛門督藤原懐平（「辞書」） 長和 5.5/22 使別当藤原実成	長和 2.3/15 薩摩守源清定 長和 3.2/14 大宰大弐平親信 長和 3.6/17 越後守藤原為時 **長和 4.11/10 致仕（参議平親信）** 長和 5. 正 .12 下総守惟宗貴重 **寛仁 2.12/30 致仕（大納言源俊賢、「辞書」）** 寛仁 3.11/23 大宰権帥藤原隆家（「辞退書」） 寛仁 4.11/18 左京大夫藤原経通 寛仁 4.11/29 山城守藤原永道 治安元 .9/29 大納言藤原公任辞按察使

表14　古記録に見える「状」

	大臣辞大将	辞大中納言参議
権記	正暦4.⑩/26 内大臣藤原道兼辞左大将（「表」「状」両方）	長保3.8/11・23 大納言源時中 寛弘8.6/24 参議勘長官藤原有国
御堂関白記	長和4.10/28 内大臣藤原公季辞左大将（「申文」） 寛仁元.3/16・22 内大臣藤原頼通辞左大将	寛弘元.12/15・20 中納言左衛門督藤原公任（「辞書」）
左経記		
小右記	長和3.2/13 内大臣藤原公季辞左大将（「辞書」）	長和5.5/28 参議平親信 治安元.11/4・12/24・25 大納言藤原公任 万寿2.8/29 大納言藤原斉信

……中宮大夫（平）惟仲依レ病上下辞二中宮大夫一之表上云々。

H【『権記』長保元年（九九九）七月二日条】(23)

……参内、外記（慶滋）為政持下来平中納言（惟仲）辞二中宮大夫一状上。即奏。……

I【『小右記』長保元年（九九九）九月十日条】

……又談云、右大弁（藤原）行成辞二蔵人頭一之表返給了者、若是飾二人耳一歟。

J【『権記』長保元年（九九九）九月七日条】

今日献下辞二蔵人頭一状上。令二（大江）匡衡朝臣作一レ之、自書レ之。……

これは、G・Hが平惟仲の中宮大夫辞任、I・Jが藤原行成の蔵人頭辞任に関する記事であるが、この時の文書を『小右記』は「表」と記す一方で、『権記』では「状」と表現している。ここで両案件への記主実資と行成の関与に注目すると、実資は両者とも単なる伝聞情報として記しているのに対して、行成は平惟仲の件では蔵人頭として奏上を行い、自身の件では自ら辞状を書いている。以上の点から考えれば、この両事例では『権記』に従い原則通り状が使用されていたと判断できる(24)。

最後に、以上のような表と状の使い分けの起源を探るために、六国史に収録される表と状を検討する。前述のように、六国史の地の文の表現はそのまま信用することはできず、収録された文面も冒頭・末尾が省略されているので、六国史の記述だけでは表と状を区別できないのだが、以下のように、状の使用開始時点を考える上で重要な史料も存在する。

K【『日本文徳天皇実録』天安元年（八五七）六月壬午（十七日）条】

中納言正三位源朝臣定上レ表曰、臣定言。……竊以、兵衛府機警繁務、史士難レ調。勘解由使拘放多端、疑論難レ決。……因願唯帯二此納言一、早解二彼両職一。……不レ任二悾欵之至一、謹奉レ表以陳聞。……

L【『日本三代実録』貞観七年（八六五）四月二十日条】

従三位守権大納言兼右近衛大将藤原朝臣氏宗上レ表、請レ解二大将職一曰、臣前年抗レ表、請レ解二左衛門督一。……伏願、皇情下照、丹欵獲レ申、罷二擁旄於八屯一、専二粉骨於一職一。無レ勝二兢悚戦汗之至一、謹奉レ表以聞。

優詔不レ許。

Kは、天安元年（八五七）に中納言源定が左兵衛督と勘解由使の辞職を求めた時のものであり、「臣定言ス」で始まり「謹ミテ表ヲ奉リテ以テ陳べ聞ス」で結ばれていることから、表様式と判断できる。続いてLは、貞観七年（八六五）に大納言藤原氏宗が右大将の辞職を求めた時のものであるが、冒頭に「臣前年表ヲ抗ジテ、左衛門督ヲ解カンコトヲ請フ」とあるように、藤原氏宗は前年の貞観六年（八六四）に上表して左衛門督の辞職を求めたことが見えている。

ここで表12を参照すると、辞衛門督は貞観十二年（八七〇）に状を使用した例が存在しており、辞兵衛督は初見が承暦三年（一〇七九）と下るものの、やはり状が使用される案件である。しかし前述の通り、それぞれ貞観六年（八六四）・天安元年（八五七）では表が使用されていることや、貞観八年（八六六）以前に辞官・致仕に状が使用された例は確認できないことからすれば[25]、当初辞官・致仕に使用されたのは表のみであり、貞観中期以降になると一定以下の案件に対しては状が使用されたと想定できる[26]。

このような表と状の使い分けは、前述の通り摂関期以降にも継承されており、その後の官人社会を規定し続けたと思われるが、これは天皇と官人の君臣関係にどのような影響を与えたのであろうか。次節ではこの点を検討していきたい。

第二節　上表と「上状」の儀式

（1）使者と奏上方法

本節では「上状」の儀式を取り上げて、上表の儀式と比較することにより、九世紀後半の日本における君臣秩序の変化を検討していく。まず本項では、上表・上状が天皇に奏上されるまでの部分を分析する。「はじめに」でも言及したように、上表に関してはすでに森田悌・黒須利夫両氏の研究(27)があり、上表を提出する使者は多くは五位の近衛次将であることや、初度上表の場合は中務省へ提出し、内侍を経て奏上されるが、第二度以降は使者が直接内裏に持参して提出することなどが明らかにされている。これと同様に上状の場合でも、五位の近衛次将を使者として提出した場合が存在することに注意したい。

M【『権記』長保三年（一〇〇一）八月二十三日条】

……源大納言（時中）遣二右近少将（源）雅通朝臣一、重上二辞職状一、被レ仰乙可レ令下作二勅答一依上レ請由甲。……

Mは、長保三年（一〇〇一）に源時中が大納言の辞職を求めた時のものであるが、時中の辞状は非蔵人の右少将源雅通を通じて蔵人頭の藤原行成に送られ、そこから天皇に奏上されている。この場合は上表の手順に準じて手続きが行われたといえるが(28)、一方では六位蔵人や小舎人のような低位の者を使者とする場合や、辞状を蔵人に直接送付する場合など、上表の手順とは大きく異なる例も存在している。以下の史料を参照したい。

N【『権記』正暦四年（九九三）閏十月二十六日条】（亀甲括弧は校訂注、以下同じ）

内大臣（藤原道兼）被レ奉下請レ罷二出〔於カ〕右大将一状上。使蔵人式部丞（藤原）輔尹。以二六位一上表之例、近代所レ不レ見。但（平）伊望大納言請レ罷二出〔於カ〕民部卿一表状、以二故伊勢守一（平真材）。以二六位一上表事、頗違例之由申二大殿一（藤原道隆）之。……

O【『権記』長徳四年（九九八）七月十五日条】

相二招式部権大輔一（匡衡）、示乙可レ作下辞二蔵人頭・左中弁一状上之由甲。……差二小舎人貞正一令レ献。深更帰来云、職事之人忽不レ被レ候、仍付二讃岐介一（至光）、令レ奏了。

P【『権記』長保元年（九九九）九月七日条】（一部再掲）

今日献下辞二蔵人頭一状上。令二（大江）匡衡朝臣作一レ之、自書レ之。……次書副二消息一送二右中弁（源道方）許一。……入夜右中弁示送云、明朝可レ被レ仰二一定一。……

まずNでは、天慶元年（九三八）[29]に平伊望が民部卿の辞職を求めた際、六位蔵人の平真材を使者として状を提出している。続いてOでは、長徳四年（九九八）に藤原行成が蔵人頭左中弁の辞職を求めた際、小舎人の貞正が辞状を内裏に持ち込んで、蔵人から奏上しようとしたことが見えている。最後にPでは、長保元年（九九九）に同じく藤原行成が蔵人頭の辞職を求めた際、辞状を五位蔵人の源道方に送付して奏上しており、この場合は使者に相当する人物は存在しないことになる。

このように、上状の場合には上表と比較すればはるかに多様な上奏方法が見られるが、いずれも何らかの手段で蔵人に伝達しており、基本的には蔵人に付して奏上されることが判明する。この点に関しては、さらに次の史料を参照したい。

Q【『小右記』治安元年（一〇二一）十二月二十四日条】

……按察大納言（藤原公任）消息云、明日可レ上二辞状一、無二可レ然之人一、付二蔵人弁（藤原）章信一可レ上者。……

Qは、治安元年（一〇二一）に藤原公任が大納言の辞職を求めた際に、辞状を五位蔵人の藤原章信に付す意向であることを伝えているが、公任はこの提出方法を「然ルベキノ人無」きためとしており、蔵人に付す奏上方法は本来のものではないと認識していた。この点から考えるならば、蔵人に付す奏上方法は一種の便法であり、本来は上表に準じて奏上されるべきだが、実際には蔵人に付す方法が一般的に行われていたと想定できる。

（2）　中使と邸宅での儀礼

本項では上状の儀式のうち、天皇からの回答が伝達される部分を分析する。前項同様に先行研究(30)に従い上表の場合を提示すると、提出された表を返却して不許可の意を示す場合と、批答を作成して諾否を伝達する場合があり、いずれも近衛次将を中使に任命して上表者邸宅で表函・口勅を授け、上表者は拝舞することが規定されている。これと同様に上状の場合でも、近衛次将を中使とする規定が存在していることに注意したい。

R【『北山抄』巻六・勅答事(31)】

辞二大将状一、入レ筥、拝舞等儀如二上表一。但状無二勅答之例一。其被レ収時、以二近衛次将一仰二遣事由一。〈其函、給二蔵人所一。〉

S【『小右記』治安元年（一〇二一）十二月二十五日条】

……按察納言（藤原）公任入夜示送云、以二（藤原）章信朝臣一上二辞状一〈作レ状〉、而未二返給一。若依二例作法一、以二近衛次将一、如二表儀一可二返給一歟。然者可レ用二倚（倚）子一。々々・土敷二枚可二借送一者、付二廻李部一。

Rは『北山抄』の上状の規定であり、大臣辞大将の辞状には批答は出されないものの、上表の場合と同様に上状者は拝舞を行い、許可される場合は近衛次将が中使となることが定められている。一方Sは、治安元年（一〇二一）に藤原公任が大納言の辞職を求めた時のことであるが、この時公任は邸宅での上状の返給儀礼が上表と同様である場合に備え、実資から椅子・土敷を借用している。[32] このように、大臣辞大将と辞大納言の際には、上表儀に準じて回答が伝達されることが想定されているのだが、実際に確認できる中使は上表儀のように近衛次将ではなく、蔵人である。以下の史料を参照したい。

T【『西宮記』臨時・太政大臣摂政表裏書（『村上天皇御記』逸文）[33]】

天徳四―五―一―、令下蔵人（藤原）永保、返中給参議朝忠々（ママ）、請レ罷二右衛門督一状上云々。

U【『菅家後集』尾部増補・重請罷右近衛大将状[34]】

右、臣某、去二月六日陳二写懇誠一、請レ罷二大将一。明日天使従五位上行式部少輔兼文章博士備中権介藤原朝臣菅根至、伝以二勅旨一、不レ聴二愚欵一。……不レ勝二丹悃之至一、修レ状以聞。臣某誠惶誠恐、頓首々々、死罪々々、謹言。

まずTでは、天徳四年（九六〇）に藤原朝忠が右衛門督の辞職を求めた際、六位蔵人の藤原永保が中使を勤めたことが見えている。次にUでは、昌泰三年（九〇〇）二月六日に右大臣菅原道真が右大将の辞職を求めた際、翌七日に五位の蔵人頭藤原菅根が中使となり勅旨を伝えたことを記している。このように、上状の際の中使は九世紀末から蔵人が担当しており、しかも六位蔵人が中使となることもできるのであるが、さらに重要なことは、上状では中使が派遣されない事例も存在することである。次の史料を参照したい。[35]

V【『権記』長保元年（九九九）九月七日・八日条】（七日条は再掲）

七日、今日献下辞二蔵人頭一状上。令二（大江）匡衡朝臣作一レ之、自書レ之。……次書副二消息一送二右中弁（源道方）許一。

……入夜右中弁示送云、明朝可レ被レ仰二一定一。……

八日、自二右中弁許一、返二送辞状一。……

Vは、長保元年（九九九）に藤原行成が蔵人頭の辞職を求めたところ、蔵人源道方から辞状だけが「返送」されたことを伝えているが、源道方は行成邸へは赴いていないため、中使に相当する人物は存在しないことになる。

このように、上状の場合は特に中使を派遣することなく、随近の人を介して返却する例が見られるのだが、この場合は当然、上状者邸宅で口勅等を授ける儀も存在しないことになるため、儀式としての格は上表儀と比べると大きく落ちることになると思われる。

以上のように、上表と上状の儀式を比べると、上表は使者・中使とも五位の近衛次将が中心であり、必要に応じて批答も返給されるのに対して、上状では使者・中使に相当するのは六位も含めた蔵人であり、批答も返されないなど、重要性が劣ることは明白である。

しかし、より重要なことは、同じ上状の儀式でも大臣辞大将・辞大納言の場合は上表に準じる規定や実例が存在し、さらに大臣辞大将では、日下に「上状」ではなく「上表」と記す故実も見えるなど[36]、より上表に近いと認識されていたのに対して、辞四衛府督・八省卿・使別当・蔵人頭・弁官などでは、六位蔵人の介在や、使者・中使相当の人物不在の例も散見するなど、大臣辞大将・辞大納言とは一線を画していることである。

これは、同じく状を使用する案件でも、官職によりさらに細かく序列化がなされていることを意味しており、前節と本節の検討結果から提示すれば、表が使用される大臣以上を最上位として、続いて近衛大将と大納言（・中納言・参議[37]）、その下に四衛府督以下弁官までが位置することになる。このような序列・秩序の形成は、貞観中期における状の使用開始と深く関連すると考えられるが、一方でこの序列の最上位に位置する大臣以上のうちの一部は、九世紀中盤以降では批答で表現される天皇との関係に変化が生じている。次節ではこの点を検討していきたい。

第三節　批答と官人の位置付け

本節では、上表への返答として官人に発給される批答に注目して、天皇と官人の関係を検討していく。「はじめに」でも言及したように、批答の文書様式は慰労詔書・論事勅書であるが、両者は中国・日本ともに外交文書としても使用されているので、検討の前提として外交文書も含めた慰労詔書・論事勅書について言及していきたい。

まず中国では、国内の官人には発話の語としては「想」、相手を指す語としては「卿」が使用されており、両者を連続させる「想卿」という用法が多く見られる。[38]これは、ともに相手を目下・臣下とみなす語句であるが、新羅・渤海・日本など周辺諸勢力の首長に対しても「想」・「卿」は使用されているので、原則としては国内外を問わず、皇帝の臣下に対しては一律の扱いがなされていたと思われる。ただし、突厥・吐蕃・回鶻などの北方・西方の有力勢力に対しては、「卿」ではなく「可汗」や「賛普」など固有の君主号を使用していたように、一定の優遇措置が施されている。[39]

また日本でも、新羅王・渤海王や親王・諸王に「王」を使用する他は、国内外を問わず「卿」・「想」が用いられており、延暦年間以降には渤海に対して、「想」よりも相手を重視する「惟」が使われ始めるのだが、[40]この時点では国内の官人に対しては「惟」は使用されておらず、臣下を一律に扱う原則は遵守され続けたと思われる。

しかし、承和年間以降では、特定の官人に対してのみ相手を重視する語句が使用されるようになる。まず、以下の史料を参照したい。

W【『続日本後紀』承和十年（八四三）正月丁未（十八日）条】
勅報曰、省レ表具レ之、深以悲感。……故屈二朕懇慕一、申二公謙退一。望二朝端一而空レ座、辞二宸階一以生レ塵。徘二徊于此一、心無レ所レ厝。……春寒、想強加湌、指不二多及一。

X【『日本文徳天皇実録』天安元年（八五七）三月丙辰（十九日）条】(41)
勅曰、太政大臣、道高二翼賛一、徳叶二儀形一、在二於朕躬一、乃誠繁頼。……可二新加一色、祈二惣停止一、忌レ満之詞最切、助レ公之意兼深。……以レ書報レ之、指不二多及一。

Y【『日本三代実録』元慶五年（八八一）正月十九日条】
太政大臣抗レ表〈云々〉。伏以、今月十五日蒙レ授二従一位一〈云々〉。　勅答曰〈云々〉。……欽承二往命一、用断二後章一。縦雖二百上一、不レ欲二一従一。公宜レ悉レ之。……

Z【『日本三代実録』貞観九年（八六七）二月二十二日条】
左大臣正二位源朝臣信抗レ表辞レ職。勅答曰、省レ表委レ之。公資兼二文武一、寄重親レ賢。……今者攸レ望、宜下弥勵二乃誠一、莫中重表請上。

a【『日本三代実録』貞観十五年（八七三）四月十六日条】
左大臣従二位兼行皇太子傅源朝臣融上表、請レ還二食封千戸一。勅答曰、……至二彼減レ封之請一、苟存二利レ国之義一。復有二旧章一、不二敢排拒一。朕此意、公能順レ之。

b【『本朝文粋』巻二・勅答・答六条右大臣辞職表勅】
勅右大臣。省二重表一、具レ所レ懐。……惟公朝之宿歯、瀝二肝膽一而年深、国之英髦、経二喉舌一而日久。……

このように、W―bでは相手を指す語として「卿」ではなく「公」が使用されている。この「公」の使用対象は、Wが承和十年（八四三）の藤原緒嗣、Xが天安元年（八五七）の藤原良房、Yが元慶五年（八八一）の藤原基経、Zが貞観九年（八六七）の源信、aが貞観十五年（八七三）の源融、時期は下るがbが正暦二年（九九一）の右大臣源重信で、いずれも大臣以上である。またこれらの人物は、貞観十五年―十八年（八七三―八七六）に太政官符の上卿を勤めていた源融以外は、太政大臣の藤原良房・基経、致仕を申請した藤原緒嗣・源重信、応天門の変で事実上引退に追い込まれた源信のように、太政官政務の第一線からは退いている。[42]そのため、「公」は「卿」よりも相手を上位に置くものと考えられるのだが、一方では大臣以上でも従来通り「卿」が使用された事例も存在する。以下の史料を参照したい。

c【『続日本後紀』承和十一年（八四四）閏七月甲戌（二十三日）条】

勅㆓書於左大臣㆒曰、所㆑表具㆑之。……而卿深鑑㆓損挹㆒、固守㆓冲虚㆒、減封之請、前後累通。朕与㆑卿昆季、義兼㆓家国㆒。……故屈㆓之于此㆒、申㆓之于彼㆒。以元（ママ）来望、宜㆑知此意㆒。

d【『日本三代実録』貞観十四年（八七二）十月十日条】

正三位守右大臣兼行左近衛大将藤原朝臣基経、抗㆑表辞㆓故太政大臣忠仁公封邑㆒曰、……勅答曰、省㆑表悉㆑之。故太政大臣忠仁公、保㆓養朕躬㆒、丕訓苦切。朝露溘至、傷如㆓之何㆒。……今卿上㆑表、為㆑公譲㆑之。朕雖㆑知㆓其丹誠㆒、未㆑忍㆑割㆓素意㆒、宜㆑如㆓前詔㆒、莫㆑有㆑所㆑請。

cは承和十一年（八四四）に左大臣源常が職封の返還を求めたのに対する批答であり、dは貞観十四年（八七二）に右大臣藤原基経が良房への封邑追贈を辞退したことに対する批答である。いずれも上表者は左右大臣であるが、両者ともに上表者には「公」ではなく「卿」が使用されていることを考えるならば、「公」は一定の官職以上に対して無条件に使われるものではなく、基本的にはその時々の政治情勢に応じて、上卿の上位となるべき重要な人物を中心に使用されたものと思われる。

続いて貞観年間には、「公」よりもさらに相手を重視する語句を用いて、一部の人物の位置付けをより高めていくようになる。以下の史料を参照したい。

e【『日本三代実録』貞観十二年（八七〇）二月十四日条】

……先レ是、二品中務卿兼大宰帥諱〈光孝天皇〉親王抗レ表曰、……勅答曰、頻省二章表一、雅懐妾（ママ）之。惟王才超二北海一、器浮二東平一。割二情愛於周親一、輸二忠欵一而報レ国。……

f【『都氏文集』巻四・答惟喬親王譲封勅書(43)】

勅。重表悉レ之。……惟王虚レ心而受、莫二以拒一レ之。若復重レ辞、言為レ疏レ朕。

まずeは、貞観十二年（八七〇）に時康親王（後の光孝）が子息への賜姓を求めたのに対する批答であり、次にfは、貞観十六年（八七四）に惟喬親王（清和の庶兄）が別封を辞退したのに対する批答である。両者とも発話の語に「想」ではなく「惟」が使用されているが、ここで使用された「惟」は、前述のように「想」より相手を重視する語である。前掲Wを参照すると、承和十年（八四三）の段階では左大臣藤原緒嗣に対しても「想」が使われていたので、時康・惟喬両親王には緒嗣より上位の礼式が示されたことになるが、これは清和朝における両親王の立場が、皇位継承という問題も含めて、他の臣下や皇族の上位を占めていたことに由来するものと思われる。

このように、九世紀中盤以降の批答では、特定の臣下のみを従来よりも高く位置付けているのだが、これは摂政・関白の成立に伴う政治構造の変化と大きく関連する。この点を如実に示すのが、いわゆる阿衡の紛議の経過である。次の史料を参照したい。

g【『政事要略』巻三〇・阿衡事・仁和三年（八八七）閏十一月二十七日勅】

勅二太政大臣藤原卿一。中務省昨進二表函一、披而読レ之、有レ辞二摂政一。……宜下以二阿衡之任一為中卿之任上。……援レ筆哽咽、言不二多及一。

gは、藤原基経の辞関白の表に対する宇多の批答であり、「宜シク阿衡ノ任ヲ以テ卿ノ任ト為スベシ」という部分が阿衡の紛議を惹起したことで有名である。しかしここでは、この批答の中で基経に「卿」が使用されていることに注目したい。前掲Yを参照すると、基経には元慶五年（八八一）の段階で「公」が使用されているので、gで「卿」とされていることは、基経が通常の臣下と同じ水準に格下げされたことを意味している。これは、この批答を起草した橘広相と宇多の意図に由来するものと思われるが、このような基経の格下げは、基経がこの批答の撤回を強硬に要求した背景の一つとするべきであろう(44)。

おわりに

本章では、状と批答に注目して上表儀礼を再検討して、あわせて九世紀の日本における君臣秩序の変遷を取り上げて、以下の結論を得た。第一に、日本では辞官・致仕などには当初表様式の文書のみが使用されていたが、貞観中期以降には一定以下の案件に状が使用されるようになり、以後表と状は使い分けられていく。第二に、重要度が高い案件に使用されるのは上表であるが、上状でも比較的上表に近い儀が行われる事案も存在しており、おおよそ大臣以上、近衛大将・大納言（・中納言・参議）、四衛府督・八省卿・蔵人頭・弁官という官職の序列が、上表と上状の儀式から判明する。第三に、前述の序列で最上位に位置する大臣以上に関しては、承和年間以降には藤原良房・基経など、その時々の政治情勢において重要な位置を占める臣下を他の官人よりも高く評価していた。

このように、九世紀中盤以降は、上表・上状儀による官人の序列化が進行して、一定の秩序が形成されていく時期ということができるが、この序列や秩序は、九品以上の官人が皇帝に上表・上状を行うことができる唐制と大きく異なるのはもちろんであるが、令制や弘仁式制のように、五位以上であれば上表が可能である体制とも大きな差異が存在する。ここで吉川真司氏の「天皇・院宮・摂関を中心とし、公卿とそこに至る特定の官職、更に殿上人などの近臣が重視され、受領や実務官人がそれを支えるという構造を持つ」という平安貴族社会の特質を前提にすれば、上表・上状儀による官人の序列化は、同時期に進行していた「五位以上集団」の解体や摂関制の成立に対応する現象であり、以後摂関期を通じて機能していく新たな秩序を構築するために形成されたと評価できる。(45)

一方、このような日本国内における君臣秩序の変化は、東部ユーラシア全体の国際関係も視野に入れるならば、より重要な意義を三点指摘することができる。第一は、論事勅書に「惟」や「公」を使用して相手の位置付けを高めるという方法は、本書第一章第二章で検討した宋代中国のあり方と共通していることである。第二は、宋代では相手の位置付けを高めた論事勅書は外交関係で使われたが、九世紀以降の日本では国内の臣下にのみ使用されており、外交関係では用いられていないことである。第三は、唐代中国では国内外の別なく慰労詔書と論事勅書が使用され、相手を重視する場合には慰労詔書を使用した上で特別な語を加えるなど、(46)国内外の君臣秩序は一元化されていたが、九世紀中盤以降の日本では、論事勅書に特別な語を加えて国内臣下の一部を重視する一方、慰労詔書の使用は外交文書に限定されているなど、(47)国内外の君臣秩序が分離していることである。

これらの点は、九世紀中盤以降の日本が、東部ユーラシア全体の動向と一定の関わりを持ちながらも、独自の歴史展開を見せ始めた[48]ことを意味しており、「東夷の小帝国」としての古代日本の変質とも深く関わると思われるが、平安時代中後期の日本の置かれた位置を明らかにするためには、後百済や呉越国など十世紀以降の外交に関わる諸問題[49]を解明しなければならない。これらは今後の課題としたい。

注

（1）中村裕一「優詔（優制）」（同『唐代制勅研究』汲古書院、一九九一、三六三—三七九頁。初出一九八五）。
（2）中村裕一「慰労制書と「致書」文書」（注1前掲書、二九九—三三〇頁。初出一九八六）、石井正敏「古代東アジアの外交と文書——日本と新羅・渤海の例を中心に——」（同『日本渤海関係史の研究』吉川弘文館、二〇〇一、五四二—五六六頁。初出一九九二）。
（3）石井正敏「古代東アジアの外交と文書」（注2前掲）など。
（4）黒須利夫「八世紀の上表儀——聖武朝を中心として——」（『年報日本史叢』一九九三年度、六一—七三頁）、同「平安初期の上表儀」（虎尾俊哉編『日本古代の法と社会』吉川弘文館、一九九五、一六八—一九八頁）。
（5）森田悌「上表と奏上」（同『日本古代の政治と地方』高科書店、一九八八、六一—七九頁。初出一九八五）、黒須利夫「八世紀の上表儀」・「平安初期の上表儀」（ともに注4前掲）、藤森健太郎「九世紀の即位に付属する上表について」（同『古代天皇の即位儀礼』吉川弘文館、二〇〇〇、二二五—二四七頁。初出一九九六）、古瀬奈津子「書儀・書簡よりみた唐日古代官僚制の特質」・「唐日における上表と奉表」（ともに平成十五年度—平成十八年度科学研究費補助金（基盤研究（C））研究成果報告書『日本古代における書状の社会的機能に関する研究』課題番号一五五二〇三九六、二〇〇七、八—一一頁・一二—一六頁。初出二〇〇五・二〇〇七）、中野渡俊治「古代日本における公卿上表と皇位」（同『古代太上天皇の研究』思文閣出版、二〇一七、二一七—二四七頁。初出二〇一一）。

(6) 森田悌「上表と奏上」(注5前掲) 六八—七二頁。
(7) 丸山裕美子「慰労詔書・論事勅書の受容について」(『延喜式研究』一〇、一九九五、四九—七〇頁)。
(8) 拙稿「書儀と外交文書——古代東アジア地域の外交関係解明のために——」・「日本の対新羅・渤海名分関係の検討——「書儀」の礼式を参照して——」(ともに同『東アジアの国際秩序と古代日本』吉川弘文館、二〇一一、二四—五六頁・五七—八六頁。初出二〇〇六・二〇〇七)。
(9) 中村裕一「上奏と裁可の語」(注1前掲書、四〇六—四五一頁。初出一九八三)。
(10) 中村裕一『唐代官文書研究』(中文出版社、一九九一) 一〇—二〇頁。
(11) 古瀬奈津子「唐日における上表と奉表」(注5前掲)。
(12) 『敦煌漢文文献』P六五三七v。『敦煌漢文文献』所収の書儀のテキストは、趙和平『敦煌写本書儀研究』(台北・新文豊出版公司、一九九三) を使用した。
(13) 『金石萃編』のテキストは『石刻史料新編』所収のものを使用した。
(14) 『大唐新定吉凶書儀』に関しては、趙和平『敦煌写本書儀研究』(注12前掲) 五〇四頁以下の「題解」を参照。
(15) 中村裕一「上奏と裁可の語」(注9前掲) 四三五—四三六頁。
(16) 森田悌「上表と奏上」(注5前掲)。
(17) 黒須利夫「平安初期の上表儀」(注4前掲) 一八九—一九〇頁。ただし、状は儀式書にも規程がほとんど存在しない。そのため、上状を公の制度とみなすには問題があるかもしれないが、初期の官人個人からの上表は儀式書の規程とは異なり朝堂で行われており(『日本後紀』大同元年二月甲寅(二十日)条など)、賀表同様に官人集団と天皇との関係を確認するという意味が付与されていたことを考慮すれば、儀式書の記載内容を過度に重視することはできないと思われる。
(18) 『菅家文草』のテキストは日本古典文学大系本を使用した。
(19) 六国史の地の文では、「状」とあるべき部分は全て「表」としている。これは、六国史は天皇への上聞文書は全て「表」と表現する編纂方針を貫いたためと思われる。
(20) 六国史のテキストは新訂増補国史大系本を使用して、意改・意補部分は原文字に戻した。
(21) なお、『日本三代実録』の写本には広本・抄本の両様があり、抄本の部分では、寛文版本の時点で『菅家文草』

掲載の上表文を用いた本文復原がなされていることが、遠藤慶太氏により指摘されている（「『三代実録』の写本について」〔同『平安勅撰史書研究』皇學館大学出版部、二〇〇六、一四四―一六五頁。初出二〇〇五〕）が、Eを含む巻四五は広本であるので、Eは『菅家文草』から補充されたわけではない。

（22）『小右記』のテキストは大日本古記録本を使用した。

（23）『権記』のテキストは史料纂集本を使用した。

（24）同様の事例としては、源俊賢の致仕申請時がある。『小右記』寛仁二年（一〇一八）十二月二十四日条・三十日条、および『左経記』寛仁二年（一〇一八）十二月二十四日条参照。表と状の使い分けの明確な反例となりえるのは、『小右記』長徳二年（九九六）八月九日条に見える左大臣藤原道長辞左大将の事例のみであり、しかも『水左記』承保二年（一〇七五）十月二十四日条・二十七日条を参照すると、この時の例は後代に先例として継受されていないことがうかがえる。
　なお、表と状の使い分けに関して、『小右記』が最も例外が多いという事実は、記主実資の学識に照らせばきわめて不審である。この点に関しては、伝聞情報か否かという問題以外にも、六国史のように上聞文書を全て「表」とする観念が残存していたことなどの要素が考えられるが、決定的ではない。後考を俟ちたい。

（25）上申文書として状が使用された早い例としては、空海の『遍照発揮性霊集』巻四・九所収のものを挙げることができるが、そこでも状の使用は献物等が中心であり、辞大僧都・少僧都など、辞官・致仕相当の案件に使用されたのは表のみである。

（26）ただし、『日本三代実録』貞観十四年（八七二）七月二十四日条では、参議源生の辞右衛門督が表様式で提出されたことが見えている。これは、源生の死去直前（致仕に准じるか）という特殊な事例ではあるが、前掲の時期区分から考えるならば例外に相当するため、表から状への変化は即時ではなく、段階的に行われていたものと解したい。

（27）森田悌「上表と奏上」（注5前掲）、黒須利夫「平安初期の上表儀」（注4前掲）。

（28）なお、Mでは天皇から批答を作るべきとの仰せが下されているが、行成は批答作成については疑念を抱き、翌二十四日に大内記菅原宣義に先例を勘せしめたところ、所見無しとの回答を得たので、その旨を奏上したことが見えている。そのため、実際に批答が作成されたかは不明である。この点、後掲Rでは状には批答が作成されないという規定が見えることも参照。

(29)『公卿補任』によれば、平伊望は天慶元年（九三八）五月二十八日には「上表」して民部卿を辞すも許されず、同年六月二十三日には大納言に任じられ、翌天慶二年（九三九）には死去している。

(30)森田悌「上表と奏上」（注5前掲）、黒須利夫「平安初期の上表儀」（注4前掲）。

(31)『北山抄』のテキストは故実叢書本を使用した。

(32)ただし、Sは上状三回目の時点であるため、毎回上表儀と同様に返給儀礼が行われるかどうかは不明とせざるを得ない。

(33)『西宮記』のテキストは故実叢書本を使用して、一部尊経閣善本影印集成本（大永本第九）により文字を改めた。

(34)『菅家後集』のテキストは日本古典文学大系本を使用した。

(35)本章旧稿ではこの部分に『小右記』長徳二年（九九六）九月九日・十日条を提示していたが、この時は内々に辞状を取り下げているので、改稿に当たり削除した。

(36)『中右記』康和四年（一一〇二）十一月二十五日条に、「殿下仰云、故殿（藤原師実）御記之中〈三〉、雖二大将状一、上表〈下〉年号之下〈三〉可レ書之由、被レ記置一也」（テキストは大日本古記録本を使用した）とある。なお、前掲Nの波線部のように、藤原行成が大臣辞大将の使者に六位蔵人を立てることは違例と判断していることも、同様に大臣辞大将が上表儀に近いことを示す。

(37)中納言・参議の上状の史料は乏しく、詳細は不明であるが、安田政彦氏が指摘するように（「律令制下の高年優遇について——特に「致仕」を中心として——」『延喜式研究』七、一九九二、一一—三六頁）、十世紀以後は議政官の辞任で「致仕」とされることがあるので、大納言と同じ扱いという可能性が高いと思われる。

(38)例えば、唐・李徳裕『李文饒文集』巻一八・譲太尉第三表批答には「今卿以三内臣二時政一、非レ合二固辞一」とあり、三公の一つ太尉である李徳裕に対しても「卿」が使用されている。なお、規定では年長の諸王に対しては「王」を使用し、「国舅」（皇帝の姻族）に対しては「舅」を使用するのだが、実例は残されていない。中村裕一「論事勅書の記載用例」（注1前掲書、六七三—六七九頁。初出一九八八）参照。

(39)固有の君主号表記の問題、および周辺諸勢力の首長と国内の官人がともに「卿」と表記されていることに関しては、唐・開元末年の事例ではあるが、山内晋次「唐朝の国際秩序と日本――外交文書形式の分析を通して――」（同『奈良平安期の日本とアジア』吉川弘文館、二〇〇三、一〇―三五頁。初出一九八六）参照。

（40）拙稿「日本の対新羅・渤海名分関係の検討」（注8前掲）。なお、「惟」・「想」が表現する上下関係に関しては、拙稿「書儀と外交文書」（注8前掲）参照。

（41）Xは、本章旧稿では三月辛丑（四日）条を提示していたが、改稿に当たり論事勅書であることが明白な丙辰（十九日）条に改めた。

（42）太政大臣が太政官符の上卿とならないこと、および上卿として太政官政務を担当した公卿については、土田直鎮「類聚三代格所収官符の上卿」（同『奈良平安時代史研究』吉川弘文館、一九九二、二七六―二九六頁。初出一九六九）参照。

（43）『都氏文集』のテキストは、中村璋八・大塚雅司『都氏文集全釈』（汲古書院、一九八八）を使用した。

（44）今正秀「阿衡問題考」（『日本史研究』六二一、二〇一四、一―二四頁）では、阿衡の紛議は摂関政治成立史上においてそれ自体政治史的な意味は認められないとしているが、本文で明らかにした通り、阿衡の紛議は摂政・関白の地位の成立・確立と密接に関わる事件と考えるべきであろう。

（45）吉川真司「律令官人制の再編過程」（同『律令官僚制の研究』塙書房、一九九八、三五七―三八九頁。初出一九八九）。

（46）拙稿「日本の対新羅・渤海名分関係の検討」（注8前掲）。

（47）『延喜式』巻一二・中務省・慰労詔書条で、慰労詔書の用途を外交文書に限定しているのは、この点と関係すると思われる。

（48）本章旧稿ではこの部分を、「同時期の東アジアの国際関係とは直接連動しない動き」としていたが、前掲の第一の点をふまえて評価を改めた。

（49）後百済や呉越国との外交に関する近年の研究としては、劉恒武「五代呉越国の対日『書函外交』考」（『古代文化』五九―四、二〇〇八、五八―六九頁）、河内春人「東アジア史上の日本と後百済」（吉村武彦編『日本古代の国家と王権・社会』塙書房、二〇一四、三二七―三四七頁）などが挙げられる。

終章　日本―渤海間の擬制親族関係について

――東部ユーラシアの視点から――

はじめに

八世紀の日本―渤海関係においては、両国関係を父子・兄弟など親族関係で表現する、いわゆる「擬制親族関係」が提示されていた。まず天平勝宝五年（七五三）には、日本が渤海高句麗継承国意識に基づいて兄弟・君臣関係を提示したが、渤海はこれを拒否して、逆に宝亀三年（七七二）には、渤海が独自の高句麗継承国意識に基づき日本に舅甥関係を提示して、日本側が激しく反発するという事件が発生している。そのため、日本―渤海間では擬制親族関係は成立していないのだが、八世紀における両者の名分関係をめぐる対立を考える上でも、この擬制親族関係の問題を分析することは重要と思われる。

その一方で、日本―渤海間の擬制親族関係についての専論は、森田悌・石井正敏両氏のものに限られている。まず森田氏は、国家間の擬制親族関係が国王の代替わりで変化することを想定し、渤海側が天皇の代替わりを理由に、渤海を舅・上位とする舅甥関係を提示したことが日本側の反発を招いたとした(1)。これに対し石井氏は、国王の代替わりによる擬制親族関係の変化を疑問視して、日本側が反発した理由は、兄弟・君臣関係ではなく、日本を舅・渤海を甥とする疎遠な舅甥関係が主張されたためと解釈した(2)。

以上のように、日本―渤海間の擬制親族関係については、なぜ渤海が親族関係を舅甥に変更したのか、また日本・渤海のいずれを舅としたのかという点で意見が分かれている。しかし、外交関係を擬制親族関係で表現する例は、八世紀の日本―渤海間にとどまらず、唐と周辺諸勢力との関係や、第一次南北朝時代から隋代、あるいは第一部第一章・第二章で取り上げた五代両宋／遼金期にも多数存在しているため、日本―渤海間の擬制親族関係も、東部ユーラシア全体の外交関係の中に位置付けて理解する必要があると思われる。そのため本章では、東部ユーラシアにおける多様な擬制親族関係を分析した上で、日本―渤海間における擬制親族関係の問題を検討する。その上で、擬制親族関係という視点から、東部ユーラシアという枠組みが持つ可能性についても言及していきたい。

第一節　東部ユーラシアの擬制親族関係

（一）擬制親族関係の基本的性質

本節では、東部ユーラシア全体の擬制親族関係について検討していく。まず本項では、本章全体の前提として、擬制親族関係の基本的性質について分析していきたい。ただし、本章の中で具体的な事例を網羅的に検討することは不可能であるので、東部ユーラシアの各地で見られる擬制親族関係を、隋唐を中心に筆者の管見が及ぶ限りの事例を集積して、特筆すべき個人間の関係も含め表15（本章末尾参照）として提示した。

擬制親族関係とは、前述のように国家間関係を親族関係で表現するものであり、父子・兄弟・伯姪（父の兄―弟の子）・叔姪（父の弟―兄の子）・舅婿（妻の父―娘婿）・舅甥（一般的には母の兄弟―姉妹の子）など、様々な種類が存在する。そのほとんどは擬制的な関係であるが、公主降嫁などを通じて国王間に実際の親族関係が結ばれる場合もある。ただし、擬制親族関係と実際の親族関係は必ずしも連動しているわけではない。

また、擬制親族関係の起源は古く、周代から春秋・戦国時代にかけては、周室・諸侯の相互関係を「兄弟の国」や「舅甥の国」と表現する例があり(3)、皇帝制度の成立後でも、前漢と匈奴の兄弟関係(4)から、後金（清）と朝鮮の兄弟関係(5)まで、長期間にわたり存続し続けている。特に、隋唐から五代にかけての時期には、本章の主題である日本—渤海間のものも含めて、多くの実例を確認することができる。

以上のように、擬制親族関係が国家間関係として使用される背景には、『三国志演義』の「桃園の誓い」に代表される、個人間の義兄弟・仮父子結合の慣行があると思われる。例えば、唐・高祖（李淵）と隋末の群雄である李密との兄弟関係（No.09）や、唐・太宗（李世民）と突厥・小可汗突利の兄弟関係（No.11）のように、国家間関係と個人間関係の中間とも言うべき擬制親族関係も存在しており、各政権の内部に限定しても、北周での楊忠・楊堅（隋・文帝）父子と司馬消難の兄弟・叔姪関係（No.07）が見られるように、国家間（国王間）の擬制親族関係は、有力者相互関係の延長上にあると考えられる(6)。

次に、擬制親族関係の特徴を検討する。まず指摘できるのは、擬制親族関係の存在は、軍事的な同盟関係も含めた特別な優遇措置を示すことである。以下の史料を参照したい。

A【『新五代史』巻七二・四夷附録第一・契丹(7)】（No.38）

……阿保機遣二使者解里随頃一、以二良馬・貂裘・朝霞錦一聘レ梁、奉レ表稱レ臣、以求二封冊一。梁復遣二公遠及司農卿渾特一以二詔書一報レ労、別以二記事一賜レ之、約三共挙レ兵滅レ晋、然後封冊為二甥舅之国一、又使下以二子弟三百騎一入中衛京師上。

B【『遼史』巻五・世宗紀・天禄五年（九五一）二月条】
周遣二姚漢英・華昭胤一来、以二書辞抗礼一、留二漢英等一。

C【『資治通鑑』巻二九〇・広順元年（九五一）四月丁未条】(8)（No.46）
契丹主遣レ使如二北漢一、告以四周使田敏来、約三歳輸二銭十万緡一。北漢主使下鄭珙以二厚賂一謝中契丹上、自稱三姪皇帝致二書於叔天授皇帝一、請レ行二冊礼一。

D【『資治通鑑』巻二九二・顕徳元年（九五四）十一月戊戌条】（No.46）
北漢主疾レ病、命二其子承鈞一監国、尋殂。遣レ使告二哀于契丹一。契丹遣二驃騎大将軍・知内侍省事劉承訓一冊命二承鈞為レ帝、更名レ鈞。北漢孝和帝性孝謹、既嗣レ位、勤二於為政一、愛レ民礼レ士、境内粗安。毎二上表一於二契丹主一稱レ男。契丹主賜二之詔一、謂二之児皇帝一。

Aでは、契丹・耶律阿保機が後梁・朱全忠に上表称臣して冊封を求めたことに対して、朱全忠は後梁と契丹で李晋を挟撃滅亡させた後に、冊封と公主降嫁を行い舅甥関係となることを承諾している。これは、朱全忠と李晋・李克用の対立を背景に、後梁が契丹を優遇して李晋に対抗したものである。またB―Dでは、開封で後漢を簒奪した後周と、太原で後漢を継承した北漢が、相互の抗争を背景に相次いで契丹に遣使しているが、契丹は後周ではなく北漢と手を結び、Dのように北漢皇帝を冊立して北漢を軍事的に援助する一方、Bでは後周の使者を抑留して後周と敵対している。ここで注目されるのは、契丹―後周間には擬制親族関係は設定されていないのに対して、契丹と友好関係にある北漢との間には叔姪・父子関係が見えることであるが、これは毛利英介氏の指摘(9)の通り、契丹が北漢を後晋（自らに服属する南方政権）の正統な後継者として認めていたためであろう。

続いて指摘できるのは、両者が対立関係にある場合には、擬制親族関係の成立・維持のためには一定の軍事力の裏付けが必要なことである。以下の史料を参照したい。

E【『資治通鑑』巻二七二・同光元年（九二三）十一月壬寅条】（No.40）

岐王遣レ使致レ書、賀二帝滅一レ梁、以二季父一自居、辞礼甚倨。〈岐王李茂貞自以下与二晋王克用一在レ唐並列中藩鎮上、又各以下有レ功賜レ姓、附二唐属籍一、義猶中兄弟上、故於レ帝以二季父一自居。〉

……

F【『資治通鑑』巻二七三・同光二年（九二四）正月庚戌条】（No.40）

岐王聞二帝（後唐・荘宗）入一レ洛、内不二自安一、遣二其子行軍司馬彰義節度使兼侍中継曮一入貢、始上レ表称レ臣。

G【『旧五代史』巻一一六・世宗紀三・顕徳三年（九五六）二月甲戌・壬午条】（No.47）

甲戌、江南国主李景遣二泗州牙将王知朗一齎二書一函一至二滁州一、本州以聞。書称、唐皇帝奉二書於大周皇帝一。其略云、願陳二兄事一、永奉二鄰歓一。……書奏不レ答。

壬午、江南国主李景遣二其臣偽翰林学士戸部侍郎鍾謨・偽工部侍郎文理院学士李徳明等一奉レ表来上、叙下願依二大国一称レ臣納レ貢之意上。……

まずE・Fでは、後梁が後唐に滅ぼされたことを受け、岐王（鳳翔節度使）・李茂貞が後唐に使者を派遣した際、自らが後唐・荘宗（李存勗）の父、李克用とともに李姓の賜与を受けた故事により荘宗の季父を自称したが、翌年には後唐に屈して上表称臣している。さらにGでは、十国の一つである南唐が、後周の攻撃で江北一帯を奪われたことを受け、後周に奉書形式の外交文書を送り兄弟・非君臣関係を提示したが、後周に黙殺されたため上表称臣したことが見えている。このように、両者が対立関係にある場合には、軍事力の裏付けがない限りは、擬制親族関係を相手に認めさせることは困難と考えられる。

最後に指摘できるのは、中国王朝と擬制親族関係を結んでいたのは、中国王朝と匹敵、あるいは凌駕する北方・西方の勢力が中心であり、勃興期の金と高麗・後金（清）と朝鮮（ともに兄弟関係）の事例を除けば、朝鮮半島や日本列島の勢力に対して擬制親族関係は設定されていないことである。これは、新羅・日本など東方の勢力は、軍事的には突厥・吐蕃・回鶻など北方・西方の勢力に劣ることに加えて、開元年間の契丹・奚（No.19）のように、外交戦略上の必要から中国王朝に優遇される機会も少ないためと思われる。

（2）擬制親族関係と名分関係

本項では、様々な種類の擬制親族関係が、それぞれどのような名分関係と対応するかを検討していく。以下では順に、父子関係、兄弟関係、叔姪・伯姪関係、舅婿・舅甥関係について言及した上で、一旦結ばれた擬制親族関係が変化する事例も分析していきたい。

①　父子関係

まず、父子関係を扱う。父子関係の特徴は、君臣関係を伴う事例が多いことに加えて、君臣関係を伴わない場合でも父側を上位に置いていることである。表15を参照すると、君臣関係を伴う父子関係は、No.19・21・22・23・44・46・57の七例を指摘でき、君臣関係を伴わない場合でも、No.（37・）[10] 49・51・59の三（四）例では父を上位とすることが確認できる。これらの事例は、石敬瑭が契丹皇帝の臣・子となり、契丹の援軍を得て後晋を建国し、その後上表称臣を免除されて父子関係のみが存続したNo.44に代表されるように、両者の間に明確な上下関係が存在したことを示している。

一方、例外となるのは№17と№45である。№17では、突厥第二帝国・黙啜可汗が、唐に父子関係と自らの娘の唐室男子への入嫁を求めたが、唐は父子関係と武氏との婚姻のみを認めている。この父子関係は、可汗の娘の入嫁と密接に関連するものではあるが、娘の入嫁を拒否された黙啜可汗は唐に侵攻して黄河の下流域まで到達しているように、この時点での唐—突厥関係に君臣関係に相当する上下関係が存在したとは考えられない。また№45では、前述の№44で契丹に服属した後晋が、高祖から少帝への代替わりを機に対等志向を強め、父子関係を祖父—孫関係に改めて称臣を拒否しているので、この場合の父子（祖父—孫）関係も上下関係を示すものではないと思われる。[11][12]

② 兄弟関係

次に、兄弟関係を扱う。兄弟関係においては父子関係とは逆に、君臣関係を伴う事例は№03・10・15・24の四例のみであり、君臣関係以外で明確な上下関係を含む場合も、№47（前掲G）で南唐が後周に奉書形式の外交文書を送付したことに限られている。それ以外の事例では、南詔が唐に対して兄弟もしくは舅甥関係を求め、非君臣関係を主張した（№33）ように、君臣関係のような絶対的な上下関係が存在しない場合、もしくは君臣関係を拒否する場合には兄弟関係が提示されている。なお、個人間の擬制親族関係においても、兄弟関係は対等な同盟関係を意味している。[13][14]

一方、例外とみなされる五例のうち、前掲の№47や、皇帝号を自称しながら称臣するという特殊な№10の事例を除けば、高句麗—新羅間の№03・15、百済—「任那」間の№05、吐蕃—南詔間の№24のような、周辺諸勢力間で結ばれた兄弟関係が多数を占めることは注目される。このうち№03は高句麗を兄・新羅を弟とするが、弟は

「東夷之寐錦（王）」とされ、兄から弟へ衣服が賜与されるなど、兄を君主の地位に置く関係である。また、No.15では新羅を兄・小高句麗（金馬渚の安勝勢力）[15]を弟、No.24では吐蕃を兄・南詔を弟としているが、ともに兄が弟を冊立しており、No.24では金印も授与するなど、君臣関係ということは明白である。以上のように、周辺諸勢力間で結ばれた兄弟関係は、中国王朝が関係する兄弟関係とは異なり、君臣関係を伴うものと考えられる。

③　叔姪・伯姪関係

続いて、叔姪・伯姪関係を扱う。叔姪・伯姪関係が国家間関係として登場するのは五代以降であり、No.41・46・56・58・59の四例が確認できる。このうち、No.46・56・58・59は、いずれも伯叔が上位・姪が下位であるが、君臣関係は表明されてはいない。またNo.41では、下位の岐王・李茂貞が上位の後唐・荘宗の季父を自称しているという、前三例とは異なる状況が出現しているが、前掲E・Fによれば、季父を提示した時点では李茂貞は後唐に上表称臣をしていないため、叔姪関係が君臣関係を伴わないという点では前三例と共通することが確認できる。

以上、①―③の検討結果では、父子関係（君臣関係ないし父が明確な上位）、叔姪・伯姪関係（伯叔が上位だが、君臣関係ではない）、兄弟関係（基本は対等関係）の順に上下関係が薄れている。

④　舅婿・舅甥関係

続いて、舅婿・舅甥関係を扱う。この関係は、公主降嫁もしくは周辺諸勢力の王女入嫁による親族関係の成立が前提であり、中国王朝の優位が保たれていた隋・唐前半期には、No.11・12のように君臣関係を伴う例が主体であるが、周辺諸勢力が中国王朝と匹敵する勢力を保持するようになると、No.18・29のように外甥が対等関係を主張したり、No.53のように外甥が舅の外交文書を座礼で受け取るなど[16]、上下関係が明確に表れない事例も見られるようになる。これは、婚姻に由来する擬制親族関係が、両者の実際の力関係とは必ずしも一致しないことによると思われる。

⑤　擬制親族関係の変化と名分関係

最後に、特殊な事例であるが、一旦結ばれた擬制親族関係が変化する場合を検討する。「はじめに」で述べたように、森田悌氏は擬制親族関係が国王の代替わりで変化することを想定しているが、表15を参照すると、親族関係の変化が生じている場合には、両国間の名分関係そのものも変化していることが多い。例えば、No.30（兄弟・非君臣→舅婿・君臣）・No.46（叔姪・非君臣→父子・君臣）・No.54（兄弟・非君臣→なし・君臣）・No.60（なし・君臣→兄弟・非君臣）などでは、名分関係の変化に伴い擬制親族関係も変化していくことが確認できる。また、唐―突厥・吐蕃・回鶻関係（No.17・19・21・22／No.18・29／No.25・28・30）や、金―南宋関係（No.58・59）では、国王の代替わり後も同一の親族関係が継承されている。そのため、擬制親族関係はあくまで国家間の名分関係と連動するものであり、原則は国王の代替わりで変化することはないと思われる。

ただし、帰義軍節度使（No.48・49）と契丹（No.37・43〜46・50）の擬制親族関係の中には、国王の代替わりにあわせて親族関係が変化した例も存在している。このうち、帰義軍節度使の擬制親族関係は実際の親族関係を表現しているので[17]、以下では十―十二世紀における東部ユーラシアの重要勢力である、契丹の擬制親族関係を取り上げたい。

契丹の擬制親族関係は、李晋・後唐や北宋との兄弟関係は代替わりごとに変化している（No.37・43・50）[18]一方で、後晋や北漢との父子関係（№44―46）は代替わりの後も原則として変化はしていない。その理由としては、契丹と李晋・後唐・北宋との関係が非君臣関係であるのに対して、後晋・北漢との関係は君臣関係であり、後晋・北漢皇帝は契丹皇帝に冊封されていることが指摘できる。(19) このうち、非君臣関係での擬制親族関係が国王の代替わりで変化することは、唐代とも金代とも異なる、契丹を中心とする時代の特徴として位置付けることができるであろう。(20)

第二節　日本―渤海間の擬制親族関係

（1）　日本による兄弟関係の提唱

本節では、前節で言及した東部ユーラシアの擬制親族関係を参照して、日本―渤海間の擬制親族関係を検討する。まず本項では、次の史料から天平勝宝五年（七五三）に日本が提唱した兄弟関係を分析していきたい。

H【『続日本紀』天平勝宝五年（七五三）六月丁丑条(21)】

……天皇敬問二渤海国王一。朕以二寡徳一、虔奉二宝図一、亭二毒黎民一、照二臨八極一。王僻二居海外一、遠使入朝、丹心至明、深可二嘉尚一。但省二来啓一、無レ称二臣名一。仍尋二高麗旧記一、国平之日、上表文云、族惟兄弟、義則君臣。或乞二援兵一、或賀二践祚一。修二朝聘之恒式一、効二忠款之懇誠一。故先朝善二其貞節一、待以二殊恩一、栄命之隆、日新無レ絶。想所レ知レ之、何仮二一二言一也。由レ是先廻之後、既賜二勅書一。何其今歳之朝、重無二上表一。以レ礼進退、彼此共同。王熟思レ之。季夏甚熱、比無レ恙也。使人今還、指二宣往意一、并賜レ物如レ別。

Hは、渤海使慕施蒙の帰国の際に日本が発給した慰労詔書である。この慰労詔書では、前回の慰労詔書で日本は上表・称臣を要求したが、渤海は今回も称臣していないため、[22]『高麗旧記』[23]に見える上表文を引き、日本と高句麗が兄弟・君臣関係を結んでいたことを提示して、渤海も高句麗の継承国として日本に上表・称臣するべきことを伝えている。このように、日本は渤海に対して兄弟・君臣関係を提唱したのだが、同時期の日本―新羅関係は悪化していることや、日本は新羅に対して擬制親族関係を表明していないこと[24]を考慮すれば、渤海に対する兄弟・君臣関係の提唱は、日本が新羅より渤海を重視する意味も含まれていたと思われる。

ここで注目すべき点は、日本が渤海に提示した兄弟関係が君臣関係を伴うことである。前節第二項（2）で言及したように、中国王朝との兄弟関係は対等関係が中心であるが、高句麗―新羅（№03・15）、吐蕃―南詔（№24）など、周辺諸勢力間では君臣関係を伴う兄弟関係が主体である。そのため、日本が提唱した兄弟・君臣関係も、朝鮮諸国など周辺諸勢力間の兄弟関係と密接に関連すると考えられる。この点に関しては、百済史料や『日本書紀』編者による潤色を考慮しなければならないものの、百済と「任那」の父子・兄弟関係の事例である、以下の史料を参照したい。

I【『日本書紀』欽明二年（五四一）七月条[25]】

百済聞下安羅日本府与二新羅一通上計、……使二于安羅一、召下到二新羅一任那執事上、謨レ建二任那一。……乃謂二任那一曰、昔我先祖速古王・貴首王、与二故旱岐等一、始約二和親一、式為二兄弟一。於レ是、我以レ汝為二子弟一、汝以レ我為二父兄一、共事二天皇一、倶距二強敵一。……故今追崇二先世和親之好一、敬順二天皇詔勅之詞一、抜二取新羅所レ折之国南加羅・喙己呑等一、還二属本貫一、遷二実任那一、永作二父兄一、恒朝二日本一。……

J【『日本書紀』欽明五年（五四四）十一月条】

……聖明王謂レ之曰、任那之国、与二吾百済一、自レ古以来、約レ為二子弟一。……故遣レ召到、倶承二恩詔一、欲冀、興㆓継任那之国㆒、猶如㆓旧日㆒、永為㆓兄弟㆒。……

Ｉ・Ｊでは、継体二十六年（五三二）に新羅が金海の金官国を併合したことに対して、百済が任那復興の名目で「日本府」や加耶諸国を招集して、いわゆる「任那復興会議」を開催しているが[26]、その際百済の聖明王は、百済と任那が先祖から百済を父・兄、任那を弟・子とする父子・兄弟関係を結んで、ともに日本に臣事したと主張している。もちろんこれらの記事は、「百済本記」などの百済史料に基づくものであり[27]、『日本書紀』編者による潤色を受けていることは明白であるが、日本への臣事を表明した部分を除外して、「任那復興会議」は安羅まで進出した百済が主導していたことを考慮するならば、百済―「任那」間の父子・兄弟関係は、本来は百済中心の国際秩序に基づく、君臣関係も含めた上下関係を意味していた可能性が高いのではないだろうか。

（2）渤海による舅甥関係の提唱

本項では、宝亀三年（七七二）に渤海が提示した舅甥関係を分析する。この舅甥関係の問題に関しては、渤海側が表明した名分関係や日本側の反応も検討する必要があるため、まずは一連の渤海使に関する史料を列挙しておきたい。

Ｋ【『続日本紀』宝亀二年（七七一）十二月癸酉（二十一日）条】
渤海使壹万福等入㆑京。

Ｌ【『続日本紀』宝亀三年（七七二）正月甲申（三日）条】
天皇臨㆑軒、渤海国使青綬大夫壹万福等貢㆓方物㆒。……

Ｍ【『続日本紀』宝亀三年（七七二）正月丁酉（十六日）条】

先レ是、責二問渤海王表無礼於壹万福一。是日、告二壹万福等一曰、万福等、実是渤海王使者。所レ上之表、豈違レ例無レ礼乎。由レ茲不レ収二其表一。万福等言、夫為レ臣之道、不レ違二君命一。是以不レ誤二封函一、輙用奉進。今為二違例一、返二却表函一、万福等、実深憂慄。仍再拝拠レ地、而泣更申、君者彼此一也。臣等帰レ国、必応レ有レ罪。今已参渡、在二於聖朝一、罪之軽重、無二敢所一レ避。……

N【『続日本紀』宝亀三年（七七二）正月庚子（十九日）条】

却二付渤海国信物於壹万福一。

O【『続日本紀』宝亀三年（七七二）正月丙午（二十五日）条】

……渤海使壹万福等、改二修表文一、代レ王申謝。

P【『続日本紀』宝亀三年（七七二）二月癸丑（二日）条】

……是日、饗二五位已上及渤海蕃客於朝堂一、賜二三種之楽一。万福等入欲レ就レ座、言上曰、所レ上表文、縁レ乖二常例一、返二却表函幷信物一訖。而聖朝厚レ恩垂レ矜、万福等、預二於客例一、加賜二爵禄一、不レ勝二慶躍一、奉レ拝二闕庭一。授二大使壹万福従三位、副使正四位下、大判官正五位上、少判官正五位下、録事幷訳語並従五位下一。着レ緑品官已下、各有レ差。賜二国王美濃絁卅疋・絹卅疋・絲二百絇・調綿三百屯一。大使壹万福已下、亦各有レ差。

Q【『続日本紀』宝亀三年（七七二）二月己卯（二十八日）条】

賜二渤海王書一云、天皇敬問二高麗国王一。朕継レ体承レ基、臨二馭区宇一、思二覃徳沢一、寧二済蒼生一。然則率土之浜、化有レ輯二於同軌一、普天之下、恩無レ隔二於殊隣一。昔高麗全盛時、其王高氏、祖宗奕世、介二居瀛表一、親如二兄弟一、義若二君臣一、帆レ海梯レ山、朝貢相続。逮二乎季歳一、高氏淪亡。自レ尓以来、音問寂絶。爰泊二神亀四年一、王之先考左金吾衛大将軍渤海郡王、遣レ使来朝、始修二職貢一。先朝嘉二其丹款一、寵待優隆。王襲二遺風一、纂二修前業一、献レ誠述レ職、不レ墜二家声一。今省二来書一、頓改二父道一、日下不レ注二官品姓名一、書尾虚陳二天孫僭号一。遠度二王意一、豈有レ是乎。近慮二事勢一、疑似二錯誤一。故仰二有司一、停二其賓礼一。但使人万福等、深悔二前咎一、代レ王申謝。朕矜二遠来一、聴二其悛改一。王悉二此意一、永念二良図一。又高氏之世、兵乱無レ休、為レ仮二朝威一、彼称二兄弟一。方今大氏曽無レ事、故妄称二舅甥一、於レ礼失矣。後歳之使、不レ可二更然一。若能改レ往自新、寔乃継二好無窮一耳。春景漸和、想王佳也。今因二廻使一、指此示レ懐、并贈レ物如レ別。

以上のように、この時の渤海使は宝亀二年（七七一）六月に来日し、十二月二十一日に入京しており（K）、翌年正月三日の拝朝の儀において大使壹万福が方物を提出している（L）。しかし、この時に提出されたはずの外交文書の記述はLには存在しておらず、(28)逆に十六日には渤海王の「表」が無礼として返却され（M）、続いて十九日に信物も返却される（N）など、渤海の外交文書をめぐり日渤間に対立が発生した。結局この問題は、二十五日に大使壹万福が渤海王に代わり「表」を書き直し謝罪することで落着し（O）、二月二日には本来正月七日に行われるはずの宴会・叙位と王禄の賜与が実施され（P）、二月二十八日に渤海王への慰労詔書が発給されている（Q）。

この時の外交文書は、無礼として返却された上で大使が書き直し謝罪したことからも、日本側が主張した兄弟・君臣関係とは相反する名分関係が提示されたことは明白である。この時に日本側が指摘した問題点は三点あり、一点目が「日下ニ官品・姓名ヲ注サズ」、二点目が「書尾ニ虚シク天孫ノ僭号ヲ陳ブ」、三点目が「妄リニ舅甥ヲ称ス」である。

ここで注目したいのは、前節で検討したように、契丹や帰義軍節度使の事例を除けば、原則として擬制親族関係は国王の代替わりでは変化しないことである。これは、渤海側の提示した舅甥関係が、日本側の提示した兄弟関係を前提としないことを意味しているが、渤海が日本に舅甥関係を提示した背景には、唐―吐蕃の舅甥関係（№18・29）の影響を想定できる。この点に関しては、次の史料を参照したい。

R【『資治通鑑』巻二五三・乾符六年（八七九）二月丙寅・己巳条】（№33）

丙寅、雲虔至二善闡城一、驃信見二大使一抗礼、受二副使已下拝一。

己巳、驃信使二慈雙羽・楊宗一就レ館謂二雲虔一曰、貴府牒欲レ使三驃信称レ臣、奉レ表貢二方物一。驃信已遣レ人自二西川一入レ唐、与レ唐約レ為二兄弟、不則舅甥一。夫兄弟舅甥、書幣而已。何表貢之有。……

Rでは、唐末に南詔が唐との兄弟または舅甥関係を求めて、君臣関係を拒否したことが見えているが、その際に南詔は「夫レ兄弟・舅甥ハ、書幣ノミ。何ゾ表貢ノ有ランヤ」と主張しており、兄弟関係だけではなく、舅甥関係も非君臣関係に含めて考えられている。これは、林謙一郎氏が指摘する通り、唐―吐蕃間の舅甥・非君臣関係を前提とすることは明らかであるのだが(29)、この唐―吐蕃間の舅甥関係は、東部ユーラシア全体の国際関係を大きく規定していたことを考慮すれば、南詔が求めた舅甥関係だけではなく、渤海が提示した舅甥関係も唐―吐蕃関係を前提としていた可能性が高いと思われる。

では、日本―渤海間の舅甥関係ではどちらが舅とされたのであろうか。前述のように、渤海が唐―吐蕃関係を前提に舅甥関係を提示したのであれば、外甥は舅に表を上る義務を負わないので、日本からの上表・称臣要求を拒否するだけならば、渤海が舅として上位に立つ必要はない。しかし、前掲Qから今回の外交文書が提示した名分関係を復元すると、日本―渤海関係全体を通じて渤海を最も上位に置いていることが確認できる。

例えば、外交文書の様式に注目すると、前項Hに「但シ来啓ヲ省ルニ」とあるように、従来は上長に奉る

「啓」が採用されていたが[30]、前掲Qではこれを「今来書ヲ省ルニ」としており、この時の渤海の外交文書は啓と認識されていないことが判明する。[31]

また、「書尾ニ虚シク天孫ノ僭号ヲ陳ブ」とある「天孫」は、すでに指摘された通り、渤海をかつての大国高句麗の継承国とする独自の高句麗継承国意識[32]に基づいた自尊表現である。一方「書尾」に関しては、『翰林学士院旧規』答蕃書幷使紙及宝函等事例に[33]、「新羅・渤海書、頭云、勅二某国一、云レ王、著二姓名一。尾云、卿比平安好。遣レ書指不二多及一」とあることを参照すると、本文末尾の定型句の部分ということになるのだが、これは通常の書状であれば「某白」・「某頓首」や「某再拝」とあるべき末尾の部分に「天孫」の尊号が記されるという、渤海上位の礼式が提示されたことを意味している。

そして、日本が最も問題視したのが、「日下ニ官品・姓名ヲ注サズ」という点である。表様式の文書においては、日下に官品姓名を記して「臣」の字を加えなければならず[34]、啓も日下に官品姓名を記す規程であることから[35]も、渤海側が王の官品と姓名を記載していないのは明らかな薄礼である。現存史料が署名部分を省略している可能性も含めると、日下署名を欠く場合の名分関係を正確に分析することは不可能であるが、日下署名を行う事例を集積すれば、今回の外交文書が提示したおおよその礼式を推定できると思われる。まず、実際の書状の例として、次の史料を参照したい。

S【「敦煌漢文文献」P．四七六六[36]】（亀甲括弧は筆者補、大括弧は欠損を示す）

使頭報二官健押衙某甲一。夏熱、得二佳泰一否。此
使頭粗沐二清吉一、不レ用レ憂也。……
……謹次。不且（具）。使頭某委曲

達㆓官健某甲省㆒。八月卅日使頭拝(ヵ)封
仲秋漸涼。伏惟
某官尊体起居万〔福〕。即日官健某乙
晨下蒙㆑恩。……
……無㆑任㆓戦灼之至㆒、
」次去往附〔
容〕納(ヵ)。謹奉㆑〔状
」某月日官健〔

Sは、「使頭某」と「官健押衙某」の往復書簡であり、後半に欠損部分があるものの、双方の書状で日下署名を確認することができる。両者の関係は、後半の「官健押衙某」の返書に「尊体起居万福」が使用されているので、「使頭某」が上位と考えられるのだが、前半の「使頭某」の書状では、冒頭で弟妹相当の語句である「某報」が使用されており、相手の起居を問う語の「佳泰」は、弟妹や外甥、子姪孫に使用される「佳適」や「佳健」と同様とみられるので[37]、全体としては弟妹程度の礼式を示すと思われる。このように、上位者から下位者への書状においても、上下関係がそれほど大きくない場合は、日下署名が行われると判断できる。

以上の点は、漢文書状の模範例文集である書儀[38]の規定でも確認できる。書儀における日下署名の事例をまとめた表16を参照すると、姉の夫と妻の弟との往復書簡でも相互に日下署名がなされている一方、下の世代に対する日下署名の規程は存在していないので、日下署名を欠く場合には卑属（子姪孫）相当の礼式と結論付けることができる。

表16　敦煌文献書儀（吉儀）に見える日下署名の規定

頁数	題名	表現	宛所
275	重書	月日行官姓名状上	太守以上の官人
276	次重　答書	月日官姓名状通	六品以下の官人
278	与妻父母書	月日姓名状上	妻の父母
279	同　答書	月日姓郎報	娘の夫
280	与姉夫　答書	月日姓名状通	妻の弟
280	与親家翁母書	月日位姓名状通	息子の妻の父母
281	与妻姨舅姑書	月日位姓名状上	妻の父の兄弟姉妹
282	与同門書	月日姓名状通	姉の夫
307上	与妻父母書	月日位姓名状上	妻の父母
310上	与親家翁母書	月日位姓名状通	息子の妻の父母
311上	与妻姨舅姑書	月日位姓名状上	妻の父の兄弟姉妹
313上	与同門書	月日姓位名通	姉の夫
448	状請出家	某年月日臣某奏	吐蕃賛普
449	（四首目、表）	某年某月某日臣某　上表	吐蕃賛普
647	与四海平懐書	月日姓名状	平懐（対等）
補242	耶及伯叔加官状	月日名状上	父・伯叔

凡例

・本表では趙和平『敦煌写本書儀研究』（台北・新文豊出版公司、1993）および同「《敦煌写本書儀研究》訂補」（『敦煌吐魯番研究』3、1998、229-258頁）で翻刻された書儀のうち、吉儀で日下署名がみられ、宛所が判明するものを一覧にした。
・凶儀は月日を冒頭に記す場合が多いため、対象からは除外した。
・頁数に「上」とあるのは上段、「補」は「《敦煌写本書儀研究》訂補」での頁数を示す。

ここまでの検討から、宝亀三年（七七二）に渤海が提示した舅甥関係を考えるならば、渤海を舅・上位、日本を外甥・下位としたことは明らかであろう。前掲K—Qのように、日本は今回の渤海使に対して外交文書の書き直しを含む厳格な態度で臨んでいたのだが、その理由は、渤海に上表・称臣を求めていたにもかかわらず、逆に渤海上位の礼式を提示されてしまい、「東夷の小帝国」としての面目を潰したことが大きいと思われる。

では、なぜこの時点で渤海は日本に自国上位の礼式を提示したのであろうか。この点に関しては、前回（七六二年）の遣日本使が渤海を出発して以降(39)、大欽茂は渤海郡王から渤海国王に進爵し、大暦年間には司空・太尉に昇進しているなど(40)、唐の官職上で渤海が新羅の上位を占めたことが注目される。渤海が日本に自国上位の礼式を提示した理由は、このような渤海の格付けの上昇を背景の一つとしていたと解釈できよう。

おわりに

本章では、東部ユーラシアにおける擬制親族関係から日本―渤海間の兄弟・舅甥関係について検討して、以下の結論を得た。第一に、日本が提唱した兄弟関係は、朝鮮諸国など周辺諸勢力間の兄弟関係と同様に君臣関係を伴うものであり、中国王朝との兄弟関係とは異なるものである。第二に、渤海が提唱した舅甥関係は、唐―吐蕃間の舅甥関係を背景とするものであり、渤海を舅・上位、日本を外甥・下位としたため、日本側はこれに激しく反発した。このように、日本―渤海間の擬制親族関係は、ともに相手側が拒否しているのだが、延暦年間には相互の妥協が成立して、両国の関係は日本を上位としながらも上表は行わない、「非君臣上下関係」とも言うべき形式で安定化することになる。(41)

本書の最後に、本章で検討した擬制親族関係の視点から、東部ユーラシアという枠組みが持つ可能性にも言及しておきたい。本章で検討した擬制親族関係は、中国王朝を中心とする外交関係としては北方・西方の諸勢力が主たる対象であり、東方の新羅・日本などは対象外とされているように、東部ユーラシアという視点を導入しなければ理解できない。その一方、朝鮮諸国や日本―渤海間では、君臣関係を伴う兄弟関係という特殊な擬制親族関係が見えているように、これらの諸勢力間の外交関係は、東アジアとも東部ユーラシアとも異なる地域の中で完結する側面があることになる。

このうち前者に関しては、中国の北方・西方の諸勢力を含めた、東部ユーラシアという政治圏の枠組みの有効性を如実に示すものといえるが、後者に関しては、地理的な範囲としては東部ユーラシアより遙かに狭いものである。ただし、日本—渤海、高句麗—新羅、百済—加耶諸国という一連の地域において、他地域とは異なる独自の国際秩序が見られるのであれば、東部ユーラシア全体ではさらに多数の独自の秩序が存在していたことが想定できる。このような「複数の種類の国際秩序」という視点は、周辺諸勢力を主体的な存在として位置付けるための有効な手段であり、(42)複数の要素を内部に抱える東部ユーラシアという枠組みを生かすための重要な考え方である。地域内部の均質性を重視する「世界」としてではなく、様々な独自の支配理念や国際秩序が存在する場と理解するのであれば、本章で取り上げた朝鮮諸国や日本—渤海間の擬制親族関係に関しても、東部ユーラシアという枠組みを構成する一部として積極的に位置付けていけるのではないだろうか。

注

(1) 森田悌「日本・渤海の兄弟・舅甥関係」(同『日本古代の政治と宗教』雄山閣出版、一九九七、五三—八〇頁。初出一九九五)。
(2) 石井正敏「日本・渤海間の名分関係——舅甥問題を中心に——」(鈴木靖民他編『石井正敏著作集一　古代の日本列島と東アジア』勉誠出版、二〇一七、一〇一—一二九頁。初出二〇〇三)。
(3) 春秋・戦国時代の兄弟の国・舅甥の国に関しては、谷秀樹「前漢代兄弟国関係考——漢代擬制親族関係の一類型として——」(『立命館史学』一七、一九九六、一七—四七頁)三五—四〇頁参照。
(4) 前漢と匈奴の兄弟関係に関しては、谷秀樹「前漢代兄弟国関係考」(注4前掲)二〇—二五頁参照。
(5) 岸本美緒・宮嶋博史『明清と李朝の時代』(中央公論社、世界の歴史一二、一九九八)二五四頁参照。
(6) 中国における個人間の擬制親族関係については、谷川道雄「北朝末〜五代の義兄弟結合について」(『東洋史研究』三九—二、一九八〇、三八—五七頁)、谷秀樹「前漢代兄弟国関係考」(注4前掲)、同「漢代仮父子・義兄

弟結合考」（『立命館文学』五五九、一九九九、一四八—一七六頁）など参照。

（7）中国正史のテキストは中華書局排印標点本を使用し、『旧五代史』は復旦大学出版社本『旧五代史新輯会証』を使用した。なお、〈　〉は細字部分、（　）は筆者注、〔　〕は筆者補である。以下の引用部も同様。

（8）『資治通鑑』のテキストは中華書局排印標点本を使用した。

（9）毛利英介「澶淵の盟の歴史的背景——雲中の会盟から澶淵の盟へ——」（『史林』八九—三、二〇〇六、七五—一〇五頁）九五—九八頁。

（10）№37に関しては、後述のように契丹と李晋との擬制親族関係が代替わりで変化しているので、例外としてみなすべきではあるが、ここでは李存勗が耶律阿保機に兵を借りるという状況を考慮して、一応父を上位とする中に含めている。

（11）この時点では則天武后が即位しており、国号も「周」に変化しているが、混乱を避けるためと、黙啜可汗があくまで李氏への入嫁を求め、武氏との婚姻を拒否したことから、「唐」と表現している。

（12）鈴木宏節「唐代漠南における突厥可汗国の復興と展開」（『東洋史研究』七〇—一、二〇一一、三五—六六頁）第二章・第三章参照。

（13）奉書形式の外交文書に関しては、拙稿「隋唐五代両宋の「致書文書」の再検討と五代十国の外交関係」（本書第一部第一章）参照。

（14）谷川道雄「北朝末～五代の義兄弟結合について」・谷秀樹「漢代仮父子・義兄弟結合考」（ともに注7前掲）参照。

（15）小高句麗国（金馬渚の安勝勢力）に関しては、村上四男「新羅と小高句麗国」（『朝鮮学報』三七・三八、一九六六、二八—七二頁）、新蔵正道「天武朝の対外関係と小高句麗」（横田健一編『日本書紀研究』二〇、一九九六、二九一—三一〇頁）、井上直樹「高句麗遺民と新羅——七世紀後半の東アジア情勢——」（『東洋史研究』七五—一、二〇一六、九八—一三六頁）参照。

（16）拙稿「唐宋期周辺諸勢力の外交儀礼について——「東夷の小帝国」倭国・日本の位置——」（同『東アジアの国際秩序と古代日本』吉川弘文館、二〇一一、三一一—三四〇頁。新稿）参照。

（17）森安孝夫「ウイグルと敦煌」（榎一雄編『講座敦煌二　敦煌の歴史』大東出版社、一九八〇、二九九—三三八頁）三二六頁。

（18）張国慶「遼代契丹皇帝与五代・北宋諸帝王的〝結義〟」（『史学月刊』一九九二年第六期、二六―三二頁）、毛利英介「澶淵の盟の歴史的背景」（注10前掲）参照。

（19）本章旧稿では、契丹と北宋の関係は契丹と北漢・後晋の関係の再現であり、それは後唐との関係に遡るが、その起点は後梁との関係ではなく、耶律阿保機と李克用の関係（雲中の会盟）とする毛利英介氏の説（「澶淵の盟の歴史的背景」（注10前掲））に対して、大筋では賛意を表しながらも、「北漢との父子関係が位置付けられていないことに加え、兄弟（対等）関係として始まる李晋・後唐との関係と、父子（君臣）関係として始まる後晋・北漢との関係を区別していない問題がある」と批判した。このうち前者に関しては、その後毛利英介「冊封する皇帝と冊封される皇帝――契丹（遼）皇帝と北漢皇帝の事例から――」（『関西大学東西学術研究所紀要』四六、二〇一三、二一三―二二八頁）が発表されたので、改稿に当たり削除する。ただし後者に関しては、皇帝と皇帝の共存関係が見られる十―十三世紀を一つの時代とする視点は共有するものの、複数皇帝の共存関係を非上下関係を中心に解釈したことに関しては、金と劉斉・南宋との関係を位置付けることが難しくなるので、契丹―李晋・後唐・北宋関係と、契丹―後晋・北漢関係を区別すべきとの立場は保持しておきたい。

（20）なお、なぜ契丹の擬制親族関係が代替わりで変化するのかは不明とせざるを得ないが、当該期の国際関係が契丹主導で展開された（毛利英介「十一世紀後半における北宋の国際的地位について――宋麗通交再開と契丹の存在を手がかりに――」（宋代史研究会編『「宋代中国」の相対化』汲古書院、二〇〇九、二七一―三一四頁））ことからすれば、契丹固有の風習が反映された可能性があると思われる。

（21）『続日本紀』のテキストは新日本古典文学大系本を使用した。

（22）石井正敏「日本・渤海間の名分関係」（注2前掲）一〇三頁では、Hの当該部分について「臣ノ名ヲ稱スルコトナシ」と、「臣・名ヲ稱スルコトナシ」とする二通りの読みを提示している。ともに読みとしては可能であるが、第二項で検討する宝亀三年（七七二）の渤海国書の一件をふまえるならば、前者の読みが自然と思われる。

（23）『高麗旧記』に関しては、盧泰敦「対渤海日本国書における『高麗旧記』について――その実体と古代の高句麗と日本との関係――」（『アジア公論』一五―一二、一九八六、一〇六―一二〇頁。原載『辺太燮博士華甲記念史学論叢』ソウル・三英社、一九八六）参照。

（24）『続日本紀』大宝三年（七〇三）閏四月辛酉朔条では、新羅使に対して「其蕃君雖レ居二異域一、至二於覆育一、允同二愛子一」との詔が宣られたことが見えるが、これは君臣関係を父子関係に喩える一般的な表現であるので、父子関係とは判断できない。

（25）『日本書紀』のテキストは日本古典文学大系本を使用した。

（26）いわゆる「任那復興会議」、および新羅・百済による加耶諸国併合と「任那日本府」の問題に関しては、鈴木英夫「加耶・百済と倭――「任那日本府」論――」・「六世紀初頭の安羅と倭国――最初の「任那日本府」の時代――」（ともに同『古代の倭国と朝鮮諸国』青木書店、一九九六、一七八―二一三頁・二一四―二三五頁。初出一九八七・一九九三）、熊谷公男「「任那復興」策と「任那の調」」（『東北学院大学論集　歴史と文化』五七、二〇一八、一―三三頁）参照。

（27）『日本書紀』の編纂材料としての百済史料に関しては、拙稿「百済三書と日本書紀」（遠藤慶太他編『日本書紀の誕生――編纂と受容の歴史――』八木書店、二〇一八、一五三―一七二頁）参照。

（28）この外交文書は、日本側の意に沿わないものとして削除されたと思われる。

（29）林謙一郎「南詔国後半期の対外遠征と国家構造」（『史林』七五―四、一九九二、一一四―一四五頁）。

（30）渤海王啓に関しては、石井正敏「神亀四年、渤海の日本通交開始とその事情――第一回渤海国書の検討――」（同『日本渤海関係史の研究』吉川弘文館、二〇〇一、二六〇―二八二頁。初出一九七五）参照。

（31）今回の外交文書の様式としては、王が使用する下達文書の「教」、唐太宗・李世民が秦王時代に使用した下達文書の「告」、そして致書形式の書状などが考えられる。

（32）この点も含めて、渤海の設定した国際秩序に関しては、酒寄雅志「華夷思想の諸相」（同『渤海と古代の日本』校倉書房、二〇〇一、四三五―四七二頁。初出一九九三）四四七―四五〇頁参照。

（33）『翰林学士院旧規』に関しては、土肥義和「敦煌発見唐・回鶻間交易関係漢文文書断簡考」（栗原益男先生古稀記念論集編集委員会編『中国古代の法と社会』汲古書院、一九八八、三九九―四三六頁）四〇七―四一一頁、金子修一「唐代国際関係における日本の位置」（同『隋唐の国際秩序と東アジア』名著刊行会、二〇〇一、二三五―二六三頁。初出一九九八）二五〇―二五五頁参照。

（34）唐・鄭余慶撰『大唐新定吉凶書儀』諸色牋表第五・賀冬表条（「敦煌漢文文献」P．六五三七v）など参照。

（35）唐・鄭余慶撰『大唐新定吉凶書儀』寮属起居第六・起居啓条（九世紀の渤海対日本外交文書の手本とされる規定）の末尾には、「謹奉」啓起居。不宣、謹啓。某月某日具官姓名啓」（テキストは趙和平『敦煌写本書儀研究』〔台北・新文豊出版公司、一九九三〕を使用して、意補部分は原文字に戻した）とある。また、前掲Qには「王ノ先考左金吾衛大将軍渤海郡王」という表現があるが、これは、第一回渤海使が持参した渤海王啓に記されていた、武王・大武芸の日下署名と考えることができる。

（36）敦煌漢文文献のテキストは、東洋文庫所蔵のマイクロフィルムを使用した。なお本章旧稿では、P．三三六八piece1を提示していたが、改稿に当たり両者の関係がより明確となるP．四七六六に改めた。

（37）以上、書状で使用された語句に関しては、拙稿「書儀と外交文書――古代東アジア地域の外交関係解明のために――」（注16前掲書、二一四―五六頁。初出二〇〇六）参照。

（38）書儀に関しては、拙稿「書儀と外交文書」（注37前掲）参照。

（39）大欽茂の渤海国王進爵の時点に関しては、古畑徹「渤海王大欽茂の「国王」進爵と第六次渤海使――渤海使王新福による安史の乱情報の検討を中心に――」（『集刊東洋学』一〇〇、二〇〇八、七九―九六頁）参照。

（40）なお、古畑徹氏はこの司空・太尉昇進に徳宗即位時の褒封の可能性を想定している（「渤海王大欽茂の「国王」進爵と第六次渤海使」〔注39前掲〕）が、貞元十四年（七九八）・同二十一年（八〇五）・元和元年（八〇六）の叙任では、三師三公は一度に複数叙されていないので、司空・太尉叙任のうち一回は徳宗即位時としても、大暦年間（七六六―七七九）にさらに一回の叙任を想定することができる。

（41）拙稿「日本の対新羅・渤海名分関係の検討――「書儀」の礼式を参照して――」（注16前掲書、五七―八六頁。初出二〇〇七）。

（42）拙稿「倭国・日本史と東部ユーラシア――六～十三世紀における政治的連関再考――」（『歴史学研究』八七二、二〇一〇、三〇―三八頁）。

表15　四〜十三世紀東部ユーラシアの擬制親族関係

【南北朝時代】

No.	関係国など	関係	内容
01	後趙―代国	兄弟	三一九、石勒、趙王を自称し後趙を創始して、代国（のち北魏）の平文帝との兄弟関係を求めるが、平文帝は使者を斬り断交する（魏書九・二〇五〇頁）。
02	代国―前燕	兄弟	三八四―三九一？　北魏太祖・道武帝、王儀を後燕の初代・慕容垂に派遣。慕容垂、道武帝自らが来ない理由を問うが、王儀は「乃祖受晋正朔、爵称代王、東与燕世為兄弟。儀之奉命、理謂非失」と回答、代国と前燕の代々の兄弟関係を提示。なお、代国と前燕は代々通婚関係にある（藤野、魏書三七〇頁）。
03	高句麗―新羅	兄弟	四八〇？　高句麗中原碑に「五月中、高麗太王相王公□新羅寐錦、世世為願如兄如弟、上下相和守天、東夷之寐錦……賜寐錦之衣服……」とあり、高句麗を兄・上位、新羅を弟・下位とする関係が見える（武田一三―二〇頁）。
04	北魏―柔然	兄弟？	五一八？、北魏、柔然の使者を迎えるにあたり、漢の匈奴に対する故事を採用する。司農少卿張倫、「今虜雖慕徳而来、亦欲観我強弱。若使王人銜命虜庭、与為昆弟、恐非祖宗之意也」として、詔勅の使用で上下関係を明示することを求めるが、認められず。なお、匈奴は呼韓邪単于入朝時には称臣しているため、ここでいう故事とは武帝期以前（兄弟関係）を指すか（内田、通鑑四六三四頁）。
05	百済―「任那」（―倭国）	父子／兄弟	五四一・五四四、百済・聖明王、「任那復興会議」にて、百済と「任那」（南加羅・喙己呑・安羅・多羅など）とは、速古王・貴首王以来、百済を父・兄、「任那」を弟・子とする兄弟関係を結び、共に日本に臣事したと語る。百済史料に由来する記事だが、潤色を受けていることは明白（書紀下七三・八九頁）。
06	突厥―北斉・北周	舅婿	五七二、突厥・他鉢可汗、北斉・北周両国を「但使我在南両箇児孝順、何憂無物邪」と児（娘婿）扱いする。護氏は正式な名分関係ではないとするが、突厥から北周武帝に阿史那皇后が一方的に嫁されている（北周が千金公主を嫁したのは北斉滅亡後）ことからすれば、婚姻を通じた正式な関係と考える余地もあるか（護・藤野、通鑑五三一四頁・周書九一一頁）。

07	楊忠・楊堅―司馬消難	兄弟・叔姪	北周の臣・楊忠、北斉から亡命した司馬消難と兄弟の約を結ぶ。楊忠の子楊堅（のち隋・文帝）、司馬消難に叔礼で事える。楊堅が北周を滅ぼすと司馬消難は対抗して挙兵するが、敗れて陳へ亡命（北史一九四九頁）。

【隋・唐の全盛期】

№.	関係国など	関係	内容
08	隋―突厥	舅婿	五八三、突厥東西分裂。五八四、隋・文帝と東突厥・沙鉢略可汗、致書文書を交換する。隋使長孫晟、沙鉢略可汗の妻・千金公主が楊氏を賜り、文帝の娘として大義公主に冊立されたことを理由に、沙鉢略可汗に女婿の礼を要求。沙鉢略可汗、起立して書を拝する。五八五、東突厥の内部分裂が激化すると、沙鉢略可汗は上表称臣する（護、隋書一八六八―一八七〇頁）。
09	唐―魏（李密）	兄弟	六一七、李密は唐高祖・李淵とともに隋を滅ぼそうと、「与兄派流雖異、根系本同」とする書を送り、李淵を兄とする兄弟関係を表明。六一八、李密は李淵からの書を北面拝受する（通鑑五七四二・五七九九頁）。
10	唐―涼（李軌）	従兄弟	六一八、唐高祖・李淵は蘭州の薛挙攻略のため、涼州の李軌を「従弟」と称す書を送り、のち涼王に封じる。六一九、李軌は後梁の例により「皇従弟大涼皇帝臣軌」との書を李淵に送り、李淵の官を受けないことを表明するが、認められずに滅ぼされる（通鑑五八〇六―五八〇七・五八四〇頁）。
11	唐―突厥（Ⅰ）	兄弟／舅婿	突厥・突利可汗、大可汗頡利と対立、唐・秦王（のち太宗）と兄弟の盟を結ぶ。六二六以後、鉄勒諸部・薛延陀などが頡利可汗から離反。六二九、頡利可汗は唐に称臣婿礼して公主降嫁を求めるが拒否され、六三〇、突厥第一帝国は滅亡する（護、旧五一五六―五一五九頁）。
12	唐―吐蕃（Ⅰ）	舅婿	六四一、唐は吐蕃賛普ソンツェン・ガンポ（本来はその子クンソン・クンツェン）に文成公主を降嫁し、ソンツェン・ガンポ、唐使に子婿の礼をとり上表する（佐藤・金子、旧五二二一―五二二二頁）。
13	唐―薛延陀	舅婿	六四二、薛延陀・真珠毗伽可汗、唐・太宗に公主降嫁を求め、一度は認可されるが、その後唐に「大国子婿」として強大化することを警戒され拒否される（護、旧五三四五―五三四六頁）。

14	新羅―百済（―唐）	兄弟	六六五、唐は前百済太子扶余隆を熊津都督とし、新羅王金法敏と兄弟の盟を結ばせ和解させる（冊三九二一―三九二二頁）。
15	新羅―小高句麗	兄弟	六七〇、新羅は高句麗貴族の安勝を金馬渚に移して高句麗王に冊封。冊文中で「永為隣国、事同昆弟」と兄弟関係を表明する（三史八一―八二頁）。
16	吐蕃―吐谷渾	舅甥	六七〇ごろ、高宗は吐谷渾と吐蕃は舅甥の国と発言。チベット語史料でも、ソンツェン・ガンポの吐谷渾攻撃によって新たに擁立された吐谷渾王を、「ボンアシャの王……マガトヨゴンカガン」（甥であり、チベット支配下の吐谷渾部族の王……莫何川〔本来の吐谷渾王庭〕を本拠とする吐谷渾可汗）とする（佐藤二五五―二六一頁、新六〇七六頁）。

【唐の全盛期以後安史の乱まで】

No.	関係国など	関係	内容
17	唐―突厥（Ⅱ）	父子（母子）	六九六、突厥第二帝国・黙啜可汗、則天武后の子となることと、自分の娘を唐室男子に嫁すことを求め、父子関係と武氏との婚姻のみ認められる。七〇三、再度娘を皇太子の子に嫁すことを求めるが、実現せず。事実上の敵国関係（護・鈴木、旧五一六八―五一七〇頁）。
18	唐―吐蕃（Ⅱ）	舅甥	七一〇、唐は吐蕃賛普チデソクツェン（本来はその父チドゥソン）に中宗の養女金城公主を降嫁する。以後吐蕃は唐との舅甥関係を主張して対等関係を求める。なお、金城公主は玄宗を兄と呼んでいる（佐藤・金子、旧五二二六―五二二九頁・冊三九〇六・三九二二頁）。
19	唐―突厥（Ⅲ）	父子・舅婿	七一一―七一四、突厥・黙啜可汗、配下諸族の反乱のため、連年唐の公主降嫁を求める。その過程で、唐の冠服を着て称臣し、玄宗を「府君皇帝」と呼ぶが、降嫁は実現せず、以後唐と交戦する（護・金子、通鑑六六六九頁・冊三九〇六頁）。
20	唐―契丹・奚	舅婿	七一六、突厥・黙啜可汗の死後、契丹王李失活・奚王李大酺が来降。唐、これを松漠郡王・饒楽郡王に冊封。七一七、契丹王李失活に永楽公主、奚王李大酺に固安公主を降嫁、突厥を牽制する（護・金子、旧五三五一・五三五五頁）。

21	唐―突厥（Ⅳ）	父子・舅婿	七二一、突厥・毗伽可汗、玄宗の子となることを求め、許可される。さらに公主降嫁を求めるが拒否される。七二四―七二五、毗伽可汗は再度公主降嫁を求めるが、突厥の強大化を恐れた玄宗に拒否される。七三四、西域情勢もありようやく公主降嫁が認められるが、同年毗伽可汗は毒殺される。なお、その際の玄宗の廃朝勅書には「嘗以臣子事」とある（護・金子、旧五一七四―五一七七頁）。
22	唐―突厥（Ⅴ）	父子	突厥・登里可汗即位し、七三六、玄宗は論事勅書で突厥との父子関係を表明。七四〇、登里可汗は内紛のため唐に上表して冊立を受けるが、七四四、突厥第二帝国は崩壊する（護・金子、曲六四頁・旧五一七七―五一七八頁）。
23	唐―突騎施	父子	七三五、唐・玄宗、突騎施・毗伽可汗に「自爾以後、二十余年、情義相親、結為父子」とする外交文書を送る。中央アジアに進出した大食（ウマイヤ朝イスラム）や吐蕃に対抗するための父子関係とみられる。七三八にも玄宗は「朕与可汗、結為父子」とする外交文書を送るが、同年、毗伽可汗が殺され、突騎施は分裂する（薛、曲六五―六六頁・冊三九一三頁）。
24	吐蕃―南詔	兄弟	七五〇、南詔は吐蕃と結んで唐と交戦。七五二、吐蕃は南詔を賛普鐘（吐蕃王の弟）に冊立。南詔、吐蕃に臣事し、金印を授けられ、東帝と号する（藤澤、旧五二八〇―五二八一頁）。

【安史の乱以後】

No.	関係国など	関係	内容
25	唐―回鶻（Ⅰ）	兄弟	七五七、安史の乱平定のために、唐・元帥広平王（のち代宗）は自らを兄・回鶻の葉護を弟とする兄弟関係を結び、長安・洛陽を回復。同じころ唐皇帝と回鶻可汗も兄弟関係を結ぶ（羽田・金子、旧五一九八頁）。
26	唐―回鶻（Ⅱ）	舅婿	七五八、唐は回鶻に寧国公主を降嫁、唐使関中王瑀は回鶻可汗に子婿の礼を要求、詔書を起立拝受させる（羽田、旧五二〇〇―五二〇一頁）。

27	安慶緒―史思明	兄弟	七五九、唐将郭子儀は安慶緒を鄴に包囲するが、史思明の攻撃を受け敗れる。安慶緒、史思明に上表称臣するが、史思明は逆に「願為兄弟之国……北面之礼、固不敢受」との書を送り表を返却。安慶緒、史思明との盟に赴くが、史思明は安慶緒を殺し大燕皇帝を自称する（通鑑七〇六八―七〇七二頁）。
28	唐―回鶻（Ⅲ）	兄弟	七六二、回鶻・牟羽可汗、自らが代宗と兄弟関係を結んだことを理由に、兄の子たる唐・元帥雍王（のち徳宗）に舞踏を要求し失敗するが、雍王の近臣を撲殺する（羽田、旧五二〇三頁）。
29	唐―吐蕃（Ⅲ）	舅甥	七八一、吐蕃は唐との舅甥関係を主張して臣礼を拒否、李希烈の乱を抱える唐はこれを認め、七八三、建中会盟を成立させる。しかし李希烈の乱鎮圧後は再び対立して、唐は回鶻・南詔と反吐蕃同盟を形成、吐蕃の勢力は封じ込まれる。八二二、長慶会盟が成立、以降両国の戦闘は停止する（佐藤、旧五二四六―五二四八・五二六三―五二六五頁・通鑑七五〇一―七五〇五頁）。
30	唐―回鶻（Ⅳ）	兄弟／舅婿	七八七、唐は宰相李泌の策に従い、回鶻・天親可汗に咸安公主降嫁を決定。「皇帝敬問可汗弟」で始まる慰労詔書を送り、上表を求める。天親可汗は一時的に上表称臣して兄弟関係を廃し、徳宗の子婿を称する（羽田・金子、陸六五―六六頁・旧五二〇八頁）。
31	唐―回鶻（Ⅴ）	舅婿	八二一、唐は回鶻・崇徳可汗に太和公主を降嫁。崇徳可汗、兵甲を陳ねて自らの起立答拝を拒否するが、副使殷侑は可汗が唐の子婿であることを理由に、可汗への拝礼を拒否して対抗する。なお、八四一、回鶻滅亡直前には、唐は「回鶻歴代姻親、久修臣礼」と表明する（「久修」は文飾か）（羽田・金子、旧四三三〇頁・唐詔令六六九頁）。
32	唐―黠戛斯	同族？	八四三、黠戛斯、唐に冊立を求める。武宗、冊立後に黠戛斯が臣礼をとらないことを懸念する。宰相李徳裕、黠戛斯に回鶻同様の子孫の礼をとらせることを提案するが、結局生前に冊立はされず（金子・中島、通鑑七九七四頁）。
33	唐―南詔	兄弟・舅甥	八四六、吐蕃賛普が暗殺され吐蕃が分裂すると、唐は順次南詔重視政策を転換。八五九、南詔は対抗して称帝し、唐への攻撃を開始。八七六、西川節度使高駢が南詔への公主降嫁を奏請。八七九、南詔、唐との兄弟もしくは舅甥関係を求め、非君臣関係を主張。八八〇、唐は詔して和親と不称臣を許す。唐末の『翰林学士院旧規』に「皇帝舅敬問驃信外甥」とあるのはこれと関連する（金子・石井・藤野〇六・林、通鑑八一八五・八二一一―八二一二・八二二七―八二二八頁・旧規三四丁）。

34	唐―甘州回鶻	舅甥	光化年間（八九八―九〇一）、唐は甘州回鶻可汗を冊立し、公主を降嫁して舅甥関係となる。唐末の『翰林学士院旧規』に「皇帝舅敬問回鶻天睦可汗外甥」とあるのはこれと関連する（森安・土肥、旧規三三―三四丁頁）。

【唐末・五代】

No.	関係国など	関係	内容
35	朱全忠―羅弘信	兄弟	乾寧中（八九四―八九八）、魏博節度使羅弘信は李克用と対立、朱全忠と結ぶ。朱全忠、羅弘信の使を北面して迎え、「六兄比予倍年已上、兄弟之国、安得以常隣遇之」と語る（旧四六九一頁）。
36	朱全忠―李茂貞	兄弟	九〇二、唐・昭宗は遣使して朱全忠に李氏を賜い、岐王李茂貞と兄弟の約を結ばせ和解させようとするが、朱全忠は拒否する（通鑑八五六七頁）。
37	契丹―李晋・後唐（Ⅰ）	兄弟・父子	九〇五、雲中の会盟で年長の李晋・李克用を兄、契丹・耶律阿保機を弟とする盟約が成立。九〇八、李克用の死後、耶律阿保機は李克用の子・李存勗を「子」と称し、李存勗は阿保機の妻・述律皇后を「叔母」と称する（張・中西・毛利〇六、旧五 四七二五頁・遼史一一九九頁）。
38	後梁―契丹	舅甥	九〇七、契丹は後梁に上表称臣し冊封を求める。後梁、ともに李晋を滅ぼし、その後封冊して甥舅の国となる（公主降嫁を行う）ことを約す（毛利〇六、新五 八八七頁）。
39	後梁―前蜀	兄弟	九一二、前蜀が岐と交戦すると、後梁は前蜀に対して前蜀・王建を兄、後梁・朱全忠を弟とする対等な外交文書を送り、前蜀も同様の文書で答える（中西、十国五一六―五一八頁・全蜀七四三―七四七頁）。
40	呉越―南漢	兄弟	九一四、南漢・劉巌は呉越・銭鏐に兄事を求め、銭鏐は受諾する（山崎、呉越五二頁）。
41	後唐―岐	兄弟・叔姪	九二三、岐王李茂貞、かつて李克用とともに唐から李氏を賜姓されたことにより、後唐に対して先代李克用の兄弟かつ当代李存勗の季父たることを主張。九二四、李茂貞はこれを撤回して後唐に上表称臣する（中西、通鑑八九〇五・八九一二頁）。

42	後百済―高麗	兄弟／尚父	九二五、後百済・甄萱、高麗太祖・王建と和議。甄萱が一〇才年上のため、王建は甄萱を「尚父」と称す。九二七―九二八、呉越使到来の件で交換された外交文書は対等関係である（高麗史二六・二八―三〇頁）。
43	契丹―後唐（Ⅱ）	兄弟	九二六、阿保機・李存勗の死後は、耶律堯骨と李嗣源が兄弟となり、年齢の順により李嗣源が兄となる。のち、耶律堯骨は李嗣源の妻・王淑妃を「嫂」と称して拝礼する（毛利〇六、通鑑九一四二―九一四三・九三四六頁）。
44	契丹―後晋（Ⅰ）	父子	九三六、李嗣源の女婿石敬瑭、自らを子、耶律堯骨を父と称し、契丹の援軍を得て後唐を打倒、後晋を建国。石敬瑭、耶律堯骨に上表称臣し、耶律堯骨を「父皇帝」と称す。のち石敬瑭は上表称臣を免ぜられ、耶律堯骨に家人の礼で「児皇帝」と称される。（中村・張・中西・毛利〇六、旧五一六四〇―一六四一・四八二六―四八二七頁・通鑑九一四六・九一八八―九一八九頁）。
45	契丹―後晋（Ⅱ）	祖父―孫	九四二、後晋・石重貴嗣位、契丹・耶律堯骨に上表称臣せず致書称孫して怒りを買う。のち後晋は契丹に敗れ、九四六、「孫臣某言」として上表謝罪するも、後晋は滅亡する（中村・張・中西・毛利〇六、旧五二六五六・二六九〇―二六九一頁・通鑑九二四二・九三三一頁）。
46	契丹―北漢	叔姪／父子	九五一、後漢の一族劉崇、北漢を建国。「姪皇帝致書於叔天授皇帝」とする外交文書を契丹・耶律述律に送り、冊立を求む。九五四、劉承鈞嗣位、契丹に上表して男を称し、契丹は詔して「児皇帝」と呼ぶ。なお、同時期に契丹は後周・北宋とは親族関係の設定をしていないことに注意（張・中西・毛利一三、十国一四七七・一四八七頁・通鑑九四六〇・九五二〇頁）。
47	後周―南唐	兄弟	九五六、南唐・李景は後周・柴栄に敗れ、「唐皇帝奉書大周皇帝」とする外交文書を後周に送り、後周を兄とする兄弟関係を求めるが、後周に拒否されたため上表称臣する（中西、旧五三五九六―三五九七頁）。
48	帰義軍節度使―甘州回鶻	父子・兄弟・舅甥	敦煌漢文文献によれば、九一一、西漢金山国（帰義軍節度使）張承奉を子、甘州回鶻大聖天可汗を父、九三一、帰義軍節度使曹議金を兄、甘州回鶻順化可汗を弟、九六二、帰義軍節度使曹元忠（議金の子）を弟、甘州回鶻可汗を兄、九六二―九七四、帰義軍節度使曹元忠を舅、甘州回鶻可汗を外甥とする親族関係が見える。九一一の例は甘州回鶻の優位を示し、残り三例は両者の婚姻関係などによるもので、名分関係では甘州回鶻が上位である（藤枝・森安・栄・赤木）。

49	帰義軍節度使—于闐	父子・兄弟・舅甥	敦煌漢文文献等によれば、于闐王Viśa' Sambhavaを兄、帰義軍節度使曹元忠を弟、于闐王Viśa' Śūraを外甥、帰義軍節度使曹元忠を舅、于闐王某を父、帰義軍節度使曹元忠を子とする親族関係が見える。これらは両者の婚姻関係によるものと思われる（栄&朱・赤木）。

【北宋・南宋】

No.	関係国など	関係	内容
50	北宋—遼	兄弟	一〇〇四、澶淵の盟で北宋・真宗と遼・聖宗が兄弟関係となり、年長の真宗が兄となる。以後金の勃興まで対等関係が継続する。代替わりごとに親族呼称は変化（同輩の場合は年齢による）し、皇太后に対しても親族表現が行われる（張・中西・毛利〇六、宋詔令八八一—九〇四頁）。
51	北宋—西夏	父子	一〇四三、西夏・李元昊、「男邦泥定国兀卒曩霄上書父大宋皇帝」とする外交文書を北宋に送り、父子関係と不称臣を求めるが、北宋はこれを却下。一〇九九、西夏遣北宋使は両国関係を父子の国と発言する（長編三三四三—三三四四・一二一六〇頁）。
52	北宋—カラハン朝	舅甥	一〇八一、中央アジアのカラハン朝から北宋に、「于闐国僂儸有福力量知文法黒汗王、書与東方日出処大世界田地主漢家阿舅大官家」とする外交文書が送られる（長編七六一二頁）。
53	遼—西夏	舅甥	遼は李継遷以下の西夏王を冊封して公主を降嫁。一〇四四、北宋の遼への外交文書に、「（李）元昊稱藩尚主、是舅甥之親」とする遼の書を得たことが記される。一〇九九、北宋は遼から「夏之於遼也、義隆甥舅」との書を受ける。なお、西夏王は遼からの外交文書を座礼で受け取る（宋詔令八八四頁・長編一二〇八一頁・金史二八六八頁）。
54	金—高麗	兄弟	一一一六、遼金戦争において金が遼東を占領。一一一七、金は高麗に自らを兄・高麗を弟とする致書文書を送る。遼と北宋の滅亡後には両者は君臣関係となる（三上、高麗史四一三頁）。
55	金—遼	兄弟	一一一八、金は自らを兄・遼を弟とする兄弟関係の締結と、遼が北宋から得ている歳幣の半額を金に提供するという講和条件を提示。一一一九、遼はこれを拒否。一一二〇、遼金戦争が再開され、一一二二、燕京陥落、一一二五、天祚帝が捕縛されて遼は滅亡する（外山、遼史三三六—三三九頁・金史一八八一頁）。

56	金—北宋	伯姪	一一二六、金は宋都開封を包囲。北宋は金を伯、自らを姪とする伯姪関係と、太原など三鎮の割譲、康王構（のち高宗）と張邦昌を人質とすることで和議を成立させるが、まもなく破断し、一一二七、開封陥落、北宋は滅亡する（外山、金史一七〇五—一七〇六頁）。
57	金—劉斉	父子	一一三〇、金は劉豫を皇帝に冊立して、華北に傀儡国家斉を建国する。詔して金を父・斉を子として、金使が到れば斉帝劉豫は躬問起居し、奏上あれば起立して、余は皇帝の礼とした。一一三七、斉は廃止される（外山・井黒、金史一七六〇頁）。
58	金—南宋	叔姪	一一四二、金と南宋の和議成り、南宋が金に上表称臣して、金は南宋・高宗を冊立する。一一六五、君臣関係を改め、金を叔・南宋を姪として、詔勅と表を廃す（外山・井黒、金史一九三九頁）。
59	金—南宋	伯姪・父子	金がモンゴル遠征で疲弊すると、南宋は金を攻撃するが敗れ、金に称臣または父事・割地を要求されるが、一二〇八、伯姪関係となることで和議が成立する（外山、金史二〇七五—二〇七九・二一六九—二一七〇頁）。
60	金—西夏	兄弟	一二二五、金と西夏の和議成り、金を兄・西夏を弟として対等な外交文書を交換するが、程なく西夏はモンゴルに滅ぼされる（金史一四八七—一四八八頁）。

使用史料・および史料略称一覧

魏書：中華書局標点本『魏書』／周書：中華書局標点本『周書』／隋書：中華書局標点本『隋書』／
北史：中華書局標点本『北史』／旧：中華書局標点本『旧唐書』／新：中華書局標点本『新唐書』／
冊：中華書局影印本『宋本冊府元亀』／唐詔令：商務印書館標点本『唐大詔令集』／
通鑑：中華書局標点本『資治通鑑』／曲：四部叢刊初編本『曲江張先生文集』／
陸：四部叢刊初編本『陸宣公翰苑集』／
三史：韓国精神文化研究院本『訳注三国史記一　勘校原文篇』／
紀：日本古典文学大系本『日本書紀』／旧規：知不足斎叢書本『翰林学士院旧規』／
旧五：復旦大学出版社本『旧五代史新輯会証』／新五：中華書局標点本『新五代史』／
全蜀：綫装書局本『全蜀芸文志』／十国：中華書局標点本『十国春秋』／
呉越：四部叢刊続編本『呉越備史』／長編：中華書局標点本『続資治通鑑長編』／
宋詔令：中華書局標点本『宋大詔令集』／高麗史：西南師範大学出版社本『高麗史』／
遼史：中華書局標点本『遼史』／金史：中華書局標点本『金史』

参考文献一覧

赤木：赤木崇敏「曹氏帰義軍節度使系譜攷――二つの家系から見た十～十一世紀の敦煌史――」（土肥義和他編『敦煌・吐魯番文書の世界とその時代』汲古書院、二〇一七、二三七―二六一頁）

井黒：井黒忍「受書礼に見る十二～十三世紀ユーラシア東方の国際秩序」（平田茂樹他編『外交史料から十～十四世紀を探る』汲古書院、二〇一三、二一一―二三六頁）

石井：石井正敏「日本・渤海間の名分関係――舅甥問題を中心に――」（鈴木靖民他編『石井正敏著作集一　古代の日本列島と東アジア』勉誠出版、二〇一七、一〇一―一二九頁。初出二〇〇三）

内田：内田吟風「柔然時代蒙古史年表」（同『北アジア史研究　鮮卑柔然突厥篇』同朋舎、一九七五、三四一―三九六頁。初出一九四四）

栄：栄新江「帰義軍与甘州回鶻的交往及其通使中原」（同『帰義軍史研究――唐宋時代敦煌歴史考察――』上海・上海古籍出版社、一九九六、三一八―三五〇頁）

栄&朱：栄新江・朱麗双『于闐与敦煌』（蘭州・甘粛教育出版社、二〇一三）

金子：金子修一「唐代の国際文書形式」（同『隋唐の国際秩序と東アジア』名著刊行会、二〇〇一、一二五―一七一頁。初出一九七四）

佐藤：佐藤長『古代チベット史研究』上・下（東洋史研究会、一九五八・一九五九）

鈴木：鈴木宏節「唐代漠南における突厥可汗国の復興と展開」（『東洋史研究』七〇―一、二〇一一、三五―六六頁）

薛：薛宗正「突騎施汗国的興亡」（『歴史研究』一九八四年第二期、九三―一一二頁）

武田：武田幸男「序説　五～六世紀東アジア史の一視点――高句麗『中原碑』から新羅『赤城碑』へ――」（井上光貞他編『東アジア世界における日本古代史講座四　朝鮮三国と倭国』学生社、一九八〇、七―二二頁）

張：張国慶「遼代契丹皇帝与五代・北宋諸帝王的〝結義〟」（『史学月刊』一九九二年第六期、二六―三二頁）

土肥：土肥義和「敦煌発見唐・回鶻間交易関係漢文文書断簡考」（栗原益男先生古稀記念論集編集委員会編『中国古代の法と社会』汲古書院、一九八八、三九九―四三六頁）

外山：外山軍治『金朝史研究』（同朋舎、一九六四）

中島：中島琢美「南走派ウイグル史に於けるキルギス――特にその冊立について――」（金沢大学文学部東洋史研究室『史游』一六、一九八五、一―八頁）

中西：中西朝美「五代北宋における国書の形式について――「致書」文書の使用状況を中心に――」（『九州大学東洋史論集』三三、二〇〇五、九三―一一〇頁）

中村：中村裕一「慰労制書と「致書」文書」（同『唐代制勅研究』汲古書院、一九九一、二九九―三三〇頁。初出一九八六）

羽田：羽田亨「唐代回鶻史の研究」（同『羽田博士史学論文集』上、東洋史研究会、一九五七、一五七―三〇三頁）

林：林謙一郎「南詔国後半期の対外遠征と国家構造」（『史林』七五—四、一九九二、一一四—一四五頁）
藤枝：藤枝晃「沙州帰義軍節度使始末（一）〜（四）」（『東方学報（京都）』一二—三〜一三—二、一九四一—一九四三、五八—九八・四二—七五・六三—九五・四六—九八頁）
藤澤：藤澤義美「南詔王国の成立」・「南詔王権の確立」（同『西南中国民族史の研究——南詔国の史的研究——』大安、一九六九、二四七—二九一頁・二九三—三二四頁）
藤野：藤野月子「五胡十六国北朝の時代における和蕃公主の降嫁」（同『王昭君から文成公主へ——中国古代の国際結婚——』九州大学出版会、二〇一二、五九—九一頁。初出二〇〇九）
三上：三上次男「金初における高麗と金との関係——保州問題を中心として——」（同『金史研究三　金代政治・社会の研究』中央公論美術出版、一九七三、四三八—四六八頁。初出一九三九）
毛利〇六：毛利英介「澶淵の盟の歴史的背景——雲中の会盟から澶淵の盟へ——」（『史林』八九—三、二〇〇六、七五—一〇五頁）
毛利一三：毛利英介「冊封する皇帝と冊封される皇帝——契丹（遼）皇帝と北漢皇帝の事例から——」（『関西大学東西学術研究所紀要』四六、二〇一三、二一三—二二八頁）
護：護雅夫「突厥と隋・唐両王朝」（同『古代トルコ民族史研究』Ⅰ、山川出版社、一九六七、一六一—二二三頁。初出一九六四）
森安：森安孝夫「ウイグルと敦煌」（榎一雄編『講座敦煌二　敦煌の歴史』大東出版社、一九八〇、二九九—三三八頁）
山崎：山崎覚士「未完の海上国家——呉越国の試み——」（同『中国五代国家論』思文閣出版、二〇一〇、二三〇—二六七頁。初出二〇〇二）

参考文献一覧

【あ行】

赤木崇敏「曹氏帰義軍節度使系譜攷――二つの家系から見た十～十一世紀の敦煌史――」（土肥義和他編『敦煌・吐魯番文書の世界とその時代』汲古書院、二〇一七、二三七―二六一頁）

井黒忍「金初の外交史料に見るユーラシア東方の国際関係――『大金弔伐録』の検討を中心に――」（荒川慎太郎他編『遼金西夏研究の現在』三、二〇一〇、三一―四五頁）

井黒忍「受書礼に見る十二～十三世紀ユーラシア東方の国際秩序」（平田茂樹他編『外交史料から十～十四世紀を探る』汲古書院、二〇一三、二一一―二三六頁）

石井正敏「神亀四年、渤海の日本通交開始とその事情――第一回渤海国書の検討――」（同『日本渤海関係史の研究』吉川弘文館、二〇〇一、二六〇―二八二頁。初出一九七五）

石井正敏「『古語拾遺』の識語について」（『日本歴史』四六二、一九八六、七五―八六頁）

石井正敏「八・九世紀の日羅関係」（鈴木靖民他編『石井正敏著作集一　古代の日本列島と東アジア』勉誠出版、二〇一七、一三〇―一七二頁。初出一九八七）

石井正敏「古代東アジアの外交と文書――日本と新羅・渤海の例を中心に――」（同『日本渤海関係史の研究』吉川弘文館、二〇〇一、五四二―五六六頁。初出一九九二）

石井正敏「天平勝宝四年の新羅王子金泰廉来日の事情をめぐって」（同『日本渤海関係史の研究』吉川弘文館、二〇〇一、四二一―五八頁。新稿）

石井正敏「年期制をめぐって」（同『日本渤海関係史の研究』吉川弘文館、二〇〇一、五〇七―五一三頁。新稿）

石井正敏「日本・渤海間の名分関係――舅甥問題を中心に――」（鈴木靖民他編『石井正敏著作集一　古代の日本列島と東アジア』勉誠出版、二〇一七、一〇一―一二九頁。初出二〇〇三）
石井正敏「五世紀の日韓関係――倭の五王と高句麗・百済――」（『石井正敏著作集一古代の日本列島と東アジア』勉誠出版、二〇一七、三―六六頁。初出二〇〇五）
石井正敏「『日本書紀』隋使裴世清の朝見記事について」（『石井正敏著作集一　古代の日本列島と東アジア』勉誠出版、二〇一七、六七―九八頁。初出二〇一二）
石井正敏「至元三年・同十二年の日本国王宛クビライ国書について――『経世大典』日本条の検討――」（『石井正敏著作集三　高麗・宋元と日本』勉誠出版、二〇一七、二〇七―二五一頁。初出二〇一四）
石母田正「日本古代における国際意識について――古代貴族の場合――」（『石母田正著作集四　古代国家論』岩波書店、一九八九、一―一三頁。初出一九六二）
石母田正「天皇と「諸蕃」――大宝令制定の意義に関連して――」（『石母田正著作集四　古代国家論』岩波書店、一九八九、一五―三四頁。初出一九六三）。
石母田正『日本の古代国家』（岩波書店、一九七一）
伊藤敏雄「李柏文書小考――出土地と書写年代を中心に――」（野口鉄郎先生古稀記念論集刊行委員会編『中華世界の歴史的展開』汲古書院、二〇〇二、二一―四五頁）
稲田奈津子「殯儀礼の再検討」（同『日本古代の喪葬儀礼と律令制』吉川弘文館、二〇一五、一―二三頁。新稿）
井上直樹「八世紀中葉の新羅・唐関係――孝成王代を中心に――」（『唐代史研究』一二、二〇〇九、四―二六頁）
井上直樹「高句麗遺民と新羅――七世紀後半の東アジア情勢――」（『東洋史研究』七五―一、二〇一六、九八―一三六頁）
井上光貞「雄略朝における王権と東アジア――五世紀末葉・六世紀前半における倭国とその王権　第一部――」（『井上光貞著作集五　古代の日本と東アジア』岩波書店、一九八六、三―五一頁。初出一九八〇）
石見清裕「外国使節の皇帝謁見儀式復元」（同『唐の北方問題と国際秩序』汲古書院、一九九八、四一三―四六〇頁。初出一九九五）
石見清裕「外国使節の宴会儀礼」（同『唐の北方問題と国際秩序』汲古書院、一九九八、四六一―五〇〇頁。初出一九九五）

石見清裕「唐の国書授与儀礼について」(『東洋史研究』五七―二、一九九八、二四三―二七六頁)
石見清裕『唐代の国際関係』(山川出版社、世界史リブレット九七、二〇〇九)
石見清裕「梁への道――「職貢図」とユーラシア交通――」(鈴木靖民他編『梁職貢図と東部ユーラシア世界』勉誠出版、二〇一四、六七―一〇二頁)
印貞植『朝鮮の農業地帯』(生活社、一九四〇)
宇井伯壽「勝論経に於ける勝論学説」(同『印度哲学研究』第三、岩波書店、一九六五、四二一―五九四頁。初版一九二六)
植田喜兵成智「唐人郭行節墓誌からみえる羅唐戦争――六七一年の新羅征討軍派遣問題を中心に――」(『東洋学報(東京)』九六―二、二〇一四、一―三四頁)
植田喜兵成智「羅唐戦争終結期記事にみる新羅の対唐意識――『三国史記』文武王十四・十五・十六年条の再検討――」(『史滴』三六、二〇一四、九六―一二三頁)
上田信『海と帝国』(講談社、中国の歴史〇九、二〇〇五)
内田吟風「柔然時代蒙古史年表」(同『北アジア史研究　鮮卑柔然突厥篇』同朋舎、一九七五、三四一―三九六頁。初出一九四四)
梅棹忠夫『狩猟と遊牧の世界――自然社会の進化――』(講談社学術文庫二四、一九七六)
梅棹忠夫編『文明の生態史観はいま』(中公叢書、二〇〇一)
榎一雄「波斯王居和多の上表について」(史学会第六五回大会報告、要旨は『史学雑誌』七五―一二、一九六六、八九頁)
榎本あゆち「南斉の柔然遣使　王洪範について――南朝政治史における三斉豪族と帰降北人――」(『名古屋大学東洋史研究報告』三五、二〇一一、六五―九六頁)
海老澤哲雄「モンゴル帝国対外文書管見」(『東方学』七四、一九八七、八六―一〇〇頁)
遠藤慶太「『続日本後紀』現行本文の問題点」(同『平安勅撰史書研究』皇學館大学出版部、二〇〇六、九九―一一九頁、初出二〇〇〇)
遠藤慶太「『日本後紀』の諸本と逸文」(同『平安勅撰史書研究』皇學館大学出版部、二〇〇六、五〇―七六頁。初出二〇〇二)
遠藤慶太「勅撰史書の書写と印刷――近世写本の集成のまえに――」(同『平安勅撰史書研究』皇學館大学出版部、二〇〇六、二九―四九頁。初出二〇〇五)

遠藤慶太「『三代実録』の写本について」(同『平安勅撰史書研究』皇學館大学出版部、二〇〇六、一四四—一六五頁。初出二〇〇五)
大平聡「ワカタケル——倭の五王の到達点——」(鎌田元一編『古代の人物一　日出づる国の誕生』清文堂出版、二〇〇九、五一—七三頁)
尾形勇「漢唐間の「殊礼」について」(『山梨大学教育学部研究報告　人文社会科学系』二四、一九七四、一〇五—一一四頁)
岡本隆司「「東アジア」と「ユーラシア」——「近世」「近代」の研究史をめぐって——」(『歴史評論』七九九、二〇一六—一一、三七—四六頁)
奥村周司「使節迎接礼より見た高麗の外交姿勢——十一、二世紀における対中関係の一面——」(『史観』一一〇、一九八四、二七—四二頁)
小倉真紀子「近世禁裏における六国史の書写とその伝来」(田島公編『禁裏・公家文庫研究』三、思文閣出版、二〇〇九、一一五—一三四頁)
小野勝年『入唐求法巡礼行記の研究』(鈴木学術財団、一九六四—六九)

【か行】

筧敏生「百済王姓の成立と日本古代帝国」(同『古代王権と律令国家』校倉書房、二〇〇二、一五—五三頁。初出一九八九)
筧敏生「耽羅王権と日本」(同『古代王権と律令国家』校倉書房、二〇〇二、九六—一一五頁。初出一九八九)
加藤純章「羅什と『大智度論』」(平成十一年度〜平成十三年度科学研究費補助金(基盤研究(B)(二))研究成果報告書『大智度論』の総合的研究——その成立から中国仏教への影響まで——』課題番号一一四一〇〇〇六、二〇〇三、一—一六頁)
金子修一「唐代の国際文書形式」(同『隋唐の国際秩序と東アジア』名著刊行会、二〇〇一、一二六—一七一頁。初出一九七四)
金子修一「唐代国際関係における日本の位置」(同『隋唐の国際秩序と東アジア』名著刊行会、二〇〇一、二三五—二六三頁。初出一九九八)
金子修一「古代東アジア研究の課題——西嶋定生・堀敏一両氏の研究に寄せて——」(『専修大学東アジア世界史研究センター年報』一、二〇〇八、三五—四二頁)

金子修一「北朝の国書」（鈴木靖民他編『梁職貢図と東部ユーラシア世界』勉誠出版、二〇一四、五〇二―五三〇頁）
河上麻由子「南北朝～隋代における仏教と対中国交渉」（同『古代アジア世界の対外交渉と仏教』山川出版社、二〇一一、一七―六五頁。初出二〇〇六）。
河上麻由子「遣隋使と仏教」（同『古代アジア世界の対外交渉と仏教』山川出版社、二〇一一、一二六―一四六頁。初出二〇〇八）
川崎晃「倭王武・百済王余慶の上表文と金石文」（同『古代学論究――古代日本の漢字文化と仏教――』慶應義塾大学出版会、二〇一二、三―二一頁。初出二〇〇一）
川本芳昭「五胡十六国・北朝時代における華夷観の変遷」（同『魏晋南北朝時代の民族問題』汲古書院、一九九八、二五―六五頁。初出一九八四）
川本芳昭「五胡十六国・北朝時代における「正統」王朝について」（同『魏晋南北朝時代の民族問題』汲古書院、一九九八、六六―一〇二頁。初出一九九七）
菊池大「曹操と殊礼」（『東洋学報』九四―一、二〇一二、一―二六頁）
岸本美緒・宮嶋博史『明清と李朝の時代』（中央公論社、世界の歴史一二、一九九八）
木村誠「新羅の宰相制度」（同『古代朝鮮の国家と社会』吉川弘文館、二〇〇四、二三八―二六七頁。初出一九七七）
金成奎「北宋後期の蕃兵制」（同『宋代の西北問題と異民族政策』汲古書院、二〇〇〇、二五五―三〇八頁。初出一九九八）
熊谷公男『大王から天皇へ』（講談社学術文庫、日本の歴史〇三、二〇〇八。初版二〇〇一）
熊谷公男「日本百済大寺の造営と東アジア」（『東北学院大学論集　歴史と文化』四〇、二〇〇六、二三三―二五五頁）
熊谷公男「五世紀の倭・百済関係と羅済同盟」（『東北学院大学大学院文学研究科　アジア文化史研究』七、二〇〇七、一―一五頁）
熊谷公男「倭王武の上表文と五世紀の東アジア情勢」（『東北学院大学論集　歴史と文化』五三、二〇一五、一―三〇頁）
熊谷公男「古代蝦夷（エミシ）の実像に迫る」（『上代文学』一一七、二〇一六、一―一八頁）
熊谷公男「「任那復興」策と「任那の調」」（『東北学院大学論集　歴史と文化』五七、二〇一八、一―三三頁）
栗原朋信「日本から隋へ贈った国書――とくに「日出処天子致書日没処天子」の句について――」（同『上代日本対外関係の研究』吉川弘文館、一九七八、一七五―二〇五頁。初出一九六五）

栗原朋信「日・隋交渉の一側面――いわゆる国書問題の再考察――」（同『上代日本対外関係の研究』吉川弘文館、一九七八、二〇六―二三六頁。初出一九六九）
黒須利夫「八世紀の上表儀――聖武朝を中心として――」（『年報日本史叢』一九九三年度、六一―七三頁）
黒須利夫「平安初期の上表儀」（虎尾俊哉編『日本古代の法と社会』吉川弘文館、一九九五、一六八―一九八頁）。
黒田裕一「推古朝における「大国」意識」（『国史学』一六五、一九九八、三〇―六五頁）
洪性珉「遼宋増幣交渉から見た遼の内部情勢と対宋外交戦略――遼の漢人劉六符の役割を中心に――」（『史学雑誌』一二六―一一、二〇一七―一一、四一―六五頁）
河内春人「新羅使迎接の歴史的展開」（『ヒストリア』一七〇、二〇〇〇、一―二三頁）
河内春人「倭王武の上表文と文字表記」（同『日本古代君主号の研究――倭国王・天子・天皇――』八木書店、二〇一五、五九―九九頁。初出二〇〇三）
河内春人「倭の五王と中国外交」（『日本の対外関係一　東アジア世界の成立』吉川弘文館、二〇一〇、一四一―一六三頁）
河内春人「東アジア史上の日本と後百済」（吉村武彦編『日本古代の国家と王権・社会』塙書房、二〇一四、三二七―三四七頁）
河内春人『倭の五王――王位継承と五世紀の東アジア――』（中公新書、二〇一八）
後藤勝「聘使交換より見た南北朝関係（二）――関係史料の編年整理（下）――」（『聖徳学園岐阜教育大学紀要』二一、一九九一、一二六―一五四頁）
今正秀「阿衡問題考」（『日本史研究』六二一、二〇一四、一―二四頁）

【さ行】

齊藤茂雄「突厥第二可汗国の内部対立――古チベット語文書（P.t.1283）にみえるブグチョル（'Bug-čhor）を手がかりに――」（『史学雑誌』一二二―九、二〇一三、三六―六二頁）
坂元義種「古代東アジアの国際関係――和親・封冊・使節よりみたる――」（同『古代東アジアの日本と朝鮮』吉川弘文館、一九七八、一―六四頁。初出一九六七・一九六八）
坂元義種「古代東アジアの日本と朝鮮――「大王」の成立をめぐって――」（同『古代東アジアの日本と朝鮮』吉川弘文館、一

九七八、一六六―二二五頁、初出一九六八)
坂元義種「五世紀の日本と朝鮮――中国南朝の封冊と関連して――」(同『古代東アジアの日本と朝鮮』吉川弘文館、一九七八、二六一―三〇〇頁。初出一九六九)
坂元義種「中国史書対倭関係記事の検討――藤間生大『倭の五王』を通して――」(同『古代東アジアの日本と朝鮮』吉川弘文館、一九七八、四四三―四八二頁。初出一九六九)
坂元義種「五世紀の倭国王――その称号を中心として――」(同『古代東アジアの日本と朝鮮』吉川弘文館、一九七八、五〇五―五二三頁。初出一九七一)
坂元義種「倭国王の国際的地位――五世紀の南朝を中心として――」(同『古代東アジアの日本と朝鮮』吉川弘文館、一九七八、五二四―五四一頁。初出一九七一)
坂元義種「倭の五王の外交――司馬曹達を中心に――」(同『古代東アジアの日本と朝鮮』吉川弘文館、一九七八、三八五―四〇四頁。初出一九七二)
坂元義種『倭の五王――空白の五世紀――』(教育社、一九八一)
酒寄雅志「古代東アジア諸国の国際意識――「中華思想」を中心として――」(一九八三年度歴史学研究会大会報告『東アジア世界の再編と民衆意識』青木書店、一九八三、二五―三四頁)
酒寄雅志「華夷思想の諸相」(同『渤海と古代の日本』校倉書房、二〇〇一、四三五―四七二頁。初出一九九三)
佐藤長『古代チベット史研究』上・下(東洋史研究会、一九五八・一九五九)
佐藤信「古代の「大臣外交」についての一考察」(村井章介他編『境界の日本史』山川出版社、一九九七、八八―一〇五頁)
佐藤信「奈良時代の「大臣外交」と渤海」(同編『日本と渤海の古代史』山川出版社、二〇〇三、一七一―一八一頁)
鹿内浩胤「序章　研究の視角と本書の構成」(同『日本古代典籍史料の研究』思文閣出版、二〇一一、三―一三頁。新稿)
鹿内浩胤「『続日本後紀』現行本文の成立過程」(同『日本古代典籍史料の研究』思文閣出版、二〇一一、一七―四八頁。初出二〇一〇〈一部〉)
徐先堯「隋倭国交の対等性について」(『文化』二九―二、一九六五、八三―一一四頁)
新川登亀男「調(物産)の意味」(同『日本古代の対外交渉と仏教――アジアのなかの政治文化――』吉川弘文館、一九九九、

九―三五頁。初出一九八八)
新川登亀男「調と別献物」(同『日本古代の対外交渉と仏教――アジアのなかの政治文化――』吉川弘文館、一九九九、三五―五七頁。初出一九八九)
新川登亀男「新羅における立太子と別献物の登場」(同『日本古代の対外交渉と仏教――アジアのなかの政治文化――』吉川弘文館、一九九九、五七―九二頁。初出一九九二)
新蔵正道「天武朝の対外関係と小高句麗」(横田健一編『日本書紀研究』二〇、一九九六、二九一―三二〇頁)
菅沼愛語「唐と突厥第二可汗国の和戦」(同『七世紀後半から八世紀の東部ユーラシアの国際情勢とその推移―唐・吐蕃・突厥の外交関係を中心に――』溪水社、二〇一三、一四九―一八八頁。初出二〇〇一・二〇〇九)
菅沼愛語「七世紀後半の東部ユーラシア諸国の自立への動き――「唐・吐蕃戦争」と新羅の朝鮮半島統一・突厥の復興・契丹の反乱・渤海の建国との関連性――」(同『七世紀後半から八世紀の東部ユーラシアの国際情勢とその推移――唐・吐蕃・突厥の外交関係を中心に――』溪水社、二〇一三、二二一―六一頁。初出二〇〇九)
菅沼愛語「八世紀前半の東部ユーラシアの国際情勢――多様な外交関係の形成とその展開――」(同『七世紀後半から八世紀の東部ユーラシアの国際情勢とその推移― 唐・吐蕃・突厥の外交関係を中心に――』溪水社、二〇一三、六二―一一九頁。初出二〇一〇)
杉山正明『疾駆する草原の征服者』(講談社、中国の歴史〇八、二〇〇五)
鈴木宏節「唐代漠南における突厥可汗国の復興と展開」(『東洋史研究』七〇―一、二〇一一、三五―六六頁)
鈴木拓也「天平九年以後における版図拡大の中断とその背景」(今泉隆雄先生還暦記念論文集刊行会編『杜都古代史論叢』同論文集刊行会、二〇〇八、二七―四五頁)
鈴木英夫「加耶・百済と倭――「任那日本府」論――」(同『古代の倭国と朝鮮諸国』青木書店、一九九六、一七八―二一三頁。初出一九八七)
鈴木英夫「大化改新直前の倭国と百済――百済王子翹岐と大佐平智積の来倭をめぐって――」(同『古代の倭国と朝鮮諸国』青木書店、一九九六、二七六―三〇〇頁。初出一九九〇)
鈴木英夫「六世紀初頭の安羅と倭国――最初の「任那日本府」印支彌の時代――」(同『古代の倭国と朝鮮諸国』青木書店、一

九九六、二一四—二三五頁。初出一九九三)
鈴木英夫「倭王武の対宋外交の一側面——昇明元年の遣使の倭王をめぐって——」(同『古代の倭国と朝鮮諸国』青木書店、一九九六、一一四—一四〇頁。新稿)
鈴木英夫「倭王武と称号自称の時代——武の王権と外交の特質——」(同『古代の倭国と朝鮮諸国』青木書店、一九九六、一四一—一七五頁。新稿)
鈴木靖民「七世紀末における日羅関係の一斑——新羅使の「請政」について——」(『朝鮮史研究会会報』一〇、一九六六、四—五頁)
鈴木靖民「金順貞・金邕論——新羅政治史の一考察——」(同『日本古代対外関係史の研究』吉川弘文館、一九八五、三一一—三三一頁。初出一九六七)
鈴木靖民「奈良初期の対新羅関係」(同『日本古代対外関係史の研究』吉川弘文館、一九八五、一一三—一三八頁。初出一九六七)
鈴木靖民「養老期の対新羅関係」(同『日本古代対外関係史の研究』吉川弘文館、一九八五、一三九—一六〇頁。初出一九六七)
鈴木靖民「天平初期の対新羅関係」(同『日本古代対外関係史の研究』吉川弘文館、一九八五、一六一—一七九頁。初出一九六八)
鈴木靖民「奈良時代における対外意識——『続日本紀』朝鮮関係記事の検討——」(同『日本古代対外関係史の研究』吉川弘文館、一九八五、一八〇—二二五頁。初出一九六九)
鈴木靖民「皇極紀朝鮮関係記事の基礎的研究」(同『日本の古代国家形成と東アジア』吉川弘文館、二〇一一、三〇—七八頁。初出一九七〇・一九七一)
鈴木靖民「百済救援の役後の日唐交渉——天智紀唐関係記事の検討——」(同『日本の古代国家形成と東アジア』吉川弘文館、二〇一一、一六一—二二六頁。初出一九七二)
鈴木靖民「倭の五王の外交と内政——府官制秩序の形成——」(同『倭国史の展開と東アジア』岩波書店、二〇一二、一七三—二〇六頁。初出一九八五)
鈴木靖民「七世紀東アジアの争乱と変革」(同『日本の古代国家形成と東アジア』吉川弘文館、二〇一一、一—二八頁。初出一九九二)
鈴木靖民「倭国と東アジア」(同編『日本の時代史二　倭国と東アジア』吉川弘文館、二〇〇二、八—八八頁)

鈴木靖民「東アジア世界史と東部ユーラシア世界史――梁の国際関係・国際秩序・国際意識を中心に――」（『専修大学東アジア世界史研究センター年報』六、二〇一二、一四三―一六三頁）
鈴木靖民・金子修一・石見清裕・浜田久美子編『訳註　日本古代の外交文書』（八木書店、二〇一四）。
妹尾達彦「北京の小さな橋――街角のグローバル・ヒストリー――」（『国立民族学博物館調査報告』八一、二〇〇九、九五―一八三頁）

【た行】
高橋善太郎「遣隋使の研究――日本書紀と隋書との比較――」（『東洋学報』三三―三・四、一九五一、三二一―三三六頁）
滝川政次郎「江都集礼と日本の儀式」（岩井博士古稀記念事業会編『典籍論集』大安、一九六三、三四二―三四七頁）
武田幸男「序説　五～六世紀東アジア史の一視点――高句麗『中原碑』から新羅『赤城碑』へ――」（井上光貞他編『東アジア世界における日本古代史講座四　朝鮮三国と倭国』学生社、一九八〇、七―二二頁）
田島公「日本の律令国家の「賓礼」――外交儀礼より見た天皇と太政官――」（『史林』六八―三、一九八五、三五―八六頁）
田島公「外交と儀礼」（岸俊男編『まつりごとの展開』中央公論社、日本の古代七、一九八六、一九三―二四六頁）
田中整治「五代における後蜀国の成立過程について」（『北海道学芸大学紀要　第一部B』一四―二、一九六三、四三―五八頁）
田中史生『『入唐求法巡礼行記』に関する文献校訂および基礎的研究』（平成十三年度―平成十六年度科学研究費補助金（基盤研究C（二））研究成果報告書、課題番号一三六一〇三九四、二〇〇五）
田中史生「倭の五王と列島支配」（『岩波講座日本歴史一　原始・古代一』岩波書店、二〇一三、二三七―二七〇頁）
谷秀樹「前漢代兄弟国関係考――漢代擬制親族関係の一類型として――」（『立命館史学』一七、一九九六、一七―四七頁）
谷秀樹「漢代仮父子・義兄弟結合考」（『立命館文学』五五九、一九九九、一四八―一七六頁）
谷川道雄「北朝末～五代の義兄弟結合について」（『東洋史研究』三九―二、一九八〇、三八―五七頁）
土田直鎮「類聚三代格所収官符の上卿」（同『奈良平安時代史研究』吉川弘文館、一九九二、二七六―二九六頁。初出一九六九）
鄭淳一「承和年間における対外交渉と新羅康州」（同『九世紀の来航新羅人と日本列島』勉誠出版、二〇一五、九三―一一九頁。初出二〇一三）

鄭淳一「承和三年の新羅国執事省牒にみえる「島嶼之人」」（同『九世紀の来航新羅人と日本列島』勉誠出版、二〇一五、一二〇―一六一頁。初出二〇一三）

寺井誠「難波における百済・新羅土器の搬入とその史的背景」（『共同研究成果報告書』七、大阪歴史博物館、二〇一三、五―二六頁）

東野治之「日出処・日本・ワークワーク」（同『遣唐使と正倉院』岩波書店、一九九二、九七―一一三頁。初出一九九一）

土肥義和「敦煌発見唐・回鶻間交易関係漢文文書断簡考」（栗原益男先生古稀記念論集編集委員会編『中国古代の法と社会』汲古書院、一九八八、三九九―四三六頁）

外山軍治「通論――金朝政治の推移――」（同『金朝史研究』同朋舎、一九六四、一―六四頁）

外山軍治「劉豫の斉国を中心としてみた金宋交渉」（同『金朝史研究』同朋舎、一九六四、二三一―三〇九頁）

外山軍治「熙宗皇統年間における宋との講和」（同『金朝史研究』同朋舎、一九六四、三一〇―四二〇頁）

豊島悠果「一一一六年入宋高麗使節の体験――外交・文化交流の現場――」（同『高麗王朝の儀礼と中国』汲古書院、二〇一七、二一九―二七一頁。初出二〇〇九）

豊島悠果「宋外交における高麗の位置付け――国書上の礼遇の検討と相対化――」（平田茂樹他編『外交史料から十～十四世紀を探る』汲古書院、二〇一三、一五五―一八四頁）

【な行】

中嶋敏「西羌族をめぐる宋夏の抗争」（同『東洋史学論集――宋代史研究とその周辺――』汲古書院、一九八八、四六六―四七八頁。初出一九三四）

中島琢美「南走派ウイグル史に於けるキルギス――特にその冊立について――」（金沢大学文学部東洋史研究室『史游』一六、一九八五、一―八頁）

中西朝美「五代北宋における国書の形式について――「致書」文書の使用状況を中心に――」（『九州大学東洋史論集』三三、二〇〇五、九三―一一〇頁）

中野高行「終章　総括」（同『古代国家成立と国際的契機』同成社、二〇一七、二六九―二八一頁。新稿）

中野渡俊治「古代日本における公卿上表と皇位」（同『古代太上天皇の研究』思文閣出版、二〇一七、二一七―二四七頁。初出二〇一一）
中林隆之「古代君主制の特質と東アジア」（『歴史科学』二〇五、二〇一一、三一―四五頁）
中村圭爾「啓の成立と展開」（科学研究費補助金（基盤研究（C））研究成果報告書『魏晋南北朝における公文書と文書行政の研究』課題番号一〇六一〇三五六、二〇〇一、八五―一〇四頁。初出一九九九）
中村璋八・大塚雅司『都氏文集全釈』（汲古書院、一九八八）
中村裕一「論事勅書」（同『唐代制勅研究』汲古書院、一九九一、五七八―六二二頁。初出一九八〇）
中村裕一「上奏と裁可の語」（同『唐代制勅研究』汲古書院、一九九一、四〇六―四五一頁。初出一九八三）
中村裕一「優詔（優制）」（同『唐代制勅研究』汲古書院、一九九一、三六三―三七九頁。初出一九八五）
中村裕一「慰労制書式」（同『唐代制勅研究』汲古書院、一九九一、二五七―二八二頁。初出一九八六）
中村裕一「慰労制書と「致書」文書」（同『唐代制勅研究』汲古書院、一九九一、二九九―三三〇頁。初出一九八六）
中村裕一「慰労制書の起源」（同『唐代制勅研究』汲古書院、一九九一、二八三―二九八頁。初出一九八八）
中村裕一「論事勅書の記載用例」（同『唐代制勅研究』汲古書院、一九九一、六七三―六七九頁。初出一九八八）
中村裕一『唐代官文書研究』（中文出版社、一九九一）
中尾正義編『オアシス地域の歴史と環境――黒河が語るヒトと自然の二〇〇〇年――』（勉誠出版、二〇一一）
鍋田一「古代の賓礼をめぐって」（柴田実先生古稀記念会編『日本文化史論叢』同記念会、一九七六、六六九―六八一頁）
鍋田一「六・七世紀の賓礼に関する覚書――『日本書紀』の記載について――」（滝川政次郎博士米寿記念会編『律令制の諸問題』汲古書院、一九八四、三九九―四二六頁）
西嶋定生「東アジア世界と冊封体制――六―八世紀の東アジア――」（『西嶋定生東アジア史論集三　東アジア世界と冊封体制』岩波書店、二〇〇二、五―五八頁。初出一九六二）
西嶋定生「序説――東アジア世界の形成――」（同『中国古代国家と東アジア世界』東京大学出版会、一九八三、三九七―四一四頁。初出一九七〇）
西嶋定生「東アジア世界と日本史」（同『中国古代国家と東アジア世界』東京大学出版会、一九八三、五七九―六七七頁。初出

一九七五―一九七六)
西嶋定生「日本の中の中国文化――生家の想い出から――」(『西嶋定生東アジア史論集四　東アジア世界と日本』岩波書店、二〇〇二、三八七―三九〇頁)
西嶋定生「東アジア世界と冊封体制――六―八世紀の東アジア――」(『西嶋定生東アジア史論集三　東アジア世界と冊封体制』岩波書店、二〇〇二、五―五八頁。初出一九六二)
西嶋定生「序説――東アジア世界の形成――」(同『中国古代国家と東アジア世界』東京大学出版会、一九八三、三九七―四一四頁。初出一九七〇)
西別府元日「九世紀前半の日羅交易と紀三津「失使旨」事件」(岸田裕之編『中国地域と対外関係』山川出版社、二〇〇三、三―二八頁。初出二〇〇〇)
西本昌弘「豊璋と翹岐――大化改新前夜の倭国と百済――」(『ヒストリア』一〇七、一九八五、一―一八頁)
西本昌弘「東アジアの動乱と大化改新」(『日本歴史』四六八、一九八七、二〇―三七頁)
西本昌弘「豊璋再論」(『日本歴史』六九六、二〇〇六、一―一四頁)

【は行】

羽田亨「唐代回鶻史の研究」(同『羽田博士史学論文集』上、東洋史研究会、一九五七、一五七―三〇三頁)
浜田久美子「律令国家の賓礼受容」(同『日本古代の外交儀礼と渤海』同成社、二〇一一、三三―五五・八〇―八七頁。初出二〇〇三)
浜田久美子「年期制の成立とその影響」(同『日本古代の外交儀礼と渤海』同成社、二〇一一、一三二―一五〇・一五七―一六三頁。初出二〇〇八)
濱田耕策「聖徳王代の政治と外交――通文博士と倭典をめぐって――」(同『新羅国史の研究――東アジア史の視点から――』吉川弘文館、二〇〇二、一二二―一四八頁。初出一九七九)
濱田耕策「中代・下代の内政と対日本外交――外交形式と交易をめぐって――」(同『新羅国史の研究――東アジア史の視点から――』吉川弘文館、二〇〇二、三二八―三七三頁。初出一九八三)

濱田耕策「対日本外交の終幕――日唐間の情報と人物の中継をめぐって――」(同『新羅国史の研究――東アジア史の視点から――』吉川弘文館、二〇〇二、三七四―三九五頁。初出一九九七)
林謙一郎「南詔国後半期の対外遠征と国家構造」(『史林』七五―四、一九九二、一一四―一四五頁)
速水大「開元二十二年の唐と契丹」(『明大アジア史論集』一八、二〇一四、一八九―二〇六頁)
日野開三郎「五代の対外関係」(『日野開三郎東洋史学論集二　五代史の基調』三一書房、一九八〇、三六〇―四三〇頁。初出一九七九、執筆一九四四―一九四五)
平澤加奈子「八世紀後半の日羅関係――宝亀十年新羅使を中心に――」(『白山史学』四二、二〇〇六、四二―七三頁)
廣瀬憲雄「書儀と外交文書――古代東アジア地域の外交関係解明のために――」(同『東アジアの国際秩序と古代日本』吉川弘文館、二〇一一、二四―五六頁。初出二〇〇六)
廣瀬憲雄「古代倭国・日本の外交儀礼と服属思想」(同『東アジアの国際秩序と古代日本』吉川弘文館、二〇一一、一四八―一八七頁。初出二〇〇七)
廣瀬憲雄「日本の対新羅・渤海名分関係の検討――「書儀」の礼式を参照して――」(同『東アジアの国際秩序と古代日本』吉川弘文館、二〇一一、五七―八六頁。初出二〇〇七)
廣瀬憲雄「「東天皇」外交文書と書状――倭国と隋の名分関係――」(同『東アジアの国際秩序と古代日本』吉川弘文館、二〇一一、八七―一〇八頁。初出二〇〇八)
廣瀬憲雄「古代東アジア地域対外関係の研究動向――「冊封体制」論・「東アジア世界」論と「東夷の小帝国」論を中心に――」(同『東アジアの国際秩序と古代日本』吉川弘文館、二〇一一、一―二三頁。初出二〇〇八)
廣瀬憲雄「唐後半期から北宋の外交儀礼――「対」の制度と関連して――」(同『東アジアの国際秩序と古代日本』吉川弘文館、二〇一一、二三六―二七七頁。初出二〇〇九)
廣瀬憲雄「倭国・日本史と東部ユーラシア――六〜十三世紀における政治的連関再考――」(『歴史学研究』八七二、二〇一〇、三〇―三八頁)
廣瀬憲雄「慰労詔書・論事勅書の形式とその継受――末尾の定型句を中心に――」(同『東アジアの国際秩序と古代日本』吉川弘文館、二〇一一、一〇九―一四五頁。新稿)

廣瀬憲雄「宰相・大臣との会見儀礼と天平六年新羅使」（同『東アジアの国際秩序と古代日本』吉川弘文館、二〇一一、一八八―二〇四頁。新稿）
廣瀬憲雄「唐宋期周辺諸勢力の外交儀礼について――「東夷の小帝国」倭国・日本の位置――」（同『東アジアの国際秩序と古代日本』吉川弘文館、二〇一一、三一一―三四〇頁。新稿）
廣瀬憲雄「東アジア世界論の現状と展望」（『歴史評論』七五二、二〇一二、四―一三頁）
廣瀬憲雄「書評　河上麻由子著『古代アジア世界の対外交渉と仏教』」（『日本史研究』六〇八、二〇一三、六二―六八頁）
廣瀬憲雄『古代日本外交史――東部ユーラシアの視点から読み直す――』（講談社選書メチエ五六九、二〇一四）
廣瀬憲雄「「東アジア」と「世界」の変質」（歴史学研究会編『第四次現代歴史学の成果と課題二　世界史像の再構成』続文堂、二〇一七、一八―三一頁）
廣瀬憲雄「五世紀をどう評価すべきか？――倭の五王段階の「国家」――」（『歴史評論』八〇九、二〇一七、二八―三六頁）
廣瀬憲雄「百済三書と日本書紀」（遠藤慶太他編『日本書紀の誕生――編纂と受容の歴史――』八木書店、二〇一八、一五三―一七二頁）
藤枝晃「沙州帰義軍節度使始末（一）～（四）」（『東方学報（京都）』一二―三～一三―二、一九四一―四三、五八―九八・四二―七五・六三―九五・四六―九八頁）
藤澤義美「南詔王国の成立」（同『西南中国民族史の研究――南詔国の史的研究――』大安、一九六九、二四七―二九一頁）
藤澤義美「南詔王権の確立」（同『西南中国民族史の研究――南詔国の史的研究――』大安、一九六九、二九三―三二四頁）
藤田元春『大陸支那の現実』（冨山房、一九三九）
藤野月子「五胡十六国北朝の時代における和蕃公主の降嫁」（同『王昭君から文成公主へ――中国古代の国際結婚――』九州大学出版会、二〇一二、五九―九一頁。初出二〇〇九）
藤森健太郎「九世紀の即位に付属する上表について」（同『古代天皇の即位儀礼』吉川弘文館、二〇〇〇、二三五―二四七頁。初出一九九六）
舩田善之「日本宛外交文書からみた大モンゴル国の文書形式の展開――冒頭定型句の過渡期的表現を中心に――」（『史淵』一四六、二〇〇九、一―二三頁）

古瀬奈津子「書儀・書簡よりみた唐日古代官僚制の特質」（平成十五年度―平成十八年度科学研究費補助金（基盤研究（C））研究成果報告書『日本古代における書状の社会的機能に関する研究』課題番号一五五二〇三九六、二〇〇七、八―一一頁。初出二〇〇五）
古瀬奈津子「唐日における上表と奉表」（平成十五年度―平成十八年度科学研究費補助金（基盤研究（C））研究成果報告書『日本古代における書状の社会的機能に関する研究』課題番号一五五二〇三九六、二〇〇七、一二―一六頁。初出二〇〇七）
古畑徹「七世紀末から八世紀初にかけての新羅・唐関係――新羅外交史の一試論――」（『朝鮮学報』一〇七、一九八三、一―七三頁）
古畑徹「日渤交渉開始期の東アジア情勢――渤海対日通交開始要因の再検討――」（『朝鮮史研究会論文集』二三、一九八六、八五―一一四頁）
古畑徹「唐渤紛争の展開と国際情勢」（『集刊東洋学』五五、一九八六、一六―三四頁）
古畑徹「渤海王大欽茂の「国王」進爵と第六次渤海使――渤海使王新福による安史の乱情報の検討を中心に――」（『集刊東洋学』一〇〇、二〇〇八、七九―九六頁）
古畑徹「日本の渤海史研究について」（『日本学』二八、二〇〇九、七―三八頁）
古松崇志「十～十二世紀における契丹の興亡とユーラシア東方の国際情勢」（荒川慎太郎他編『契丹［遼］と十～十二世紀の東部ユーラシア』勉誠出版、アジア遊学一六〇、二〇一三、八―二〇頁）
古松崇志「契丹・宋間の国信使と儀礼」（『東洋史研究』七三―二、二〇一四、六三―一〇〇頁）
保科富士男「古代日本の対外関係における贈進物の名称――古代日本の対外意識に関連して――」（『白山史学』二五、一九八九、六七―九八頁）
保科富士男「古代日本の対外意識――相互関係をしめす用語から――」（田中健夫編『前近代の日本と東アジア』吉川弘文館、一九九五、三一―六〇頁）
堀敏一「古代東アジア世界の基本構造」（同『律令制と東アジア世界――私の中国史学（二）――』汲古書院、一九九四、一五八―一七四頁、初出一九九三）
堀敏一「江南王朝と東アジアの諸国・諸民族」（同『東アジア世界の形成――中国と周辺国家――』汲古書院、二〇〇六、二二一

七―二七一頁。新稿)
堀内淳一「馬と柑橘――南北朝間の外交使節と経済交流――」(『東洋学報』八八―一、二〇〇六、一―二七頁)
本多恵訳『ヴァイシェーシカ哲学体系』(国書刊行会、一九九〇)

【ま行】

前島佳孝『西魏・北周政権史の研究』(汲古書院、二〇一三)
前之園亮一「倭の五王の通宋の開始と終焉について――辛酉革命説・戊午革運説から見た場合――」(黛弘道編『古代国家の政治と外交』吉川弘文館、二〇〇一、五三―七一頁)
増村宏「日出処天子と日没処天子――倭国王の国書について――」(同『遣唐使の研究』同朋舎、一九八八、三―四七頁。初出一九六八)
増村宏「隋書と書紀推古紀――遣隋使をめぐって――」(同『遣唐使の研究』同朋舎、一九八八、七七―一五三頁。初出一九六八)
増村宏「隋書と日本書紀の遣隋使記事――宮田俊彦氏の隋書に対する問いかけについて――」(同『遣唐使の研究』同朋舎、一九八八、一五四―一九七頁。初出一九六九・一九七三)
増村宏「日出ずる処と日没する処について――栗原氏の批判に答える――」(同『遣唐使の研究』同朋舎、一九八八、四八―七六頁。初出一九七〇)
松田壽男「吐谷渾遣使考」(『松田壽男著作集四　東西文化の交流二』六興出版、一九八七、六八―一二六頁。初出一九三七)
松本新八郎「原始・古代社会における基本的矛盾について」(歴史学研究会編『世界史の基本法則――歴史学研究会一九四九年度大会報告――』岩波書店、一九四九、二―三五頁)。
丸山裕美子「慰労詔書・論事勅書の受容について」(『延喜式研究』一〇、一九九五、四九―七〇頁)
丸山裕美子『日本古代国家・社会における書儀の受容に関する基礎的研究』(平成十五年度―平成十七年度科学研究費補助金(基盤研究(C))研究成果報告書、課題番号一五五二〇四〇九、二〇〇六)
三上次男「金初における高麗と金との関係――保州問題を中心として――」(同『金史研究三　金代政治・社会の研究』中央公

論美術出版、一九七三、四三八—四六八頁。初出一九三九）
皆川雅樹「日本古代の対外交易と「東部ユーラシア」」（『歴史学研究』八八五、二〇一一、三五—四三頁）
蓑島栄紀「渡島蝦夷の社会段階と組織化」（同『古代国家と北方社会』吉川弘文館、二〇〇一、一九八—二二五頁。新稿）
宮田俊彦「「治天下」と「御宇天皇」——上代金石文に関する二三の問題——」（『茨城大学文理学部紀要』人文科学編一、一九五一、一三八—一六五頁）
宮田俊彦「聖徳太子御伝私記」（『茨城大学文理学部紀要』人文科学編六、一九五六、一—三八頁）
宮田俊彦「天皇号の成立は推古十六年（六〇八、隋大業四年）である」（『日本歴史』二六八、一九七〇、一一五—一一八頁）
宮本啓一訳『ヴァイシェーシカ・スートラ——古代インドの分析主義的実在論哲学——』（臨川書店、二〇〇九）
村上四男「新羅と小高句麗国」（『朝鮮学報』三七・三八、一九六六、二八—七二頁）
毛利英介「一〇七四から七六年におけるキタイ（遼）・宋間の地界交渉発生の原因について——特にキタイ側の視点から——」（『東洋史研究』六二—四、二〇〇四、一—三一頁）
毛利英介「澶淵の盟の歴史的背景——雲中の会盟から澶淵の盟へ——」（『史林』八九—三、二〇〇六、七五—一〇五頁）
毛利英介「一〇九九年における宋夏元符和議と遼宋事前交渉——遼宋並存期における国際秩序の研究——」（『東方学報』八二、二〇〇八、一一九—一六七頁）
毛利英介「十一世紀後半における北宋の国際的地位について——宋麗通交再開と契丹の存在を手がかりに——」（宋代史研究会編『「宋代中国」の相対化』汲古書院、二〇〇九、二七一—三一四頁）
毛利英介「冊封する皇帝と冊封される皇帝——契丹（遼）皇帝と北漢皇帝の事例から——」（『関西大学東西学術研究所紀要』四六、二〇一三、二一三—二二八頁）
毛利英介「大定和議期における金・南宋間の国書について」（『東洋史研究』七五—三、二〇一六、七一—一〇六頁）
桃木至朗「唐宋変革とベトナム」（『岩波講座東南アジア史二　東南アジア古代国家の成立と展開』岩波書店、二〇〇一、二九—五四頁）
桃木至朗「「ベトナム史」の確立」（『岩波講座東南アジア史二　東南アジア古代国家の成立と展開』岩波書店、二〇〇一、一七一—一九六頁）

森公章「古代耽羅の歴史と日本――七世紀後半を中心として――」(同『古代日本の対外認識と通交』吉川弘文館、一九九八、二四〇―二七二頁。初出一九八六)
森公章「古代難波における外交儀礼とその変遷」(同『古代日本の対外認識と通交』吉川弘文館、一九九八、三〇〇―三二六頁。初出一九九五)
森公章「賓礼の変遷から見た日渤関係をめぐる一考察」(同『遣唐使と古代日本の対外政策』吉川弘文館、二〇〇八、一六六―一七八頁。初出二〇〇三)
森公章「日渤関係における年期制の成立とその意義」(同『遣唐使と古代日本の対外政策』吉川弘文館、二〇〇八、一七九―二一〇頁。初出二〇〇四)
森公章「鞠智城「繕治」の歴史的背景」(『史聚』五〇、二〇一七、三一五―三二五頁)
護雅夫「突厥と隋・唐両王朝」(同『古代トルコ民族史研究』I、山川出版社、一九六七、一六一―二二三頁。初出一九六四)
森田悌「上表と奏上」(同『日本古代の政治と地方』高科書店、一九八八、六一―七九頁。初出一九八五)
森田悌「日本・渤海の兄弟・舅甥関係」(同『日本古代の政治と宗教』雄山閣出版、一九九七、五三―八〇頁。初出一九九五)
森谷一樹「前漢~北朝時代の黒河流域――農業開発と人々の移動――」(中尾正義編『オアシス地域の歴史と環境――黒河が語るヒトと自然の二〇〇〇年』勉誠出版、二〇一一、一一―四八頁)
森部豊「序論」(同『ソグド人の東方活動と東ユーラシア世界の歴史的展開』関西大学出版部、二〇一〇、一―二六頁。新稿)
森部豊研究代表「「農業・牧畜境界地帯」から構築する新しいユーラシア史像の試み」(科学研究費補助金報告書(挑戦的萌芽研究、二〇一二年度―二〇一四年度、課題番号二四六五二一三七)、二〇一五)
森安孝夫「ウイグルと敦煌」(榎一雄編『講座敦煌二　敦煌の歴史』大東出版社、一九八〇、二九九―三三八頁)
森安孝夫『シルクロードと唐帝国』(講談社、興亡の世界史〇五、二〇〇七)

【や行】

八尾隆生「山の民と平野の民の形成史――一五世紀のベトナム――」(『岩波講座東南アジア史三　東南アジア近世の成立』岩波書店、二〇〇一、二〇五―二三一頁)

八尾隆生「収縮と拡大の交互する時代――一六―一八世紀のベトナム――」(『岩波講座東南アジア史三　東南アジア近世の成立』岩波書店、二〇〇一、二三三―二五九頁)
八木充「筑紫大宰とその官制」(九州歴史資料館編『大宰府古文化論叢』上、吉川弘文館、一九八三、三一九―三五二頁)
安田政彦「律令制下の高年優遇について――特に「致仕」を中心として――」(『延喜式研究』七、一九九二、一一―三六頁)
山内晋次「九世紀東部ユーラシア世界の変貌――日本遣唐使関係史料を中心に――」(古代学協会編『仁明朝史の研究――承和転換期とその周辺――』思文閣出版、二〇一一、三―三〇頁)
山内晋次「唐朝の国際秩序と日本――外交文書形式の分析を通して――」(同『奈良平安期の日本とアジア』吉川弘文館、二〇〇三、一〇―三五頁。初出一九八六)
山尾幸久「倭王権と東アジア」(同『日本古代王権形成史論』岩波書店、一九八三、二四六―三二八頁。新稿)
山尾幸久「大化前後の東アジアの情勢と日本の政局」(『日本歴史』二二九、一九六七、二七―四七頁)
山尾幸久「大化改新直前の政治過程について(上)」(『日本史論叢』一、一九七二、九九―一三五頁)
山尾幸久『古代の日朝関係』(塙書房、一九八九)
山尾幸久「六四〇年代の東アジアとヤマト国家」(『青丘学術論集』二、一九九二、一四一―一九五頁)
山崎雅稔「新羅国執事省牒からみた紀三津「失使旨」事件」(木村茂光編『日本中世の権力と地域社会』吉川弘文館、二〇〇七、一六―五四頁)
山崎覚士「五代における「中国」と諸国との関係――五代天下の形成、其の二――」(同『中国五代国家論』思文閣出版、二〇一〇、一三三―一六七頁。初出二〇〇二)
山崎覚士「未完の海上国家――呉越国の試み――」(同『中国五代国家論』思文閣出版、二〇一〇、二三〇―二六七頁。初出二〇〇二)
山田英雄「書儀について」(同『日本古代史攷』岩波書店、一九八七、一五五―一七〇頁。初出一九六八)
山田英雄「日・唐・羅・渤間の国書について」(同『日本古代史攷』岩波書店、一九八七、一三五―一五四頁。初出一九七四)
山本孝子「『五杉練若新学備用』巻中における「十二月節令往還書様」「四季惣叙」の位置付け――その製作年代と利用対象者層を中心として――」(『桃の会論集』六、二〇一三、一六一―一七五頁)

横山貞裕「倭王武の上表文について」(『日本歴史』三八九、一九八〇、九二―九六頁)
吉岡眞之「類聚国史」(皆川完一他編『国史大系書目解題』下、吉川弘文館、二〇〇一、九七―一六〇頁)
吉川真司「律令官人制の再編過程」(同『律令官僚制の研究』塙書房、一九九八、三五七―三八九頁。初出一九八九)
吉川忠夫「島夷と索虜のあいだ――典籍の流伝を中心とした南北朝文化交流史――」(『東方学報(京都)』七二、二〇〇〇、一三三―一五八頁)

【ら行】
李成市「高句麗と日隋外交――いわゆる国書問題に関する一試論――」(同『古代東アジアの民族と国家』岩波書店、一九九八、二八七―三一四頁。初出一九九〇)
李成市『東アジア文化圏の形成』(山川出版社、世界史リブレット七、二〇〇〇)
李成市「東アジア世界論と日本史」(『岩波講座日本歴史』二二、岩波書店、二〇一六、四三―七一頁)
劉恒武「五代呉越国の対日『書函外交』考」(『古代文化』五九―四、二〇〇八、五八―六九頁)
盧泰敦「対渤海日本国書における『高麗旧記』について――その実体と古代の高句麗と日本との関係――」(『アジア公論』一五―一二、一九八六、一〇六―一二〇頁。原載『辺太燮博士華甲記念史学論叢』ソウル・三英社、一九八六)
盧泰敦著・橋本繁訳『古代朝鮮　三国統一戦争史』(岩波書店、二〇一二)

【わ行】
和田萃「殯の基礎的考察」(同『日本古代の儀礼と祭祀・信仰』上、塙書房、一九九五、七―八三頁。初出一九六九)
和田壽弘「ヴァイシェーシカ哲学の体系」(平成十一年度~平成十三年度科学研究費補助金(基盤研究(B)(二))研究成果報告書『『大智度論』の総合的研究――その成立から中国仏教への影響まで――』課題番号一一四一〇〇〇六、二〇〇三、六三―六九頁)
渡辺光編著『支那地理大系　自然環境篇』(日本評論社、一九四〇)
渡辺康一「百済王子豊璋の来朝目的」(『国史学研究』一九、一九九三、三六―七五頁)

渡辺信一郎「六朝隋唐期の大極殿とその構造」（『都城制研究』二、二〇〇九、七三―八九頁）
渡辺誠「韓国と日本の蜂洞・蜂箱――和蜂はもともと韓国蜂である――」（和田文夫先生頌寿記念論文集刊行会編『民俗と考古の世界』同会、二〇〇〇、三一―四頁）

【韓国語】
金鍾完『中国南北朝史研究――朝貢・交聘関係를《を》 중심《中心》으로《に》――』（ソウル・一潮閣、一九九五）
朴漢済「南北朝時代의《の》 南北関係――交易과《と》 交聘을《を》 中心으로《に》――」（『韓国学論叢』四、一九八一、一五五―二〇六頁）

【中国語】
古松崇志（李済滄訳）「契丹・宋之間澶淵体制中的国境」（『日本中国史研究年刊』二〇〇七年度、二〇〇九、一二八―一七〇頁。初出二〇〇七）
李輝「南宋聘使制度」（同『宋金交聘制度研究（一一二七―一二三四）』上海・上海古籍出版社、二〇一四、二三―七九頁）
梁満倉「南北朝通使芻議」（同『漢唐間政治与文化探索』貴陽・貴州人民出版社、二〇〇〇、三〇五―三二二頁。初出一九九〇）
潘国鍵「北魏蠕蠕関係史」（同『北魏与蠕蠕関係研究』台北・台湾商務印書館、一九八八、六五―一一六頁）
栄新江「帰義軍与甘州回鶻的交往及其通使中原」（同『帰義軍史研究――唐宋時代敦煌歴史考索――』上海・上海古籍出版社、一九九六、三二八―三五〇頁）
栄新江・朱麗双『于闐与敦煌』（蘭州・甘粛教育出版社、二〇一三）
粟品孝「求治于乱世：王建・孟昶治蜀」（『成都通史四　五代（前後蜀）両宋時期』成都・四川人民出版社、二〇一一、五二―六九頁）
陶晋生『宋遼関係史研究』（北京・中華書局、二〇〇八。初版一九八四）
呉麗娯『敦煌書儀与礼法』（蘭州・甘粛教育出版社、二〇一三）
徐規『王禹偁事迹著作編年』（北京・中国社会科学出版社、一九八二）
薛宗正「突騎施汗国的興亡」（『歴史研究』一九八四年第二期、九三―一一一頁）

楊宇勛「宋代的布衣上書」（『成大歴史学報』二七、二〇〇三、一―五四頁）
張国慶「遼代契丹皇帝与五代・北宋諸帝王的〝結義〟」（『史学月刊』一九九二年第六期、二六―三二頁）
趙燦鵬「南朝梁元帝《職貢図》題記佚文的新発現」（『文史』九四、二〇一一、一一一―一一八頁）
趙燦鵬「南朝梁元帝《職貢図》題記佚文続拾」（『文史』九七、二〇一一、二三七―二四二頁）
趙和平『敦煌写本書儀研究』（台北・新文豊出版公司、一九九三）
趙永春『金宋関係史』（北京・人民出版社、二〇〇五）
鄭重華・胡昭曦「前蜀後蜀与中原政権的関係」（成都王建墓博物館編『前后蜀的歴史与文化』成都・巴蜀書社、一九九四、一〇―一七頁）
祝啓源『唃廝囉――宋代蔵族政権――』（西寧・青海人民出版社、一九八八）

【欧文】

M.C.Peel, B. L. Finlayson, T. A. McMahon, "Updated world map of the Köppen-Geiger climate classification", *Hydrology and Earth System Sciences*, 11, 2007, pp. 1633-1644
Nicholas Sims-Williams, "From Babylon to China: Astrological and Epistolary Formulae Across Two Millennia", *Atti Dei Convegni Lincei*, 127, 1996, pp. 77-84

初出一覧（ここに掲げた章名は原題である）

序章　「東部ユーラシアと東アジア――政治圏と文化圏の設定――」（新稿）

第一部　五代両宋／遼金時代の外交文書と国際関係

第一章　「隋唐五代両宋期における「致書文書」の再検討と五代十国の外交関係」（新稿）
第二章　「宋代東アジア地域の国際関係概観――唐代・日本の外交文書研究の成果から――」（平田茂樹他編『外交史料から十～十四世紀を探る』汲古書院、二〇一三、五―二九頁）

第二部　南北朝―隋代の東部ユーラシアと倭国

第一章　「古代東アジア地域の外交秩序と書状――非君臣関係の外交文書について――」（『歴史評論』六八六、二〇〇七、九六―一〇九頁〔本章第一節のみ〕）
第二章　「倭の五王の冊封と劉宋遣使――倭王武を中心に――」（鈴木靖民他編『梁職貢図と東ユーラシア世界』勉誠出版、二〇一四、三八四―四〇四頁）
第三章　「「日出処天子」外交文書再考――典故と翻訳の問題から――」（新稿）

第三部　唐の全盛期と倭国・日本の外交関係

第一章　「皇極紀百済関係記事の再検討」（『日本歴史』七八六、二〇一三、一—一六頁）
第二章　「七世紀後半における倭国の外交儀礼」（新稿）
第三章　「七世紀後半から八世紀前半の倭国・日本—新羅関係」（新稿）

第四部　八・九世紀日本の外交関係と君臣秩序

第一章　「渤海の対日本外交文書について——六国史と『類聚国史』の写本調査から——」（『続日本紀研究』三九八、二〇一二、一—一七頁）
第二章　「九世紀の君臣秩序と辞官・致仕の上表——状と批答の視点から——」（『ヒストリア』二一三、二〇〇九、二七九—三〇二頁）

終章　「日本—渤海間の擬制親族関係について——「古代東アジア世界」の可能性——」（『専修大学東アジア世界史研究センター年報』三、二〇〇九、一〇九—一二八頁）

あとがき

本書は、前著『東アジアの国際秩序と古代日本』（吉川弘文館、二〇一一）には未収録の論文と、前著以降に執筆した論文に、新稿五本を加え、既発表の論文も必要に応じて大幅な増補改稿を施したものである。また、一般向けに執筆した『古代日本外交史——東部ユーラシアの視点から読み直す——』（講談社選書メチエ五六九、二〇一四）とは対応関係にあり、『古代日本外交史』段階で初めて公表した知見は、ほとんどが本書各章の論文の中に収録されている。以下では、本書各章の執筆経緯と、今後の課題を述べておきたい。

序章

新稿。二〇一八年一月、九州歴史科学研究会で報告。二〇一〇年五月の歴史学研究会大会報告（「倭国・日本史と東部ユーラシア——六～十三世紀における政治的連関再考——」〈『歴史学研究』八七二、二〇一〇、三〇—三八頁〉）を前提に、「東部ユーラシア」という枠組みをより明確化したもの。自然地理学的な視点や「温帯農耕優勢地域」という考え方、狩猟採集文化圏の問題に関しては、著者とともに歴史学研究会大会で報告した蓑島栄紀氏の研究が大いに参考になった。蓑島氏および当該大会の関係者に謝意を表したい。

第一部第一章

新稿。二〇一五年三月、遼金西夏史研究会で報告。その後全面的に補訂を施して成稿した。もともと本章は、二〇〇六年十一月の歴史科学協議会大会報告として作成を開始したが、作業量が膨大すぎて一旦挫折。その後、大幸財団からの助成を得ることで完成することができた。ただし、本章本来の目的であった「日出処天子」外交文書の検討は、第二部第三章に譲った形となる。

第一部第二章

既出。二〇〇九年七月、にんぷろの国際シンポジウム「前近代中国の中央・地方・海外を結ぶ官僚システム」で報告。前著で確立した書儀による外交文書の分析方法を、両宋と遼・金・西夏・高麗を対象に展開したもの。その後、毛利英介氏による批判を受けたため、金―南宋関係に関しては大きく書き改めた。

第二部第一章

既出（一部）。二〇〇六年十一月、歴史科学研究会大会で報告した内容のうち、第二章を補訂して本章の第一節として、第二節・第三節は新たな知見をもとに書き下ろした。第二節・第三節の内容は、二〇一六年二月に名古屋歴史科学研究会、同年六月に洛北史学会で報告した。その際、またしても「こういう報告をしているから東洋史と間違われるんだよ」とのコメントを頂戴した。

第二部第二章

既出。二〇一二年一月、國學院大學での国際シンポジウム「梁職貢図と倭――五～六世紀の東ユーラシア世界――」で報告。補訂を加え、同年四月に名古屋古代史研究会でも報告。敬して遠ざけていた六世紀以前の外交関係を本格的に検討し始める端緒となった論文。

第二部第三章

新稿。二〇一七年二月、名古屋古代史研究会で報告。本来は第一部第一章の延長として「日出処天子」外交文書を再検討するはずであり、その報告レジュメまで作成していたのだが、『大智度論』巻一〇の「日出処」の用例に問題を発見したことから、当初の報告内容を放棄して作成したもの。インドを視野に入れていなかったら、おそらく本章は執筆できなかったであろう。

第三部第一章

既出。二〇一二年九月、あたらしい古代史の会で報告。二〇一二年の四月末から五月上旬にかけて、『日本書紀』・『続日本紀』・『三国史記』を通読した成果三種のうちの一つ。本章の議論の「次の目標」は、当然「本丸」である白村江の戦いへの道筋ということになるのだが、そのためには、倭国段階の軍事動員体制や国家制度等の検討を経る必要があろう。

第三部第二章

新稿。二〇一四年十二月、大阪市立大学での第三回難波宮研究会に招待され、七世紀の外交儀礼の研究動向を紹介したことに端を発して成稿したもの。二〇一五年十一月、続日本紀研究会で報告。得られた結論は、考古学の研究動向と完全に合致しているわけではないのだが、制度史（外交儀礼）と政治史（外交関係）の両面を見据えることができたと認識している。

第三部第三章

新稿。二〇一二年二月、名古屋古代史研究会で報告。二〇一二年の四月末から五月上旬にかけて、『日本書紀』・『続日本紀』・『三国史記』を通読した成果三種のうちの一つ。前著第二部第二章で「王城国事件」の重要性を否定したことに伴い、前後の時期における新羅との関係を見直したもの。なお、成果三種のうち最後の一つは未公表である。早期の公表を期したい。

第四部第一章

既出。二〇一一年十一月、続日本紀研究会で報告。『訳註　日本古代の外交文書』の校訂作業中に発見した知見をもとに成稿した。旧稿発表（二〇一二年）後、ある東洋史の方から「六国史のテキストは、完璧なものができているんだと思っていたけれど、案外そうでもないんだね」とのコメントをいただいたことが、日本古代史の研究者としては印象的であり、今後も肝に銘じておかなければならない点であろう。

第四部第二章

既出。二〇〇八年六月、大阪歴史学会大会で報告。準備報告とは別に、二〇〇七年十一月に名古屋古代史研究会、同年十二月に三田古代史研究会で報告した。前著第一部第四章（修士論文で一旦成稿し、博士論文では削除した）の修訂作業中、「上状」の存在を発見したため、修訂を一時中止して成稿したもの。あまり注目されてはいないが、阿衡の紛議について新たな知見を加えた論文でもある。

終章

既出。二〇〇九年七月、専修大学東アジア世界史研究センター研究会「古代東アジア世界の探求」で報告。原形は、一九九九年一月に名古屋大学文学部に提出した卒業論文である。卒論段階では第一次・第二次南北朝時代は扱っていないが、隋唐と突厥・吐蕃・回鶻・南詔等との関係は全面的に取り上げていた。現在の学術用語を過去に遡及させることをお許しいただくならば、著者は最初から「東部ユーラシア」の研究をしていたということになる。

以上、現段階までの著者の研究の経緯はご理解いただけたのではないか。前著同様、いずれの論文にも相応の準備期間が必要であり、周囲の方々の助力や理解を得なければ成稿することができなかった。このような場で恐縮ではあるが、名古屋古代史研究会・名古屋歴史科学研究会など各研究会の関係者の方々、各種の調査でお世話になった史料所蔵機関、特に関係書籍のほとんどを収蔵していた愛知大学図書館には感謝の念を表明したい。

最後に、本書の出版にあたり、担当していただいた勉誠出版の黒古麻己氏にお礼を申したい。本書の刊行は、二〇一二年十月の日本史研究会大会終了後、懇親会会場への道すがら、黒古氏から打診を受けたことに始まる。当時、『古代日本外交史』の原稿を抱えていた著者は、同書で提示するであろう新知見を、研究者の責務として別途論文の形で公表する場を欲していたので、これ幸いとその提案に乗ることにした。著者としては、本書の刊行により、『古代日本外交史』刊行に伴う「義務」を果たし、同書刊行段階の研究水準を更新した（特に序章・第二部第一章・第二部第三章）ことになる。前著同様、本書の刊行をもって、謝辞とさせていただきたい。

本書は、平成三十年度科学研究費助成事業（科学研究費補助金）（研究成果公開促進費）（JSPS 科研費 18HP5094）の交付を受けた。

二〇一八年白露

廣瀬憲雄

九世紀の来航新羅人と日本列島

九世紀に顕著となった新羅人の来航現象が、列島社会をどう変化させ、日本はどう対応したのか。対新羅政策における対外意識の変化を支配層、諸階層の人々から考察する。

鄭淳一 著・本体一〇〇〇〇円（＋税）

「もの」と交易の古代北方史
奈良・平安日本と北海道・アイヌ

七世紀〜十一世紀の古代の北海道と日本列島、大陸を往還した多彩な「北の財」。その実態と歴史的・文化的意義を最新の古代史・考古学研究の成果から実証的に検討する。

蓑島栄紀 編・本体七〇〇〇円（＋税）

増補改訂 古代日本人と外国語
東アジア異文化交流の言語世界

中国語をめぐる日本の学問のあり方、新羅・渤海など周辺諸国との交流、円仁ら入唐僧の語学力など古代日本における異国言語との格闘の歴史を明らかにする。

湯沢質幸 著・本体二八〇〇円（＋税）

日本古代史の方法と意義

三十五名の多様な視点から、日本古代史を読み解く方法論、そこに横たわる歴史研究の意義を提起し、多面的に存在する歴史との対話とその記述の可能性を示す。

新川登亀男 編・本体一四〇〇〇円（＋税）

梁職貢図と東部ユーラシア世界

「梁職貢図」の新出題記、諸本の多角的検証により、史料的位置付けを明らかにし、中心・周縁・辺縁の諸関係より構成される東部ユーラシアの世界構造を描き出す。

鈴木靖民・金子修一 編・本体八五〇〇円（＋税）

古代東アジアの仏教交流

王権・民衆による選択と咀嚼、儀礼や制度との関わり、交易世界をつなぐ役割など、仏教を媒介として立ち上がる東アジア世界のあり様を立体的に浮かび上がらせる。

佐藤長門 編・本体八〇〇〇円（＋税）

入唐僧恵蕚と東アジア

附 恵蕚関連史料集

日中に分散していた恵蕚に関する史料三十六種を集成、また、恵蕚と恵蕚を取り巻く唐・新羅の人々を追うことで多元的な歴史世界を描き出す論考三本を収載。

田中史生 編・本体五〇〇〇円（＋税）

渡航僧成尋、雨を祈る

『僧伝』が語る異文化の交錯

平安後期中国へ渡った天台僧「成尋」。成尋の書き残した渡航日記『参天台五臺山記』と中国側史料を精査することで見えてきたものとはいったい何か…。

水口幹記 著・本体三五〇〇円（＋税）

新編森克己著作集 全五巻

日宋文化交流史の泰斗、森克己の研究業績を一望する待望の全集。全巻索引、地図、初出一覧などの資料のほか、第一線の研究者による詳細な解説を付す。

新編森克己著作集編集委員会 編・各巻一〇〇〇〇円（＋税）

日本古代交流史入門

一世紀～七世紀の古代国家形成の時期から、十一世紀の中世への転換期までを対象に、さまざまな主体の織りなす関係史の視点から当時の人びとの営みを描き出す。

鈴木靖民・金子修一・田中史生・李成市 編
本体三八〇〇円（＋税）

石井正敏著作集 全四巻

日本そして東アジアの対外関係史を精緻かつダイナミックに描きだした石井正敏。その歴史を見通す視点、それを支える史料との対話のあり方を伝える珠玉の論文を集成。

石井正敏 著
荒野泰典・川越泰博・鈴木靖民・村井章介 編集主幹
各巻本体一〇〇〇〇円（＋税）

古代日本の東アジア交流史

弥生時代後期から中世成立期に及ぶ異文化交流の実態を浮かび上がらせ、東アジア、それを取り巻く地域へと重層的につながりあう国家・社会の様相をダイナミックに捉える。

鈴木靖民 著・本体八〇〇〇円（＋税）

著者略歴

廣瀬憲雄（ひろせ・のりお）

1976年岐阜県生まれ。名古屋大学文学研究科博士後期課程修了。2010年名古屋大学高等研究院特任助教、2011年愛知大学助教、2013年同准教授。専門は日本古代史・東部ユーラシア対外関係史。

著書・論文に『東アジアの国際秩序と古代日本』（吉川弘文館、2011年）、『古代日本外交史　東部ユーラシアの視点から読み直す』（講談社選書メチエ569、2014年）、「古代天皇の食事時刻と朝政制度―延喜年間の外交儀礼を手がかりに―」（古瀬奈津子編『東アジアの礼・儀式と支配構造』吉川弘文館、2016年）、「百済三書と日本書紀」（遠藤慶太他編『日本書紀の誕生―編纂と受容の歴史―』八木書店、2018年）などがある。

古代《こだい》日本《にほん》と東部《とうぶ》ユーラシアの国際関係《こくさいかんけい》

平成三十年度日本学術振興会科学研究費
補助金「研究成果公開促進費」助成出版

著　者　廣　瀬　憲　雄

発行者　池　嶋　洋　次

発行所　勉　誠　出　版　㈱

〒101-0051　東京都千代田区神田神保町三―一〇―二

電話　〇三―五二一五―九〇二一㈹

二〇一八年十月二十二日　初版発行

印刷
製本　中央精版印刷

ISBN978-4-585-22223-1　C3020

索　　引

1. 本索引は、Ⅰ　研究者名、Ⅱ　史料・書名、Ⅲ　事項からなる。
2. 本索引には、表の内容は収録していない。
3. 本索引では、著者が重要と判断した場合、当該語句等が含まれない頁も提示した。
4. 本索引では、著者が重要と判断した頁を太字で示した。
5. Ⅰにおいて、中国人・韓国人研究者は、日本語の漢字音により配列した。
6. Ⅱにおいては、日本史料、中国・朝鮮史料、書儀・出土文字史料・その他の順に分類して配列した。
7. Ⅲにおいては、一般事項、外交関係の順に分類して配列した。

Ⅰ　研究者名

あ行

か行

さ行

た行

な行

は行

ま行

や行

ら行

わ行

II　史料・書名

【日本史料】

【中国・朝鮮史料】

【書儀・出土文字史料・その他】

Ⅲ　事項

【一般事項】

あ行

か行

さ行

た行

な行

は行

ま行

や行・ら行・わ行

【外交関係】

索　引